博学而笃志,切问而近思。
（《论语·子张》）

博晓古今,可立一家之说;
学贯中西,或成经国之才。

复旦博学·复旦博学·复旦博学·复旦博学·复旦博学·复旦博学

管理沟通（第二版）

苏 勇 罗殿军 主编

复旦大学出版社

内容提要

未来企业间的竞争是管理能力的竞争,而有效的沟通是实现有效管理的前提。若沟通不畅,企业将百病缠身。本书是大专院校管理类专业的核心基础课程——《管理沟通》的配套教材,其作者团队自 1996 年首次开设此课程并于 1999 年正式出版本书第一版以来,本书被全国近百所高校长年选作教材,也受到了广大师生的一致好评。

此次的修订在保持总体框架和风格不变的基础上,在以下方面做了改进:取消了"阅读""其他沟通形式"两章,新增了"自我与沟通""自信表达""冲突管理与沟通""说服""跨文化沟通""网络时代的沟通"六章;对书中的案例做了全面更新,以帮助读者在学习管理沟通相关理论和方法的同时,更好地模拟进入具体管理场景,有效提升管理技能;此外,为了更好地达到"读者友好",本次修订增加了"页边栏"的相关内容,对版式也做了精心的设计。

本书不仅适合大专院校经管类专业师生选作教材,也适合企业实际管理者作参考使用。

前言（第二版）

《管理沟通》（第二版）终于即将出版，又完成了一项自我设定的任务。

复旦大学管理学院是全国首批开设"管理沟通"课程的商学院。从1996级MBA开始学院就将"管理沟通"作为必修课进行教学，从2012年开始与该课程相似的"组织沟通与社会环境"又被确定为本科生的必修课。为配合教学，我们编写出版了《管理沟通》一书作为MBA教材。本书第一版出版之后屡获好评，被多所高校采用作为教材，并获得教育部"全国优秀教材二等奖"。而在进入21世纪之后，中国经济突飞猛进，企业管理态势也发生了巨大变化，因此本书早就该顺应形势及时推出第二版。

如今呈现在读者面前的本书，是《管理沟通》（第二版）。此版在原来基础上进行了如下较大幅度的修改：

（1）调整和新增了若干章节。取消了"阅读"一章，新增了"自我与沟通""自信表达""冲突管理与沟通""跨文化沟通""网络时代的沟通"五章内容。

员工内省与表达，是沟通的起点，也是一项沟通活动能否成功的基本点。尤其如今企业中新生代员工日益增多，他们个性明显，想法丰富，表达观点欲望强烈，但是否能做到全面思考与有效表达，则直接影响沟通的成效。此外，中国企业走出去，外国企业走进来，跨文化沟通的问题直接影响企业并购和国际化经营的成功与否，这一点已经被众多跨国企业的管理实践所证明。中外商务交往以及外资、中资企业中外方管理人员之间所发生的各种问题，其中许多可以归结为沟通问题。沟通不畅，企业中百病丛生。著名学者约翰·奈斯比特就说过："未来竞争是管理的竞争，竞争的焦点在于每个社会组织内部成员之间及其与外部组织的有效沟通上。"文化差异、观念悬殊、方式不一，都会导致管理效益降低。此外，在网络经济时代，企业管理方式发生了巨大变革，而企业内外部沟通方式也产生了许多与之前截然不同的变化。著有《网络社会的崛起》一书的美国南加州大学传播学院教授曼纽尔·卡斯特尔曾经说过："网络的形式，将成为贯穿一切事物的形式，正如工业组织的形式，是工业社会内贯穿一切的形式一样。"互联网给我们带来的绝对不仅是技术的革命，这种变化趋势如果企业管理者不迅速掌握，就会在管理沟通中丧失效果，最终给企业管理带来不利影响。因此本次再版，根据时代特点和企业需求新增了这五章重要内容。

（2）全面更新了相关案例。管理学是一门注重实践的科学，是个体、组织和环境互动协调的整体演化过程。管理学泰斗彼得·德鲁克就曾经说过："管理是一种实践，其本质不在于'知'而在于'行'。"案例教学是管理学教学中极为重要且不可或缺的方法之一。通过案例，可以呈现特定的管理场景和要素，让读者更有临场感，去演练管理学相关理论和方法的操作，而对于管理沟通这样一种偏重于实用的管理技巧而言更是如此。如今的企业管理，从理论、方法到实际应用，组织的内外部场景都与之前完全不同，作为管理主体的管理者和作为管理客体的被管理者都和以往相比有很大变化。因此本书此次改版，对书中案例做了全面更新，以帮助学员在学习管理沟通相关理论和方法的同时，更好地模拟进入具体管理场景，有效提升管理技能。

与此同时，本次改版对于相关叙述和分析也做了部分改进，并且在复旦大学出版社宋朝阳编辑的提议和帮助下，增加了"页边栏"的相关内容，使全书不仅以新面目呈现，而且使内容更加丰满。

感谢复旦大学管理学院企业管理系博士生李真真和王芬芬，她们协助编者在第一版基础上进行了第二版初稿的整理工作，并更新了大部分案例。同时也要感谢复旦大学出版社刘子馨先生和宋朝阳先生，本书是在他们的温情督促和大力相助下，才能在此时问世的。

孔子早在约2600年就曾经说过："可与言而不与之言，失人；不可与言而与之言，失言。知者不失人，亦不失言。"这可谓道出了管理沟通的精髓。愿所有管理者都能更好地在管理中加强有效沟通，为中国企业和社会经济发展做出更大贡献！

苏 勇 罗殿军
于复旦大学管理学院
2020年10月

目 录

第1章　沟通概论	1
1.1　沟通的含义	2
1.2　沟通的类型	5
1.3　沟通模式	11
1.4　管理与沟通	18
思考题	23
案例：沃尔顿法则：沟通是管理的浓缩	24

第2章　自我与沟通	26
2.1　了解自我	28
2.2　自我管理	33
2.3　情商	43
思考题	46
案例一：自我知觉	46
案例二：珍妮特·斯迈思	47
附录：情商测试与问题讨论	48

第3章　人际沟通	51
3.1　人际沟通的动因	52
3.2　交互作用分析	54
3.3　自我披露	64
3.4　生活态度与角色认知	66
3.5　当代社会的人际沟通	71
思考题	72
案例：与洋同事的沟通困境	73

第4章 组织沟通	75
4.1 组织沟通渠道	77
4.2 组织沟通的影响因素	84
4.3 组织沟通的方式	88
4.4 组织沟通效率的提高	91
4.5 沟通的误区	95
思考题	96
案例一：化妆品公司	96
案例二：F公司	102
案例三：主任与小刘的沟通	105

第5章 自信表达	108
5.1 自信行为的含义	109
5.2 自信、退缩与冒犯的比较	117
5.3 常见的自信行为	118
5.4 应对冒犯行为和退缩行为	131
思考题	133
案例一：保险提成	134
案例二：企业参访	135
附录：自信问卷	141

第6章 倾听	146
6.1 倾听的定义与重要性	148
6.2 倾听中的障碍	148
6.3 如何进行有效倾听	153
6.4 倾听言外之意	159
思考题	167
案例一：绩效评估	167
案例二：紧急订单	170
附录："倾听"技能测验表	174

第7章 冲突管理与沟通	175
7.1 冲突的概念与作用	176

7.2 冲突产生的原因	180
7.3 冲突管理	182
7.4 冲突沟通	189
思考题	195
案例一：一所慈善学校的苦涩试验	195
案例二：晓菊	200

第8章 谈判　204

8.1 谈判概述	205
8.2 谈判的基本原则	207
8.3 谈判策略	212
8.4 改变谈判规则	217
8.5 影子谈判	222
思考题	226
案例一：安娜加薪	227
案例二：软件采购	230
附录：谈判能力的测验	233

第9章 说服　240

9.1 说服的途径	242
9.2 说服的要素	245
9.3 说服的主要步骤	256
思考题	259
案例一：玉英升职	260
案例二：丽江购物	262

第10章 演讲　267

10.1 演讲概述	269
10.2 演讲构思	272
10.3 演讲技巧	277
思考题	280
案例：丘吉尔的就职演讲	281
附录一：林肯在盖提斯堡的演说	282
附录二：乔布斯2005年在斯坦福大学毕业典礼上的演讲实录	283

第11章　会见与面试　286

- 11.1　会见　287
- 11.2　招聘面试　294
- 11.3　其他类型的会见　300
- 思考题　304
- 案例一：真诚面谈　人为我用　304
- 案例二：玛丽亚的面试经历　306

第12章　会议沟通　308

- 12.1　会议概述　309
- 12.2　会议的组织　314
- 12.3　会议组织实用技巧　321
- 思考题　324
- 案例一：美国电脑资讯公司的经理会议　324
- 案例二：一次特别的会议　327

第13章　商务写作　329

- 13.1　商务写作的特点、分类与原则　330
- 13.2　商务写作步骤与技能的提高　339
- 13.3　消极信息与积极信息的文案　345
- 思考题　355
- 案例一：招聘信息　355
- 案例二：一份公务信函　357
- 案例三：工匠精神与德胜洋楼　358

第14章　身体语言　362

- 14.1　身体语言的特点和作用　363
- 14.2　身体动作语言　371
- 14.3　面部表情语言　377
- 14.4　服饰与仪态　380
- 思考题　387
- 案例一：奥巴马的身体语言魅力　387
- 案例二：微表情培训　389
- 附录：判断五官动作组合的基本含义　390

第15章 跨文化沟通 | 391

- 15.1 文化与沟通 | 392
- 15.2 跨文化沟通的定义 | 400
- 15.3 跨文化沟通中的障碍 | 402
- 15.4 跨文化沟通的影响因素 | 409
- 15.5 跨文化沟通的策略 | 414
- 思考题 | 416
- 案例：戴姆勒-克莱斯勒经典案例 | 416

第16章 网络时代的沟通 | 418

- 16.1 网络时代下沟通的特征 | 419
- 16.2 主要的网络沟通形式 | 422
- 16.3 网络沟通对组织管理的影响 | 428
- 16.4 网络沟通存在的问题及应对 | 431
- 思考题 | 433
- 案例：小米的互联网营销 | 433

参考文献 | 437

第1章
沟通概论

学习目标

- 了解沟通的定义及内涵
- 掌握沟通的基本类型及表现形式
- 掌握沟通的模式
- 了解管理与沟通及管理沟通的作用

> 管理者的最基本功能是发展与维系一个畅通的沟通管道。
> ——[美]切斯特·巴纳德
> (Chester Barnard)

引导案例

Z公司是一家跨国物流公司,早在20世纪90年代便进入中国。如今,该公司的中国分公司的营业额已在全部分公司中名列前茅,但其内部管理没有跟上日益加快的发展步伐。不久前,市场部经理弗兰克与操作部经理文森特爆发的一场冲突便暴露了这个问题。

"文森特,我上周向你预定的舱位为什么到现在还没有给我?"市场部经理弗兰克一推开门就没好气地说。"对不起,现在是旺季,舱位很紧张,你的客人可能还得再等等。"文森特如实说道。"那你究竟要我等到什么时候?

我花了九牛二虎之力才抢到的客户，你一句舱位紧张就拒绝了，这让我们市场部以后的工作怎么开展？"盛怒之下的弗兰克回到自己的办公室，写了一封辞呈交给了总经理。而文森特也十分恼火：根据Z公司的规则，舱位的安排是有讲究的，总部的直接客人排第一位，合约客户排第二位，海外合作代理排第三位，之后才是本地的客户。这个政策是公司每个人都知道的，弗兰克何必出言责难自己呢？

这是一个典型的各部门之间缺乏有效沟通引起的争端。企业的所有工作，大至战略管理、计划管理、生产管理，小至文件管理、后勤管理，都离不开沟通。但在Z公司，业务至上造成沟通缺位，部门各自都有立场，长此以往必然造成各部门之间产生隔阂，形成积怨。

资料来源：赵艳丰.别让沟通缺位拖累业务发展[N].
中国劳动保障报，2014-2-15.

丹斯螺旋模型

> 1967年，弗兰克·丹斯用螺旋的形式来描述沟通过程，并提出了"丹斯螺旋模型"。这个模型用上升的螺旋和一个表示方向的箭头，说明沟通过程是一个循环往复、螺旋上升、不断发展的过程。

1.1 沟通的含义

1.1.1 沟通的定义

在阅读本章之前，请你先沉默片刻回顾一下你前一天的工作场景。试着回想每一个发生在你工作范围内的事情：比如，早上你到了办公室查看了邮件收件箱，回复了几封重要的邮件。接着，你浏览了昨天地区经理快递过来的文件（该文件列举了一些即将改变的工作流程大纲），于是你叫来秘书安排一个合适的会议时间，要为这件事召开一次会议，征求部下的意见，发表自己的看法。稍停片刻你查阅了月报表，然后撰写年度工作报告。中午吃饭间隙，你打开手机开始浏览当天新闻，了解政治、经济形势的最新状况。下午又开始一系列的会议，处理下属部门的书面报告……

尽管这只是纯粹假想的一天中的情形，但在现实生活中，你一定会遇到诸如此类的问题，上述的每一件事情，都可以称之为一种沟通。

沟通是一个被频繁提及的字眼。对于什么是沟通，可以说是众说纷纭。早在二十多年前，美国威斯康星大学的教授**弗兰克·丹斯**（Frank E.X. Dance）就做过一项统计，对"沟通的定义"有126种之多。

• 《大英百科全书》认为，沟通就是"用任何方法，彼此交换信息。即一个人与另一个人以视觉、符号、电话、电报、收音机、电视或其他工具为媒介,所从事之交换消息的方法"。
- 《韦氏大辞典》认为,沟通就是"文字、文句或消息之交通,思想或意见之交换"。
- 拉氏韦尔(Harold Lasswell)认为,沟通就是"什么人说什么,由什么路线传至什么人,达到什么结果"。
- 西蒙(H. A. Simon)认为,沟通"可视为任何一种程序,借此程序,组织中的一成员,将其所决定意见或前提,传送给其他有关成员"。

本书从管理的角度,特别是从领导工作职能特性的要求出发,综合各种有关沟通的定义,把沟通及管理沟通定义为:

> 沟通是人们分享信息、思想和情感的过程。这种过程不仅包括口头语言和书面语言,也包含动作表情语言、物质环境等——赋予信息含义的任何东西。

> 管理沟通是指沟通者为了获取沟通对象的反应和反馈而向对方传递信息的全部过程。

1.1.2 沟通的内涵

沟通首先是意义上的传递。如果信息和想法没有被传递到,则意味着沟通没有发生。也就是说,说话者没有听众或写作者没有读者都不能构成沟通。因此,哲学问题"树林中的一棵树倒了,却无人听到,它是否发出了声响?"在沟通背景下,其答案是否定的。

有效的沟通不仅是意义上的传递,还需要意义被对方所理解。如果你用中文与一个地道的、对中文一窍不通的美国人聊天,那么不经翻译就无法称之为沟通。完美的沟通,如果确实存在的话,应当是发送者准确表达自己的本意,而且这些想法和观点被接收者原原本本地接收和理解[1]。

沟通者通过信息符号传递意义。一个观念或一项信息并不能像有形物品一样由发送者传送给接收者。在沟通过程中,所有传递于沟通者之间的,只是一些符号,而不是信息本身。语言、身体动作、表情等都是一种符号。传送者首先把要传送的信息"翻译"成符号,而接受者则进行相反的"翻译过程"。由于每个人"信息符号储存系统"各不相同,对同一符号(例如语言词汇)常存在不同的理解。例如,对于同一个数字13,中国人与美国人有着不同的体验和认识。"定额"这样一个词汇,对不同的管理层有着不同含义。高

---

[1] [美]史蒂芬·P.罗宾斯,[美]玛丽·库尔特.管理学[M].李原,孙健敏,黄小勇,译.北京:中国人民大学出版社,2016:401.

层管理者常常把它理解为需要,而下级管理者则把它理解为操纵和控制,并由此而产生不满。问题在于,许多管理人员并没有意识到这一点,忽视了不同成员"信息符号储存系统"的差异,自认为自己的词汇、动作等符号能被对方还原成自己欲表达的信息,但这往往是不正确的,于是便导致了不少沟通问题。

良好的沟通是准确理解信息的意义,而不是被简单理解为沟通双方达成协议。如果有人与我们意见不同,不少人认为此人未能完全领会我们的想法,换句话说,很多人认为良好的沟通是使别人接受自己的观点。但是,你可以非常明白对方的意思却不同意对方的看法。事实上,沟通双方能否达成一致协议,别人是否接受自己的观点,往往并不是沟通良好与否这一个因素决定的,它还涉及双方根本利益是否一致、价值观念是否类同等其他关键因素。例如,在谈判过程中如果双方存在根本利益的冲突,即使沟通过程中不存在任何噪声干扰,谈判双方沟通技巧十分娴熟,往往也不能达成一致协议,但沟通双方每个人都已充分理解了对方的观点和意见。

沟通的过程不仅仅是简单信息的传递,还包括思想、情感、价值观等的传递。沟通的信息是包罗万象的。而且,在沟通中,我们不仅传递消息,而且还表达赞赏、不快之情,或提出自己的意见观点。因此,沟通的信息可分为:①事实;②情感;③价值观;④意见观点(图1.1)。如果信息接收者对信息类型的理解与发送者不一致,有可能导致沟通障碍和信息失真。在许多易产生误解的问题中,其核心都在于接收人对信息到底是意见观点的叙述还是事实的叙述混淆不清。比如,"小王把脚搭在办公桌上"和"小王在偷懒"是两人对同一现象作出的描述,并没有迹象表明第二句是一个判断,但是,一个良好的沟通者会谨慎区别基于推论的信息和基于事实的信息。也许小王真的是偷懒,也有可能这只是他思考问题的一种习惯。另外,沟通者也要完整理解传递来的信息,既获取事实,又分析发送者的价值观、个人态度,这样才能达成有效的沟通。

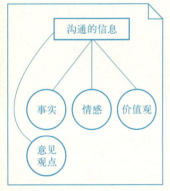

图 1.1
沟通的信息分类

1.1.3 沟通认知的误区

(1)"沟通不是太难的事,我们不是每天都在做沟通吗?"如果从表面上来看,沟通是一件简单的事。每个人的确每天都在做,它像我们呼吸空气一样自然。

但是,一件事情的自然存在,并不表示我们已经将它做得很好了。由于沟通是如此"平凡",以致我们自然而然忽略它的复杂性,也不肯承认自己缺乏这项重要的基本能力。如果我们有意成为一个更成功的沟通者,那么必须意识到虽然沟通看起来很容易,但是有效沟通是一项非常困难和复杂的行为。

（2）"我告诉他了，所以，我已和他沟通了。"贝罗（David Berlo）在《沟通的过程》一书中指出，当你听到有人说"我告诉过他们，但是他们没有搞清楚我的意思！"你可以知道此人深信他要表达的意思都在字眼里面，他以为只要能够找到合适的语言来表达意思，就完成沟通了。其实"语言"本身并不具"意思"，其中还存在一个翻译转化的过程。

（3）"只有当我想要沟通的时候，才会有沟通。"你一定见过一个演说者因为紧张而僵硬地走向讲台。你看到当他犹豫地拖着脚步前进时，他的双肩是下垂的。然后你看到他借着挺胸、直瞪观众以及用严肃的语调发言，来克服他的怯场。演说者发出的这些信息，并非他的本意，它发生在演讲者毫无意识的情况下。

1.1.4 基本的沟通技巧

雄辩滔滔、口若悬河并不是沟通技巧的全部。除此之外，沟通技巧还有着广阔的领域。我们认为，知识是沟通的基础。沟通首先是信息的发送和理解，如果你对理解信息所必需的知识不甚了了，沟通是无法进行的。沟通的核心是系统思考，沟通者必须全面考虑沟通内容的特点、沟通双方的实际情况，以及沟通背景、沟通渠道等各种因素，寻求最佳的沟通策略和形式以实现自己的目的。任何一个因素考虑不当，都有可能对沟通效果产生不利影响。在系统思考的基础上，可以构筑沟通技巧的两翼。其一称为"发送技巧"，包括说和写；另一个是"接收技巧"，包括听和读。另外，日益受到重视的所谓非言语沟通，对于发送者以及接收者而言，都属于重要技巧。对于一个管理者来说，他还必须熟悉组织沟通的独有特点，能成功地利用或建立适合自己的信息系统，并确保组织内信息流动在各方向上的畅通无阻（图1.2）。

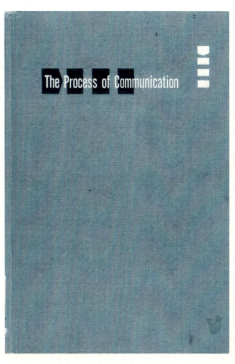

○ 贝罗的成名作——《沟通的过程》(*The Process of Communication: An Introduction to Theory and Practice*, 1960)

1.2 沟通的类型

依据不同的划分标准，可以把沟通分为不同的类型：语言沟通与非语言沟通、正式沟通与非正式沟通、人际沟通与组织沟通等。

图1.2
基本的沟通技巧

1.2.1　语言沟通与非语言沟通

根据信息载体的异同，沟通可分为语言沟通和非语言沟通。语言沟通建立在语言文字的基础上，又可细分为口头沟通和书面沟通两种形式。人们之间最常见的交流方式是交谈，也就是口头沟通。常见的口头沟通包括演说、正式的一对一讨论或小组讨论、非正式的讨论以及传闻或小道消息传播。书面沟通包括邮件、备忘录、信件、组织内发行的期刊、布告栏及其他任何传递书面文字或符号的手段。

而一些极有意义的沟通既非口头形式也非书面形式，而是非语言沟通。非语言沟通指通过某些媒介而不是讲话或文字来传递信息。交相闪烁的红绿灯、慷慨激昂的语调都属此类。教师上课时，当看到学生们无精打采的眼神及百无聊赖的表情时，其意尽在不言中，学生已经通过无声的方式明确地表达了他们的厌倦之情。一个人的衣着打扮、谈话时的一举一动无不向别人传递了某种信息，非语言沟通的内涵十分丰富，包括身体语言沟通、语调、物体的操纵，甚至空间距离等多种形式。图1.3勾勒出了这种沟通的分类。

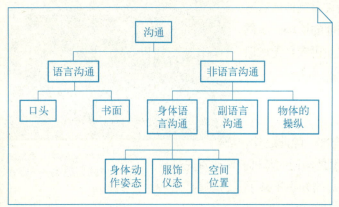

图 1.3　沟通的种类

（1）语言沟通。

1）口头信息沟通。

绝大部分的信息是通过口头传递的。口头信息沟通方式十分灵活多样，它既可以是两人间的娓娓而谈，也可以是群体中的雄辩舌战；既可以是正式的磋商，也可以是非正式的聊天；既可以是有备而来，也可以是即兴发挥。

口头信息沟通是所有沟通形式中最直接的方式。它的优点是快速传递和即时反馈。在这种方式下，信息可以在最短时间内被传送，并在最短时间内得到对方回复。如果接收者对信息有疑问，迅速的反馈可使发送者立刻检查其中不够明确的地方并进行改正。此外，上级同下属会晤可使下属感到被尊重、受重视。显而易见，非正式沟通可以极大地帮助对问题的了解。

但是，口头信息沟通也有缺陷。信息在发送者一段段接力式传送过程中，存在巨大的失真的可能性。每个人都以自己的偏好增删信息，以自己的方式诠释信息，当信息经长途跋涉到达终点时，其内容往往与最初的含义存在重大偏差。如果组织中的重要决策通过口头方式，沿着权力等级链上下传递,则信息失真的可能性相当大。而且,这种沟通方式并不是总能省时,正如那些参加了毫无结果、甚至也不需要结果的会议的主管所了解的那样,按照时间与费用而论,这些会议的代价很大。

2)书面信息沟通。

书面记录具有有形展示、长期保存、法律防护依据等优点。一般情况下,发送者与接收者双方都拥有沟通记录,沟通的信息可以长期保存下去。如果对信息的内容有疑问,过后的查询是完全可能的。对于复杂或长期的沟通来说,这尤为重要。一个新产品的市场推广计划可能需要好几个月的大量工作,以书面的方式记录下来,可以使计划的构思者在整个计划的实施过程中有一个依据。

把东西写出来,可以促使人们对自己要表达的东西更加认真地思考。因此,书面沟通显得更加周密,逻辑性强,条理清楚。书面语言在正式发表之前能够反复修改,直至作者满意。作者所欲表达的信息能被充分、完整地表达出来,减少了情绪、他人观点等因素对信息传达的影响。书面沟通的内容易于复制、传播,这对于大规模传播来说,是一个十分重要的条件。当然,书面沟通也有自己的缺陷。相对于口头沟通而言,书面沟通耗费时间较长。同等时间的交流,口头比书面所传达的信息要多得多。事实上,花费一个小时写出的东西只需十五分钟左右就能说完。

书面沟通的另一个主要缺点,是不能即时提供信息反馈。口头沟通能使接收者对其所听到的东西即时提出自己的看法。而书面沟通缺乏这种内在的反馈机制,其结果是无法确保所发出的信息能被接收到,即使接收到,也无法确保接收者对信息的解释正好是发送者的本意。发送者往往要花费很长的时间来了解信息是否已被接收并被准确地理解。

3)语言沟通中的术语问题。

> 余秋雨的作品《酒公墓》中有这么一段:他开始与上海文化圈结交,当然,仍然三句不离逻辑。……在一次文人雅集中,一位年长文士询及他的"胜业",他早已变得毫无自信,讷讷地说出了逻辑。文士沉吟片刻,慈爱地说:"是啊是啊,收罗纂辑之学,为一切学问之根基!"旁边一位年轻一点的立即纠正:"老伯,您听差了,他说的是巡逻的逻,不是收罗的罗!"并转过头来问张先生:"是否已经到巡捕房供职?"张先生一愣,随即明白,他理解的"逻辑"是"巡逻侦缉"……

上文揭示出了环境如何塑造语言,以及如何运用这种被承认的语言。事实上,在每一个行业、组织中,都存在一些用于相互沟通的特殊语言。例如,某管理学教授在课堂上用了许多字母的缩略语:"总之,MIT SPSS 分析表明,对于 MBA 来说,对 LBDQ 的反应、JDI 和 MSQ 测量之间的关系受到JDS和PAQ的制约。"（MIT SPSS——麻省理工学院社会科学统计；MBA——工商管理硕士；LBDQ——领导行为种类调查表；JDI——工作种类指标；MSQ——明尼苏达满意度调查表；JDS——工作诊断调查法；PAQ——职位分析调查表。）

由此表明，在具有同等知识背景的听众进行交流过程中，术语是一种有效的手段，并且对那些掌握它的人来说保证了一种接触状态，但是，它也可能成为一种基于不同专业背景间沟通的障碍。管理人员运用启发式决策、德尔菲法、角色认同等术语会降低同技术人员沟通的效力。对于不同的职能部门来说，术语可能成为一种沟通的障碍。

罗莎贝斯·莫斯·坎特（Rosabeth Moss Kanter）博士在对一家大公司的研究中，发现经理有一种鼓励运用"共同词汇"的意图，其目的是便于地理位置上经常分离、互不了解，通过电话或函件联系的雇员进行沟通。共同词汇为实际上陌生的人相互了解、相互影响奠定了基础。另外，经理们对共同词汇作了他们自己的非正式的补充。有研究表明，男性管理者的妻子们能够形成103个为其丈夫所运用的与工作有关的陌生名词和词组。

（2）非语言沟通。

一位作风专断的主管一面拍桌子，一面宣称从现在开始实施参与式管理，听众都会觉得言辞并非这位主管的本意。我们应如何说明这些不顾所听到的语言而接收到的信息？在语言只是一种烟幕的时候，非语言的信息往往能够非常有力地传达"真正的本质"。扬扬眉毛、有力地耸耸肩头、突然离去，能够表达出许多具有价值的信息。据有关资料表明，在面对面的沟通过程中，那些来自语言文字的社交意义不会超过35%，换言之，有65%是以非语言信息传达的。

人们非常希望用非语言沟通的方式诸如面部表情、语音语调等，来强化语言沟通的效果，但也并不是总能做到这一点。显然，非语言沟通既能强化语言沟通的效果，也能起相反的作用，关键在于沟通人员对它的掌握和运用。

非语言沟通的内涵十分丰富，广为人知的领域是身体语言沟通、副语言沟通、物体的操纵等。

1）身体语言沟通。

身体语言沟通是通过动态无声的目光、表情、手势等身体运动或者是静态无声的身体姿势、空间距离及衣着打扮等形式来实现沟通。

人们首先可以借由面部表情、手部动作等身体姿态来传达诸如攻击、恐惧、腼腆、傲慢、愉快、愤怒等情绪或意图。举例而言，假设你是某部门经理，

罗莎贝斯·莫斯·坎特是哈佛商学院工商管理教席教授，研究领域为战略、创新以及变革的领导艺术。她经常为《哈佛商业评论》撰稿，共发表了13篇，并在1989—1992年担任该刊主编。她的重要管理著作往往也是畅销书，比如《变革大师》(The Change Masters)、《当巨人学习跳舞》(When Giants Learn to Dance)和《世界级：区域性企业也能竞逐全球》(World Class: Thriving Locally in the Global Economy)。

有位下属来办公室讨论一个问题。你和他把问题解决之后,这位员工却站着不走,并把话题转向另一项目。在你的内心里,很希望立即终止这个讨论而去继续工作,可是在表面上,你却很礼貌、专注地听着,然后,你把椅子往前挪了一下,并坐直了身子且整理你桌上的公文。不管这举动是潜意识的抑或故意的,它们都刻画出你的感觉并暗示这位员工"该是离开的时候了",除非这位员工没有感觉或太专注于自己的话题,否则谈话很可能因彼此间的默契而获得结束。

固然任何身体上行动都会把一些信息传达给接收人,但是,我们必须根据过去对于各种不同类型人物的经验,而不是眼前的情况来对人下定论,以免造成错误。

即使是人与人之间的空间位置关系,也会直接影响个人之间的沟通过程。这一点不仅为大量生活中的事实所说明,严格的社会心理学实验也证明了这一点。国外有关研究证实,学生对于课堂讨论的参与直接受到学生座位的影响。在倾向上,以教师讲台为中心,座位越居中心位置,学生对于课堂讨论的参与比例也越高。图1.4是该研究的具体结果之一。

沟通中空间位置的不同,还直接导致沟通者具有不同的沟通影响力,有些位置对沟通的影响力较大,有些位置影响力较小。我们都有体会,同一种发言,站到讲台上讲,与在台下自由发言所引起的作用是不同的,高高的讲台本身具有某种权威性。

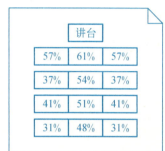

图1.4
空间位置对学生课堂参与的影响[1]

沟通者的服饰往往也扮演着信息发送源的角色。有学者在经过广泛的调查研究后指出,在企业环境中,组织成员所穿的服装传送出关于他们的能力、严谨和进取心的清楚的信号。换句话说,接收者无意识地给各种服装归结了某些定型的含义,然后按这些认识对待穿戴者。例如,该学者坚持认为,黑色雨衣会给有抱负的男性管理者带来不利影响。他声称,黑色雨衣标志着"较低的中等阶层",而米色雨衣在公司内外会得到"管理者"的待遇。出于同样理由,他强烈反对女性管理者穿厚运动衫。当对该项研究的正确性难以评价时,有一点很清楚,人们首先会从他人穿戴的服饰上看到某种信息。

2)副语言沟通。

副语言沟通是通过非语词的声音,如重音、声调的变化、哭、笑、停顿来实现的。心理学家称非语词的声音信号为副语言。最新的心理学研究成果揭示,副语言在沟通过程中,起着十分重要的作用。一句话的含义往往不仅取决于其字面的意义,而且取决于它的弦外之音。语音表达方式的变

---

[1] 金盛华,张杰.当代社会心理学导论[M].北京:北京师范大学出版社,1995:192.

化,尤其是语调的变化,可以使字面相同的一句话具有完全不同的含义。比如一句简单的口头语——"真棒",当音调较低、语气肯定时,"真棒"表示由衷的赞赏;而当音调升高、语气抑扬时,则完全变成了刻薄的讥讽和幸灾乐祸。

3) 物体的操纵。

除了运用身体语言外,人们也能通过物体的运用、环境布置等手段进行非语言的沟通。下面是一个很自然地利用手头之物表明一个非语言的观点的例子:一位车间主任,他在和工长讲话的时候,心不在焉地拾起一小块碎砖。他刚一离开,工长就命令全体员工加班半小时,清理车间卫生。而实际上车间主任并未提及关于清理卫生的话题。

在日常生活中,我们不难发现,秘书们常常给办公场所增添了个人格调。专业人员和管理人员的办公室一般是严肃的,但是秘书们的办公桌被五彩的便利贴、新潮的玩偶陈列、摆在桌上的写真照、宣传画等所包围。透过这些装饰,我们对秘书的性格、特征会产生一个初步的认识。

1.2.2 正式沟通与非正式沟通

在一个组织中,成员间所进行的沟通,可因其途径的不同分为正式沟通与非正式沟通两类。正式沟通指在组织中依据规章制度明文规定的原则进行的沟通。例如,组织间的公函来往、组织内部的文件传达、召开会议、上下级之间的定期情报交换等。按照信息流向的不同,正式沟通又可细分为下向沟通、上向沟通、横向沟通、斜向沟通、外向沟通等几种形式,如图1.5所示。

非正式沟通和正式沟通不同,它的沟通对象、时间及内容等各方面,都是未经计划和难以辨别的。非正式沟通是由于组织成员的感情和动机上的需要形成的。其沟通途径是组织内的各种社会关系纽带,这种社会关系超越了部门、单位以及层级。

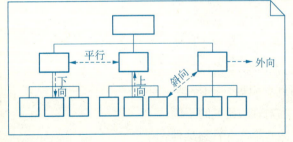

图1.5
组织沟通类型

1.2.3 人际沟通与组织沟通

按照主体的不同,沟通可以分为人际沟通、群体沟通、组织沟通和跨文化沟通等不同类型。在本书中,我们将重点讲解人际沟通和组织沟通。

人际沟通,是指人与人之间的信息和情感相互传递的过程,适用于个人关系的构造。它是群体沟通、组织沟通乃至管理沟通的基础。具体形式如当面交流、电话沟通、传真和电子邮件等。组织沟通,是指涉及组织特质的各种类型的沟通,它不同于人际沟通,但包括组织内的人际沟通,是以人际沟通为基础的。其具体形式,如各种会议、团队讨论等。后面章节将进一步详细讲解人际沟通和组织沟通。

1.3 沟通模式

1.3.1 沟通过程

概而言之,沟通过程就是发送者将信息通过选定的渠道传递给接收者的过程。图1.6描述了一个简单的沟通过程。这一模型包括八个要素:① 思想1;② 编码;③ 通道;④ 译码;⑤ 思想2;⑥ 噪声;⑦ 反馈;⑧ 背景。其中,形成"思想1""编码"由发送者完成,而"译码"、形成"思想2"则是接收者的任务。

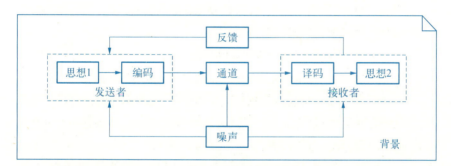

图1.6 沟通过程模型图

下面通过一个范例来说明上述过程。假设制造经理发现需要一种零件——E97,他必须与采购经理沟通,把这个信息传达给他。图1.7就描绘了这一沟通过程。

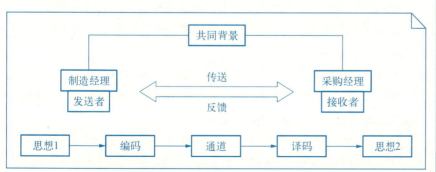

图1.7 沟通过程模型的例证

思想1:
制造经理认为,我们需要E97零件。

编码:
给采购经理写邮件,指示订购E97。

通道:
通过内部邮箱系统传递给采购经理。

译码:
把邮件信息回译为思想。

思想2:
认识到他需要购买E97零件。

从图 1.7 中可以看到，传送者必须编码，把他的思想转化为某种能传递到接收者的形式。在图 1.7 的情况下，经理选择用文字形式将他的思想编码并通过内部邮箱传递。作为一种选择，制造经理也可以选择用语言的形式把他的思想编码，并通过面对面的谈话传递。而作为一名接收者，采购经理获得邮件后要把信息回译为思想，这样就将信息转化为接收者的主观了解。为了提供反馈，采购经理或许会给制造经理一份订货单的副本。这种反馈还包含另一种沟通，它告诉最初的传送者，他的信息已经收到和被理解。而且在这个沟通过程范例中，还存在一个隐含的因素，那就是沟通背景。如果双方缺乏共同背景，信息沟通就难以实现。譬如，采购经理如无法理解 E97 到底是什么，这个沟通就无法实现。

1.3.2 沟通要素

（1）编码与译码。

编码是发送者将其意义符号化，编成一定的文字等语言符号及其他形式的符号。译码则恰恰与之相反，是接收者在接收信息后，将符号化的信息还原为思想，并理解其意义。

完美的沟通，应该是传送者的思想 1 经过编码与译码两个过程后，形成的思想 2 与思想 1 完全吻合，也就是说，编码与译码完全"对称"。"对称"的前提条件是双方拥有类似的经验，如果双方对信息符号及信息内容缺乏共同经验，也就是缺乏共同语言，编码、译码过程不可避免地会出现误差，如图 1.8 所示。

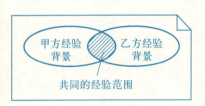

图 1.8
共同经验范围

因此，甲方在编码过程中必须充分考虑到乙方的经验背景，注重内容、符号对乙方的可读性；乙方在译码过程中也必须在考虑甲方经验背景下进行，这样才能更准确地把握甲方欲表达的真正意图，而不至于曲解、误解其本意。

（2）通道。

通道是由发送者选择的、借由传递信息的媒介物。

不同的信息内容要求使用不同的通道。政府工作报告就不宜通过口头形式而应采用正式文件作为通道，而邀请朋友吃饭如果采用发送邮件的形式就显得不伦不类。

有时人们可以使用两种或两种以上的传递渠道，例如，双方可先口头达成一个协议，然后再予以书面认可。由于各种渠道各有利弊，因此，正确选用恰当的通道对有效的沟通十分重要。

但是，在各种方式的沟通中，影响力最大的，仍然是面对面的、原始的沟通方式。面对面沟通时，除了语言本身的信息外，还有沟通者整体心理状态的信息。这些信息使得发送者和接收者可以发生情绪上的相互感染。因而，即使在通信技术高度发达的美国，总统大选时，候选人也总是不辞辛劳地四处奔波去演讲。

（3）背景。

沟通总是在一定背景下发生的，任何形式的沟通，都要受到各种环境因素的影响。比如，据研究发现，配偶在场与否，对人们的沟通影响甚大。丈夫在妻子在场时，与异性保持的距离更大，表情也更冷淡，整个沟通过程变得短暂而匆促。而对沟通者而言，他们并没有意识到这种明显的改变。在企业中也是一样，在总经理办公室与在自己的工作场所相比，采用的沟通方式是存在重大区别的。从某种意义上说，与其认为沟通是由沟通者本人把握的，不如说是由背景环境控制的。

一般认为，对沟通过程发生影响的背景因素包括以下几个方面。

1）心理背景。心理背景指沟通双方的情绪和态度。它包括两个方面的内涵。其一是沟通者的心情、情绪，处于兴奋、激动状态与处于悲伤、焦虑状态下，沟通者的沟通意愿、沟通行为是截然不同的，后者往往沟通意愿不强烈，思维也处于抑制或混乱状态，编码、译码过程受到干扰。其二是沟通者对对方的态度。如果沟通双方彼此敌视或关系淡漠，沟通过程则常由于偏见而出现误差，双方都较难准确理解对方的思想。

2）物理背景。物理背景指沟通发生的场所。特定的物理背景往往造成特定的沟通气氛。在一个千人礼堂演讲与在自己办公室慷慨陈词，其气氛和沟通过程是大相径庭的。

3）社会背景。社会背景一方面指沟通双方的社会角色关系。对不同的社会角色关系，有着不同的沟通模式。上级可以拍拍你的肩头，告诉你要以公司为家，但你绝不能拍拍他的肩头，告诫他要公而忘私。因为对应于每一种社会角色关系，无论是上下级关系，还是朋友关系，人们都有一种特定的沟通方式预期，只有这些沟通在方式上符合这种预期，才能得到人们的接纳。但是，这种社会角色关系也往往成为沟通的障碍，如下级往往对上级投其所好，报喜不报忧等，这就要求上级能主动改变，消除这种角色预期带来的负面影响。

另一方面，社会背景还包括沟通情境中对沟通发生影响但不直接参加沟通的其他人。我们前面提到过，自己配偶在场与否，人们与异性沟通的方式是不一样的。我们也都有这种体会，上司在场与否，或竞争对手在场与否，自己的措辞、言谈举止是大不相同的。

4）文化背景。文化背景指沟通者长期的文化积淀，也是沟通者较稳定的价值取向、思维模式、心理结构的总和。它们已转变为我们精神的核心部分而为我们自动保持，是思考、行动的内在依据，因此，通常人们体会不到文化对沟通的影响。实际上，文化影响着每一个人的沟通过程，影响着沟通的每一个环节。当不同文化发生碰撞、交融时，人们往往能发现这种影响，合资或跨国企业的管理人员，可能对此深有体会。

例如，在美国等西方国家，重视和强调个人，沟通风格也是个体取向的，并且直言不讳，对于组织内部的协商，美国管理者习惯于使用邮件、备忘录、布告等正式沟通渠道来表明自己的看法和观点。而在日本等东方国家，人际的相互接触相当频繁，而且更多是非正式的。一般来说，日本管理者针对一件事先进行大量的口头磋商，然后才以文件的形式总结已作出的决议。这些文化差异使得不同文化背景下的管理人员在协商、谈判过程中遇到不少困难。

（4）反馈。

沟通过程的最后一环是反馈回路。反馈是指接收者把信息返回给发送者，并对信息是否被理解进行核实。为检验信息沟通的效果如何，接收者是否正确接受并理解了每一信息的状态，反馈是必不可少的。在没有得到反馈之前，我们无法确认信息是否已经得到有效的编码、传递和译码。如果反馈显示，接收者接收并理解了信息的内容，这种反馈称为正反馈；反之，则称为负反馈。

反馈不一定来自对方，往往可以从自己发送信息的过程或已发出的信息获得反馈，当我们发觉所说的话含混不清时，自己就可以作出调整，这就是所谓的自我反馈。

与沟通一样，反馈可以是有意的，也可以是无意的。对方不自觉流露出的震惊、兴奋等表情，能够给发送者很多启示。但作为一名管理者，应尽量控制自己的行动，使反馈行为处于自己意识的控制状态下。

1.3.3　沟通中的噪声

噪声是妨碍信息沟通的任何因素，它存在于沟通过程的各个环节，并有可能造成信息失真。比如：模棱两可的语言、难以辨认的字迹、不同的文化背景等都是噪声。典型的噪声包括以下几个方面的因素。

（1）影响信息发送的因素。

这方面容易出现的噪声主要有：

1）表达能力不佳、词不达意，或者逻辑混乱、艰深晦涩，从而使人无法准确对其进行译码。

2）"信息符号系统"差异。信息沟通使用的主要符号是语言，语言也只是一种符号，而不是客观事物本身，它只有透过人们的"符号信息"联系才能导致对信息的理解。不同的人往往有着不同的"信息符号系统"，因而接受者的理解有可能与发送者的意图存在偏差。

3）知识经验的局限。你无法向一个小学生解释清楚相对论，因为他只能在自己的社会经历及知识经验范围内译码，当信息超出这一范围时，他是无法理解的。企业内不同部门的交流也会因各自使用的专业知识、术语不同而困难重重。

4）形象因素。如果接收者认为发送者不守信用，即使其所发出的信息是真的，接收者也极有可能用怀疑的眼光去理解它。

（2）影响信息传递的因素。

1）信息遗失。

2）外界干扰，比如，在机械轰鸣的建筑施工现场进行项目交谈将是一件十分吃力的事情。

3）物质条件限制。没有通信设备，你自然无法与千里之外的总部进行口头沟通。

4）媒介的不合理选择。用口头的方式布置一个意义重大、内容庞杂的促销计划将使实际效果大打折扣。

（3）影响信息接收和理解的因素。

1）选择性知觉。人们运用五种感觉来体验环境：视觉、触觉、听觉、味觉和嗅觉。人对环境的反应，是人产生行为的前提，知觉是个体对周围观察事物的感觉解释和整体认识的过程。知觉影响到我们所"看见"的事物。

两个具有不同知觉的人观察相同的一件事，会有不同的描述。由于每个人的心理结构及需求、意向系统各不相同，这些差异性直接影响到他们接受信息时知觉的选择性，即往往习惯于对某一部分信息敏感，而对另一部分信息"麻木不仁、充耳不闻"。不难理解，我们对能印证自己推断、论点的信息常表现出高度的兴趣，而对相反的信息却漠然视之。正如有学者指出，我们不是看到事实，而是对我们所看到的东西进行解释并称之为事实。下面来看看房东太太和房客就同一事项的不同知觉（表1.1）。

表1.1 知觉的差异

房客同房东太太在协商租约延期的问题时，双方在知觉上形成的对照	
房客的知觉	房东太太的知觉
房租已经太高了	房租已经很长时间没有增加了
别的东西都涨价了，我负担不起更多的房租	别的东西都涨价了，我需要更多的房租收入
房间应该粉刷了	他把房间弄得破旧不堪
据我了解，人们对类似的房间付的房租要低一些	据我了解，人们对类似的房间付的房租要高一些
因为这条街破旧，房租应该低一些	为提高这条街的社会地位，房东应该提高房租
我总是按时付房租	他总是直到我要房租时才交
她为人冷漠，从不关心我的生活如何	我是个体谅人的人，从不打扰房客的生活

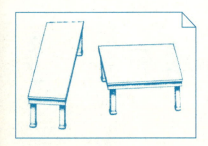

图1.9
谢泼德桌面

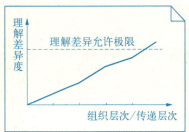

图1.10
信息过滤图

斯坦福大学的认知心理学家罗杰·谢泼德（Roger Sheperd）创作了这幅谢泼德桌面（图1.9）：这两个桌面的大小、形状完全一样。虽然图是平面的，但它桌子边和桌子腿提供的感知提示，影响你对桌子的形状作出三维的解释。这个奇妙的幻觉图形清楚地表明，你的大脑并不按照它所看到的进行逐字解释。

2）信息"过滤"。接收者在接收信息时，往往根据自己的理解和需要对信息加以"过滤"，如图1.10所示。

图1.10反映了多层次的信息过滤情况。图中横坐标表示信息传递层次或组织层次，纵坐标表示接收者理解与最初发送者思想之间的差异，这种差异有一个极限，在此极限范围内的差异是可以接受的。可以看到，当一个信息传送下来，每经过一个层次，都要产生新的差异，最后则突破了允许极限范围，过滤的程度与组织结构的层次和组织文化密切相关。

3）接收者的译码和理解偏差。如前文多次论述，由于个人所处社会环境不同，在团队中的角色、地位、阅历也各异，从而对同一信息符号的译码、理解都各异。即使同一个人，由于接收信息的心情、氛围不同，也会对同一信息有不同解释。

4）信息过量。管理人员在作出决策前需要足够的信息，但如果信息量过于巨大，则过犹不及，使管理者无法分清主次，或者浪费大量时间。

5）特别需要强调和说明的是，社会地位的差距对沟通产生着十分重大的影响。

具体到企业管理中，企业内各部门的分目标各异而造成的冲突和互不信任，也往往会干扰他们之间的有效沟通。技术人员与营销人员不会有共同感情，前者往往责怪后者提出一些不切合实际的要求，或是不支持高层次的理论研究，而后者则认为前者不能顺应消费趋势、潮流的变化。

1.3.4 沟通障碍的应对

沟通的每个环节、每个阶段都存在干扰有效沟通的噪声，我们该如何越过这些沟通中的障碍因素呢？

（1）系统思考，充分准备。凡事预则立，不预则废。在进行沟通之前，信息发送者必须对其想要传递的信息有详尽的准备，并据此选择适宜的沟通通道、场所等。也就是必须先加以系统思考。

（2）沟通要因人制宜。发送者必须充分考虑接收者的心理特征、知识背景等状况，依此调整自己的谈话方式、措辞或是服饰仪态。例如，在车间与一线工人沟通，如果你西装革履，且又咬文嚼字，势必在沟通的双方间造成一道心理上的鸿沟。技术人员在与其他员工沟通时，也要尽量避免使用专业词汇。

（3）充分运用反馈。许多沟通问题是由于接收者未能准确把握发送者意思造成的，如果沟通双方在沟通中积极使用反馈这一手段，就会减少这些问题的发生。管理者可以通过提问以及鼓励接收者积极反馈来取得回馈信息，当然，管理者也可通过仔细观察对方的反应或行动来间接获取反馈信息。

（4）积极倾听。积极倾听要求你能站在说话者的立场上，运用对方的思维架构去理解信息。亨利·福特（Henry Ford）曾指出，任何成功的秘诀，就是以他人的观点来衡量问题。积极倾听有以下四项原则：专心、移情、客观、完整。移情就是要求你去理解说话者的意图而不是你想理解的意思。而且在倾听时，应客观倾听内容而不迅速加以价值评判。我们都有这种体会，当听到与自己不同的观点时，会在心中反驳他人所言。显然这种行为会带来主观偏见和遗漏余下的信息。完整则要求听者对发送者传递的信息有一个完整的了解。既获得传递的内容，又获得发送者的价值观、情感信息；既理解发送者的言中之义，又发掘出发送者的言下之意；既注意其语言信息，也关注其非语言信息。

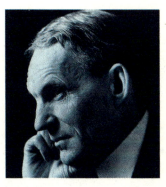

亨利·福特（1863—1947），美国汽车工程师与企业家，福特汽车公司的建立者。他也是世界上第一位使用流水线大批量生产汽车的人。

（5）调整心态。人们的情绪对沟通的过程有着巨大影响，过于兴奋、失望等情绪一方面易造成对信息的误解；另一方面，也易造成过激的反应。因此，管理者在沟通前应主动调整心态至恢复平静。

（6）注意非语言信息。非语言信息往往比语言信息更能打动人。因此，如果你是发送者，你必须确保你发出的非语言信息能强化语言的作用。如果你是接收者，你同样要密切注意对方的非语言提示，从而全面理解对方的思想、情感。

（7）组织沟通检查。组织沟通检查是指检查沟通政策、沟通网络以及沟通活动的一种方法。这一方法把组织沟通看成实现组织目标的一种手段，而不是为沟通而沟通。需要加以检查的四大沟通网络如下：

1）属于政策、程序、规则和上下级关系的管理网络或同任务有关的网络。

2）解决问题、提出建议等方面的创新活动网络。

3）包括表扬、奖赏、提升以及联系企业目标和个人所需事项在内的整合性网络。

4）包括公司出版物、布告栏和小道消息在内的新闻性和指导性网络。

应对这四个网络定期进行检查，以保证各网络的畅通无阻。

1.3.5　管理者沟通的基本观念

沟通者的誓言：无论我是否同意你的观点，我都将尊重你，给予你说出

> 我不同意你说的每一个字，但是我誓死捍卫你说话的权利。
> ——［法］伏尔泰

它的权利,并且以你的观点去理解它,同时将我的观点更有效地与你交换。

(1) 如果想进行有效的沟通,必须避免以自己的职务、地位、身份为基础去进行沟通。沟通(communication)一词,与共同(common)、共有(community)、共享(communion)等的英文形式很相近,你与他人有多少的"共同"、"共有"及"共享",将决定你与他人沟通的程度。共同、共有、共享意味着目标、价值、态度和兴趣的共识。如果缺乏共识的感受,而只一味地去尝试沟通是徒劳无益的。一位经理若只站在自己立场上,而不去考虑员工的利益、兴趣,势必加大与员工间的隔阂,从而给沟通制造了无法逾越的障碍。

(2) 在沟通过程中,请试着去适应别人的思维架构,并体会他的看法。换而言之,不只是"替他着想",更要能够理解他的思路,认同他的世界,感受他的感觉。设身处地替他人着想,是很有益的。但若能和别人一起思考、一同感受,则会有更大的收获。在这个过程中,你很可能会遇到"不同意所看到的和听到的"情况。可是,跳出自我立场而进入他人的心境,目的是要了解他人,并不是要同意他人。一旦你体会了他人如何去看事实、如何去看待他自己,以及他如何衡量他和你之间的关系,才能避免坠入"和自己说话"的陷阱。

(3) 身为一位管理者,你的目标是要沟通,而不是抬杠。有效的沟通不是斗智斗勇,也不是辩论比赛。对接收者而言,沟通中的发送者所扮演的角色是仆人,而不是主人。如果说话人发觉听话人心不在焉或不以为然时,他就必须改变他的沟通方式。接收者握有"要不要听"和"要不要谈"的决定权。你或许可以强制对方的沟通行为,却没有办法控制对方的反应和态度。

1.4 | 管理与沟通

彼得·德鲁克(1909—2005),现代管理学之父,其著作影响了数代追求创新以及最佳管理实践的学者和企业家们,各类商业管理课程也都深受德鲁克思想的影响。

1.4.1 管理沟通及其作用

沟通是管理中极为重要的部分,可以说管理者与被管理者之间的有效沟通是任何管理艺术的精髓。著名管理学大师**彼得·德鲁克**(Peter F. Drucker)就明确把沟通作为管理的一项基本职能。无论是计划的制订、工作的组织、人事的管理、部门间的协调、与外界的交流,都离不开沟通。无数实践证明,良好的企业必然存在良好的沟通。正如美国著名未来学家奈斯比特(John Naisbitt)指出的那样,"未来竞争是管理的竞争,竞争的焦点在于每个社会组织内部成员之间及其与外部组织的有效沟通上"。戴尔·卡耐基(Dale Carnegie)认为,"与人相处的学问在所有的学问中应该是排在前面的，沟通能够带来其他知识所不能带来的力量，它是成就一个人的顺风船"。而松下幸之助则认为，"企业管理过去是沟通，现在是沟通，将来还是沟通"。美国著名学府普林斯顿大学对1万份人事档案进行分析，结果发现："智慧"、"专业技术"和"经验"只占成功因素的25%，其余75%取决于良好的人际沟通。哈佛大学就业指导小组的调查结果显示，在500名被解雇的男女中，因人际沟通不良而导致工作不称职者占82%。

组织是由许多不同的部分、成员所构成的一个整体，这一整体有其特定的目的和任务。为了要达成组织的目标，各部门、成员之间必须有密切的配合与协调。只有各部门、各成员之间存在良好的沟通意识、机制和行为，他们才能彼此了解、互相协作，进而促进团体意识的形成，增强组织目标的导向性和凝聚力，使整个组织体系合作无间、同心同德，完成组织的使命及目的。

行为科学及企业文化理论告诉我们，组织成员并非仅仅为了物质的需求而工作，他们还有精神层面的需要，这些精神上的需要包括成就感、归属感、荣誉感及参与感等。而且，随着社会的不断发展进步，人们生活水平和文化素质的日益提高，这些精神需要所占比重会越来越大。要使员工真正感受到自己属于企业，并不是仅仅依靠工资、绩效奖金便能达到的。而更在于那个组织对他意见的重视，这种参与感的满足对于员工的工作积极性有很大的影响，而组织沟通，尤其是上向沟通正可以满足员工的这种欲望。

现代组织机构庞大，且业务繁杂。组织成员尤其是管理人员不可能只凭借自身力量和信息渠道获得决策所需的所有信息。管理人员要想适应瞬息万变的市场环境和纷繁复杂的大千世界，就必须凭借沟通，间接向他人获得信息和宝贵的经验成果。人是有限的，但沟通使得人能够无论在思想观念上还是在情感上都变得无限。

"三个臭皮匠，赛过诸葛亮"这句俗语，其实存在一个隐性前提，那就是三人之间有着良好的沟通。良好的沟通不仅能交换信息，还能够互相交融、互相促进，从而产生创新的效果。正如爱尔兰剧作家萧伯纳（George Bernard Shaw）曾经打过的一个比方：假如你有一个苹果，我有一个苹果，彼此交换后，我们都还是只有一个苹果。但是，如果你有一种思想，我有一种思想，那么彼此交换后，我们每个人都有两种思想。甚至，两种思想发生碰撞，还可以产生出两种思想之外的东西。

良好的沟通能减少团队内的冲突与摩擦，促进工作人员间、员工与管理层之间的和谐和信任，减少工作的重复和脱节，从而避免人力、物力、财力以及时间上的浪费。良好的沟通还能提高员工的满意度，提高他们工作的质与量。正是出于这两方面的分析，良好的沟通以及人际关系，才能被称为"生产力"。

现代的企业组织，都是建立在职能分工基础上的，这对促进管理的专业化、科学化具有重要的意义。但与此同时，也容易造成专业及部门壁垒，不同职能部门间"隔行如隔山"，不易相互了解和协作配合；另外，不同部门在制订决策时，往往不会顾及其他部门的利益，从而造成不必要的矛盾冲突。避免这些情况发生的一个重要途径，就是加强部门间的联系和沟通，增进相互理解，站在公司共同利益基础上相互体谅、相互促进、紧密合作，最终达到整体目标优化的效果。

通过分析组织成员在工作中花费多少时间，也能揭示出沟通的重大意义。通过对生产工人的研究表明，他们每小时进行16—46分钟的沟通活动。甚至16分钟的最低数字也是每4分钟进行一次沟通。组织等级越高，花费在沟通上的时间也就越多。对于完成生产任务的基层主管人员来说，各种研究表明，工长工作时间的20%—50%用于言语沟通。当通过文字工作增加沟通时，这些数字增加到29%—64%，至于中层和高层管理人员，我们发现，经理时间的66%—87%用于言语（面对面和电话）沟通。这些数字还没有包括其他沟通形式（例如阅读和书写文件、便函和报告）。显然，沟通任务差不多成了许多管理工作的内容。

具体地说，沟通在管理中的重要作用体现在以下几个方面。

（1）激励。良好的组织沟通，尤其是畅通无阻的上向、下向沟通，可以起到振奋员工士气、提高工作效率的作用。

随着社会的发展，人们开始了由"经济人"向"社会人""文化人"的角色转换。人们不再是一味追求高薪金、高福利等物质待遇，而是要求能积极参与企业的创造性实践，满足自我实现的需求。良好的沟通，使员工能自由地和其他人，尤其是管理人员谈论自己的看法、主张，使他们的参与感得到了满足，从而激发了他们的工作积极性和创造性。

（2）创新。在人际有效的沟通中，沟通者互相讨论、启发，共同思考、探索，往往能迸发出创意的火花。专家座谈法就是最明显的例子。惠普公司要求工程师们将手中的工作显示在电脑上，供别人品评，以便大家一起出谋划策，共同解决困难。

员工对于本企业有着深刻的理解，他们往往能最先发现问题和找出症结所在。有效的沟通机制使企业各阶层能分享他的想法，并考虑付诸实施的可能性。这是企业创新的重要来源之一。松下公司的意见箱制度就充分说明了这一点。

> "集合众智，无往不利。"这是松下幸之助先生穷七十余年功力而悟出的至理名言。

（3）交流。沟通的一个重要职能就是交流信息。顾客的需求信息、制造工艺信息、财务信息……都需要准确而有效地传达给相关部门和人员。各部门、人员间必须进行有效的沟通，以获得其所需要的信息。难以想象，如果制造部门不能及时获得研发部门和市场部门的信息,会造成什么样的后果。企业出台的任何决策,都需要凭借书面的或是口头的,正式的或是非正式的沟通方式和渠道传达给适宜的对象。

(4)联系。企业主管可通过信息沟通了解客户的需要、供应商的供货能力、股东的要求及其他外部环境信息。任何一个组织只有通过信息沟通,才能成为一个与其外部环境发生相互作用的开放系统。尤其是在环境日趋复杂、瞬息万变的情况下,与外界保持着良好的沟通状态,及时捕捉商机,避免危机是企业管理人员的一项关键职能,也是关系到企业兴衰的重要工作。

另外,一个不容忽视的问题是,由于存在沟通漏斗(图1.11),有效的沟通并不容易。

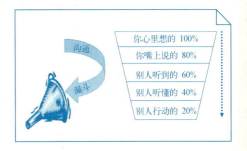

图1.11
沟通漏斗

1.4.2 管理模式与沟通

作为管理者,你必须设法借助他人之臂方可善行其事,这就意味着你管理着你所需要的或赖以完成管理工作的人力资源。人事管理亦可称之为领导。我们各自都有自己理想的领导模式,当我们与他人——主要是与员工进行交流时,领导模式会对交流的方式产生影响。然而,迄今为止,还没有哪一种神奇的领导模式能使我们成为最有效的领导者,我们应该努力探索,以形成不同的领导模式。但是,由任何一种领导环境所形成的领导模式都必须适合以下三种要素的需要:

① 你自己,即领导者;② 员工;③ 应完成的任务。

你只有去理解、分析这三种要素才能在任何给定的环境中选择正确的领导模式。基本的领导模式有以下四种(图1.12):

① 命令型;② 指导型;③ 扶持型;④ 委托型。

以上每一种模式都是可供选择的(但我们都有自己偏爱的模式,即使有必要也很难改用其他模式),但一定要根据具体的环境进行抉择。

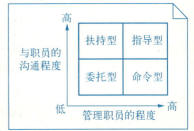

图1.12
四种基本领导模式

(1)命令型。如果你一定要完成一项极其复杂的工作,而你的员工又经验不足,工作也不主动,但你又必须按时完成,时间紧迫,那最适合你的是命令型领导模式。你应向大家解释有哪些工作需要去做,告诉他们怎样去做。但在这种情况下,你可能会落入过分交流的陷阱,即过多的解释可能会浪费时间,打乱工作部署。

(2)指导型。如果员工工作比较主动并具有较丰富的工作经验,你适合选择指导型领导模式。你可以花时间去同员工进行沟通,以友好方式向他们比较详细地说明工作,并帮助他们理解工作。

(3)扶持型。如果员工对所要求的技术娴熟,而你与员工之间的关系又比较密切，你适合选择扶持型领导模式。

（4）委托型。当你与员工的关系十分密切，而且他们完全可以胜任工作，可以放心地让他们干下去，这时，你适合选择委托型领导模式。在这种模式中，管理者和员工的关系融洽，平等友善。尽管如此，你仍需要密切注意员工的工作表现，以保证各项标准的有效实行。

如果你把这四种基本领导模式与员工的特点和工作经验有效地结合起来加以考虑，并运用"环境领导法"（图1.13）加以分析，你就能在特定的环境中确定哪一种领导模式最适用。为了能正确选择切实可行的领导模式，换言之，为了改变现在模式以适应具体环境的需要，你必须具备以下三个方面的特别技能。

（1）分析技能：评价下属用以完成任务的经验和主动程度。

（2）变通技能：根据对具体环境的分析结果，变更并选择最佳领导模式。

（3）沟通技能：向有关下属解释为什么领导模式要随环境的不同而发生变化。每个人执行某项任务的经验和主动性各不相同。倘若你把领导模式从委托型改为命令型，而你又未能与下属进行有效的沟通，说明改变领导模式的原因，那么员工会对命令型作出敌对的反应。他们之所以产生这种不友好的反应，是因为他们对被要求完成的管理工作是完全陌生的。

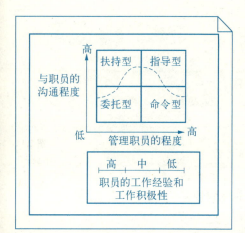

图1.13
环境领导法

你所管理的大部分人员，他们的经验和积极性可能属中等水平，因此，扶持型或指导型应是你大部分时间所选用的领导模式。但是，如果你长期坚持，固定不变，就不免有墨守成规、不思进取之嫌。美国第十六任总统亚伯拉罕·林肯（Abraham Lincoln）有句名言："你可以用100%的时间去有效地管理80%的人员或用80%的时间去有效地管理100%的人员，但你不能用100%的时间去有效地管理100%的人员。"

因此，你需要某段时间运用四种领导模式实施管理，同时必须具有以下几种交流技能：

（1）怎样简明扼要地说明任务的性质？

（2）怎样告知员工去做什么，如何去做？

（3）怎样鼓励圆满完成任务的员工？

（4）怎样与员工建立和谐的关系？

（5）怎样与员工一起探讨问题，听取他们的意见，了解他们的感情？

（6）怎样有效地委托职责，以便了解员工应该向你提出的问题？

（7）作为领导，怎样解释在特定环境中你的失常行为？实际上，你本身就是一个矛盾的统一体。

思 考 题

分析以下沟通问题:

1. 情景:一个人打算乘公共汽车去火车站,汽车上午10:55离开9号港湾。现在是10:55,一辆汽车停在9号港湾站。这个人问:"这是9号港湾站么?"另一位车上的乘客回答:"是的。"于是这人跳上即将开出的汽车。但是他乘错车了,这是辆晚点的从9号港湾开往另一个方向的汽车。

问题:解释一下出了什么差错,在沟通过程的什么地方出现了障碍(包括车上乘客的答复)。

2. 情景:迈克在一家食品加工的包装车间里当管理人员,玛丽是车间里操作贴标签机器的工人。玛丽刚犯了一个严重的错误,包装流水线上的产品换了,她却没有换上相应的标签轴筒。迈克找玛丽谈话。

迈克:你怎么可能让这种事发生!我早就跟你说了,要你特别当心。

玛丽:那时我以为当流水线上的产品要换时,我会从打包工那里得到个信号。可他什么也没有对我说。

迈克:这不是我当时的意思,我说"打包者"指的是打包机,当产品换线时,它的红灯就亮了。

玛丽:我想我大概误解你的意思。不管怎么说,那天你跟我说这件事时,我为母亲急得要命,她正在医院里开刀,说实在的,我真没想到贴标签惹下那么大的麻烦。

问题:

(1)迈克传达给玛丽的信息不清楚是由什么情况引起的?

(2)你认为迈克当时应该怎么做,才能保证信息准确到位?

3. 你刚刚晋升为车间主任,在你被提升以前,生产平稳发展,但现在产量下降,因而你想改变工作程序和任务分配。但是,你的下属不但不予配合,反而不断地抱怨说他们的前任主任在位时情况是如何如何地好。你该怎么办?

(1)实施变更,密切注视工作情况。

(2)告诉他们你为什么要作出改变,说明改变将会给他们带来的利益,并倾听他们所关切的问题。

(3)同他们讨论打算改变的工作计划,征求他们提高生产能力的建议。

(4)让他们自己找出完成生产指标的办法。

4. 美国加利福尼亚州立大学对企业内部沟通进行的一项研究发现:来自领导层的信息只有20%—25%被下级知道并正确理解,而从下到上反馈的信息则不超过10%。请分析造成这些沟通障碍的原因。

5. 某重要会议的开会通知,提前通过电话告知了每位会议参加者,可是到开会时,仍有不少人迟到甚至缺席。你认为可能的原因有哪些?

案例

沃尔顿法则：沟通是管理的浓缩

沃尔顿法则——沟通是管理的浓缩——由美国沃尔玛公司总裁沃尔顿提出，他从更为独特的视角看沟通，认为所有的管理事务都应该浓缩于沟通之中，而完美的沟通是应该把所有的管理工作都包含容纳在内。"沃尔顿法则"与韦尔奇的"管理沟通论"异曲同工，都把沟通当作管理的核心来看待。企业管理者们一旦抓住了沟通这一核心要素，管理就可以收到事半功倍的效果。

美国沃尔玛公司是全球营业额最大的零售商，最近连续4年雄踞美国《财富》杂志世界500强企业榜首。1972年，沃尔玛在纽约上市，股票价值从原始股到1999年整整翻了4 900倍，购买沃尔玛股票的股民纷至沓来，总裁萨姆·沃尔顿在一次股东大会上曾经这样说："如果你必须将沃尔玛管理体制浓缩成一种思想，那可能就是沟通，因为沟通是我们成功的真正关键之一。"这也是沃尔顿法则的来源。总裁沃尔顿在公司管理中始终注重"沟通"所具有的强大魅力与妙用。为了不停留在仅对沟通意义的认知上，沃尔顿给公司定下一条落实沟通的规矩：沃尔玛行政管理人员每周必须花费大部分时间飞往全球各地8 500多家沃尔玛门店，就公司的最新业务与门店经理进行磋商，争取让所有沃尔玛员工都能掌握沃尔玛公司的业务指标，要求各门店定时公布利润、进货、销售和减价的情况，这些业务信息交流不只面向门店经理，每个员工、计时工乃至兼职雇员也是沟通对象，均有权了解。沃尔顿为了让员工及时了解自己公司经营情况的全貌，给他们发表意见、建议的机会，有企业大家庭的参与感，每次股东大会结束后，他都要和妻子一道邀请所有出席会议的员工到自己家里做客，举办一次隆重的野餐会，在享用美食中与大家聊天，畅所欲言讨论公司的现在和未来。散席后，为了保持公司今后沟通渠道的通畅，还要择日举行一次沃尔玛的联欢会，以加深股东大会的影响力，并随时收集公司员工的内心想法。

萨姆·沃尔顿一向认为：员工必须了解公司业务的进展，公司也必须与员工共享业务信息。这就是沟通的意义，也是沟通的具体表现形式和起码要求。沃尔顿的这一"沟通观"深得公司上下的认同与拥戴。试想，如果公司与员工未能"互相了解"，沟通将无从谈起，心与心的隔阂势必产生一片精神的荒漠，阻碍公司发展。沟通难，就难于缺少一些沟通的形式、环境，难于沟通会受到各种自然的抑或人为屏障的阻碍。沃尔玛公司有着上百万员工，意味着有上百万颗心，上百万个念头、思路，若没有及时的沟通，心与心的距离就会很远，步调与步调也就很难实现同步共进，企业管理将面对一盘散沙，举步维艰。要让员工听话、服从沃尔玛公司总部的统一指挥，就要让全体员工一起看过来，向着公司总部的指挥棒看齐。然而，一家大型企业公司要采用强制性命令式的管理很难，毕竟员工不是士兵，没有军人那种服从军令的素质，很大程度上靠自觉，那么就要千方百计为沟通创造一些条件和环境，形成某种沟通的习惯和约定，才能经常沟通，实现上下一条心、一种理念、一个价值观、一个共同目标，最后实现公司高层对百万员工的管控全覆盖，促使员工同步、最大限度地干好本职工作。

沃尔顿法则还会产生一个沟通附加值，即公司内部因为沟通顺畅，迎合了员工心底沟通与交流的欲望,将会使员工有主人翁的参与感,促成员工的责任感,使大家真正意识到自己岗位的工作对全公司的意义与作用。员工因为得到公司的尊重、信任和重用,会更加积极主动地为公司卖力。

有人列出了萨姆·沃尔顿成功经验十大法则:① 全心经营,比别人更尽心尽力;② 和同事分享利润;③ 激励你的同事;④ 凡事和同事沟通;⑤ 感激同事对公司的贡献;⑥ 成功要大肆庆祝,失败则不必丧志;⑦ 聆听公司内每一个人的意见;⑧ 超越顾客的期望,他们就会一再光临;⑨ 控制成本低于竞争对手;⑩ 逆流而上,走不同的路,放弃传统观念。其中第④条、第⑦条都在强调沟通。可以说,沃尔玛的管理和经营处处有沟通,并且靠沟通来支撑起一个庞大的管理体制。

资料来源:许亮生.沃尔顿法则:沟通是管理的浓缩[N].财会信报,2017-9-25.

案例讨论
1. 沃尔顿法则对"沟通"的核心要义是什么?
2. 沃尔玛是如何在日常经营管理中实施沃尔顿法则的?
3. 你认为沃尔玛公司的沟通法则的价值体现在哪里?

第2章 自我与沟通

> 我们每个人都是由自己一再重复的行为所铸造的。因而优秀不是一种行为,而是一种习惯。
> ——亚里士多德(Aristotle)

学习目标

- 了解自我概念
- 掌握自我管理的内涵
- 了解情商与智商的异同

引导案例

卡洛斯十分疲倦地坐在我的办公室里,像打了霜的茄子。

"卡洛斯,我们还没有开始我们的第一次讲话。"我说道。

"我知道,但是我恐怕会搞砸了这件事情。"

"你是否在全力准备下周的演讲?"

"我想是的,"他说道,"但是自从我开始上课,我就会晚上睡不着。会整夜担心这次演讲。"

"你在担心些什么呢?"

"我也不是很清楚。"

"不，不是这样的。那我问你，你此时此刻看见发生什么了？你自己又听到什么了？或者你现在在想什么？"

"我正在想我可能会在我要说的内容里面犯错，"卡洛斯停顿了很长时间，"人们会觉得我很愚蠢。"

不会有任何其他人比你与自己沟通得更多。当你面临一个难题，一种窘境，甚至是公众演说时的质疑，你会对自己说什么呢？你会怎样与自己交谈？

可能你会如同大多数人一样，对你可以胜任的事情、未来会发生什么以及你是谁等，给予了相当多消极的信息。谢德·赫尔姆斯泰特（Shad Helmstetter）在他的书《当与自己沟通时如何说话》中指出一些最新的研究："我们所思考的内容77%是消极的，并且对我们本身起阻碍作用的。"也许你思维中的消极成分占的比例没有这么高，但是我们每天的确会经历一天多次的自我批判、自我怀疑以及忧虑。我们甚少用直接且建设性的策略去面对它们以及在公众场合谈论它们。我们在夜里辗转反侧，如同受害者般被嘲弄。然而，我们可以以一种全新的方式变得更有创造性，直接面对消极思想。

以一种积极的方法来处理我们的一些消极思想，可以用一个手段称之为"给予相反方同样的时间"。通常，我们在经历一些消极的思想和令人烦躁的画面，我们都会反复在这些事情上面思考并且过度关注。

我们怎样回到那个属于我们的安静之所，能让我们感到平静的家呢？"给予相反的一方同样的时间"是一种带领自我回归的有效方法，它不仅能让我们回到忧愁开始的时候，也许能恢复得更好。它为我们重新审视自我提供了一种更为积极健康的方式。

方法很简单，将一张有划线的纸纵向对折。在左边一列的顶端做个(－)的标记，在右边做个(＋)的标记。只要当你遇到负面情绪的事情或者场面，就在左边一列进行记录或者做个记号。同时标记在此事件上花费了多少时间。举个例子，卡洛斯会这样写，"我将忘记我所想说的东西＝我花费了2分钟时间来忧虑"，并且画了个简单的人物表示他看上去很忧愁。

他在运用"给予相反的一方同样的时间"这个方法时，会用完全相等的时间来进行反向思维和画画。因此，卡洛斯如此写道："我会记住我演讲的内容＝2分钟积极的对话时间"，并且画了第二个小人，他在微笑。在接下来的2分钟里他重复了这句积极的话"我将记住我的演讲内容"，一遍又一遍，同时看着他画的微笑的小人。

资料来源：Anne Hill, James Watson, Danny Rivers, Mark Joyce. Key Themes in Interpersonal Communication: Culture, Identities and Performance [M]. Berkshire: Open University Press, McGraw-Hill Education, 2007.

2.1 了解自我

2.1.1 自我概念

自我概念（Self-Concept），即一个人对自身存在的体验。它包括一个人通过经验、反省和他人的反馈，逐步加深对自身的了解。自我概念是一个有机的认知结构，由态度、情感、信仰和价值观等组成，贯穿整个经验和行动，并把个体表现出来的各种特定习惯、能力、思想、观点等组织起来。自我概念具有以下功能。

（1）保持内在一致性。

个人按照保持自我看法一致性的方式行动。个人的行为会与自己对自己的看法保持一致。

自我概念引导着个人的行为，如学生认为自己名声不佳，则会放松对自己的行为约束。

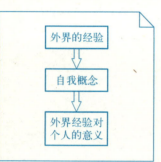

（2）决定个人对经验怎么解释。

每一种经验对特定的人意义是特定的，不同的人可能会获得同样的经验，但他们对经验的解释是不一样的，那是由自我概念决定的。

（3）决定人们的期望。

在各种不同情景中，人们对各种事情发生的期待，对别人及自己行为的解释和期待取决于自我概念。

2.1.2 自我概念的发展途径

我们的自我概念并非与生俱来，其发展主要通过三个途径：反映评价、社会比较和自我知觉。

（1）反映评价。

反映评价即我们的自我概念会根据他人怎么看待我们而进行调整。

如果年轻的时候得到了肯定的评价，你就会有一个良好的自我概念。如果这种评价是否定的，你的自我概念就可能感到很糟糕。例如，在学期开始时，如果老师对一个学生说，你行，你一定会成为一个好学生，这位学生听了以后一定会以好好学习作为回应；如果老师说你以后没有什么发展，你可能对此消极起来，反正自己不行，懒惰一点也无所谓。

这个反映评价的过程将贯穿我们终生。我们的老师、家人以及朋友对我们的想法、期许以及评价都将影响到我们是谁的概念以及我们完成事情能力的形成。那些强大的他人，那些给予我们很多价值评价的个体们，例如我们的父母、同伴以及良师益友都在我们形成自我概念的过程中起着举足轻重的作用。你的父母可能说你是一个好孩子，你的同伴可能说你是一个好伙伴，而你的老师可能告诉你必须要更加努力，所有这些来自他人的信息都有助于造就你的自我概念。

我们得到的关于自己的信息能够变成自我实现预言。比如你的领导已经预设你是一个爱偷懒、不好好工作的人，你汇报工作的时候他觉得你不用心，但是你用心做了这件事，他把他认为你不用心的这个情绪或者说这个预设通过一种微妙的言语或者其他途径的暗示使你感知到了。于是你原本努力上进的动力就会打折扣，因为你不努力上进的形象已经印在别人心上了，再怎么努力上进也不会扭转这个印象，于是你自暴自弃地工作。这样，在你的领导那里，他就成了"自我实现的预言家"。

（2）社会比较。

在生活和工作中，人们往往与他人比较来确定衡量自己的标准，这就是在作社会比较。

例如在学校时，考试成绩出来后，你通常会问一下自己同学的情况，然后推算自己在班级中的排名；工作后，又在工作性质、收入、福利待遇、工作的稳定性、个人的关系网络、对家庭的满意度等方面和自己背景相似的同学、同事进行对比等。无论什么人从出生到长大，从家庭到社会，从学习到工作，都会在社会比较中发展和充实自我概念。

（3）自我知觉。

在年少时，对自己的认识大多数来自人们对你的反应。然而，在生活的某一时刻，你开始用自己的方式来看待自己，这种看待自己的方式被称为自我知觉。

孔子所说的"三十而立"中的"立"不是指成家立业，而是在对社会和自己都有比较明确的认识和理解的基础上的一种意识，这就是自我知觉。

自尊是指个体对自己价值的个人判断。自尊感是与自尊需要相联系的对自我的态度体验。自尊需要得到满足，将会使人感到自信，体验到自我价值，从而产生积极的自我肯定。如你在公司提出的建议得到了认可，你的自尊感就会变得更满足，你的成功或许会改进你的自我知觉。

对许多人来说，随着年龄的增长，自我知觉发挥的作用越来越大。一旦人们从生活经验中获得自信，反映评价和社会比较就会失去意义，而自我知觉将会变得更加重要。例如，一个60多岁的老人，或许他不再对自己与他人的比较结果以及别人如何看待自己感兴趣，相反，他的自我概念可能更多地取决于他对自己的生活质量的自我知觉。

2.1.2 改进自我概念

改善自己的自我概念是每个人都能够做的最困难的事情之一。按照希尔等学者的观点[1]，可以得出以下一些方式。

（1）明确你要改变自己的哪些方面。

选出你愿意改变你自己以及自我概念的某个领域，看一看是否能弄清为什么在这个领域内存在问题。

（2）分析环境对自己的影响。

你处在使你消极的环境中吗？你周围的人支持你冒风险吗？有时候我们可能会被固定在令我们不舒服的角色中，你在扮演自己为自己选择的角色，还是他人为你选择的角色？你对扮演这一角色满意吗？你能努力去扮演自己期待的角色吗？

（3）循序渐进地实现既定目标。

如果你要设法改变自己的行为，看一看是否能把问题化整为零，循序渐进地解决掉。假设你容易害羞，很多情况下你知道如何回答问题，你希望在课堂上多发言，可你只是不好意思举手，那么可以设定一个小目标，让自己每周在某门课上发言一次。这或许是一个相对而言更容易实现的目标。一旦适应了，你就可以把目标增加到每周发言2—3次甚至更多。

（4）激励与约束相结合。

在实际生活中，要具体情况具体分析，在偏重激励或者约束之间适当地做出选择。只有把两者很好地结合起来，才能更好地改变人的行为。一旦人们体验到了成功，就会开始对自己有更好的感觉。有时候人们认为自己不成功是因为没有得到足够的激励。例如，典型的想法可能是："只要我能激励自己，就会得到更高的分数。"这样想的人是把激励和约束的概念混淆了：因为无法激励自己去复习课堂笔记，只能借助约束来实现了。

（5）寻求同伴支持。

每当我们设法改变自己时，都需要有人在自己周围支持我们，他们是知道改变有多么困难并了解我们愿望的人。拿在课堂上发言的例子来说，如果你心存忧虑，你可以考虑与一个你喜欢并且信任的老师讨论这个问题，告诉他（或她）你将偶尔试着说点什么，并请求他（或她）的支持，也告诉班中两三个好朋友你的计划。让他人知道你的想法通常会得到道义上的支持。

当我们要改变时，仔细挑选支持者是非常重要的。另外，告诉他们自己要做什么和提示他们如何提供帮助也是很重要的。

---

[1] Anne Hill, James Watson, Danny Rivers, Mark Joyce. Key Themes in Interpersonal Communication: Culture, Identities and Performance [M].Berkshire: Open University Press, McGraw-Hill Education, 2007.

2.1.3 创造性地倾听自我

我们与他人的关系也有赖于我们倾听自我的能力。个人常见的负面想法可以分为：无能类——"我不能胜任""我很无助""我是失败者""我很软弱"；不可爱类——"我不可爱""我不讨人喜欢""我不受欢迎""我是多余的""我必定孤独"；无价值类——"我毫无价值""我不道德""我不配现在的生活"。如果对自我的倾听是消极被动的，就会进一步强化自我概念和行为。

著名的格式塔心理学治疗家弗里茨·皮尔斯（Fritz Perls）认为："意识是改变的第一步。"让自己的想法被自己听到这个简单的方法也是积极改变自己想法的第一步。通过简单地观察自己，而不是消极地审视，就是要创造一种对于自我的好奇、理解以及欣赏的态度，体会自己的感受和情感；把自己作为自己的观察者，觉察自己的内心感受、想法、期待、渴望和需要。这就是一种倾听自我的新方式。

2.1.4 创造性地与自己对话

当倾听自己的心声时，许多消极的或积极的想法都会出现。积极的想法是好的，但那些消极的想法常常让人情绪低落，干扰自己与他人的沟通，对生活造成危害。美国心理学家阿尔伯特·艾利斯（Albert Ellis）在他的著作《理性生活新指南》中概述了十个主要的会导致美国人生活不理想、沮丧、郁闷的想法。

（1）你应该被所有人喜欢或爱着。

（2）如果你自己认为值得的话，你应该可以胜任你所做的一切。

（3）幸福是外来因素引起的，人们很少或根本没有能力控制自己的悲伤和困惑。

（4）你过去的历史对于你现在的行为来说是一个非常重要的决定因素，因为有些东西一旦强烈影响你的生活，它应该也会不断地有类似的效果。

（5）一个问题只有一个正确的解决办法，如果没有找到这个完美的解决方案将是灾难性的。

（6）如果某些事情可能会导致危险或恐惧，你应该密切关注其发生的可能性。

（7）某些人是邪恶的，他们应始终受到严厉指责，并受到惩罚。

（8）当事情不是朝着如你所想象的方向发展的话，那将是可怕的和灾难性的。

（9）相比直面某些生活中的困难和自我责任，逃避是比较容易的。

(10) 一个人应该为他人的问题和困惑而不安。

其中,70%的问题是基于不合理的想法(1)和(2)。艾利斯用相反的观念去取代原先的观念,以下就是和上面相对应的十个相反的表述,这对改变自己的想法是有帮助的。

(1) 你不必得到每个人的认可。不是每个人都会喜欢或爱你。争取普遍认同或感情,这是不合理的。没有人喜欢被每个人都认可。要努力被大家认可,不是一个理想的目标。争取被每个人都认可的人经常牺牲自己的原则、价值观和幸福。结果,他们发现在试图赢得别人的认可的过程中唯一获得的只有不满。

(2) 你不必完美胜任你所做的一切。期望在任何领域都完美是不合理的。没有人是完美的,期望你做的每件事都完美也是不合理的。会有一些活动你能展现能力,但没有人能掌控一切。事实上,失败将是你曾经拥有的最好的老师之一。失败可以教你如何提高,改变什么,以及何时退出。

(3) 你的幸福来自你的内在,你可以通过改变你的想法来改变自己的感受。你的感受是由你的思想,而不是由外部事件决定的。通过改变想法,你可以改变你的感受。实际上,几乎所有你将经历的负面情绪,你都可以通过看看这十个观念来修改或消除。

(4) 你当前的行为并不是由过去决定的。人类可以忘掉以前的行为,并代之以新的行为。虽然很多习惯性的行为和思维方式是根深蒂固难以改变的,但他们可以通过集中精力以及集中思想来改变。

(5) 任何问题都会有许多解决方案。认为任何问题只有一个解决方案,这是不合理的。最有可能的情况是,任何问题都有各种不同的方式来解决。解决问题时,不要让你的思维被限制住。用你的想象力,让你的创造力飙升!

(6) 不要过分担心。过分担心和关注每一件小事是不合理的,这会让你的生活向错误的方向发展。你一生中担心的事情绝大多数永远不会发生。这些担心大多来自疲劳和孤独。得到足够的睡眠、休息、放松和关爱,你会惊奇地发现它们可以消除令你担忧的事。

(7) 大多数人内心都是好的。当事情出错时,我们往往第一反应是去寻找一些人来指责和惩罚。但很少有人是完全可恨或邪恶的,绝大多数人基本上是善良、勤劳、诚实的。我们需要看到每个人好的、美丽的一面,甚至对那些苛待我们的人亦如此。从长远来看,指责、憎恨或寻求报复的代价太高。

(8) 如果你没有能够如愿以偿地做事也没关系。我们在生活中学到的最大教训之一是,我们并不总能得到我们想要的。我们必须超越自己,首先要知道我们周围人的需求并作出反应。不要太执着于你想要什么或你的愿望,同样也需要为别人着想。

(9)直面你的问题和责任要比躲避它们更好。拒绝对你安全或利益构成威胁的问题是不合理的。例如,身体上的疾病、人际关系的冲突和情绪的困扰,都需要得到承认和解决,如果不这样做只会放大问题。你的责任也同样如此,你需要兑现你的承诺,遵守你的法律义务,并履行你的职责。躲避或拒绝合法的责任,只会在长时间内导致痛苦、忧虑和消极后果。

(10)让别人对他们自己负责。过分关注其他人的生活是不合理的,人们需要对自己的生活负责。我们可以关心他人,但不负责他们的生活。每个人需要过他自己的生活。除了婴幼儿和老人,大多数人应该作出自己的决定并照顾自己。不要纠缠在其他人的生活里,照顾好自己已经足够了。当然这不是给你可以不仁不义、孤立和以自我为中心的借口。而是说,你应该让别人自己犯错误,并从中学习,在不依赖你过度关心下过他们自己的生活。正如那句老话,"每当你帮助别人,你实际上让他们变弱了,让他们更依赖了你一些",让别人对自己负责吧。

这十个观念构成了一个更为积极和健康的方式来审视自己和他人。这些观念中有许多有助于更积极地和自己交谈。树立这些理性的观念,可能是创建一个新的思维方式和行为方式的开始。最终,这些观念会创造一个不同的、更积极的自我。

2.2 自我管理

自我管理又称自我控制,是指利用个人内在力量改变行为的策略,普遍运用在减少不良行为与增加好的行为。自我管理注重的是一个人的自我教导及约束的力量,亦即行为的制约是透过内控的力量(自己),而非传统的外控力量(教师、家长)实现的。

学会自我管理是一个终生都不能停息的过程。如果一个人想要改变自己的态度和行为,那么不仅要有自我意识与自我概念,还必须要有持之以恒的意愿。与自我管理密切相关的是对于时间和压力的控制,以及如何克服对于失败的恐惧心理。

2.2.1 时间管理和压力管理的概念

在学习、工作和生活中能否最终取得成功,在很大程度上与我们管理时间以及对抗压力的能力相关。

(1) 时间管理。

时间管理是指通过事先规划和运用一定的技巧、方法与工具,实现对时间的灵活支配以及有效运用,从而实现个人或组织的既定目标的过程。时间管理不是为每件事情安排时间,把所有事情做完,而是更有效地利用时间。一方面要确定该做哪些事情,按照怎样的顺序完成这些事情;另一方面还要决定哪些事情不应该做,尽可能地排除来自外界的干扰。时间管理的目的就是将时间投入与你的目标相关的工作,达到"三效",即效果、效率、效能。效果,是确定的期待结果;效率,是用最小的代价或花费所获得的结果;效能,是用最小的代价或花费,获得最佳的期待结果。

通过优秀的时间管理能力,我们能够在学习、工作以及个人生活之间寻求平衡,而不是把自己的所有活动局限在某一个特定的舞台上,而完全忽视另一种或者多种需求。这种平衡会给人带来更多的满足感。高效的管理者都知道,合理的时间管理可以在很大程度上提高我们的生产力。这就是所谓的"善用巧思,事半功倍"。把精力集中在精心选择的活动中,就能得到好的结果。这本身就能够激发热情,进一步增加我们获得更多、更好成绩的欲望。

时间管理也能够为我们减轻压力。对时间采取控制,意味着对生活进行合理安排,给我们更多的时间去享受那些对我们来说很重要的活动的乐趣,比如,和家人待在一起、社交、阅读、追求个人的兴趣爱好等。

(2) 压力管理。

压力管理是对生活中所发生的事件作出反应的能力,是对感受到的挑战或威胁性环境的适应性反应。不管是个人还是组织,压力都是客观存在的。人们一直生活在两种压力中:一是作用于躯体的物理压力;二是内在的精神压力,如生存竞争的压力、对危险的恐惧、人际压力、情绪与情感的压力等。这些压力会保持人的警觉性,并形成合适的行为模式。随着社会发展的瞬息万变,生活的节奏日益加快,竞争更趋激烈,面临的选择太多,人们的内心就会有冲突、焦虑、浮躁,压力由此产生。

组织内有许多因素能引起压力感,如组织变革、组织生命周期改变、工作环境变化、文化整合、沟通障碍、领导风格、工作过载或欠载、角色要求不清、任务要求过高等会给员工带来压力,这些压力被称为组织压力。组织压力所造成的后果包括对工作不满、无故旷工、离职、事故、士气低下、糟糕的人际关系、生产效率低下、客户服务质量差等。

压力其实是不可避免的,但是压力确实也是可以管理的。无论是对于管理者还是员工,压力管理都是一项很重要的技能。

2.2.2 时间管理策略

不管对于个人还是组织,时间管理都是一项非常重要的技能。从本质上来说,时间管理实际上是一个设定并执行目标任务的过程——估计你完成每个任务所需要的时间和资源,约束自己集中精力直到任务完成。

我们无法改变时间的总量。一天只有24个小时,一周只有7天。我们应管理好自己以便更加有效地利用时间。我们可以把精力集中在我们选择去做的事情上,并关注是什么原因激发我们做出了这种选择。

我们可以通过表2.2来评估你当前对时间的利用情况,判断你的行为方式以及目前时间被浪费的环节[1]。

表2.2 如何支配时间

浪费时间的环节	我做这些事情的程度				
	高		中		低
延迟耽搁	1	2	3	4	5
处事杂乱	1	2	3	4	5
追求完美	1	2	3	4	5
不断有人造访,工作被打断	1	2	3	4	5
接听电话、电话留言,接收电子邮件,上网	1	2	3	4	5
想入非非,做事分心	1	2	3	4	5
做事不分主次,缺少兴趣	1	2	3	4	5
同时处理多样事情	1	2	3	4	5
接手的工作太多	1	2	3	4	5
文字工作和管理工作太多	1	2	3	4	5
参加没有中心议题、缺少计划的会议	1	2	3	4	5
缺乏必要的资源	1	2	3	4	5
没有掌握必要的技术	1	2	3	4	5

---

[1] [美]苏姗娜·杰纳兹,卡伦·多德,贝丝·施奈德.组织中的人际沟通技巧(第二版)[M].时启亮,孙相云,译.北京:中国人民大学出版社,2006.

如果你的得分低于40，那就应该设法去减少被浪费的时间。第一步是判断哪些事情是属于特别重要的，以及应该如何支配时间。只要清楚自己设立的个人及职业目标，你就能够决定如何使用时间。

此外，你还可以采用如下的一些小技巧来进行时间管理。

（1）要和自己的价值观相吻合。

自己一定要确立个人的价值观，假如价值观不明确，你就很难知道什么对自己最重要，时间分配也一定做不好。时间管理的重点不在于管理时间，而在于如何分配时间。你永远没有时间做每件事，但你永远有时间做对自己来说最重要的事。

（2）制定计划，分清主次。

时间管理的目的是让你在最短时间内实现更多你想要实现的目标，若想要有效地管理时间，有一个切实可行的计划是必不可少的。你要列一张总清单，每一个星期天，把下周要完成的每件事列出来；每天晚上把第二天要做的事情列出来。把自己要做的每一件事情都写下来，这样做能让你随时都明确自己手头上的任务，不要轻信自己可以用脑子把每件事情都记住。而当你看到自己长长的时间清单时，也会产生紧迫感。时间管理的目的是让自己在最短时间内实现更多想要实现的目标；你可以把4—10个目标写出来，找出一个核心目标，并依次排列重要性，然后依照你的目标设定一些详细的计划，你的任务就是依照计划执行。

（3）根据"二八"原则行事。

大约有80%的成果是来自20%的集中精力的时间。判断是什么原因使得这20%的时间如此高效，从而用同样的方法投入更多的时间去开展更有效的工作。80%的事情只需要20%的努力。而20%的事情是值得做的，应当享有优先权。因此要善于区分这20%的有价值的事情，然后根据价值大小分配时间。

（4）区分轻重缓急。

很多人都会把时间花费在紧急的事情上，这是指那些不在计划之中的并且要求立刻完成的事情。大多数人并没有在重要的事情上投入足够多的时间。所谓重要的事情，是指优先级很高，要求你花时间去做的事情。成功者花最多时间在做最重要、可是不紧急的事情。然而一般人都是做紧急但不重要的事。区分紧急事务与重要事务。紧急事往往是短期性的，重要事往往是长期性的。给所有罗列出来的事情定一个完成期限。表2.3显示的是任务和时间的重要性与紧急性的交叉情况。如何安排时间需要仔细斟酌。

根据这一原则，我们应当对要做的事情分清轻重缓急，进行如下的排序：① 重要且紧急；② 紧急但不重要；③ 重要但不紧急；④ 既不紧急也不重要。

表2.3　任务与时间的关系

	紧　　急	不　紧　急
重要	Ⅰ • 危机 • 急迫的问题 • 有期限压力的计划	Ⅱ • 防患未然 • 改进产能 • 建立人际关系 • 发掘新计划 • 规划、目标管理
不重要	Ⅲ • 不速之客 • 某些电话 • 某些邮件与报告 • 某些会议 • 必要而不重要的问题 • 受欢迎的电话 • 处理意外事件	Ⅳ • 烦琐的工作 • 某些信件 • 某些电话 • 浪费时间之事 • 有趣的活动 • 毫无目的地上网浏览

（5）充分地授权。

列出你目前生活中所有觉得可以授权的事情，把它们写下来，然后开始找人授权，找适当的人来授权，这样效率会比较高。

（6）遵循你的生物钟。

你办事效率最佳的时间是什么时候？将优先办的事情放在最佳时间里，而在其他时间段里完成要求相对低一些的工作。

（7）每天至少要有0.5—1小时的不被干扰时间。

假如你能有1个小时完全不受任何人干扰，思考一些事情，或是做一些你认为最重要的事情，这1个小时可以抵过你1天的工作效率，甚至有时候这1小时比你3天工作的效率还要高。

（8）同一类的事情最好一次把它做完。

假如你在做纸上作业，那段时间都做纸上作业；假如你是在思考，用一段时间只作思考；打电话的话，最好把电话累积到某一时间一次把它打完。当你重复做一件事情时，你会熟能生巧，效率一定会提高。

（9）克服拖延。

延迟耽误是最大的时间浪费。然而，许多时候，我们总是"把今天能做的事情推到明天"，而不是"今日事今日毕"，更不用提把明天的任务提前到今天来完成。拖延还会引起一个人的内心冲突，在该做什么和想做什么之间难以取舍。它常常与退缩行为有关，这是指不愿意采取行动去完成任务。拖延还常常被用来应付一项不愉快的任务。那么，应该怎样做来克服拖延呢？第一，你必须意识到自己有拖延的倾向，并找出自己逃避必要任务的原因；第二，改变自己的想法。

美国心理学家威廉·詹姆斯（William James）对时间行为学的研究发现这样两种对待时间的态度："这件工作必须完成，它实在讨厌，所以我能拖便尽量拖"和"这不是件令人愉快的工作，但它必须完成，所以我得马上动手，好让自己能早些摆脱它"。当你有了动机，迅速踏出第一步是很重要的。不要想立刻推翻自己的整个习惯，只需强迫自己现在就去做你所拖延的某件事。然后，从明早开始，每天都从你的时间清单中选出最不想做的事情先做。还有，你可以设法使这个任务变得更加令人愉快、具有更小的威胁，从而改变自己的行为，继续工作。对长期的结果进行规划并采取有针对性的行动，可能会转变你的精神状态。

2.2.3 压力管理策略

（1）压力与压力种类。

压力是当人们去适应由周围环境引起的刺激时，人们的身体或精神上的生理反应，它会对人们的心理和生理健康状况产生积极或消极的影响。压力无处不在，生活中时时都有压力。它是必然的，也是不可避免的。不同的人的压力来源不同。压力可能来源于外部因素，例如，交通拥堵、无效率或者低效率的工作环境等；也可能产生于内部因素，例如，我们的情绪状态、我们对生活的看法，或者面对不同情况或者需要，我们所选择的反应方式。

压力的形成分为四个步骤：① 刺激出现。压力源一旦出现失衡，就会导致刺激出现，表现为外在环境与内在心理历程的关联。② 感受刺激。刺激一旦出现，个体就会感受到刺激的威胁，这是在生理上的一种条件反射。③ 认知刺激。个体感受到刺激后，会体会和认知到刺激与其价值观、需求、动机等之间的相互矛盾。④ 行为反应。个体体会和认知刺激后，在心理、生理和行动上出现一系列压力征兆。

压力可以分为积极压力和消极压力。当给你施加压力的时候你能够做出正常的反应，说明你能够应对所有的变革与变化，这种压力就是积极压力。当受压之后你无法做出正常的反应，导致个人健康严重受损，严重影响生活和工作，还会造成无谓的人际冲突、不佳的业绩表现，这种压力就是消极压力。人们正在经历的一个压力究竟是好是坏，在很大程度上取决于人们如何去看待它。当你视压力为积极、正面的，它可以促进个人成长；若你将其视为消极的、负面的，就会成为个人的阻碍，令人身心俱疲。适当的压力并非坏事，若压力调适得当，会转化为动力，不仅能减少疾病的发生，使自己活得更舒适、更有意义，还可驱使我们去挑战自己的能力，激发个人潜能。

如图2.1所示，如果缺乏完成任务的压力，我们就可能用最小的努力去获得一个并非最大化的结果；相反，压力过大则容易使我们难以有效或者高效地集中精力去执行任务。

（2）对压力的反应。

压力是一种主观的反应。例如，小王白天与主管发生冲突，晚上因思虑公司事务而失眠，第二天早上没能按时起床，上班途中又意外堵车。此时，小王认为自己"非常不顺，怎么所有的人和事都在和自己作对"，其实小王感到的压力是他自己对事物的主观反应，事实并不是所有的人和事都在和他作对。

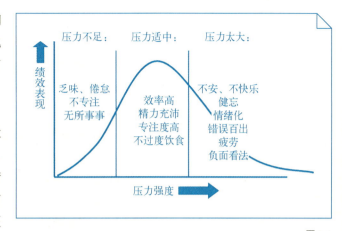

图2.1 压力及成就关系图

压力由压力源引起；压力的大小既取决于压力源的大小，又取决于个人身心承受压力的强弱程度。每个人的自身承受能力不同，对同一压力源的反应也不一样。所以，同样一件事对一个人可能造成很大压力，而对另一个人却无关紧要。

很多压力问题表面上看是员工感到压力，但实际上问题可能是出在工作的安排、设计上。从企业的角度来讲，由压力过大造成的后果直接的损失表现在人员流失率上升、员工病假和旷工率上升、公司医疗开支上升、骨干人员流失、客户流失等；间接的损失表现在重大的决策失误、团队士气低落、损失潜在客户等。

如果你所承受的是与工作有关的压力，那么就应该审视一下你的工作方式，你的工作满意度，你和老板、同事以及组织之间的默契程度。

组织也需要对压力产生的原因作出反应。无论某个员工能力有多强，管理者都应该有节制地给他分配任务，如果分配的工作太多，也会造成员工心理上的不平衡和身体上的疲劳。企业注重员工工作和生活的平衡，才能够提高员工满意度，减低员工缺勤率和流失率，还能够吸引高素质人才，从而最终使得企业提高效率，扩大产出。组织还可以不定期开展文体活动，让员工在活动中交流感情、增进团结、提高素质，在劳逸结合中放松心情，缓解压力。

（3）如何控制压力。

面对压力，理论上来讲我们其实可以有许多种处理方式。的确，我们永远无法根除压力；但是，我们可以选择如何更好地处理它。下面有几种建议，你也可以根据自己的经验提出其他建议。

1）确定你的压力源和压力水平。

压力源，也就是压力的来源，可以分为以下几类：工作、家庭、个人和社会。

① 工作。很多人都生活在一定的工作压力之下，失业、升职、调薪、办公室关系等。与工作压力相关的心理、生理方面的疾病已经成为导致员工缺勤、停工、意外事故的主要原因。工作压力会引起焦虑、沮丧、发怒等后果，造成各种生理方面的疾病，如心血管疾病、头痛或工作事故等，并给组织带来经济上的损失。工作压力的来源主要有两个：环境因素和个人因素。许多外部环境因素会直接导致工作压力，如工作进度、工作速度、工作保障等。

② 社会。社会的不确定因素会给个体造成压力。经济不景气会伴随公司裁员、薪水下调等后果；技术的革新会使一个员工的技术和经验在很短时间内过时；国家政策的变动也会给个体增加压力感；此外，城市化造成的人口稠密、噪声、空气污染等因素，都会产生严重的生存压力。生活环境不断变化，在这一过程中家庭必须面对各种需求，因此家庭也成了个人压力的来源。

③ 个人。个人因素是重要的压力源。在组织中扮演的角色模糊，不同的管理层内部的角色产生冲突；家庭和工作难以平衡，不知道怎么处理工作与家庭的关系；人际关系处理不当，与上司、同事、下属关系紧张；自我人生价值和角色定位、人生主要目标的设定……以上情形都会带来压力。

要想较好地处理压力，首先你应该确切地了解什么是你的压力源。如果不知道是什么引发压力的，我们就不能处理压力，也难以理解那些压力源如何在心理、生理及组织等各个方面影响我们。

个体压力过大通常会表现出一系列征兆。这些征兆可以作为压力早期预警信号，它们会提醒你注意身体和精神上所承载的紧张和疲惫，可以判断你是否正在遭受压力的困扰。压力的征兆有以下几个方面：生理征兆、情绪征兆、精神征兆、行为征兆。a. 生理征兆：头痛的频率和程度不断增加；头部、颈部、肩部和背部的肌肉紧张；皮肤干燥、有斑点和刺痛感；消化系统问题，如胃痛、消化不良或胃溃疡；心悸和胸部疼痛。b. 情绪征兆：容易烦躁或喜怒无常；消沉和经常性的忧愁；丧失信心和自暴自弃；感觉精力枯竭且缺乏积极性；有疏远感。c. 精神征兆：注意力不集中；优柔寡断，难以迅速做出决定；记忆力减退；判断力差，导致做出错误决定；对自己及周围环境保持消极态度。d. 行为征兆：睡眠质量差；更经常地饮酒、吸烟；与朋友、家庭、同事疏远；经常烦躁和坐立不安。

2）面对压力的态度和处理的步骤。

当我们遭遇压力事件时，首先要做的是区分压力优先级。确定了优先级以后，就要着力解决处理高优先级的压力。因为高优先级的压力造成的影响是即时的，危害是巨大的。在处理高优先级压力过程中，要区分可控因素和不可控因素。可控因素是指自己所能控制的因素，仅通过自己的力量就可以改变的方面。不可控因素是指需要改变他人或改造其他事物才能改变的，不为自己力量所控制的因素。对待可控因素要立即制定计划，采取行动。由于可控因素一般都是我们自身的问题，所以只要下定决心改变，都可以起到缓解压力的作用。例如，小李是总经理秘书，他的办公桌总是很乱，文件到处堆放，在急需的时候往往找不到，有一次就因此耽误了一次重要会议。要改变这种状况其实很简单，只要小李改变杂乱无章的习惯就可以了。对待自己控制不了的人和事，我们只能改变自己的态度，以此来缓解压力。例如，小王的主管是一个不善于激励下属的人，当小王认为自己做出很大成绩时，主管也只是说句"还可以"，让小王很有压力。后来小王试着用主管的思维方式去看问题，原来"还可以"在主管的语境中就是"很好"的意思。想通这一点后，小王就轻松多了。

3）了解自己，给自己一些放松。

花点时间去了解你自己，如你的个性、你的优点、你不喜欢做的事情和你喜欢做的事情。这个练习的目的是让你变得更了解自己，这样你就能很快发现生活中哪些事情让你感到压力，以及你如何管理这些活动才能使它们不会对你的生活产生如此消极的影响。当你知道自己是谁，知道什么对你重要时，你就会采取行动去管理那些对你没有好处的消极活动。我们可以是自己最大的敌人，我们可以对自己非常苛刻，但在处理生活中的压力时，这并不重要。你越是有自知之明，就越能接受自己的长处和不足。当你知道自己是谁，和自己在一起很开心的时候，哪怕你在做每件事上都力求完美，把自己和别人比较所带来的压力对你来说就不会那么重要了。

4）分享和披露。

和一个自己信得过的朋友、亲戚、同事或专业咨询人员（如指导老师、顾问或医生等）交谈。交谈对减轻压力非常有帮助。我们面临的压力越大，我们就越有可能退出朋友和家人的圈子。和那些给你带来快乐、鼓励和支持的人在一起，你就会建立起自己的精神和心理弹性。当你被爱你、支持你的人包围时，保持积极的人生观会容易多了。经常微笑、大声笑是控制生活压力的好方法。在生活中笑得越多，你的生活质量就会越好。

5）运动减压。

运动之所以能缓解压力，让人保持良性、平和的心态，与腓肽效应有关。腓肽是身体的一种激素，被称为"快乐因子"。当运动达到一定量时，身体产生的腓肽效应能愉悦神经，甚至可以把压力和不愉快带走。通常来说，有氧运动能起到很好的缓解压力的作用。生活、工作中遇到压力，可以选择去运动。但是，带着太大的压力或不良情绪去运动，在运动中会思绪杂乱，注意力不集中,这样不仅起不到减压的作用,反而会适得其反,导致精神紧张、身体疲劳,压力也变得更大了。

2.2.4 克服对失败的恐惧心理

只要是讨论时间管理和压力管理,就还应该提及一个常见的效率障碍:对失败的恐惧。最常见的人际沟通障碍之一是对失败的恐惧。

恐惧失败是个体在从事某些活动时因预期自己可能达不到某种目标而产生的一种消极的情绪体验。恐惧失败与低自尊、不自信等认知和自我意识等因素密切相关,并伴有一种强烈的回避动机。

恐惧失败包括三种成分:① 自我评价降低;② 与自我无关的惩罚;③ 社会价值降低。当个体认为他们可能过高地估计了自己的某些方面并觉得必须改变一些自我观念的时候,就可能产生对于"自我评价降低"的恐惧,这种恐惧源于个体认为必须降低自我评价或仅仅是出于想要改变自我评价的想法(不论降低还是提升)。"与自我无关的惩罚"泛指不涉及自尊、自信、自我价值感等因素的那些惩罚,比如不能获得某种物质奖励、觉得自己在此事上付出的努力和时间白白浪费等,都可以称作与自我无关的惩罚。"社会价值降低"指的是个体这样的一种想法:其他人会因为我的失败而看轻我。

事情往往是具有两面性的,恐惧失败的人一般都会有意识地规避风险,而争取好的结果,对很多事情的处理也更为细致,以求完美,所以失败恐惧的患者,很多时候也是完美主义者,做事也属于慢工出细活的类型,甚至会有点拖延的行为。

人的一生中也有很多时候需要拿出决绝的勇气和当机立断的决心,这样才能把握机遇,很多成功人士的经验和故事也在告诉我们,做事需要魄力,决不能害怕失败,要百折不挠,而失败恐惧的患者正好就缺乏了这样的精神。这也在很大程度上阻碍了个人的发展和成功!

在这里,我们列出了几种有效克服对失败的恐惧心理的小技巧:

(1) 把失败当作一个偶然的事件。
(2) 提醒自己每个人都难免或多或少地经历失败。
(3) 寻找失败的原因,并找出解决办法。
(4) 问问自己从失败中学到了什么。
(5) 与积极的人交往,不要因为失败和恐惧而喋喋不休。
(6) 创造一个新环境。
(7) 接受新信息,让逆境成为优势。
(8) 创造新的观点或者理念,进行"自我交谈",例如进行背景思维等。

2.3 情商

2.3.1 什么是情商

智商(intelligence quotient，IQ)是用以表示智力水平的工具，也是测量智力水平常用的方法，智商的高低反映着智力水平的高低。情商(emotional quotient，EQ)是表示认识、控制和调节自身情感的能力。情商的高低反映着情感品质的差异。

丹尼尔·戈尔曼(Daniel Goleman)提出了关于情商的要素。戈尔曼和其他研究者认为，情商是由五种特征构成的：自我意识、控制情绪、自我激励、认知他人情绪以及处理相互关系。

(1) 自我意识。

认识情绪的本质是情商的基本点，这种随时认知感觉的能力，对了解自己非常重要。例如，王小姐在因为飞机延误错过和老板约好要谈一件要事的时间，她的心往下沉，感到一阵恐慌。但换一个角度，她可以对自己说："等一等，我在怕什么？老板是个讲理的人，她会接受我飞机延误而迟到的情形，我也可以利用休息时间来和她谈。"使自己摆脱一种情绪不应该是对它的否定，例如，"我不应该产生这样的感觉"。相反的，情绪是一种明确表达自己感受的方式。有了这样的认识，你就能对它做出恰当的反应。

(2) 控制情绪。

情绪的自我控制能力，换句话说就是自律。控制情绪意味着用一种针对具体情况的恰当方式来表达它们。情绪的自我控制能力包括控制自己不安的情绪或冲动，要保持清晰的头脑且能顶住各方面的压力；用真诚赢得他人的信任，并且随时都清晰地理解自己的行为将影响他人。

控制情绪不是说我们不应该感到气愤、焦虑或者抑郁(以及其他种种负面情绪)。在表达自己的负面情绪时，要用到描述性沟通。比如："你临时改变了工作计划，让我无法进行后面的工作，我很生气"比"你老是改变主意，我很生气"要更容易沟通。不要说"你让我生气"之类的话，因为这么做是在推卸责任，把对方当成自己情绪问题的症结，容易激起对方的反感或压力，往往引发冲突。应该把自己当成情绪的主体——"我觉得很生气"。在表达时，不要做评论式的人身攻击，只要客观地描述，这样既能清楚地表达自己，又能避免刺激对方，才会达到正确表达情绪的最终目的。

(3) 自我激励。

自我激励是指给自己树立目标并努力地去实现它。许多人惊奇地发现，他们之所以达不到自己孜孜以求的目标，是因为他们的主要目标太小、而且太模糊不清，使自己失去动力。如果你的主要目标不能激发你的想象力，目标的实现就会遥遥无期。因此，真正能激励你奋发向上的是确立一个具体的目标。例如，对于奥林匹克运动会的参赛选手而言，卓越的天赋还并不足以保证他们能够赢得奖牌。他们需要付出不懈的、甚至是常人无法想象的努力。他们所做的很多事情都是乏味且重复的，并且经常受到教练和训练者的批评，但他们每天都要这样操练许多个小时。这就是自我激励。

很多自我激励包含抵制冲动。例如，开会时，许多人会有看手机的冲动，无法专注于倾听理解、发表自己的意见。自我激励的根本源泉就是自我期待，一个人只有有所期待，才会在实际中不断激励自己。而一旦这种期待消失了，自我激励也就不复存在。

（4）认知他人情绪。

同理心（empathy），即了解和分享他人情感的能力。具有同理心的人能够从细微的信息（如动作表情、语音语调等）觉察他人的需求，无论做什么事情都会站在对方角度想一想，总是会将心比心、设身处地地为他人着想。从关心别人、体谅别人的角度出发，做事时为他人留下空间和余地，发生误会时替他人着想，主动反省自己的过失，勇于承担责任，这都是一个人获得成功的关键。

只要有了同理心，我们就能避免许多的抱怨、责难、嘲笑和讽刺，大家就可以在一个充满鼓励、谅解、支持和尊重的环境中愉快地工作和生活。

（5）处理相互关系。

处理相互关系就是能妥善处理人际问题，与他人和谐相处。人际关系包括在社会交往中的影响力、倾听与沟通的能力、处理冲突的能力、建立关系的能力、合作与协调的能力、说服与影响的能力等。善于处理人际关系的人大多充满自信、精神饱满，与他们在一起，我们也能感受到积极向上的生活态度。然而，受人爱戴并不是人们的唯一目标。他们具有明确自己的需要和知道如何满足这些需要的能力。

在上述五个方面中，前三个方面只涉及"自身"，是对自身情绪的认识、管理、激励与约束；后两个方面则涉及"他人"，要设身处地理解他人情绪，并通过妥善管理他人情绪来达到人际关系的和谐。换句话说，情商的基本内涵实际上包括两个部分：第一部分是要随时随地认识、理解并妥善管理好自身的情绪；第二部分是要随时随地认识、理解并妥善管理好他人的情绪。

2.3.2 情商的作用

（1）情商的优势。

在我们的生活中，拥有情商是一种非常重要的技能。生活中总会出现各种问题与创伤，而情商可以帮助人们尽可能以最佳的方式处理这些问题，做出明智的选择，与他人融洽地相处。

表2.4列出了情商的优点。

表2.4　情商的优点

情商的基本内涵	优　　点
良好的自我意识	引导——良好的自我管理能力
对他人及他人情感的敏感度	引导——与他人融洽相处的能力

（2）低情商的特点。

低情商的人，通常表现出如下特征：

1）讲话做事容易无意识伤及别人的感受；

2）要么对外界反应过分敏感，很容易感觉被他人伤害；

3）发散出推卸责任、抱怨、绝望等负面情绪；

4）在亲近关系中，容易表现出过度依赖的特征；

5）朋友圈子小，单一度高；

6）喜欢指责和打击他人。

（3）情商对沟通的重要性。

情商与人际沟通有着很大的联系。在人际沟通中，由于各自的立场、观点、利益要求不同，达不成交易是很正常的事儿。这时，我们应当尊重、理解、宽容对方。高情商的人具有如下的特点：社交能力强，外向而愉快，不易陷入恐惧或伤感，对事业较投入，为人正直，富于同情心，情感生活较丰富但不逾矩，无论是独处还是与许多人在一起时都能怡然自得。

高情商的人很会注重别人的感受，在做事情的时候会想到什么是最佳方案让大家共赢。美国有一个农场主，由于掌握了科学的栽培方法和技术，他的庄稼长得总是比别人好。但令人不解的是，他经常把自己辛苦培育的良种无偿送给邻近的其他农场主们。面对大家的猜疑，农场主笑着说："我这样做并不是毫不利己、专门利人，这其实对我自己也有很大的好处。因为我农场里的种子无论有多优良，但如果附近农场充满劣质的品种，它们的花粉难免会随风飘落到我的农田里，而我的作物受精后质量就会下降。我把我最好的品种给他们，我的庄稼的品质才能得到保证。另外，别人有了跟我一样好的种子，就会不断地激励我再去努力革新和改良，这就给了我持续进步的压力和动力，让我始终保持领先的地位。"

由于受传统文化的影响，大多数中国人的情绪不会明显地表达出来，而是通过处理工作上的事情，在与他人交往的过程中间接地表现出来，因此，情商对工作、人际沟通的影响就变得特别突出和直接。

2.3.3 情商与智商

(1) 智商和情商反映着两种性质不同的心理品质。

智商主要反映人的认知能力、思维能力、语言能力、观察能力、计算能力、律动能力等。也就是说,它主要体现人的理性能力。情商主要反映一个人感受、理解、运用、表达、控制和调节自己情感的能力,以及处理自己与他人之间的情感关系的能力。情商反映个体把握与处理情感问题的能力。情感常常走在理智的前面。

(2) 智商和情商的形成基础有所不同。

情商和智商虽然都与遗传因素、环境因素有关,但是,它们与遗传、环境因素的关系是有所区别的。智商与遗传因素的关系远大于社会环境因素。据英国《简明不列颠百科全书·智力商数》词条载:"根据调查结果,70%—80%智力差异源于遗传基因,20%—30%的智力差异系受到不同的环境影响所致。"情商的形成和发展,先天的因素也是存在的。美国心理学家艾克曼的研究表明,从未与外界接触过的新几内亚人能够正确地判断其他民族照片上的表情。但是,情感又有很大的文化差异,不同的民族的情感表达方式有显著差异。

人们认为,情商和智商一样重要,甚至有些人认为情商比智商更重要。智商和情商体现了智力的不同部分。智商会影响我们的理性思维、加工信息以及分析判断的能力,而情商则会影响我们在工作和生活中使用情绪的能力。虽然智商是与生俱来的,情商却是一种我们能学到和提高的品质。

思 考 题

1. 自我概念是如何形成的?怎样改进自我概念?
2. 时间管理的策略有哪些?
3. 怎样克服对失败的恐惧心理?

案例一

自我知觉

美国妇女经常对她们的外貌存在一种否定的自我知觉,特别是对她们的体形。格劳丽亚·斯坦艾姆指出,我们的真实形象和自我知觉可能是两回事。

直到30多岁在电视上看到自己时,我才开始怀疑自己对体形的感觉。那是一个瘦削、漂亮、金发碧眼的中等身材妇女,她用乏味的语调讲话,因表现得不够兴奋而显得自信,甚至是有些厌倦。真让人震惊,我在内心感受到的是一个丰满、来自托利多的浅黑肤色的女子,个头较高,脸部轮廓过于突出。这使我惊讶,电视上的这个妇女是从哪儿来的?

斯坦艾姆的这种经验并不罕见。妇女,甚至是小女孩,经常拥有一个与她们的实际体形不同的体形印象。各种各样的研究表明了有关美国女性的以下统计结果:

- 超过一半的10岁女生把自己在班级中排列到最没有吸引力的女孩中。
- 80%的10岁女孩自称需要节食。
- 70%正常体重的妇女想要更瘦一些。
- 23%低于正常体重的女孩想要更瘦一些。
- 56%的24—45岁的妇女在节食。
- 每年有330亿美元花在节食和相关的服务上。
- 150万美国人,其中绝大多数为妇女,每年做整容手术。

资料来源:Anne Hill, James Watson, Danny Rivers, Mark Joyce. Key Themes in Interpersonal Communication: Culture, Identities and Performance [M]. Berkshire: Open University Press, McGraw-Hill Education, 2007.

案例讨论

1. 妇女和女孩是从哪里获得关于她们体形的这些想法?
2. 社会中现存许多关于体形的看法,你觉得女孩们接收到的信息是"你需要再瘦一点"吗?
3. 你能想到任何能抵消这些信息的方式吗?

案例二

珍妮特·斯迈思

"8点过5分了!要迟到了!"珍妮特·斯迈思(Janet Smythe)尖叫了起来。她不是在冲着别人而是在冲着自己喊叫的。而这,只不过是一个再普通不过的早晨:要把孩子们都喊起来并把他们送去上学,然后自己还要准时去上班。突然,珍妮特的儿子大叫了起来:"妈妈!帮我在我的《实地考察旅行的许可协议》上签个字!今天是最后一天,我必须得交了,否则我下周就去不了了!"珍妮特咆哮着回应道:"那你早干嘛去了?你昨晚为什么不给我?"

后来,珍妮特都不知道自己是怎么出门去上班的。当然,交通情况还是一如既往的拥堵,看起来她是没法从交通上弥补自己在家里耽误的时间了。终于,她好不容易到了办公室。一进办公室,一个同事就从办公室的门后探出了脑袋,要珍妮特发一份陈述书的电子文档给他,10点钟就要举行的销售会议上要用。这个时候,珍妮特才想起来自己把包含陈述书的U盘忘在家里的电脑上了。就在她的挫败感达到了顶峰之时,助手迈克尔不合时宜地过来提醒她10点有个销售会议。于是,珍妮特冲着迈克尔大发脾气:"迈克尔,我不需要你一天到晚地提醒我!我自己有日程安排表,我认识字!"珍妮特跌坐在自己的椅子上,不知道该如何摆脱现在这种混乱的局面。过了一会,珍妮特走出办公室,走到迈克尔的办公桌边,真诚而内疚地对他说:"迈克尔,对不起。今天一大早我就对我的孩子们大喊大叫,然后又是你,而且我还把自己的工作给忘了。我好像不能控制自己的情绪了。我必须要做点什么来改变现在的这种状态!"

资料来源:Anne Hill, James Watson, Danny Rivers, Mark Joyce. Key Themes in Interpersonal Communication: Culture, Identities and Performance [M]. Berkshire: Open University Press, McGraw-Hill Education, 2007.

案例讨论

1. 在自我管理方面,珍妮特面临的问题是什么?
2. 珍妮特现在的处境很糟糕,她可以采用什么方法来更好地处理案例中提到的这些状况?
3. 如果你是珍妮特,你会怎样处理这些状况?

附 录

情商测试与问题讨论

回答以下问题,并在相关的栏目中打勾,按照计分要求来判断结果:

	总是	经常	有时	偶尔	从不
1. 我可以意识到自己很细微的感觉					
2. 我可以用自己的感觉来帮助进行生活中的重大决策					
3. 坏心情会使我痛苦不堪					
4. 生气的时候,我会火冒三丈或者沉默不语					
5. 在实现自己目标的过程中,我总是不会满足,而不会由于一时冲动而失去自制力					

（续表）

	总是	经常	有时	偶尔	从不
6. 面临挑战（例如考试或者公开演讲等活动）感到焦虑时，我很难做好充分的准备					
7. 面临挫折和失望时，我充满希望，保持乐观而不放弃					
8. 人们不必告诉我他们的感受，我自己可以感觉得到					
9. 我关心别人的感受，同情别人的困境					
10. 我不能很好地处理人际关系上的冲突和感情上的挫折					
11. 我能感觉到人际关系的细微变化，并能表达那些无法言传的感觉					
12. 我能克服或容忍沮丧的情绪，而且这种心情并不会影响我要做的事情					

资料来源：Daniel Goleman. Emotional Intelligence[M]. New York: Random House, Inc., 1995.

计算你的得分：

第1,2,5,7,8,9,11和12项：

总是=4；

经常=3；

有时=2；

偶尔=1；

从不=0。

第3,4,6和10项：

总是=0；

经常=1；

有时=2；

偶尔=3；

从不=4。

结果：

36分及以上：你可能具有超高的情商；

25—35分：你可能具有比较高的情商；

24分及以下：情商还有待提高。

问题

1. 你的情商是多少？你认为这个得分准确地描绘了你的个性吗？为什么？
2. 哪一项得分会让你感到惊讶？
3. 哪一项得分是与你对自己的评价最一致的？
4. 在评价情商的五种基本特征中，哪一方面是你最强的？请引用简单的例子进行解释。
5. 哪一方面是你最弱的？请引用简单的例子进行解释。
6. 你的得分对你的个人生活有什么启示？对你的学习生活或者职业生涯有什么启示？
7. 你可以采取什么措施来提高自己的情商？

第 3 章

人际沟通

学习目标

- 了解人的社会性、社会分工对人际沟通的驱动
- 掌握人际沟通的行为及其影响因素
- 熟悉人际冲突产生的原因与协调方法
- 了解当代社会的人际沟通特征及趋势

> 与人交谈一次,往往比多年闭门劳作更能启发心智。思想必定是在与人交往中产生,而在孤独中进行加工和表达的。
> ——列夫·托尔斯泰
> (Лев Николаевич Толстой)

引导案例

春秋战国时期,有一位著名的医生,名字叫扁鹊。有一次,扁鹊谒见蔡桓公,站了一会儿,他看到蔡桓公的脸色说:"国君,您的皮肤有病,不治怕要加重了。"蔡桓公笑着说:"我没有病。"扁鹊告辞走了以后,蔡桓公对他的臣下说:"医生就喜欢给没病的人治病,以便夸耀自己有本事。"

过了十几天,扁鹊又前往拜见蔡桓公,他仔细看了看蔡桓公的脸色,神色凝重地说:"国君,您的病已到了皮肉之间,不治会加重的。"桓公见他净说些不着边际的话,气得没有理他,扁鹊走后,桓公还闷闷不乐。

再过十几天，蔡桓公出巡，扁鹊远远地望见桓公，转身就走。桓公很奇怪，特意派人去问扁鹊为什么不肯再来谒见，扁鹊说："皮肤上的病，用药物敷贴可以治好；在皮肉之间的病，用针灸可以治好；在肠胃之间，服用汤药可以治好；如果病入骨髓，那生命就掌握在司命之神的手里了，医生是无法可想的了。如今国君的病已深入骨髓，所以我不能再去谒见了。"蔡桓公还是不相信。五天之后，桓公遍身疼痛，连忙派人去找扁鹊，扁鹊已经逃往秦国躲起来了。不久，蔡桓公便病死了。

资料来源：徐永森.名人交际失误[M].北京：中国经济出版社，1994：15.

3.1 人际沟通的动因

作为沟通的一种，人际沟通服从信息沟通的一般模式和共同规律。从过程上看，人际沟通的过程就是信息转换的过程，即信息从意义信息转化为不同形态的符号化信息，再从符号化信息转变为意义信息，为接受者所理解。

人际沟通是人际交往的起点，所谓人际沟通，顾名思义就是指人和人之间的信息和情感相互传递的过程。它是群体沟通、组织沟通乃至管理沟通的基础。从某种程度上来说，组织沟通是人际沟通的一种表现和应用形式，有效的管理沟通都是以人际沟通为保障的。人之所以被称为人，在某种程度上来说，是因为人可以通过各种方式相互沟通并传递信息、交流思想。

3.1.1 人的社会性决定了人们必须相互沟通

在原始社会中，人们为了共同应付恶劣的生存环境，必须相互帮助、相互交往，于是沟通便产生了。人刚出生落地，只是生物意义上的人，只有让他与亲人乃至社会环境通过各种方式不断进行沟通，他才有可能成为社会意义上的人。人和人之间的沟通所提供的社会信息对于人的行为和思想具有重要的意义。动物心理学家曾以恒河猴做过一个著名的"社交剥夺"试验。试验将猴子喂养工作全部自动化，隔绝猴子与其他猴子或人的沟通，结果与有正常沟通机会的猴子相比较，缺乏沟通经验的猴子明显缺乏安全感，不能与同类进行正常的交往，甚至本能的行为表现也受到了严重影响。

人们对于因战争而独居深山数十年的特殊个案进行研究发现，沟通的缺乏对人们语言能力及其他认知能力都有损害。医学的最新研究成果也揭示，独身者寿命偏短的主要原因，是比正常人缺乏配偶之间的沟通而形成的消极情绪。由于缺少沟通，孤独、烦躁、空虚、抑郁等消极情绪常得不到及时倾诉和排解，从而对整个身心健康有着极大的不良影响。从某种意义上说，近年来在我国出现的各种心理咨询机构、咨询论坛等都是为求助者提供一个开放性的沟通机会，使他们有机会说出自己的困惑、烦恼或焦虑。

人一旦有了快乐，非常希望与人分享，这需要沟通；当人痛苦、烦闷和失望悲伤时，又迫切地希望有人来分担，哪怕只是找个对象倾诉一下，也会获得极大的满足。从人的情感角度来看，人的情感宣泄是人际沟通的一个主要动因。

3.1.2 社会分工协作的需要

人际沟通的动因，是为了协调个人的能力和行为方向，促进效率提高以克服个人力量的局限性。

从心理学的角度来看，人的需要也决定了人际沟通的必然性。根据马斯洛（Abraham H. Maslow）的需要层次理论，人除了生存、安全的需要以外，还有社交、尊重及自我实现的需要。且除了出于生存、安全的考虑，人们必须相互沟通，人的社交、尊重以及自我实现都需要依靠沟通才能获得。一方面，自我实现必须要通过沟通并与人协作才能完成，这种客观存在是依靠沟通才能获得的；另一方面，即使你有丰功伟绩，但自我实现的感觉也要通过自我意识和社会的承认才能够得以体现，而这种自我意识、社会认同和他人评价也都是通过沟通才能实现的。

在现实的生活中，无论是与他人关系，比如安慰劝导他人，还是自我的调节、改善都必须依靠沟通。各种社会行为更是离不开沟通，比如求职、旅行、寻觅终生伴侣、解决婚姻危机、商务洽谈等，若是你想实现其中的任何一项，必须进行沟通。

所以，从人的社会性来看，沟通是人作为人的首要条件，没有沟通，人便不能称之为人。从心理学的角度来考察，人的各种消极情绪，如孤单、恐惧、烦闷、寂寞、悲痛等，也需要通过沟通来得到缓解。从管理学和社会经济学的角度来分析，沟通是人们提高生产效率、协调人际关系完成某项任务的前提条件。所以人的社会属性、生理和心理上的满足以及社会财富的创造和社会生产的实现都是人际沟通的直接动因。

人们对沟通问题怀有如此浓厚的兴趣，绝不是偶然出现的。麦基翁（Richard McKeon）认为，时至今日，我们面临的问题堆积如山、错综复杂，而人们在解决这些问题上的看法又各不相同，有时各自的构想还针锋相对，但不管怎样，人们仍然需要与其他人联袂合作，才能满意地解决所面临的问题。在这种情况下,各方考虑问题时的主要分歧只有在沟通中才能发现,达成合作解决问题的途径和方法也只有在沟通中才能发现。而且随着人类的不断进步,各国交往的增加,经济全球化的进一步增强,人们对多种差异宽容程度的增高和相互依赖在逐步增强,所有这些又都迫使我们去充分发挥沟通的重要作用,即促成和协调共同行动,以解决相互依赖的双方所面临的共同问题。显而易见,在这里沟通的目的、意义和价值在于相互理解和尊重,并达成有价值的协议。

人际沟通的主要动因有如下几种。

(1)社会属性。通过人际沟通,个人可以完成由自然人向社会人的转变。通过沟通,可以获得社会生存能力和智慧水平的正常发展。"感觉剥夺"实验、"社交剥夺"实验及对"狼孩"现象的研究都可以充分证明沟通的社会动因,从某种意义上说,可以将沟通看作人的本能。

(2)心理满足和情感交流。人的伤心、孤独、悲痛、烦闷、痛苦等消极情感体验必须与人进行沟通才能获得释放,从而避免向抑郁症、精神病等不健康的方向发展。而且人一旦有了幸福、喜悦、成功、得意等积极的情感体验,也会产生与人交流沟通、分享的强烈欲望。

(3)任务性。人们在工作和学习生活中,必须与他人打交道。如下级要对上级汇报工作、上级布置任务或提出自己的要求、谈判双方摆出自己的优势和有利条件等。在这种动因之下,沟通又常常表现为建议性沟通、影响性沟通、提供信息和获取信息的沟通。例如,"请准时出席会议""谈判成功后给我打电话"等便是建议性沟通;"如果你们两位能够合作,我将提供你们想要的办公条件"便是影响性沟通。

3.2 交互作用分析

人际沟通行为包括言语谈话、书面表达乃至身体语言等各种类型。各种沟通行为都受到个人沟通风格的影响。因为风格将影响我们说什么、怎样说以及怎样看待所说的内容,同时也影响着其他人对这些行为和观点的看法。例如,同样一句话可以用不同的风格说,可以是深情的、欢乐的、兴奋的、悲伤的、讽刺的等。每种风格都是对他人说话和自我表达的一种方式,这些不同的方式又会导致听者产生不同的反应。不同的风格对沟通行为会产生非常大的影响。

3.2.1 把握处理与自我状态

著名社会学家埃雷克·勃纳（Eric Berne）首创并加以发展的处理分析理论（Transactional Analysis, TA），是关于沟通行为中把握处理与自我状态的经典理论。勃纳后来又写了很多文章，阐述处理分析的发展及其在群体动力学和分析人参与的社会"竞赛"中的运用。处理分析的理论基础是有关性格结构和性格表现自我的社会行为的理论。处理分析的主要目标在于两点：一是使人们能够清楚地描述自己与其他人的相互交往、相互作用；二是使人们能够理解这些相互作用并因此能够更好地控制它们。在勃纳的处理分析理论中有一系列的概念，目的是将这个理论用于我们的工作、生活、娱乐和休闲等人际沟通的交互作用。其中两个最为重要的概念是"把握处理"和"自我状态"。

（1）把握处理。

在勃纳的理论中，"把握处理"这个词是用来描述两个或两个以上的人相遇时发生的沟通，并由此而产生的社会交互作用，有时也称之为一组"社交"。当一个人说明或介绍他人的出席时，这一交互作用的沟通行为被称为"处理的刺激"，其他人的反应被称为"处理的反应"。这些处理的刺激和反应可能像两个熟人在路上相互点头致意那么简单，也可以像国际政治经济谈判那样复杂。

（2）自我状态。

自我状态是沟通分析学派中最重要的概念之一。自我状态的理论是沟通分析的基础，勃纳将之定义为"一个人外显的、可观察的心理状态"，包括父母、成人、儿童三个部分，分别简写为P、A、C。每个人在沟通行为中具有三种不同的自我状态，而且在不同的情景下会自觉或不自觉地应用不同的自我状态来进行沟通。这些自我状态不是行为角色或人工思维的产物，而是由行为反应方式表现出来的思想和感觉的连贯系统，是一种心理存在。交互作用分析理论提出了三种易被人理解的自我状态：父母自我状态（Parent Ego State）、成人自我状态（Adult Ego State）和儿童自我状态（Child Ego State）。

1）父母自我状态。

父母自我状态来自个人在他四五岁时对其父母或父母辈的人的行为方式的记忆。每个人早年生活经历的记录有别于他人，因此每个人都有其独特的父母性。有关父母意识的资料是在儿童四五岁时，未经剪辑而直接记录下来的，因年幼的心境及不成熟的表达能力，儿童难以对这些资料进行修订、校正或者做出解释。因此，假如父母不和、相互敌对，甚至经常产生暴力行为，儿童便会产生一种恐惧心理。无论道德标准是好是坏，儿童会将从父母或父母辈那里听到的、观察到的所有训诫、规章和法则都当作至理名言记录下来，如通过面部表情、拥抱或其他方式所进行的交流方式等内容。正是这一部分性格影响着个人在沟通中的关心或控制、领导他人，确定规则和程序等的沟通风格。在实施这些行为时，个人会从记忆中调出规则、劝告或"怎么办"的数据资料。而所有这些都是个人从早期父母的影响中获得的，并且这一类型的自我状态的功能，是对自己的管理行为产生强有力的直接影响或者像父母一样的直接行为。一般来说，父母自我状态是在儿童时代无意形成的，但在特定的条件下，这种状态又是可以培养的，是可以控制和改变的。

父母自我状态以权威和优越感为标志，通常表现为统治、训斥、责骂等家长制作风。当一个人的人格结构中父母自我状态占优势时，其行为表现为：凭主观印象办事，独断独行，滥用权威，讲起话来总是"你应该……""你不能……""你必须……"。

2）成人自我状态。

当你的行为、思考、感觉的方式是针对此时此地发生的事件的反应，一个人利用既有的资源来思考、记忆并应用的部分，通常是以不带感情的方式来表现，你就处于成人自我状态。个人在沟通中若处于成人自我状态，则往往具有主动性，目标明确，而且会运用过去的经验和知识来预测要实施的行为的可能性。成人自我状态的功能在于解决问题做出估计并产生策略，而且充分考虑自身行为所引起的外界反应。它在实施这些功能时是一个有意识与无意识并存的状态，既可能是感性的、直觉的，也可能是理性和逻辑严密的，并且在整个过程中不断地检验、证实、再证实。当一个人的人格结构中成人自我状态占优势时，其行为表现为：待人接物冷静，慎思明断，尊重别人。这种人讲起话来总是"我个人的想法是……"。

3）儿童自我状态。

儿童自我状态是一个人以自己过去（特别是幼时）的方式思考、感觉并表现的部分。代表自己从前小时候的部分，是人整个生命的开始，比父母自我、成人自我更充满精力，其承担直接表达需求、适应环境要求等任务。当人在表现哭、笑、生气时，就是在使用它，或是对事物幻想、创造发明时，也是在使用它。当我们在欣赏电影时，会随着剧情的起伏而高兴、悲伤、紧张、害怕，这就是儿童自我状态运作的明显例子。父母自我状态是关于外部事件的记忆，而儿童自我状态则是关于情感、感觉和反应等内部事件的记忆，是看到、听到、感觉到和理解到的资料总和。在儿童自我状态下，人们表现得像一个爱冲动的孩子，有时表现为服从、毕恭毕敬，有时又表现为不服从、情绪化、喜怒无常。儿童自我状态的特征是行为非常不成熟。它是可适应性的，即跟随着父母似的"指示"；或者是"自然的"，即独立、自主。如同真正的孩童一样,处于儿童自我状态者希望得到他人的批准,喜欢立即的回报。随着年龄的增长,每个人也失去了童年时代——虽然它可能留在记忆中。儿童自我状态不是随着成长而丧失的。当一个人的人格结构中儿童自我状态成分占优势时,其行为表现为遇事畏缩,感情用事,喜怒无常,不加考虑,讲起话来总是"我猜想……""我不知道……"。

需要特别指出的是,人的这三种自我状态与人的年龄和成长阶段并没有必然的联系。它们是隐含于人的性格之内,产生于人的个性并且对人的沟通行为产生很大的影响。在沟通中,每种自我状态都有不同的表达方式,说话的语气、运用的词语和姿势也各不相同。处于父母自我状态的人在沟通中经常用肯定的、指导性的语气,其常用的语言有"总是""从不""应当""应该""不要""正确""错误""坚持"等;使用的姿势常常是动作幅度较大,常常是在潜意识中具有保护、建议、指导别人的意图。处于成人自我状态者则经常使用"能够""可能的""真的""可以检验""我个人认为"等,具有较强烈的自主意识。而处于儿童自我状态者常用的语言则是探寻式的,如"想要""让""希望""为什么""猜""做梦""好玩""不可思议""伟大""超级的"等。相比较而言,儿童自我状态者常常处于寻求保护、希望得到积极评价的心理状态之下。

我们每一个人都具有这三种自我状态,但总有一种状态占主导地位,而且对每个人来说,这种自我状态又具有独特的个性。首先,这三种自我状态都是个人经历的一种反应,对于每个人而言,每种自我状态所标志的经历是不同的。其次,我们每个人都具有不同的父母、成人和儿童之间的工作安排和相互关系。而正是我们每个人与个人自我状态之间的关系和性质,影响着我们的沟通行为和社会交互作用方式。从人际沟通分析理论的角度看,一个善于沟通的人就是能在恰当的时间和地点使用恰当的自我状态。

3.2.2 交互作用的类型

把以上三个自我状态放在一起,就是沟通分析理论的核心——三部分自我状态组成的人格模式。传统上,人们把它画成三个相连的圆圈,各以其第一个字母的大写为名,故也称为PAC模式。

一个人发出某种刺激,另一个人给予一定反应的过程便是一种简单的沟通。虽然一个人仅有三种可能的自我状态(父母自我状态、成人自我状态和儿童自我状态),但在一个人受到刺激或作出反应时,他可以选择从某一个自我状态指向对方的某一个自我状态,并可随环境的不同而做出适当的调整,因此,两人之间可能产生9种处理(表3.1)。

下面通过举例说明上述介绍的处理类型:

表3.1 交互处理的类型

个体A		个体B
P	⇌	C
P	⇌	A
P	⇌	P
A	⇌	P
A	⇌	A
A	⇌	C
C	⇌	C
C	⇌	A
C	⇌	P

注:P代表父母自我状态。
A代表成人自我状态。
C代表儿童自我状态。

例3.1　A-A式交互作用（图3.1）

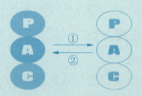

图3.1　A-A式交互作用

A："今天的培训在哪里？"
B："在五楼的会议室。"

C："张经理您好，我是××咨询公司的冯杰。这次参与会议的还有我们的医学写作官李雨桐。雨桐将负责您这篇文章的撰写，所以我想邀请她来参加第一次讨论。这样可以具体了解一下您这边的写作需求。"

D："好的。谢谢。既然时间很紧，那我们就直入主题。这篇专家共识我已经写了一部分，后面你们就按照我写的格式继续丰富一下。另外，现在遇到的难点是资料收集，后面需要进一步扩充的地方是如何少用医学术语来表达。"

C："张经理，刚才您和雨桐的讨论内容我们都记下来了。鉴于一共只有3周的时间，所以我们1周以后给您发个初稿看一下，后面再根据您的意见修改，您看如何？"

D："我这边没问题。另外，这篇专家共识很重要。后面是要拿出去发表的，所以请你们全力以赴。"

E："看样子要下雨了。"
F："天气预报就是这么说的。"

例3.2　C-C式交互作用（图3.2）

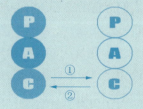

图3.2　C-C式交互作用

女孩A："我们来做游戏吧。我要当妈妈，你来当小姑娘。"

女孩B:"我总是当小姑娘。"

C:"我喜欢吃麦当劳。"
D:"我恨不得天天去吃!"

E:"今天是你的生日,猜一猜我送你的是什么礼物。"
F:"又让我猜,我猜不出来嘛!"

例3.3　P-P式交互作用(图3.3)

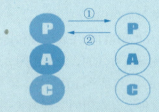

图3.3　P-P式交互作用

A:"她的职责应该是跟弟弟、妹妹一起待在家里。"
B:"显然她没有责任感。"

C:"我要把这个问题彻底弄清楚。"
D:"对!你应该这样。"

托马斯·A.哈里森(Thomas A. Harris)曾记录下生活中真实的相互作用的实例。两位坐在长途汽车内的妇女围绕着汽车能否准时到达展开了长时间的讨论[1]。
E:(看看手表,上发条,嘴里嘟囔着,引起身旁妇女F的注意,担心地叹气。)
F:(应和着叹气,不自在地动了动,看看自己的表。)
E:"看来我们又要晚点了。"
F:"没错。"
E:"你看见一辆汽车准点过吗?"
F:"从来没有。"
E:"正像今天早晨我向赫伯特说的——现在的服务远不如以前好了。"

---

[1] [美]托马斯·A.哈里森.你好,我好[M].陈朴,译.北京:光明日报出版社,1988.

> F:"你说得太对了,这就是当今时代的标志。"
> E:"但你花了钱,就得指望它了!"
>
> 这段对话所展示的相互作用是P-P式的,因为她们没有对现实的信息进行加工处理,就进行断定,她们喜欢谈论"糟糕"的事情,而不愿意接触现实,因为她们通过责备的挑剔可以得到一种良好的感觉。

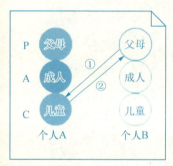

图3.4
互补处理类型

作为语言、动作或其他非语言信号的交换形式,交互作用可以是互补式的或非互补式的。

(1) 互补式处理作用。

在公开交互作用中,如果发出者和接受者的心态在回答中仅是方向相反,则交互作用是互补式的。如果用图表示,在发出者-接受者的心态交互作用的交互模式中,线是平行的。

图3.4是这种交互作用的一种形式——P-C互补处理。这一实例中A处于儿童自我状态而B处于父母自我状态,这种类型的处理刺激与处理反应呈平行状态,所以其沟通行为和交互作用可以无限制地进行下去。

下面通过具体例子展示如图3.4所示的P-C互补处理类型:

> **例3.4　P-C互补处理类型**
>
> A:我不太舒服,想早一点回家。
> B:回去吧,余下的事情我来帮你做。
>
> C:我完不成任务的,我真的没有能力的。
> D:对自己要有信心,按照我的要求去做就行了。

(2) 非互补式处理作用。

非互补式处理作用,又叫交叉沟通(Crossed Transaction),在P-A-C图中呈交叉状(图3.5—图3.7)。在交叉沟通中,反应是对刺激表现出的非预期的反应,可引发不适当的自我状态,使沟通交错而中断。此时人们可能退缩,产生的后果是逃避对方或者转换沟通方式。

例3.5　非互补处理作用1（图3.5）

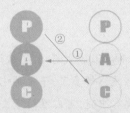

图3.5　非互补处理作用1

小李："今天的培训在哪里？"
小张："你不会自己看通知吗？"

例3.6　非互补处理作用2（图3.6）

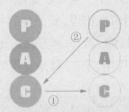

图3.6　非互补处理作用2

部下："经理，这个月我们超额完成了任务，今晚咱们去喝一顿吧。"
上司："这个月完成了，还有下个月呢！你总想着吃喝！"

例3.7　非互补处理作用3（图3.7）

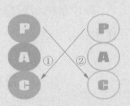

图3.7　非互补处理作用3

经理A："B经理，本月的销售数据统计都拖延多少天了，这样太不负责了吧？"
经理B："A经理，明明是下面销售数据没有报到我这里来，你却把责任都推到我这里，这样太想当然了吧。"

为了更好地理解互补式与非互补式处理作用之间的转化，下面通过举例来加以说明。

> **例3.8**　A（处于儿童自我状态）："这种冰激凌太好吃了，我还想要。"
> B（处于父母自我状态）："你已经吃得够多了，下次再吃吧。"
> 在这种互补型的处理中，双方没有冲突，可以继续下去，直到A决定放弃儿童自我状态为止。当A放弃儿童自我状态而进入成人自我状态时，A将希望与B的成人状态联系，但是B往往仍趋向于保持其父母自我状态，那么接下来的沟通便可能是：
> A（转化为成人自我状态）："我才吃了两个呢，再多吃一个不会有什么害处的。"
> B（仍处于父母自我状态）："两个还不够呀，多吃会令你发胖的。"

我们可以看出，一旦处理变得非互补，处理的刺激和反应便变得相互交叉，冲突便有可能出现，结果便有可能导致交际沟通的结束。所以交叉处理是一种恶性的人际沟通方式。在实际生活里，由6种自我状态组成的81种可能的处理中，有72种是交叉处理。这大概便是人际沟通经常失败的根源了。

一般来说，工作中最有效的交互作用是成人对成人（A-A）的交互作用。这种交互作用促使问题得到解决，视他人同自己一样有理性，降低了人们之间感情冲突的可能性。但是，互补式的交互作用也能令人满意地发挥作用。如果主管想要扮演家长的角色，员工想要扮演孩童的角色，他们之间也可以形成一种比较有效的工作关系。但是在这种情况下，员工无法成长、成熟，不知如何贡献自己的想法。如果主管的行为主要以这种交互作用进行，人际和群体效果将会降低。因此，虽然互补式的交互作用确实能发挥作用，但在工作中能够得到最优结果并且最不可能带来问题的是成人对成人的交互作用。

3.2.3　隐藏沟通

处理可以在不同的水平上发生。第一种水平由口头消息组成，它发生在社会水平上；第二种水平是非口语处理，常发生在心理水平上，通过非言语方式进行沟通。后者也被称为隐蔽的处理，它可能在有意识和无意识的水平上发生。这两种处理水平可以用一个例子来表示，如图3.8所示。

图3.8
不同水平的处理

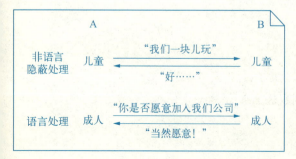

这种类型的沟通被称为隐藏沟通(Ulterior Transaction)。隐藏沟通包含了两个以上的自我状态,信息同时从一个或两个自我状态传达到其他自我状态。隐藏沟通的结果是由心理层次的内容决定的,而非口头的社会层次信息,往往只有当事人本人对他所发出的隐性信息心里有数。下面通过P-A-C图说明隐藏沟通的实际运用(图3.9—图3.10)。

例3.9　隐藏沟通1(图3.9)

图3.9　隐藏沟通1

① 经理:"小张,你今天的工作为什么没有完成!"
经理心理:"工作太不认真了!"
② 小张:"马上就完成了。谢谢经理的关心。"
小张心理:"我没完成,都是因为你布置得太多!"

例3.10　隐藏沟通2(图3.10)

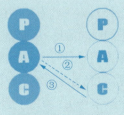

图3.10　隐藏沟通2

店员:"今天是打折的最后一天,明天就会恢复全价销售的。"
店员心理:"现在就买吧,不要考虑太多。"
顾客:"我就买这一套服装吧。"

A 表面上是以 A-A 的互补沟通，实际上店员的言外之意是，现在不买就不能享受折扣优惠了（A-C），而顾客是 C-A 式交互作用。

3.3 自我披露

人在沟通中将自己的状态、思想乃至个性特征，有意或无意地告知别人的过程，便可被称为自我披露（又称自我暴露、自我展示）。当代快节奏的生活方式给每个人都带来了前所未有的压力，人们忙忙碌碌处理着自己的烦心事，没有闲暇去顾及他人。即使是你最亲近的父母也不会总有空来倾听你的心声，何况他人。

社会上往往有人苦恼交不到真正的朋友，一个十分重要的原因是其在自我披露中遇到了障碍：没有人向他人倾诉自己，也没有人关心别人的倾诉，导致潜在人际冲突或者误会的产生。

3.3.1 自我披露的作用

人们往往忽略了自我披露带来的益处：相互的自我披露一方面可以吐出心中的秘密，减轻自己的心理负担和生活压力；另一方面还可以建立坚强稳定的人际关系，与朋友共同分担来自社会各个层面的压力和问题。所以有时放慢你的节奏，与朋友自我披露和倾听反而更有利于处理你面对的压力和问题。

在沟通过程中恰当地运用自我披露会增强在交往中沟通的质量，因为自我披露不仅会给对方一些有用的信息，而且可以从对方的评判与反馈中获得有利于促进沟通的信息，从而促进双方的了解，便于有效沟通。人们在谈判之前都会千方百计地打听对手的各种情况，以便能够更好地沟通。在去拜见某个人时，也总是尽量地了解他的爱好兴趣。所以在沟通过程中，自我披露具有三个基本作用：深入了解自己、进一步了解别人、促进沟通效果的增强和人际关系的发展。

由自我披露而产生的正负两方面的反馈，对自身的提高是十分有益的，而且由此产生的沟通对象的相互了解对沟通效果的提高有重大意义。另外在披露过程中，还可以使自己的某种想法逐步清晰、完善，或趋于合理。很多人都有这种体会：一种模模糊糊的想法，在别人的激发下讲出来，往往比自己想象的要好得多。其原因便在于在自我披露过程中精神更集中，大脑在短时间内高速运转,会产生更明晰的思想轮廓。在沟通过程中需要将复杂的思想变成简明语言,这又会使人们更清楚地考虑自己的论点、论据和推导过程,而且在沟通过程中,别人对你的思想加以补充,常因立场、观点、方法、角度不同,容易看到其中新的东西。

3.3.2 自我披露的基本维度

一个人在自我披露过程中常常会呈现出坦荡、真诚或谨慎、小心等风格,这种风格的不同常常是由自我披露过程中两个基本维度决定的。这两个基本的维度便是风险维度和表露维度。

(1) 风险维度是指一个沟通者如何限制他人对自己披露的信息作出反应。低度风险的披露有这样的例子:"我穿的这件衣服看上去挺好,是不是?"在低度风险的披露中,沟通者选定了一种特定的自我-对象关系,构思出有关这一关系的信息,然后传递出去,并用这种方式暗示他人应该怎样合理地、跟随性地作出回答,因而将个人披露风险性减少到最低水平。而高度风险陈述例子则有:"你觉得这个东西怎么样?"一个高度风险的披露不能指定对方作出一种自己可以接受的回答,因而由于允许作出一种事先不知道的回答而增加了个人风险性。

(2) 表露维度指的是一个人在披露过程中所包含信息的内容和暴露的程度。低度表露是一个沟通者将有关自己独特的(理想的)自我信息在最低程度上透露出去。低度表露的陈述有这样的例子:"我是一名大学生。"尽管这句话发出了有关一个沟通者的自我状态信息,但其他信息却一点也没有透露。高度表露陈述出现的时候,是一个人向另外一个人传递了透露自己真实想法的信息,因为这种自我状态信息其他人一般不能获知。高度表露维度可以用以下这句话为例来说明:"我一直痛恨对部下粗暴的家伙。"这种信息可以反映出一个人独特的思想和观念。

人们常常错误地选择了披露的内容,结果导致自我披露没能起到应有的效果。自我披露的内容至少应该满足两个条件:一是有充分的重要性,没人会乐于听别人滔滔不绝地讲述诸多鸡毛蒜皮的小事;二是它必须是个人和披露的对象所共同关心的,讲述共同关心的内容既能引起对方的兴趣,又能充分引发共鸣并进一步加强关系。大多数人对于自我披露的内容存在一个重大误区:它们是自己的秘密。其实,自我披露的内容绝不仅仅是个人的性格、经历、喜好等,还可以是对身边任何的人或事物的看法和观点,当然也包括对表露对象的看法。现有的人际沟通的理论显示:在人际关系发展到一定阶段时,告诉自己对表露对象的印象和看法不仅有利于进一步增强人际关系,还有益于沟通双方的人格发展完善。

3.3.3 约哈里窗口

约哈里窗口是由约瑟夫·卢夫特(Joseph Luft)和哈里·英汉姆(Harry Ingham)提出来的。根据这种方法,两个人在相互作用时,自我可以被看成"我",其他人可以被看作"你"。关于个体的事,有些本人知道,有些本人不知道,有些他人知道,还有些他人不知道。所以可以分为公开的自我、隐蔽的自我、盲目的自我和未发现的自我(表3.2)。

表3.2 约哈里窗口

他人	本人	
	自知	不自知
人知	开放区域	盲目区域
人不知	秘密区域	未知区域

社会上普遍存在年轻一代与老一代人之间沟通的困难,这种困难进一步造成双方对彼此的了解减少,无形中扩大了秘密区域和盲目区域,导致了更进一步潜在的人际冲突或误会。以中学生为例,他们进入青春期后,随着生理的变化,心理也会产生微妙的改变,比如渴望异性间的交往。出于羞涩的心理,中学生通常不会与父母沟通,而采用隐瞒、写日记等方式,这种隐蔽的自我状态便会为以后的冲突埋下伏笔。

具体而言,在公开的自我情境下,自己了解自己,并且别人也了解自己,交往时具有开放性和一致性,没有理由去防卫,这种人际沟通几乎不会产生冲突。在隐蔽的自我状态下,本人了解自己,而别人却不了解自己,本人在沟通中须向他人隐藏自己,害怕别人了解自己后伤害自己,此种状态下,个人可能会将自己真实的想法与情感隐藏起来,由此会导致一种潜在的人际冲突。在盲目的自我情境下,本人不了解自己,而别人却了解自己。有时个体会无意中激怒别人,别人可以告诉他,但又怕会伤害他的感情,因此也会有一种潜在的人际冲突。最后一种情境即未发现的自我,本人不了解自己,别人也不了解自己,会产生许多误会,所以极易产生人际冲突。

3.4 生活态度与角色认知

在每一个社会或组织所经常面临的种种任务中,协调任务具有这样的前提：每个人如果想采取任何一项行动，他必须确定自己是谁，怎样同周围的对象和其他事物相处，或准备如何与人相处。

由于人们生活在各种不同的环境中，经历着各种不同的人和事，积累了不同的生活经验，从而形成了各种不同的需要、兴趣、动机，以及不同的思考和处理问题的方式，对于同样的事物，会有各种不同的观点、理想信念和态度，因此，在沟通过程中，沟通双方的态度也同样会各不相同。人们通过彼此沟通、描述和向他人提出自己与各种对象或其他各种事物所选择的关系。比如下面这些描述：我爱你，我不喜欢吃汉堡包，我的头发越来越少，我想同你成为朋友等。这些陈述和判断要经过沟通过程被他人质询，然后被他人拒绝或接受。正是以这种方式，个人才得以知晓自己是什么样的人，自己怎样能够或不能与他人相处并有效沟通。

3.4.1 生活态度

由于在沟通过程中沟通双方的态度各不相同，因此态度在很大程度上决定着一个人工作行为和沟通的方式，决定着沟通的效果。

（1）从管理心理学上来看，态度通常指个体对事物的看法和采取行动的心理倾向。一般来说，它包括三个方面的因素：认识（即想法、看法）、情感（即喜怒哀乐）和行为（即反应倾向）。对一个正常的人来说，他对人、对事所持的态度体现了这三种因素之间的协调。例如，一个员工如果感觉他单位的领导者吃苦在前，享受在后，工作负责，关心下属，是一个好领导（认知因素），因而对这个领导产生好感——尊敬、爱戴（情感因素），在平时的工作和沟通中，愿意和这位领导者接近，愿意和他进行沟通（行为因素）。

（2）态度对人的行为具有很重要的影响。人们在沟通过程中，会不断调整自己的态度，从而也不断影响着沟通双方的行为。例如，如果沟通双方积极性很高，态度友善而真诚，则易于达成良好的沟通结果。反之，若沟通双方没有诚意，心不在焉，或者一方消极被动，则难以达成理想的沟通效果。上门推销本质上是一种沟通的过程，但由于用户对这类活动的态度是负面的，甚至是反感的，所以不论推销员的态度如何积极，也难以达到理想的沟通效果，推销也便少有成功。而歌星与歌迷的见面会则因为双方都怀着积极主动的态度，效果便十分理想。

（3）生活态度是指人的一种较概括性的、非指向性的总体态度倾向。勃纳在其处理分析理论中指出，每个人都有一个中心的感情态度，这种态度是建立在日常生活的基础之上的，在生命的其他时间里，它们自动地回复到这一点上。这种中心的感情态度有四种，如表3.3所示。

表3.3　四种中心的情感态度

我不好——你好 　　委屈自己、不敢为自己争取权益、敢怒不敢言	我不好——你也不好 　　忧郁、绝望、孤立、没有信心
我好——你不好 　　骄傲、贬低别人、侵犯他人、不尊重别人	我好——你也好 　　自信、可以为自己负责

在处理分析中，这些对于自己和他人的基本信念常能说明或解释我们行动和进行决策的方式，从而用来解释人们在人际沟通中的各种行为。

勃纳将这些生活态度的前三种归为非言语决定的结果。对于绝大多数的人来说，"我不好——你好"的态度自从幼儿时代便开始了，并且一直到人的一生结束，这种生活态度的普遍性可用下面的事实来解释：因为个人在童年的时候，交往的人通常是比自己阅历丰富、有能力的成年人，"我不好——你好"的态度是一种很正常和普遍的经验。这一过程来自在肉体和情感上对父母兄长的依赖，这是所有孩子都经历过的。在孩童的心目中，父母兄长都是智慧的、高高在上的，孩子只能感到自己在别人的怜悯之下。正如孩童需要身体抚摸来提供保障和支持，持这种生活态度的成年人也需要追求那些看来"还好"并能提供所需的抚摸[1]的其他人。这种抚摸的供给者将典型地具有较强的父母自我状态，其抚摸也来自他们显示其渴望、愿望和依从的行为。

当个体成长后，具有成人自我状态，能够自己进行判断并独立思考，并出现第二种态度"我不好——你也不好"，这主要是在与同事、同伙沟通过程中所出现的一种情感体验。在第一种态度中，沟通双方是能够较为顺利地达成结果，但在第二种态度中，沟通者便会产生冲突，沟通结果的达成便不会十分顺利。

长期被父母虐待、凌辱的孩子，会转向第三种生活态度："我好——你不好"。托马斯认为这是孩子从严重痛苦的、受伤害的自我医治过程中产生的，这时，孩子认为如果自己独自待着会更好受一些，即"我单独一人时，是好的"。因此形成了"我还算不错——但你不行"的生活态度。处于这种生活态度下的人往往会过高估计自己，妄自尊大，认为自己总是好的、对的，对别人的所作所为总是持怀疑、否定的态度，并且极力贬低他人。持这种生活态度的沟通者往往会处于孤立的境地。

---

[1] 抚摸：这是一种专用术语。不仅仅指身体抚摸，还包括语言的安慰、积极肯定的评价等心理上的抚摸。

第四种"我好——你也好"的态度与前三种则略有不同，它来源于一个有意识的决断，是建立在"为什么不"的基础之上的。相比较而言，前三种是建立在"为什么"的基础上的。这是一种积极乐观的心态，对生活充满希望，认可自己，也认可他人，拥有良好的社交圈。但这种在沟通中对态度的有意识选择并没有消除旧有的"不好"的情感，它只是承认来自原有"不好"态度的压力并使原因和效力链得以被打破，这种采取行动以改变过去经验的影响的能力，是处理分析的价值和力量所在，也是人际沟通能够得以改善的动因所在。

生活态度一旦最后固定下来，往往会支配着一个人一生的交互作用方式，但是在特定的交互作用中，其他立场也会不时地展现出来。也就是说，一种生活定位居统治地位，但并非其所采取的唯一的生活定位。理想的定位，同时也是在成人对成人的交互作用中最可能出现的定位是"我好——你也好"。它表现了有益的自我接受和对他人的尊重，最可能引发建设性的沟通、有益的冲突和彼此满意的正视结果。其他三种生活定位在心理上不够成熟，也不太有效。很重要的一点是，无论现在的生活定位是什么，"我好——你也好"的定位是可以学会的。

通过了解生活态度对于人际沟通的正负两方面的影响，我们便可以在人际沟通中尽可能地保持积极的态度，用坦诚和真情融入沟通，这样，沟通的效果才会有所提高。

3.4.2 角色认知

角色认知是一个有关一个人与对象之间的真实和理想关系的身份、评价和行为规则的有机组合体，从这些稳定的规则中能够预测人们的行动。对另一个人的角色认知表现出支持或否定，依赖于对那个人的角色认知的独特范围、深度和结构的识别，依赖于一个人支持或否定信息的沟通知识和沟通技巧。

（1）"角色"一词是指任何占有特定文化或社会组织位置的个人受社会指定的、在特殊环境中的行为方式。角色表明个人根据其拥有位置的既定情境所应该做的事。角色扮演则是一种过程，是一个人想象出在他假定充当一个既定角色时别人会对他持有的态度和期望的过程。进入角色使个人能够预言在他充当这个角色时别人将对他采取的行为，而角色的认知则指个人在不同沟通环境下对自己角色的判断，并依据相应的角色规范采取恰当的行为。

在人际沟通中，恰当地把握自我的角色，并适时地进行角色转换、角色替代，对于加深双方的理解和达成沟通的共识具有很重要的意义。

（2）一个人的自我认知应该由四种基本角色均匀分布组成。如果一个人的自我认知主要由基本角色所组成，缺少了独特的人际自我，他人就难以与之结成人际关系，一个人将被别人一直作为一种角色（仅仅是作为一个父亲或母亲）来对待，而不能作为一个朋友来对待，这个人也将难以对他人的人际自我作出识别和反应。

如果一个人的自我认知主要由反映性特征组成，他就只会作出评价。如果一个人的自我认知主要由占有性特征组成，那么他的沟通行为往往是不顾他人想法的随心所欲之举。他在沟通中根本不去赏识和鉴别他人是哪种人，而是将他人当作没有感情的物体。如果一个人的自我认知主要由趋合性特征组成，那么这个人就只能做他人想要做的事，缺乏基本自我或占有性自我去指导肯定性的行动，缺乏评价性自我和反映性自我去区别优与劣，他只是一个任由他人塑造的人。

（3）无论层次相同或层次不同的人们，想要达成良好的人际沟通，都会产生许多问题。例如，假定两个人都是趋合性的，其中没有一个是支配性和自信武断性的人，他们不会对感觉到的事有所洞察，也不知道自己该做什么和想要做什么，他们每个人都在等待另一个人的想法。另外，如果两个人都是占有性特征的人，他们又具有相互一致和相互兼容的需要和情感，那么他们由于各自的层次接近，因而矛盾和冲突的来源点很少。但是如果他们在各自所向往和满足自己需要的特别问题上意见不合，就会引起一系列的矛盾和冲突。

（4）通过测定人们如何看待自己和别人，我们就可以了解这些人在扮演角色层次或自我认知的特定内容上究竟是相互冲突还是相互支持的。一个趋合性的人也许会发现能与一个占有性的伙伴相容不讳，特别是他们彼此认为具有某些相象的特殊性格时。另外，通过审视对自己和别人的测试结果，一个人可以测定自己的沟通环境是否良好及其程度究竟如何。

角色的认知对人际沟通有较为重要的影响。在沟通的过程中，人们常常会自觉不自觉地将自己定位于某种角色，然后便极力地使自己与那个角色相吻合，有时候这种角色的扮演会造成沟通障碍。

如果一个人对自身角色的认知与他人期望他所扮演的角色不一致，则可能会出现冲突。通常在社会中，一个家庭的两代人扮演着不同的角色，如果两代人都按照社会的期望和各自的角色规范来塑造自己，则可以在很大程度上避免代沟的产生。然而，老一代人认为自己应当承担的角色常常和他们力所能及的角色有一定出入，使得并非所有的人都能扮演好自己的角色。我们常常可以听到老一代的人对新生代说："我走的桥比你走的路还多"，"我吃的盐比你吃的饭还多"；而年轻人则认为现代社会是属于年轻人的,老一代的人思想已经落伍,这便造成了老少两代人的冲突。

若是沟通的双方能够明确地认识自己在沟通过程中正扮演的角色,并结合双方角色的特点适当调整自己的角色状态,就更加有利于沟通的顺利进行和沟通效果的提高。

3.5 当代社会的人际沟通

沟通对于个人身心的健康、人格的健全和完善、人际关系的协调、冲突的解决乃至社会分工协作都具有至关重要的作用。随着社会的发展,新时代的人自我独立意识的增强、各种不同文化的融合、经济全球化趋势的进一步增强等,使得沟通这个问题显得比以往任何时代都更为重要。纵观当今社会生活中,沟通已是我们这个时代的重大主题。人们对沟通抱有莫大的希望,希冀所有的问题都能在沟通过程中迎刃而解。

那么为什么新时代的人们如此执着于沟通问题呢?或者说是什么原因和情形推动着人们对沟通问题的关注?著名哲学家麦基翁认为,这是当代社会四大趋势汇合的反映。

(1) 人们对文化、团体和个人之间差异的宽容明显增强。20世纪初美国人不尊重文化差异,在他们的观念之中,唯美国民主至善至美。然而随着时间的推移,美国成了一个文化和意识形态多元化的大国,是世界典型的多民族、多文化的集合体。与此同时,对团体和个人差异的宽容亦在强化。

(2) 文化间和文化内的相互依赖日益增强。全世界资源分布不均使各国利用其比较优势相互输出产品和劳务。任何一种文化一旦停止输出其资源,立即会严重损伤其他文化。虽然工业化、城市化及其衍生品——职能高度专业化和劳动严格分工,使同种文化的人们在一定程度上有所疏离,然而今天的人们在商品和公共服务方面比以前更为唇齿相依,这种趋势也是促进人际沟通的动因。

(3) 信息技术的飞速发展使得传播工具效率不断增强。高效的沟通手段迅速普及以至人们住进了一个"地球村",在这里每天都会遇到追求不同宗教信仰、追逐不同利益的人,以及同一家庭中想法不一的手足同胞,我们必须与他们和睦相处、泰然合作。

(4) 尊重差异作为沟通和协调行动的前提,从而社会需要显著增强。为什么要沟通协调?个人、团体乃至国家在处理和应付实际问题时为使事态对双方均有利和满意，势必要协调他们的行动。各种职业团体的罢工、种族团体的骚乱、社会组织的示威游行以及个人之间友情关系的断绝，多半是由于沟通的缺乏和利益协调失败造成的。

四大趋势在当代的汇合使得沟通方式发生了重大的转变：

（1）沟通发生的原动力已经由劝导和促变转化为理解和谈判。过去人们进行沟通，往往是想说服他人，把他人的观点扭转到自己这一方来。

（2）卓有成效的沟通已由原来的主要依靠属于同一价值观体系的象征符号，转变为依赖在不同的、有时是对立的价值观体系中保持中立的象征符号。

（3）转变是沟通关系的进展和瓦解的条件，已经由是否承认共同价值观为重点转变为是否承认相互依赖为重点。在过去，沟通关系往往以双方互相知晓共同的价值观为开端，双方在共同价值观引导下承认某些问题，并达到意见一致，沟通关系才向纵深发展。然而在当今，这种惯常的做法由于多种差异和相互依赖现象的增强已不复存在。承认差异和深刻理解相互依赖关系，已成为发展沟通关系的基石。

所以，总体来说，沟通的关键是寻找和建立达成协议的基点，以便发展一种能够指导重大联合行动的认同感。一个人若是准备同他人结成有效的人际关系，他必须首先承认他人价值观中的独特之处，并向他人表示支持和承认。当今社会，沟通的实质是一个人首先承认他人所选择的文化组织和人际关系，进而改善这些关系。人际沟通以建立和维持人际关系为内容，其重点是把那些先前已有的组织、文化和跨文化沟通系统充分联结起来。

人际沟通主要涉及的是个人，但它所涉及的是沟通关系中的个人，而这种关系本身又往往蕴含于组织、文化和跨文化沟通系统之中。实践中发现，人际沟通中经常会发生大量棘手问题，其根本原因在于个人、人际沟通系统与组织沟通和文化沟通的需要之间会出现不一致性，甚至在某一时刻从根本上相矛盾。只有当个人、组织及跨文化沟通系统之间的需要相互协调一致，沟通才会得到满意的结果。

思 考 题

1. 在信息化、网络化的社会环境中，人际沟通具有什么意义？试从个人发展和组织管理的角度论述之。
2. 影响人际沟通效果的因素有哪些？你认为哪些因素为关键因素？
3. 论述人际冲突与人际沟通之间的关系。良好的人际沟通是否可以避免人际冲突？

4.以下情景中,苏珊与上司的沟通存在什么问题?

"那么,你认为莱汀项目进展颇好喽?"苏珊问上司。

"哦,呃,是的。进展不错。"她心不在焉地答道,还在翻看着案头的文件。

"这样,你知道我们在它上面花了很多的时间。要对这个新的数据库进行测试,把全部的信息输入我们的高性能图形软件,绘制所有的图表。做这个项目时,我也用了不少新手。这给一些更有经验的人带来了很多困难,因为他们不仅要进行繁重的分析工作,还要教会那些新手怎么做。你对结果很满意,这使我非常高兴。"

"这还用说?是啊,没问题。"她嘴里嘟囔着。

"好吧,谢谢你的反馈。莱汀公司看上去也很满意。他们真是一些难对付的家伙。你真该听听在演示会上他们提了些什么问题。数据是怎样收集的?数字是谁处理的?他们什么都问。不过演示会结束后,他们似乎都很满意。下周温迪要和他们再谈一次,我会让你知道更多的消息的。"

"很好。一切进展顺利,我非常高兴。你随时都可以到我这儿来。"当苏珊把门合上时,上司抬了抬眼,然后又重新把头埋进文件堆里。

案例

与洋同事的沟通困境

宋俊芳在一家外资医疗公司工作了六年,目前的职位是财务经理,工作职责包括每月的日常关账和向集团总部报告财务数据。俊芳曾经在四大会计事务所有过4年的审计工作经历,对于财务专业领域的相关分析和判断具备良好的基础,对整个集团的财务运作和相关流程可以说是驾轻就熟。俊芳的性格温和内向,与同事们相处得十分融洽。

一天,同集团下M国公司的财务经理突然离职,并且暂时未能及时展开招聘工作,集团财务总监,即俊芳的直属老板委派她暂时顶替M国的财务经理一职。半年后,M国公司的新财务经理佩珊上任,财务总监要求俊芳将工作交接给佩珊,然后尽快回到上海原公司。佩珊是一个出生在M国的华人,属于性格开放的外向型,她在工作时间很认真努力,但下班时间必定"see you tomorrow",如有问题没有解决,会等到第二天继续。

在工作交接的过程中,俊芳展开了与M国佩珊漫长的"拉锯战"。俊芳自认是一个温和有耐心的人,但是在经历了持续三个月的交接工作后,她感到非常烦恼:

第一,佩珊刚入职本公司需要接触新的财务系统和程序,俊芳耐心地指导了三个月后发现收效甚微,佩珊仍然对于系统的使用感到陌生,不停地在询问一些重复性的问题。俊芳旁敲侧击地提醒佩珊,应当将指导她的操作流程记录下来,下次遇到同类问题可以直接翻看笔记。佩珊表示知道了,可是事后仍然重复询问。

第二,俊芳预想的交接范围主要是财务系统和报表系统的程序性内容,对于财务领域的职业判断和分析应该是佩珊自身已经具备的能力。但是在交接过程中,佩珊以事无巨细的态度来询问每一个问题,无论是程序性的还是专业性的,缺乏自身的思考和判断。俊芳认为这并不是一个称职的财务经理应该具备的表现。但是俊芳觉得又不能直接向财务总监直白地汇报,因为这样不仅像在打对方的小报告,又像在指出财务总监的招聘瑕疵。

第三,在交接工作的三个月里,俊芳从佩珊询问的内容中感知到她仍然像个刚入职的"新人",经过了这么长时间,她对公司的背景知识以及与自身业务有关的学习并无很大进步。俊芳曾经从侧面建议佩珊,可以在平时非关账和交报表的时间,对自己的业务范围多加学习和熟悉,佩珊表示知道了,但结果仍然是毫无改变。俊芳觉得自己处于和佩珊相互平级的职位,不可能以发号施令的态度来要求她,只能暗自叹息。

俊芳曾经考虑过与财务总监谈一谈,但公司一向是和平共处、互相帮助的和谐气氛,因此担心总监会觉得自己不够友好和缺乏互助的精神,甚至可能质疑自己的沟通能力和交接工作的意愿,所以一直迟迟未敲响总监的办公室大门。但是佩珊不时冒出的问题对话框,已经影响了自己本职工作的正常进行,而且似乎还没有减轻的趋势,这使得俊芳非常抓狂,但又不知该如何是好。

这段时间在工作中遇到的麻烦和困惑,由于长期没有有效的解决方法已经使俊芳产生了极强的负面情绪,甚至让俊芳对坐在办公桌前面对着电脑屏幕产生了厌恶和恐惧感。

资料来源:根据复旦大学管理学院2014级MBA仇玮锦提供的资料改编.

案例讨论

1. 俊芳为什么会感到身心疲惫?
2. 双方扮演的是什么角色?她们满意自己的角色吗?
3. 俊芳会和佩珊之间形成沟通障碍的原因是什么?
4. 你认为俊芳如何改善自己的沟通方式?

第4章 组织沟通

学习目标

- 了解组织沟通的渠道和主要表现形式
- 熟悉影响组织沟通的因素
- 了解组织内部以及组织之间的沟通方式
- 掌握提高组织沟通效率的方式

> 企业管理过去是沟通，现在是沟通，未来还是沟通。
> ——[日]松下幸之助

引导案例

胡经理是A公司负责IT开发的项目经理，王经理是公司研发部门的经理。最近胡经理正在负责一项业务软件的开发，其中有几项子任务需要研发部门的支持。在公司主管领导参加的项目启动会上，王经理对于分配给自己部门的任务承诺会好好配合，但在实际的项目进行过程中，王经理总是以自己部门的工作任务多、人手不够为由拖延胡经理部门分配的任务。

由于王经理部门的不配合，胡经理免不了着急，在一次沟通中双方火药味十足。胡经理忍不住质问:"为什么每一次给你们部门的任务都不能按期完成?如果你们不能够很好地配合,整个项目的进度都要延后,如果项目不能按期完成,这将给公司带来巨大的损失。"

王经理推脱说:"最近我们团队每个人手上项目都挺多,而且你们的项目要求总在变更,我们投入在上面的人工时已经远远超过当时的预期,实在忙不过来。要不,你给大老板提提,给我们增个人手,我们也好帮你完成任务。"

胡经理听着王经理的说辞,就觉得这个经理太不敬业了,但问起其他和王经理合作过的同事,大家对王经理的评价还是蛮好的。

胡经理是个善于分析和思考的人,他仔细分析了王经理部门目前的项目情况,发现他们的工作负荷确实挺大的,由于其他项目的时间占用,分配到自己项目的时间就少了。同时又反思这段时间的项目经历,自己的项目是有变更,的确也给执行增加了难度。经过一番分析,胡经理准备和王经理真诚地沟通一次,来解决目前面临的问题。

于是胡经理找到王经理,再次重申了这个项目王经理部门参与的重要性,希望王经理团队大力支持。如果有人员加班,胡经理的项目或他个人会承担一些加班费或提供一些奖励。另外,如果实在人手不足,他可以派团队中的人来作短期协助,以减轻王经理部门的工作负荷。王经理看胡经理情真意切,不好再推辞,立即组织人手,很快完成了自己部门负责的那部分项目任务。

通过这次协调配合的过程,胡经理日后增加了和王经理的联系,两人的私交也越来越好。胡经理后来的项目,王经理也大力支持,还美其名曰给自己团队更多锻炼的机会。

组织内部跨部门、跨团队合作,由于部门或团队的目标不同,利益关注点不同,总会有冲突,比如资源冲突、人员冲突、时间冲突等。这时,有效的沟通就显得尤为重要,沟通顺利、冲突解决好了,有助于工作的顺利开展;解决不好就会使冲突升级,给组织带来更大的麻烦。

资料来源:根据网络资料整理,搜狐新闻网,2017-7-20.

组织沟通涉及组织特质的各种类型的沟通,它不同于人际沟通,但包括组织内的人际沟通,是以人际沟通为基础的。组织沟通一般来说,可以分为组织对外沟通和组织内部沟通两大类。组织对外沟通包括各种公关广告、信息发布等。本章所讨论的组织沟通均指组织内部的沟通,包括各种正式和非正式的沟通形式。

4.1 组织沟通渠道

4.1.1 组织沟通的两种极端形式

为了更好地理解组织内部沟通的渠道,让我们先考虑两种极端的沟通形式(但现实的组织沟通都是处于这两种极端形式之间的)。设某ABC公司组织图如图4.1所示,公司共有70名成员。

(1)全渠道沟通。

作为一种极端形式,从理论上说,ABC公司的每一名员工都可以同其他69名成员的任何一人进行沟通,可能的沟通渠道有2 415条,这一总数是令人惊愕的。当然,事实上全渠道沟通是不可能存在的。

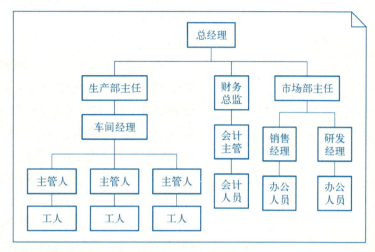

图4.1 ABC公司部分组织图

1)从某种角度来说,组织设计并不鼓励信息完全自由流动,因为组织不同于偶然的个人集合体,例如,一名销售人员从客户那里得知某种产品有缺陷,但他并不能直接进入车间向生产工人指出。所以在组织内有规定好的"恰当"的渠道。

2)组织中许多成员没有兴趣也没有精力去与其他所有成员进行沟通,有的成员甚至忽略了其他某些成员的存在。例如,即使财务总监签署了一名员工的工资条,该员工可能并不知道财务总监是干什么的,或者谁是财务总监。所以,在实际运行过程中ABC公司的沟通渠道大大少于2 415条。

(2)严格的指挥链条。

现在我们将讨论另一种极端的沟通形式。图4.1中的线条体现组织中的权力和责任关系。例如,一名副总经理有高于车间经理的权力,车间经理有高于小组长的权力。从理论上说,组织沟通应坚持这种严格的指挥链条。在军队的管理中,基本上是这种类型的。但在现实的企业组织中,实际存有的渠道数显然大大多于正式链条所提供的渠道数。

因此,任何组织中的沟通渠道数,都处在理论上所有渠道的最高限度和严格的指挥链条所规定的最低限度之间。

4.1.2 现实的组织沟通渠道

所谓沟通渠道,是指信息在沟通时流动的通道。这些流动的通道可以分为两种：正式沟通和非正式沟通。正式沟通是通过组织正式结构或层次系统运行，非正式沟通则是通过正式系统以外的途径来进行的。在组织中，这两种渠道同时存在，管理者应该有效地利用这两种通道来提高组织沟通的效率。

(1) 正式沟通。

正式沟通是指由组织内部明确的规章制度所规定的沟通方式，它和组织的结构息息相关，主要包括按正式组织系统发布的命令、指示、文件，组织召开的正式会议，组织正式颁布的法令、规章、手册、简报、通知、公告，组织内部上下级之间和同事之间因工作需要而进行的正式接触。按照信息的流向主要可以分为下述三种形式。

1) 上行沟通。它是指组织中信息从较低的层次流向较高层次的一种沟通，主要包括下属依照规定向上级提出的正式书面或口头报告。除此之外，许多机构还采取某些措施以鼓励上行沟通，例如态度调查、征求意见座谈会、意见箱等。如果没有上行沟通，管理者就不可能了解员工的需要，也可能不知道自己下的指示或命令正确与否，因此，上行沟通十分重要。

2) 下行沟通。它是指组织中信息从较高的层次流向较低层次的一种沟通，许多人认为下行沟通就是从管理人员流向一线员工的沟通，其实不然，很多下行沟通都是发生在管理层内部的。下行沟通是传统组织中最主要的沟通流向。一般以命令方式传达上级组织或其上级所决定的政策、计划、规划之类的信息。例如，生产副总经理可能指示车间经理加紧制造一种新产品，依次地，车间经理向主管人作出详细指示，主管人以此为根据指示生产工人。

3) 平行沟通和斜向沟通。平行沟通又称横向沟通，指在组织中同一层次不同部门之间的沟通。而斜向沟通是指信息在不同层次的不同部门之间流动时的沟通。不少管理心理学家认为，对于一位管理者来说，运用横向沟通和斜向沟通是错误的，因为这样会破坏统一的指挥。但在现实中，各种组织仍广泛地存在横向沟通和斜向沟通，因为事实证明它们有助于提高效率。这两种沟通都跨越了不同部门，脱离了正式的指挥系统，但只要在进行沟通前先得到直接领导者的允许并在沟通后把任何值得肯定的结果及时向直接领导汇报，这种沟通便值得积极提倡。

(2) 非正式沟通。

正式沟通的优点是沟通效果好，比较严肃而且约束力强，易于保密，可以使信息沟通保持权威性。以重要消息和文件传递组织的决策等一般都采取这种形式。但它又存在沟通速度慢、刻板、易于使信息失真等缺点，因此，组织为顺利进行工作，必须依赖非正式沟通以补充正式沟通的不足。

非正式沟通是一类以社会关系为基础,与组织内部明确的规章制度无关的沟通方式。它的沟通对象、时间及内容等各方面都是未经计划和难以辨别的。因为非正式组织是为了满足组织成员感情和动机上的需要而形成的,所以其沟通渠道是组织内的各种社会关系,这种社会关系超越了部门、职位及层次。非正式渠道不是由管理者建立的,所以管理者往往很难控制。非正式渠道无所谓好坏,主要在于管理者如何运用。在相当程度上,非正式沟通是形成良好组织氛围的必要条件,相比较而言这种渠道有较大的弹性,可以是横向的或斜向的,而且速度很快。

在很多情况下来自非正式沟通的信息反而容易得到接收者的重视。由于这种沟通一般是以口头方式,不留证据、不负责任,有许多在正式沟通中不便于传递的信息却可以在非正式沟通中透露。

非正式沟通往往起源于人类爱好闲聊的特性,闲聊时的信息被称为传闻或小道消息(并非谣言)。根据专家的研究,组织中80%的小道消息是正确的。但组织并不能过分地依赖这种非正式沟通途径,因为这种信息遭到歪曲或发生错误的可能性较大,而且往往无从考证,尤其是与员工个人隐私紧密相连时(如晋升、薪资待遇、工作调动等),常常会发生所谓的"谣言",这种谣言的散布对组织往往会造成较大的麻烦。

非正式沟通往往具有如下一些特征:

1)非正式沟通的信息往往不是完整的,有些是牵强附会的,因此无规律可循。

2)非正式沟通主要是有关感情或情绪的问题,虽然有些也和工作有关,但常常也会带上感情的色彩。

3)非正式沟通的表现形式具有多变性和动态性,因此,它传递的信息不仅随个体的差异而变化,而且也会随环境的变化而变化。

4)非正式沟通并不需要遵循组织结构原则,因此,传递有时较快,而且一旦这种信息与其本人或亲朋好友有关,则传递得更快。

5)非正式沟通大多数在无意中进行,其传递信息的内容也无限定,在任何时间和任何地点都可发生。

(3)非正式沟通的作用。

非正式沟通指正式组织途径以外的信息流通程序,具体来说,它有如下作用:

1)可以满足员工情感方面的需要。非正式沟通的产生可以说是人们天生的需求。例如,人们出于安全感的需求,乐于去刺探或传播有关人事调动或机构改革之类的消息,而好友之间彼此交流和沟通则意味着相互的关心和友谊的增进,借此更可以获得社会需求的满足。

2）可以弥补正式渠道的不足，组织中的管理者为了某些特殊的目的，往往不便于通过正式渠道传播信息，此时非正式渠道便可发挥其作用。

3）可以了解员工真正的心理倾向与需要。通过正式的渠道，员工心中存有戒备，不便于透露真实的想法，而通过非正式渠道，便可以在很大程度上克服这个问题。

4）可以减轻管理者的沟通压力。

5）可以防止某些管理者滥用正式通道，有效防止正式沟通中的信息"过滤"现象。

非正式沟通的优点是沟通不拘形式，直接明了，速度很快，容易及时了解正式沟通难以提供的内幕新闻。其缺点是难以控制，传递的信息不确切，容易失真，而且可能导致小集体、小圈子，影响组织的凝聚力和人心稳定。所以主管者应该予以充分注意，以杜绝起消极作用的小道消息，并学会利用非正式沟通为组织目标服务。

4.1.3 组织沟通渠道的类型

组织沟通渠道可分为正式渠道和非正式渠道，每种渠道又有许多种表现形式。为了便于后文的理解，我们先来了解一下"结构洞"理论。

（1）"结构洞"理论。

1992年，伯特（Ronald Burt）提出了"结构洞"理论（Structural Holes），该理论研究人际网络的结构形态，分析怎样的网络结构能够带给网络行动主体更多的利益或回报。所以"结构洞"就是指社会网络中的空隙，即社会网络中某个或某些个体和有些个体发生直接联系，但与其他个体不发生直接联系，即无直接关系或关系间断，从网络整体看好像网络结构中出现了洞穴。

如果两者之间缺少直接的联系，而必须通过第三者才能形成联系，那么行动的第三者就在关系网络中占据了一个结构洞，显然，结构洞是针对第三者而言的。伯特认为，个人在网络中的位置比关系的强弱更为重要，其在网络中的位置决定了个人的信息、资源与权力。因此，不管关系强弱，如果存在结构洞，那么将没有直接联系的两个行动者联系起来的第三者拥有信息优势和控制优势，这样能够为自己提供更多的服务和回报。因此，个人或组织要想在竞争中保持优势，就必须建立广泛的联系，同时占据更多的结构洞，掌握更多信息。

图4.2中A具有3个结构洞BC、BD、CD（如图中虚线所示），因为B、C、D 3个行动者之间没有联系，只有行动者A同时与这3个行动者有联系。相对于其他3个人，行动者A明显具有竞争优势，他处于中心位置，最有可能接近网络中所有的资源，另3个行动者则必须通过他才能与对方发生联系。

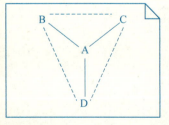

图4.2
结构洞

伯特认为，在较复杂的关系网络中，通过与分散的、非重复的一组组结点联系，占据中心位置的结点者拥有更多的网络资源，控制着与其他结点之间的资源流动，使其处于更有权力的位置。由于这些资源是非重复性的，它更有利于行动者目标的实现，这样占据或接近更多的结构洞有利于工具性行为的成功。

（2）正式沟通渠道的类型。

正式沟通渠道的类型如图4.3所示。

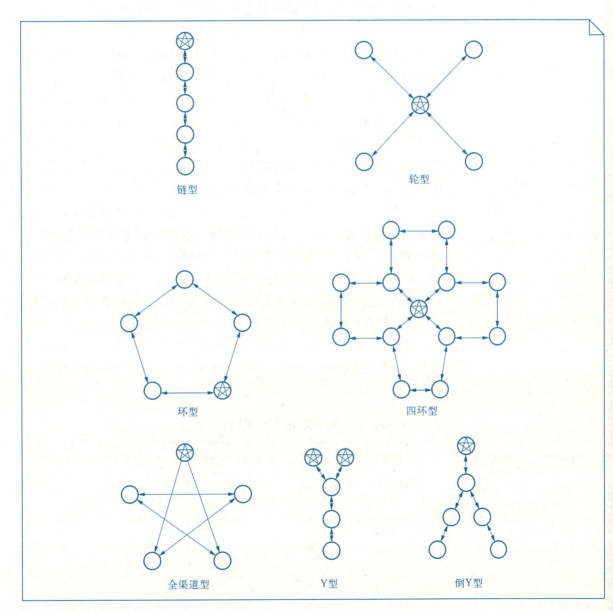

图4.3 正式沟通渠道的类型

1）链型沟通。它表现在五个层次中，信息逐级传递，只有上行沟通和下行沟通，居于两端的人只能与其相邻的一个成员联系，而居中的人则可以分别与两端的人沟通信息。在这种形式中，信息经层层传递、筛选，容易失真，各个信息传递者接收的信息差异很大。

2）轮型沟通。它表示一个管理者与四个下级进行沟通，而四个下级之间没有相互沟通现象，属于控制型网络，其中只有一个成员是各种信息的汇集点与传递中心。这种方式集中化程度高，解决问题的速度快，中心人员的预测程度高，而沟通的渠道少，组织成员的满意程度低，士气低落。

3）环型沟通。它表示五个人之间的沟通，管理者对两个下级进行沟通，而两个下级又分别与各自的下级再沟通，基层又相互沟通。其中，每个人都同时与两侧的人沟通。在这种方式中，组织的集中化和预测程度都较低，畅通渠道不多，组织中成员具有较为满意的情绪，士气高昂。当然，环型可以发展成多环型。

4）全渠道型沟通。它表示每个人与其他四个人都自由地相互沟通，并无明显的中心人物。这是一个开放的网络系统，其中每个成员之间都有一定的联系，彼此了解，集中度和主管人员的预测程度均较低。由于沟通渠道较多，所以成员满意度高，合作气氛浓厚。

5）Y型沟通。它表示在四个层次的逐级沟通中，两位领导通过一个人或一个部门进行沟通，这个人成为沟通的中心。这种形式集中化程度高，解决问题的速度快。但组织中成员的平均满意程度较低，易于造成信息曲解或失真。

6）倒Y型沟通。它表示在四个层次的沟通中，一位领导者通过一个人或一个部门进行沟通，和Y型大同小异，作为"瓶颈"的这个人或这个部门一定要十分善于沟通。

各种沟通方式均有优点和缺点，我们应该取其长而弃其短，针对不同的工作性质和员工特点，选择不同的沟通类型。各种类型对组织内群体行动的影响差异见表4.1。

表4.1　正式沟通渠道类型的比较

网络类型	解决问题速度	信息精确度	组织化	领导人的产生	士　气	工作变化弹性
链型	较快	较高	慢、稳定	较显著	低	慢
轮型	快	高	迅速、稳定	显著	很低	较慢
环型	慢	低	不易	不发生	高	快
全渠道型	最慢	最高	最慢、稳定	不发生	最高	最快
Y型,倒Y型	较快	较低	不一定	会易位	不一定	较快

（3）非正式沟通渠道的类型。

上述六种沟通类型，是在正式群体内部由组织者所设计和制造的，非正式沟通作为一种自然状况下出现的沟通方式，又会呈现出什么样的形式呢？一般来说，我们将它们归为四种类型（图4.4）。

1）单串型沟通。信息在非正式通道中依次传递，即一个人转告另一个人，他也只再转告一个人。

2）饶舌型沟通。信息由一个人（A）告诉其他所有人，A是此非正式通道中的关键人物。

3）集合型沟通。即在沟通中，可能有几个中心人物，由他们转告若干人。A将信息传递给特定的B、C、D，再由他们传递出去。

> 1775年4月18日下午，在美国波士顿一家马房干活的一个小伙子，无意中听到一名英国军官对另一军官说"明天要好好教训美国人"之类的话。之后小伙子朝着波士顿北区一路小跑，来到银匠保罗·里维尔（Paul Revere）家并把听到的消息告诉了他。里维尔决定警告波士顿周边地区的居民：英国人已开始采取行动。他纵身跳上一匹马，开始了去往列克星敦的"骑马夜行"。他仅用两个小时便跑完了13英里。沿途每路过一个小镇——查尔斯顿、梅德福、北剑桥、麦诺托密——他都敲门传话，告诉当地的民兵首领"英国人就要来了"，并让首领们再把消息传达给其他人。当那些从保罗·里维尔口里得知情报的首领们把自己的骑手派出去时，这个消息就像病毒一样传播开来了，整个地区都拉响了警报。接下来发生的事情已经成为历史传奇——"美国独立战争"就此拉开序幕[1]。
>
> **试着思考**：这个故事所展示的沟通属于哪种类型？

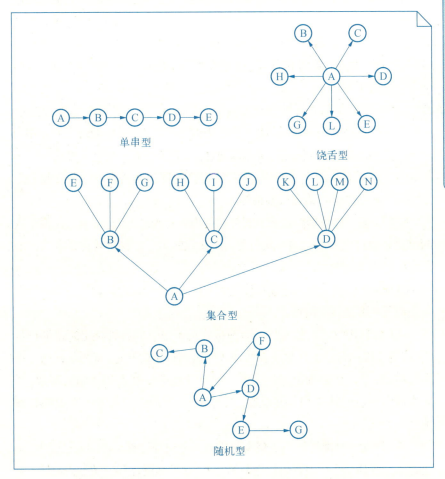

图4.4 非正式沟通渠道的类型

---

[1]［加］马尔科姆·格拉德威尔.引爆点[M].钱清,覃爱冬,译.北京：中信出版社,2014：19–20.

4）随机型沟通。信息由 A 随机传递给某些人，这些人再又随机地传给另一些人。即想告诉什么人便告诉什么人，并无一定的中心人物或选择性。

4.2 组织沟通的影响因素

4.2.1 组织沟通的结构

为了深入地了解影响组织沟通的因素，让我们先来剖析一下组织沟通的结构。

整个沟通由七个要素组成，即信息源、信息、通道、信息接收者、反馈、障碍和背景，这七个要素的相互关系从图 4.5 中可以一目了然。

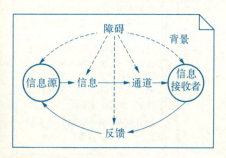

图 4.5
沟通过程及其组成要素

（1）信息源即信息发送者，是指有信息并试图进行沟通的人。他们激发沟通过程，决定以谁为沟通对象，并决定沟通目的。作为信息源的沟通者，在实施沟通之前，必须首先在自己丰富的记忆里选择出试图沟通的信息，然后将这些信息转化为可以被接收的形式，如文字、语言或表情等。

（2）信息。它是指沟通者试图传递给别人的观念、情感或消息。但个人的感受必须转化为不同的可以为别人所接收的信号。这种转化是以共同的语言经验为基础的。

（3）通道。它是指沟通信息传达的方式、途径和媒介。日常工作中所发生的沟通主要是视听沟通。

（4）信息接收者。信息接收者在接收携带信息的各种特定的音形符号之后，必须根据自己的经验将其转译成所试图传达的知觉、观念或情感。在沟通中，每个人都必须很好地了解如何有效地理解别人和让别人理解，了解沟通中信息的转译和传递机制，只有这样，才能提高沟通的有效性和准确性。

（5）反馈。反馈的作用是使沟通成为一个交互过程。在沟通过程中，沟通的每一方都在不断地将信息送回另一方，这种回返过程就被称为反馈。

（6）障碍。信息源的信息不充分或不明确，信息没有被有效或正确地转换成可以沟通的信号、误用沟通方式、信息接收者误解信息等，都可能造成信息障碍。此外，如果缺乏共同的经验，彼此也难以建立沟通。

(7) 背景。它是指发生沟通的情境、环境等，它是影响沟通的每一个因素，同时也是影响整个沟通的关键因素。在组织中，组织的文化氛围则是影响沟通的关键因素。

4.2.2　影响组织沟通的一般因素

沟通过程的七个要素都是影响组织沟通的因素。我们可以将它们概括为三类：一是主观性因素，包括信息接收者的个人主观影响；二是沟通环境的影响，即沟通过程中的情境要素；三是沟通媒介、通道的影响。

(1) 主观性因素。沟通的过程涉及两个或两个以上的主体。沟通的一方采取什么样的方式、以什么样的情绪和态度、采用什么样的风格来传递信息都会导致沟通结果的不同。作为沟通另一方的信息接收者在接收信息后，必须进行"译码"的工作，才能从信号中了解信息源想要表达的情感或观念。由于信息源与接收者拥有两个不同的经验基础，因此这种经历便决定着转译后的沟通内容与信息源所想表达的内容之间对应性的大小。在面对面的沟通中，信息的发送者与接收者的角色是不断转换的。所以，沟通主体必须很好地了解如何有效地理解别人和让别人理解，了解沟通过程中的转译和传递机制，并且要根据不同的对象采用不同的沟通方式和沟通风格，在沟通中保持积极的心态。只有这样，才能提高沟通的有效性和准确性。

(2) 沟通的环境。不难理解，沟通的环境是影响组织沟通的一个重要因素。这种环境包括组织的整体状况、组织中人际关系的和谐程度、组织文化氛围和民主气氛、领导者的行为风格等。同样重要的是，特定的沟通过程所处的环境对沟通有着非常直接的影响。例如，当公司面临着外界的巨大威胁时，原来已经很难沟通的劳资关系就可能会变得易于沟通。当公司采用会议沟通时，会议地点选在非常正式的会议室与选在一个风景旅游区相比，其沟通效果便大不一样。当领导欲做下属的思想工作时，在办公室和在咖啡厅也会产生不同的结果。

(3) 沟通的渠道和媒介。正式渠道具有传递速度快、约束力强、效果好等优点，而非正式渠道则具有不拘形式、直接明了、易于交流真实情感和想法的优点。另外，各种不同的沟通又有多种表现形态，如正式沟通中的链型、环型、轮型等，它们又各有千秋。选择了不同的沟通渠道和沟通形式，组织沟通的效果便很明显地各不相同。媒介包括电话、电子邮件、即时通信软件、文件、电视、内部刊物、启事栏等各种形式，同样的信息，采用不同的媒介来沟通，沟通的效果也是不同的。对于一个特定的组织，在渠道和媒介的选择上要根据其自身的特点来决定。

4.2.3 组织的个性特征是影响沟通的重要因素

(1) 社会环境是影响组织沟通的基本因素。

不同的社会环境具有不同的文化价值观念,这些价值观又左右着人们的沟通行为。在美国的社会文化氛围下,组织中的民主气氛浓厚,员工个性率直,下级可以直言不讳地向上级乃至上级的上级提出自己的意见,公司管理人员办公室的门是敞开的,随时欢迎下属来沟通情况、交换想法,所以其沟通程度较深。但在德国,公司高层管理人员办公室的沉重而厚实的门都是关得严严实实的,并不欢迎下属的随意造访。日本则等级森严,沟通在一般情况下都是逐层进行的,而且,其沟通信息的范围十分有限。所以许多日本人都因缺乏沟通而压力十足,但在日本这种文化环境之下,非正式的沟通却较为普遍,他们下班后,往往三五成群地去酒吧。在我国,组织的沟通受环境影响更为严重,由于社会的裙带关系,所以在正式渠道之外还有一个常规的非正式渠道,其信息沟通的速度往往较快。另外,私人小企业往往是全渠道型沟通,而大型公司则通常是倒Y型沟通。

社会环境对组织沟通的影响,还表现在社会技术进步所带来的信息传递手段的变化。如在信息技术尚未发展成熟之前,组织沟通主要以口头、文件等传统手段传递。而随着科技以及信息技术的发展与进步,现阶段的组织沟通手段趋于多样化、便捷化,组织内以及组织间员工沟通可以借助手机、电脑等多种方式进行。

(2) 组织的结构形式。

组织的结构形式在某种程度上决定着组织内的权力线和信息流动的渠道。组织内正式沟通渠道在很大程度上取决于组织的结构形式,所以结构形式对有效的组织沟通有决定性的作用。组织行为学告诉我们,传统的组织结构形式包括直线制、职能制、直线参谋制等各种类型。现代组织形式包括事业部制、超事业部制、矩阵制和立体组织制等。目前随着电脑网络的迅速发展,又出现了网络型组织、**虚拟组织**等许多形式。

为了分析结构对组织沟通的影响,我们可以将组织结构形式分为科层制和网络化两大类。

1) 科层制的特点是具有较严格的等级概念,位置职业化,以非个人感情为主的人际关系,其命令的指示和情况的汇报都具有较严格的指挥链条。因此,企业基本上全部依赖正式渠道进行沟通。由于科层制组织往往具有多种层次,因此在信息的传递过程中常常受到过滤的限制。过滤是信息在传递期间受到冲淡或完全滞留在某一点上的趋势。因为过滤的可能性随传递环节的数目而增加,所以在科层制中,仅仅依靠正式渠道很难达成有效的沟通效果,在这种组织形式中,非正式沟通便占了很大的比例。

> 虚拟组织是为了抓住稍纵即逝的市场机会而临时把人员快速组合起来,他们带着共同的目的,工作相互独立,通过高科技在跨时空、跨组织的层面上沟通与协作,目标完成后就自行解散的一种临时性组织。
>
> IBM公司就有一个高级虚拟组织,负责在整个公司内推行工作任务和策略,这个组织包含28个成员,他们来自所有的部门,可以为了任何战略目的马上形成。

2）相对于科层制组织结构，网络化的组织形式强调交流的直接性和便捷性。随着信息技术的飞跃发展，信息的传递不必再遵循自上而下或自下而上的等级形式，就可实现部门与部门、人与人之间直接的信息交流。这避免了传统传递方式可能造成的信息的延误或扭曲。

（3）企业文化。

企业文化是企业在长期的生产经营实践中所创造和形成的具有本企业特色的、某些物化的精神，它包括共同的价值观念、行为方式及经营风格，以及蕴含在企业制度、企业形象、企业产品及员工行为中的文化特色。由于企业文化是企业员工价值观的根本体现，在很大程度上影响着员工的各种行为，当然对组织的沟通也有着十分重要的影响。企业文化中的精神文化是反映企业的核心价值观，对员工的精神面貌、工作态度、沟通的积极性等有着决定性的作用。而企业的制度文化又直接以文件规范的形式规定着企业中信息传递的流程和传递的方式、各种信息的披露程度和层次。企业中的行为文化直接决定着员工的行为特征、沟通方式、沟通风格等。最后，企业的物质文化决定着企业的沟通技术状况、沟通媒介和渠道。所以，企业文化不仅仅影响组织沟通过程中的主观性要素——沟通者和信息接收者，而且还决定着沟通的媒介、沟通的渠道、沟通的环境等客观因素，从而全方位地影响着组织的有效沟通。

（4）组织角色。

组织中的每个人都处在不同的位置，都具有不同的组织角色。例如，上层管理者和下层的员工其组织角色各不相同，不同的职能部门中的工作者，由于其司职的不同也表现为不同的组织角色。所担任的角色不同，看问题的方式和角度便不一样，就会产生不同的态度、观点与利害关系，因而每逢接触到什么新的信息时，就会从本角色加以估量，因而导致不同的意见和结论。组织角色对沟通产生影响的典型事实便是上下级之间沟通的问题。

领导角色不仅要求上级注意任务职能，而且要注意社会情感职能。也就是说，上级一方面必须指导和控制下属的工作，另一方面必须注意下属的情感需要和愿望。而许多上级可能难以平衡这两种角色要求。

下级出于前途和安全性考虑，在向上沟通时，往往会发生障碍。因为下级在组织内的发展前途在很大程度上操纵在上级手中，这使得下级在与上级沟通时，很自然地怀着一份特别的心理状态。一方面，他不愿意在这上面对自己产生什么不利的影响，因此对沟通的内容不免加以选择和控制，这使得沟通发生扭曲现象。另一方面，下属对于上级所传递的"下行沟通"也同样会因上级和下级的角色关系而发生扭曲。由于下级想从沟通中得到更

> 例如，某高校系主任送给系里一名年轻教师的寄语，内容如下："我衷心祝贺你最近获得博士学位。这是一个你引以为豪的成就。我期待着你对我系的研究做出更大的贡献，同时也希望看到你在博士论文基础上新发表的几篇文章。"既向年轻成员表示祝贺，同时又提出建议，系主任试图在对年轻教师的寄语中同时照顾到社会情感和任务两个方面的问题。可惜的是，年轻教师可能会对这种沟通的内容很恼火，感觉它轻视了他的成就，并且暗示他在系里没有努力做好分内工作。在这种情况下，分别在不同的场合或时间段进行表述，可能更为有效，既能表达祝贺，也能传达工作指导。

多、更微妙的信息，往往会捕风捉影，上级一句非常漫不经心的话，可能会被下属解释为带有特别意义的内容。

除了上面所谈到的企业的社会环境、企业文化、组织形式、地位与角色等因素对组织沟通具有非常重要的影响之外，企业的行业特点、领导的行为风格等许多其他的要素也是组织沟通的重要影响因素。

4.3 组织沟通的方式

所谓组织沟通方式，指的是组织沟通所采取的具体方法和手段，有时也称沟通方法。组织在沟通的过程中，可选择的方式有许多种，即使在同一沟通过程中，也可以组合多种方法或者不断变换方式方法。组织对外沟通可采用的方式有广告、谈判、游说、公关等多种。在组织内部的沟通中，也有指示与汇报、会议与个别交流、内部刊物与宣传告示栏、意见箱与投诉站、领导见面会与群众座谈会等多种方式。

4.3.1 组织内部的沟通方式

（1）指示与汇报。

指示是上级指导下级工作，传达上级决策经常采用的一种下行沟通方式，它可以使一个项目启动、更改或终止。而汇报则是下级在总结工作、反映情况、提出建议时进行的一种上行沟通方式。

指示一般是通过正式渠道进行沟通的，具有权威性、强制性等特点。指示可以具体分为书面指示和口头指示、一般指示和具体指示、正式指示和非正式指示等。在决定指示是书面的还是口头的时候，应考虑的问题是：上下级之间关系的信任程度和持久性，以及避免指示的重复性等。如果上下级之间信任程度较高，持久性好，则采用口头指示和通知即可。对于重要的决议或命令，为了避免司法上的争执和增加其权威程度，或是为了对所有有关人员宣布一项特定的任务，则应该用书面指示。

汇报是下级向上反映情况、提出设想、汇报思想而经常采用的一种沟通方式。汇报也可分为书面汇报或口头汇报、专题汇报或一般性汇报、非常正规的汇报或较为随意的汇报。有些汇报不仅要用书面的形式，还要加上口头的方式，如政府的工作报告等；有些汇报则只需要书面或口头的。不同的组织，其对于汇报方式的规定是不同的。

（2）会议与个别交流。

组织沟通的本质是组织成员间交流思想、情感或交换信息。而采取开会的方式，就是提供交流的场所和机会。个别交谈则是指组织成员之间采用正式或非正式的形式，进行个别交谈，以交流思想和情感，或征询谈话对象对组织中存在问题和缺陷提出他自己的看法，或对其他员工的看法和意见等。相比较而言，会议这种沟通方式具有如下一些特点：

1）会议可以集思广益，与会者在意见的交流过程中可以获得一种满足，在意见交流后，也会产生一种共同的见解、价值观念和行动指南，而且还可以增进相互之间的关系。

2）会议可以使人们了解决策的过程，从而竭尽全力地去执行会议的决议。

3）通过会议可以发现人们未曾注意到的问题并加以认真研究和解决。而个别交谈则具有无拘无束，双方都感到亲切并且相互信任的优点。这对双方统一思想、认清目标、体会各自的责任和义务都有很大的好处，而且个别交谈中，人们往往愿意表露真实思想，提出有些不便于在会议场所提出的问题和意见，从而使沟通双方在认识、见解等方面更加容易取得一致。

（3）内部刊物与宣传告示栏。

1）对于许多规模较庞大的组织，各成员很难坐到一起召开会议，也难以通过个别交谈法进行沟通，那么内部刊物就是一种较好的替代方式。一般情况下组织都有内部刊物。内部刊物主要是反映组织最近的动向、重大事情，以及提醒成员、激励成员的内容。不同的组织，其内部刊物的形式、周期、反映的内容差异很大，所以沟通的效果也就千差万别了。

2）宣传告示栏则是另外一种类型的沟通方式，我们可以发现，许多组织在其公众场合都有海报栏、信息栏。这是一种非常有效的组织沟通方式。它具有成本低、沟通面广、沟通较为准确和迅速的优点。

没有伤痕累累，哪来皮糙肉厚，英雄自古多磨难

一架二战中被打得像筛子一样，浑身弹孔累累的伊尔2飞机，依然坚持飞行，终于安全返回

随着技术的飞速发展，公共宣传告示栏已向无形化转变，如组织内部通信群公告、电子邮件群通知等。而且内部

刊物也在向这种无形化的方式转变，类似的方式还有组织内的有线电视、网络通告等。

（4）意见箱与投诉站。

当组织中的沟通出现障碍时，下层员工的各种设想、意见很难反映到上层。即使组织沟通系统正常，也会因为沟通"过滤""扭曲"等原因而使员工的思想传递受阻，所以一般组织中都设有意见箱，以便高层领导能够直接收到下层传来的信息。当下级的正当权益得不到有效的保护，而通过沟通来解决又失败后，往往可以通过企业内部的投诉站来加以协调。

（5）领导见面会与群众座谈会。

在组织中还有一种比较重要的沟通方式，便是定期的领导见面会和不定期的群众座谈会。领导见面会是让那些有思想、有建议的员工有机会直接与主管领导沟通，一般情况下，是由于员工的意见经过多次正常途径的沟通仍未得到有效回复。群众座谈会则是在管理者觉得有必要获得第一手的关于员工真实思想、情感时，而又担心通过中间渠道会使信息失真而采取的一种领导与员工直接沟通的方法。与领导见面会相比，群众座谈会是由上而下发起的，上级领导是沟通的主动方，而领导见面会则是应下层的要求而进行的沟通。

除了以上所列的几种沟通方式之外，组织的沟通方式还有许多种，如讲座、郊游、联谊会、聚餐等各种正式或非正式的沟通方式，这里不再一一详谈了。

4.3.2　组织对外的沟通方式

组织生存于一定的环境之中，除了要进行内部沟通以外，还必须处理好与周围的公众、同业者、政府，以及供应商和消费者的关系，有效地同其他组织进行业务往来和合作，必须要进行沟通。组织对外沟通的方式与内部沟通有很大的不同，大概可以分为公关、CI（corporate identity）策划、商务谈判等几种。

（1）公关。

公关作为组织对外沟通的一种最基本、最重要的方式，是组织处理好与顾客、供应商及经销商以及新闻媒体关系的基本方法。其主要是通过组织与顾客等其他公众之间的信息交流与沟通来实现的。这种方式中又可以采用多种具体的方法来达到目的。如可以用产品展示会的形式向公众传递产品的有关性质，并接受顾客对产品的评价；可以利用网络、电视、报刊等各种媒体进行广告，或者通过征答的形式收到公众的反馈；可以通过召开记者招待会的形式促进组织与新闻媒体的沟通。

(2) CI 策划。

在当今社会中,广告无处不在,无时不有。色彩缤纷的广告已经很难在人们的记忆中抢占一席之地了,单靠公关这种方式对外沟通信息已经变得越来越无效了。为了更为有效地对外传递和沟通信息,CI 这种沟通方式便应运而生了。CI 是一种公司有关个性特征、经营理念、经营风格的高度浓缩体,具有简洁明了、便于识别和记忆的特点,已经被许多公司和组织证明是一种非常有效的沟通方式。

(3) 商务谈判。

当组织需要与其他组织进行合作时,往往要相互摸清底细,并且相互交流各自的目的、需求,以使合作对双方均有收获。而这一切信息的交换在很大的程度上都是通过商务谈判这种沟通方式来完成的。美国谈判学会会长杰勒德·I.尼尔伦伯格(Gerard I. Nierenberg)认为,谈判是人们为取得一致而相互沟通的一种行为。

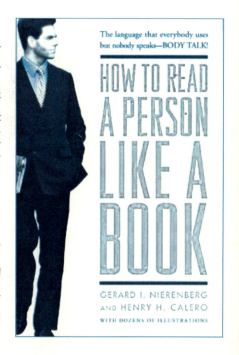

4.4 组织沟通效率的提高

组织要想提高沟通的效率,必须根据组织特点和具体的环境条件,选择并设计合理化的沟通渠道,并采用恰当的沟通方式,再针对影响组织沟通的因素采取具体的对策。

4.4.1 合理的沟通渠道

作为一个组织,要充分考虑组织的行业特点和人员心理结构,结合正式沟通渠道和非正式沟通渠道的优缺点,设计一套包含正式沟通和非正式沟通在内的组合方案,并结合组织结构形式选择恰当的沟通形式,以使组织内各种沟通的目的都能够准确及时而有效地实现,避免产生信息偏差(图 4.6)。

4.4.2 恰当的沟通方式

组织沟通效率的提高不仅仅取决于合理的沟通渠道,沟通方式的选择也会产生重要的影响。因为组织内沟通的内容千差万别,针对不同的沟通

图4.6　组织沟通中的信息偏差

目的，应该采取不同的沟通方式。那么，当管理者面对不同的沟通内容时，究竟采用哪种沟通方式最为恰当？这是一个十分复杂的问题，没有一种统一的模式。下面列出四个方面的因素，可供设计组织沟通时参考[1]。

（1）沟通的性质。

所谓沟通的性质，是一种相当宽泛的说法，我们可以按不同的标志对沟通的性质加以分类。

1）按照沟通任务的复杂性分类。按由简而繁的顺序，可以分为：① 传达命令；② 给予或要求信息或资料；③ 达成一致意见或决定。当意见分歧时，第③种沟通的任务尤其复杂。此时，似乎先行分析不同意见间有何共同之点，通过非正式沟通先行协调，然后再将私下（非正式）商量的结果，经由正式途径加以肯定；反之，如果一开始便试图经由正式途径讨论，可能使分歧意见公开化，使得不同意见双方的立场和态度硬化。即使由于正式职权的行使，勉强达成决议，也可能因此造成关系上的裂痕，影响以后的合作。

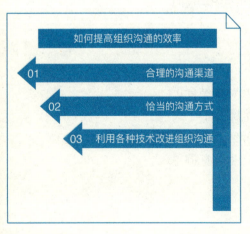

---

[1] 罗锐韧,曾繁正.管理沟通[M].北京：红旗出版社,1997.

2）按沟通内容的合法性分类。① 沟通内容是依照规章或惯例行事，大家视为当然；② 沟通内容与法规或惯例颇有出入，例如对于公司政策采取变通或弹性的措施之类。在这种情况下，究竟应采取正式还是非正式沟通，以书面还是口头为宜，要根据具体情境来选择，并无一种标准的答案。

3）按沟通所涉及资源动用的多少分类。如果一项要求、命令或决议，涉及大量人力和财力的动用时，将来必须有人负责这种资源支出及其效果。因此，有关人员为求责任分明，就希望此种沟通能通过正式和书面的途径进行。当然，这种希望的程度，又和上述沟通内容的合法性有密切关系，愈是属于变通或弹性的处理性质，可能愈要求有正式和具体的根据。

（2）沟通人员的特点。

所谓沟通人员，是指信息发出者、接收者、中间传达者（媒体），以及他们的上级主管人员。这些人的特点，对于沟通方法的选择也有密切的关系。

1）目标或手段导向。有人做事的基本导向，是以达成目标或任务为主。在这种导向下，可以变更或不顾规定及手续。但是有人坚持必须合乎规定或手续，甚至到后来，以规定及手续作为工作的目的。如果属于后一类人员，则倾向于正式和书面的沟通；反之，对于目标导向的人，则比较愿意采取非正式和口头的沟通方式。

2）能否信任的程度。这是指沟通的媒介者或接收者，对于所沟通的信息，能否正确解释并促成其有效沟通，甚至增添某些有用的信息。如果在沟通过程中能找到这种媒介，将可增进沟通效能；反之，如果媒介者不能正确了解和传送沟通信息，那么就要设法避开他，而要靠书面和口头并用加以补救。

3）语言表达能力。沟通者的语言表达能力，是选择沟通方法的重要因素。除此之外，语言表达能力也影响到沟通的内容及其表现方式。

（3）人际关系的协调程度。

这是指沟通过程所涉及的人群间存在怎样的关系。高度协调者，表示成员间接触频繁，关系密切，互助合作，在这种状况下，沟通常常采用口头等非正式的方法；反之，如果人们极少往来，互不相干，则沟通只有依赖正式及书面的方法进行。

（4）沟通渠道的性质。

1）速度。不同渠道的沟通速度相差颇大，例如，一般认为，口头等非正式的沟通方法，就较正式与书面的沟通速度更快。

2）反馈。利用不同的沟通方法，所得到的反馈速度和正确性也都不同。例如，面对面交谈，可以获得立即的反应；书面沟通，有时却得不到反馈。

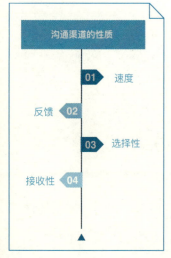

3）选择性。这是指对于信息的沟通，能否加以控制和选择及其程度如何。例如，在公开场合宣布某一消息，对于其沟通范围及接收对象毫无控制；反之，选择少数可以信任的人，利用口头传达某种信息则富于选择性。

4）接收性。同样的信息，却可能经由不同渠道，造成不同的被接收的程度。例如，以正式书面通知，可能使接收者十分重视；反之，在社交场合所提出的意见，却被对方认为讲过就算了，并不加以重视。

4.4.3　利用改进组织沟通的各种技术

（1）建议和质询制度。

通过征求非管理员工改进工作的意见来加强上行沟通。它们体现出一种鼓励提出有益的意见并防止其通过指挥链条被过滤掉的正式意图。建议制度的最简单的例子是设立意见箱，员工把有关改进的书面意见（通常是无个性特征的）投入箱内。这种简单的方式通常并不十分有效，因为没有适用于建议的物质奖励和表明建议已被考虑的明显机制。

许多较好的方案是给所提建议已被实际采用的员工以报酬，并且提供每一项建议得到如何评价的反馈。通常可付给简单建议少量酬金；对于那种可给公司带来大量盈利的技术性的复杂建议，通常按照预计盈利的百分比付给酬金。不用长期停产付出巨大代价就可完成设备维修的建议就是这方面的一个例子。当对被采用的建议进行大张旗鼓的宣传时（例如在组织内定期出版的内部刊物中介绍）也可以加强下行沟通，因为员工希望接收到相关类型的信息。

与建议制度有关的是质询制度，它提供了一种答复员工提出的有关组织问题的正式手段。当问题和答复范围广泛时，这种制度可促进双方沟通并且是最有效的。许多组织在其内部刊物中设有问题和答复专栏，内容范围包括从津贴到公司股票等各种问题。许多图书馆已经采用类似制度回答读者关于图书馆服务工作的质询。例如，某一图书馆采用了"图书馆问答"的形式，它规定由最有资格的图书馆人员作答。这种问答张贴在图书馆的固定场所便于其他人了解和利用。

（2）主管人训练。

良好的沟通是一种奇妙的、内在的艺术吗？能够对上级进行训练，使之更有效地同下属沟通吗？有证据表明，适当的训练能够改进主管的沟通技能。我们需要注意"技能"一词在这里的特殊作用。模糊地讲授沟通的重要性用处不大，分离出特殊的沟通技能并给予上级实践这些技能的机会将会收到积极效果。在如何处理棘手的问题方面，信心十足的主管将能够更好地掌握社会情感和任务要求之间的平衡。

一般而言,有效的训练方案如下所示:用录像形式介绍正确处理典型的沟通问题的方法,然后由主管进行角色扮演,当他们表现出有效的沟通技能时,训练者会对这些方面进行强化。例如,在通用电气公司,这种训练所提出的典型的沟通问题包括指出下属不恰当的工作习惯、审查工作绩效、讨论薪金变化及处理下属的问题等。

这种性质的训练特别注重下行沟通。无论如何,有许多证据表明,一个人态度和情感的流露会提高接收者的交互作用。因此,能够有效进行下行沟通的上级反过来也能够加强上行沟通。

(3) 员工调查和调查反馈。

对现有员工的态度和意见进行调查,是一种有效的上行沟通的手段。因为调查通常是利用保证无个性特征回答的调查表进行的,员工们将感到可以自由表达他们的真实观点。一次有效的员工调查包含员工确实关心的问题和有益于实际目的的信息。调查专家必须以一种易于被管理部门译码的方式对结果进行概括和总结(编码)。定期进行调查特别有用,在这种情况下,经理们能够察觉到在员工情感方面值得注意的变化。例如,对工资满意程度的急剧下降可能是劳资纠纷的先兆和需要修改补偿合同的信号。

当将调查结果反馈给员工时,随着管理部门的答复和相应变革计划的实施,会加强下行沟通。调查反馈向员工表明,他们的评论已被管理部门听到和考虑。作为对调查所关心的问题的答复,变革计划表明了这一沟通行为的效果。

4.5 沟通的误区

至此,我们已经从各个方面论述了沟通对于当代社会的人际交往和组织管理的重要作用,但是,过分美化沟通的作用也会形成误区。

(1) 并不是沟通越多越好。沟通要花费时间,旨在改进沟通的无休止的会议和会谈只能降低生产率。把意见不一的双方放在一起试图使他们能够"解决问题",这样做可能只会使他们互相攻击。另外,同员工谈话常常给人们一种感觉,当他们的上级不干涉他们时,他们工作得最好并且最满意。前面已指出,有效的沟通指把正确的信息及时传送给正确的人,正确的信息并不总是意味着更多的信息。

（2）沟通困难常常是组织问题的症状或结果而不是原因。没有辨明原因就试图消除症状被证明是无效的。销售人员可能声称，他们的问题恰恰在于不能和生产人员在使货物迅速交付顾客方面进行沟通。认真倾听这两个部门的申诉并召开经常性的会议并不能改变这样一个事实：这些群体本质上认为自己是为不同的对象服务的（内部的管理部门与外部购买人）。

（3）我们所有的人都有运用沟通解释某些事情的倾向。这种随意贴标签的做法常常会使事实混淆，具体的问题需要运用具体的方案来解决。纠正由于缺少下属信任产生的问题，和纠正由于缺少对下属的监督反馈产生的问题所要使用的策略是不同的。

思 考 题

1. 组织沟通与人际沟通有什么异同？有何联系？
2. 影响组织沟通的因素有哪些？
3. 试着使用结构洞理论来分析工作组织结构的利弊。
4. 组织沟通的渠道有哪些？如何组合运用？
5. 如何利用合理的组织结构形式提高组织沟通的效率？

案例一

化妆品公司

董平就职于一家化妆品公司，一直在研发部门工作。由于他头脑敏捷、性格沉稳，又肯钻研，几年下来，事业发展得很顺利，深受研发部经理的赏识，去年也由产品开发一科的科长晋升为产品处的处长。

董平的继任者，也就是目前的产品开发一科的龚科长，是曾在研发部历练了几个岗位的研究员。他因为出色的执行力和冲劲而晋升为了主管干部。

产品一科不仅是产品处，也是整个研发部的一个主力小组，担负着几个关键产品的研发工作，平时工作压力相对较大，团队成员较其他组多，对主管的管理能力要求也较高。

该研发部组织架构如图4.7所示。

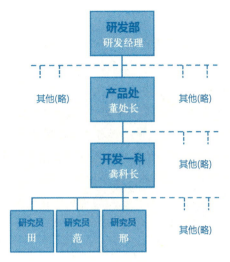

图4.7　研发部组织架构

　　董平升任产品处的处长已经半年有余,凭借着出色的能力,他早已适应新的岗位,各方面的工作也依照他的规划逐步展开。但他总觉得下属的四个科中,有三个基本运转正常,已经从去年底的组织调整中恢复过来,唯独自己曾经带过的开发一科总是达不到预期的绩效。"是不是因为这个科曾经是我带的,所以不自觉地会和以前比较,才会有这样的感觉呢?"想到一科的状况,董平总是会先问自己这样的问题,但他还是隐约觉得研究员小田以及小范的绩效表现不如从前,小邢是今年从其他科调过来的,年轻好学,但好像不怎么和别人配合,而龚科长虽然冲劲很足,但似乎与下属的沟通过于简单直接,引导不足。董平决定深入了解并梳理一下一科的问题。

　　就在董平打算展开行动之际,小田主动叩响了董平办公室的门。

　　小田略显激动,"董处,我有一些事想和您聊一聊,可以吗?"他急切地看着董平说。

　　"当然,先请坐。"两人在董平办公室落座。

　　"我想了很久……实在是忍不住了……才想来找您谈一谈。"小田说罢,沉默了一下,但情绪显然越来越激动。"我觉得龚科长在针对我!之前我一直负责S项目,上周他通知我要交给其他的同事,要我转去做C项目。我觉得我做得很认真,不知道为什么突然不让我做了!"

　　"你是说,龚科长通知你这个项目交给别人了,但没有给你解释原因?"董平问道。

　　"没有,他只是告诉我要调整科内工作的安排。"小田急切地回答。

　　"而且,你觉得在这个项目中,你做得已经非常好了?"董平接着问。

　　"不敢说非常好,但是我觉得我已经非常尽力了。"小田笃定地说。

　　董平接着说:"不过,目前这个项目的进展和效果已经远远落后于预期了。"

　　"我知道,但我觉得这不是我的问题,我提了很多报告……也许我不该这样讲,但我觉得龚科长是在排挤我,很多报告到他那里就又被退回来了,所以我的东西根本出不来。"小田越说越激动,眼眶有些泛红。

"你是说他退了你很多报告？有说明原因吗？"董平给小田倒了杯水，语气温和地问道。

"他只是说很多信息还不够完整，但又没有说具体要怎样，就退回让我修改。"小田激动地说，"我觉得他就是在排挤我，我都不知道怎么做才算对了！"

其实小田的问题，以及工作调整，董平是了解过的，因为S项目非常复杂，故需要集合很多外部合作公司的经验，最后才能确认研发方案。但小田与外部的联系并不顺畅，很多时候小田提出的方案，更多体现的是自己的意见；不过龚科长的处理方式还是让董平略感意外。

"喝点水，我很高兴你能够把想法说出来。"董平安慰小田，"你知道吗，咱们以前在一个科很久了，我知道你的能力（很好），这也是为什么这个重要的项目会首选由你负责。"

小田喝着水，董平继续说："你家宝宝今年已经两岁了吧？"

"是，刚刚过了两岁生日。"小田答道，情绪逐步趋于平缓。

"你记得大概一年前咱们聊过一次吗，那时你宝宝大概一岁，家里妻子照看孩子情绪不好，你们总吵架，你那时连续两个项目出了差错。当时我说你这个人啊，做事很容易被情绪影响，沟通方式又比较直，这样不容易拉近与他人的距离，也就得不到别人的理解和支援，甚至包括家人。"

"是，那时我们聊了好多。唉，我这个性格……其实我也知道，你说的是对的，但是还是没能改过来。"小田渐渐平静了下来。

"我当时就说过，以你的专业能力，如果把这两点做好，我相信你能够有大发展，也希望对你委以重任，我现在依然还是这样认为的。"董平微笑地注视着小田。"我也看过你提过来的关于S项目的报告，这里面看起来体现我们关键的合作厂商和其他部门的意见并不多，是不是遇到了什么问题？"

"我有问他们，限期让他们给出答复，但他们给的意见很有限。"小田解释道。

"你是怎么问的？"董平接着问。

"我有给他们发邮件，但回复的内容很少……"小田低声说道。

"关键的技术问题，特别是我们需要向对方请求支持，是不是我们应该更主动一点比较好呢？"董平说道。

小田低头不语。

"主动去他们那里拜访，把我们的计划详细介绍一下，然后当面请教他们，另外问一下他们对这个项目最关切的部分在哪里，与我们的目标是不是能够形成交集，如果有共同的目标就再好不过了。"董平耐心地说，"你看这样对方感觉上会不会更好一些？"

"嗯，会好一些。"小田点了点头。

"你看，其实沟通也不是那么复杂的事，多站在对方角度想一想，不就豁然开朗了？"董平笑着说，"另外，我觉得C项目也不错，你知道吗，今年你们科最重要的两个项目就是S项目和C项目，C项目利用我们自己的资源开展实验更多一些，也许更能发挥你的长处。"董平用肯定的目光看着小田，"而且，我要求你不能松懈，我知道你在S项目前期也做了很多工作。目前咱们的组织在不断发展，工作的调整会成为新常态,你要有心理准备,随时可能会回来支援呦!"

"嗯嗯,"小田连连点头,"其实主管安排的工作,我是会尽心去做的。"

"我会找龚科长谈一谈,一科项目多时间紧,而他新升任科长,并且又是个很重执行的人,感觉得出来他压力蛮大的。"董平说,"但不管怎样,他这样过于简单、急躁的沟通方式也是不妥的,我希望他能够和你讲清楚自己的意见和多沟通彼此的想法。"

小田起身向董平表示感谢,董平拍了拍他的肩膀,送他出了办公室。

随后,小田马上请小范来到了董平的办公室。

小范进入了办公室,略显拘谨。

"请坐吧,很久没聊了,想了解一下最近工作的情况。对了,这会儿你有在进行实验吗?如果正在做实验我们就再约个时间。"董平说。

"哦,没有没有,没关系的。"说着,小范坐到了圆桌旁。

"是我的疏忽,很久没有向大家了解一下最近的工作感受了,先自我检讨一下。"董平笑着说,"最近怎么样,有没有遇到什么困难?"

"也……还好,总的来说还好。"小范略显犹豫。

"咱们去年刚做了组织调整,有很多地方需要磨合,龚科长也是从其他科过来的新任主管,你们配合还好吧?"

"嗯……总的来说还好,就是有一点不知当讲不当讲……"小范小声说道。

"当然可以讲啊,说说看。"董平鼓励道。

"嗯……龚科长总的来说都挺好,就是有时脾气很急,有些研究方向我还不是很清楚,所以不敢贸然推进,不知道是不是符合策略大方向……"

"他没有给你任何指引或建议吗?"董平接着小范的意见问道。

"他就说让我们自己想,可是我……"小范一副为难的样子。

"看来龚科长在沟通方式上确实存在缺陷。"董平心里思索着,一边接着对小范讲:"我觉得你可以再大胆一些,讲出你的意见。目前公司正在转型,未来很多创新研究的方向并不会总是来自上层,而是自下而上进行提案。"说着,董平拿出纸画了两个方向相反的三角,"未来我们工作模式的改进方向,就是把正三角改为倒三角。"

"嗯,明白了,"小范稍微放松,"我也知道,我的几个项目进度有些慢,不过我感觉我们对公司策略了解得还不是很清楚,有时就找不到方向……"

"这个我上周已经与咱们部门的几位科长做过内部检讨了,这是主管们工作的不足,没有确保让所有研究员都吃透公司策略。为此,接下来我会推行工作方式的系统性变革,计划已经在拟定,后续也会征询大家的意见。我希望你能够协助我,帮助我们的组织跟上变革的步伐。"

"没问题,董哥,我一定尽全力。"小范说着深深地点了点头。

"嗯,我了解你现在的几个研究项目,在方向上没有问题,放手尽快展开吧,有任何困难,不管是资金上还是外部技术资源,请随时向龚科长或我提出来。"董平坚定地鼓励道。

小范略显感慨:"唉,还是董哥好沟通,谢谢您。"

两场交谈下来,董平决定,找一个适当的时机,与龚科长谈一下。

几天后,正好有个机会,董平得以从繁重的项目工作中抽身,打算约龚科长好好谈一下,恰在这时,龚科长带着一股怒气找到董平,没等董平开口,便抢先说,"董处,我有一件事必须要向你提,我希望开除小邢!"董平稍微一愣,然后对龚科长说,"正好我也有事想找你谈,这样吧,先说说你的事情。"

龚科长迫不及待地说:"这已经不是第一次了!今天在开跨部门的研讨会,人家说一个意见,小邢就反对一次,好像别人都不懂,我一说他,他就反过来跟我喊:'不是研讨么?那到底让不让人说话?不让说我可以闭嘴。'你说这像话么?"

"你是说你们在做跨部门研讨,和哪些人呢?"董平问道。

"有我们科的研究员,还有二科和质量部的。都让人没办法配合了!"龚科长愤愤不平地说。

"他质疑或反对的是什么问题,是因为什么质疑呢?"董平继续问。

"就是关于S项目的技术问题,他反对的很多是别人的经验甚至做过的研究,因为与他的认知不一样,其实他刚刚进入这个领域,很多情况还不了解。这样弄得大家都下不来台,没办法继续讨论了。"龚科长答道。

"然后你劝阻他,他对你大吼?"董平接着问。

"是啊,也太不尊重人了,在这么多人面前。而且这不是第一次了,上周我们科的周报,他以出差为由让别人代写自己的部分,我把交上来的周报邮件发回给他希望他修改,竟回复我说代写的就是他的意见,没有要补充的。可是你看,这写得也太简略随意了!"说着,龚科长打开手里的笔记本电脑,递了过来。

董平仔细看了邮件,确实从小邢邮件的字里行间看出了他对龚科长的不屑,而且董平注意到这份邮件是群发的,抄送给了一科的全体同事。

"也太不把主管要求当回事了,我觉得没办法和他沟通,这人没法留。"龚科长边摇头边说。

"我明白了,这些行为影响确实很不好。"董平肯定龚科长说。"不过,他还有其他地方有不妥的问题么?"董平稍转移了下话题,"我记得在年初他提交过一份很出色的实验设计。"

"是啊,论技术他还是挺爱钻研的,基础也不错,甚至比科里其他人还强一些。"龚科长回答道。

"你看,其实我也发现了这个孩子不喜欢和别人交流,不过从他的钻研劲儿来看,可能确实还是有才华的,我在想是不是他的自尊心太强了,需要更多引导,也许我们可以试着再给他一次机会,要不然对这样一个年轻人,以直接开除的方式处理,可能会给他以后的职场心理造成阴影,你想想是不是这样?"董平说出了自己的意见。

"道理是这样没错……"龚科长附和了一下,依旧阴沉着脸。

"你看这样好不好,他的那些明显越过底线的行为是必须要进行纠正的,我会亲自给予他警告,届时也请你参加,算是给他最后一次机会。"董平说。

"唉……好吧，也好，就给他最后一次机会。"龚科长点了点头。

"另外我想问问你，除了小邢，与其他的人你们相处得怎么样？"董平转到了另一个话题。

"怎么说呢，其他几个人还好，就是和小田、小范的磨合上，总是感觉他们怎么就搞不懂我的意思，很多事情进展比较慢，我也是很着急，经常催促他们。"龚科长有些无奈地说。

"你们相处了一段时间，应该对彼此的性格有了解了吧。你看，小田是很容易情绪化的一个人，另外，沟通是他的短板。而小范做事蛮细致的，但他缺乏魄力，需要主管指导和鼓励。"董平解释道。

"这个我倒是……"龚科长有些语塞。

"我刚做主管的时候，也很少考虑别人的性格、习惯和做事偏好，后来我才发现，只有从这些方面入手，给予他人引导，才能有效地推动工作。当时我总结，做主管不仅仅是提出要求，要征询反馈，更要对研究员进行引导，这才能确保大家了解主管的意图，才能增强凝聚力，工作绩效也就逐渐出来了。这些经验让我至今受益匪浅。"董平举起了自己的例子。

"嗯嗯。"龚科长很认真地听着。

"你这个岗位就是压力很大，以前我做时也一样，这一点上我最能理解你。"董平肯定地对龚科长说，"不过急也需要讲究技巧，今年人资部会组织关于领导力的培训，名额有限，我想提前给你报上名，好不好？"

"谢谢董哥，我会好好学的！"龚科长坚定地说，"小田和小范，我回来再把项目和他们仔细讨论一下，我会改进我的工作方式，和大家多讲一讲，我就是性子比较急，呵呵。"

"好！"董平肯定地点点头，"小邢的事，今天大家都冷静一下，明天我们找他谈。"

翌日，董平在办公楼公共洽谈区找了一处小圆桌，一个比较安静的位置。董平、小邢、龚科长三人围坐在圆桌旁。

"我今天请大家来的目的，是因为我感觉团队在磨合上出现了一些状况。我希望大家可以开诚布公、畅所欲言，说说自己的想法。"董平开门见山地说。

小邢只是低着头，不讲话。

"这样，那我先说吧……"龚科长简要说了自己的一些感受和意见，情绪上比较克制。

小邢依然没有要讲话的意思，其态度令人捉摸不透。

董平见状，接过了话题："我看到的现象是，你们两个的沟通很不顺畅，很多的沟通都是通过邮件而不是当面来讲，这样的交流既没有效率又很容易产生误会。我希望你们共同改进沟通方式。"董平接着对小邢说："此外，我注意到你在公开的会议上对龚科长咆哮，而他只是正常地向你提出意见，还有你群发邮件，并且用煽动性的语言反对他正常履行主管的职责，这让我觉得你对龚科长的成见很深，而且你的这种行为对整个团队的安定团结是非常具有破坏性的，这一点我完全无法接受，所以我希望你立即纠正态度，我不希望再有类似的事件发生。关于这一点，接下来的两个月，我会看你的表现。"董平语气平和但表情严肃地看着小邢。

"我知道，其实是我的不对……"小邢终于开口，"是我的情绪没控制好，表达方式不对。"

"除此之外,记得我之前就鼓励过你,多和大家交流,听一听大家的想法,年轻人让自己的思路开阔起来,才不会钻牛角尖……"在随后的沟通中,小邢诚恳地接受了批评并表达歉意,表态要做出改变,龚科长也对小邢的态度给予了认可,董平感觉沟通的目的已经达到。

在随后的几周中,龚科长和几位研究员的工作和沟通方式都开始有了一些转变,开发一科这一度濒临破局的团队磨合,因为董平的梳理和润滑逐步顺畅起来。

资料来源:根据复旦大学管理学院2018级MBA丁胜提供的资料改编.

案例讨论

1. 案例中描述的属于哪种组织沟通渠道?董平为什么要采取这种沟通渠道?
2. 董平具体采用的是怎样的沟通形式?这种沟通形式有什么优点和缺点?
3. 请具体分析下案例中影响沟通效果的因素有哪些,以及董平的沟通有哪些值得你学习和借鉴的地方。

案例二

F公司

F公司属于母公司下的一家工厂,生产汽车发动机零部件。公司现有80名办公人员,分为低压燃油喷射系统、高压燃油喷射系统和可变节气门系统三个事业部。这三个事业部分别由三位运营经理负责:Justin、Dennis和Janason。他们都向总经理Sam汇报。同时向Sam汇报的还有财务经理、人事经理、质量经理、供应商质量经理、IT经理、工程经理、维修经理和物流经理。

低压燃油喷射系统事业部:公司的现金流主要靠这个事业部,利润也不错,基本能保证税前20%的利润,部门总人数为15。今年几乎没有新项目,主要维持现有业务的正常运作。客户端也没有什么事情,偶尔会遇到客户的例行审核。公司上层的参观也很少,不需要准备各种报告。

高压燃油喷射系统事业部:该事业部成立于2014年,都是新项目,代表公司的未来。虽然经过两年的运营,但还是处于亏损状态。由于遇到各种技术问题和客户不满意,该事业部一直是高度的紧张状态,人力资源也不富裕。公司高层每次参观都会到这个事业部了解情况。这个事业部的经理一直是深感内忧外患、劳心劳力。

可变节气门系统事业部:70%的业务属于老的业务,不过最近新产品将要代替老产品,为此公司投资了新的生产车间,生产上各种技术问题迎面而来。由于公司拿到了新客户的订单,客户参观和审核也避免不了。该事业部目前盈利能力下降,主要因为客户大幅度降价。该部门的员工有时候因为事情紧急需要加班加点完成,总体上资源够用。

公司采用矩阵式管理,各事业部的人员实线向运营经理汇报,虚线向职能部门经理汇报。由于可变节气门系统前运营经理离职,暂时由工程经理Janason代管。

公司不景气,需要裁员

公司所处的行业属于汽车行业,由于行业产能过剩,以及中国市场处于淡季,公司的运营承担着很大的压力,尤其是第二季度公司的经营利润都是负数,为此集团总部要求F公司裁员10%。

Sam和人事经理在北京出差,因事情紧急,没有来得及和各部门经理沟通,临时将指标分了一下:低压燃油喷射系统事业部2人;物流部2人(其中1人已经提出离职);供应商质量部1人;关务部1人。拿到名额后,人事经理先问了工程经理,低压燃油喷射系统工程人员还有哪2人可以被裁员。结果拿到了名单:A和B。

人事经理打电话和低压燃油喷射系事业部经理Justin进行沟通,说明了情况,希望能配合进行裁员计划。刚听到这个消息,Justin本能的反应是裁2个人有点多,可能对本部门的工作开展不利。人事经理让Justin先考虑半小时,半小时后再打电话过来。半小时后,人事经理同时邀请了总经理进行电话会议。Justin坚持如果一定要裁员,只同意裁1人。但人事经理说名单都有了,有2个人可以裁掉。总经理也表态一定要裁员,这是总部的命令,他也没有办法。此时Justin心里非常不爽,他认为人事经理怎么会有名单呢?这样的名单不是应该各事业部经理给出来吗?况且他还没有同意要裁员2人呢。这样的决定是不负责的。即使真的要裁人,A和B也不是最差的员工啊。Justin揣测这2个人选一定是工程经理给出去的,但也没有进一步求证。此时他对工程经理产生了很大的意见。

反复沟通,必须执行决定

Justin单独找了Sam沟通此事。他认为如果公司要裁员,分指标应该采取公平公正的原则,即在每个部门都进行名额分配,但此次其他两个事业部竟然没有分到,全部在自己部门,这不公平。如果一定要分2个名额,具体是谁也应该由他自己决定,毕竟他对这个事业部最终经营绩效负责。Sam说:"低压事业部比较稳定,事情比较少,其他两个事业部都是新项目,他们每天都很忙。所以要你多分担一点。此事没有提前和你沟通,直接确定2个人确实不妥当,可以重新给你做决定的机会,名单由你决定。"Justin却认为,低压事业部比较稳定,那说明他管理得好,下属得力,保持高利润。管理得好,事情少,将面临裁员,这样会打击团队的积极性。但Sam没有理睬,要求坚决执行。所以Justin只好按照老板的要求做,但自己重新选择了2个人。

被裁人员重新确定

Justin回来与他的下属工程主管Kenny商量,决定裁员人选。但他们一致认为之前人事经理给的人选依据工作表现和重要程度都不应该被裁。所以又重新开始筛选,最终选择了C和D。选择C的原因是他是新入职3个月的员工,解雇的成本低,而且他的贡献度还没有那么大。选择D是因为他经常在工作时间离岗抽烟,工作能力一般,平时负责的区域相对简单,容易被替代。Justin将名单给了Sam。过了两天Sam给的反馈是这两个人不能裁,原因是他们的工作表现还可以。如果C被裁员,对公司的声誉会有影响,毕竟刚将人家招进来,马上又裁掉这起码说明公司的招聘环节是有问题的。而A曾经没有及时完成工程经理布置的工作。但从工作的重要性和表现来看,Justin作为部门经理，觉得自己的决定是更正确的。离最后日期越来越近，沟通却再次陷入僵局。

匪夷所思的决定

一周后，Sam再次找Justin谈关于裁员的事情。由于其他部门的员工正常离职正好在这个时间段，所以员工C和D不用被裁了，但也不会留在低压事业部。他们被调配到高压事业部和可变节气门事业部。听到这样的决定，Justin好像被当头一棒，这就是最终的裁员决定？其实不就是要从低压事业部抽调2个人吗？他无法接受这样的决定。Justin自己也在反思，Sam怎么会这样对待低压事业部。

忍无可忍

Justin回家之后仍对这个问题不能释怀，第二天找Sam谈了自己的感受，提出不再担任低压事业部经理一职。Sam也表示了之前一些决定确实有不妥的地方，但希望Justin再静下来考虑一下，不要义气用事。"其实公司也有难处，新项目那么多，运营成本一直居高不下，每个月高层都在过堂。客户每天都在和高压项目电话会议，我们的团队日夜奋战。如果你处在我这个位置，你会如何做决定？如果有机会，也会安排你们进行轮岗，到不同岗位上进行锻炼。"Justin提出工程经理的管理方法有问题，他的做法太狭隘。如果遇到不配合工作的下属，应该多与他沟通，一起解决问题，而不是以这种方式进行处理。经过一番长聊，Justin也收回了之前想辞职的气话。

拉帮结派

经过这件事以后，Justin与工程经理的矛盾越来越大，互相之间见面都不打招呼，完全不再有沟通。整个公司好像分成了两个派系，大家在例会上互相拆台，谁也不买账。工程经理甚至在微信上发表一些言论，每天拉拢其他两个经理一起抽烟，看起来像抱团一样。而Justin则与维修经理和财务总监天天无话不说。同时，Justin也打算重新寻找自己的职业发展，猎头每天都有电话面试。Sam将这些情况都看在眼里，他或许已经知道了问题的严重性，需要尽快解决问题。他单独找Justin和工程经理谈话，希望大家多与对方沟通，保持开放的心态。一些重要的事情，尽量邀请几位事业部经理一起，而不单独找其中某一位做决定。午餐时间，尽量和不同的经理一起，避免经常和个别经理单独相处而冷落了另一方。

资料来源：根据复旦大学管理学院2016级MBA蒋安志提供的资料改编.

案例讨论

1. F公司的组织沟通具有什么特点？
2. 是什么要素对F公司的内部沟通产生了影响？是组织结构的问题，还是组织对人性的看法不同？是部门之间的利益不同，还是文化背景，Sam、人事经理和Justin的生活经历不同？是当事人对裁员标准的理解不同，还是沟通方式不同，抑或领导者风格的问题？
3. F公司的裁员名单为什么一变再变？
4. Justin和Sam的沟通方式有什么特点？
5. 从沟通的目的和结果上来看，你觉得这是一次有效的沟通吗？为什么会产生这样的结果？

案例三

主任与小刘的沟通

（一）对事不对人的沟通

主任："小刘，你过来一下。"

小刘："什么事，主任？"

主任："想和你谈谈日常考勤的问题。你看这张考勤表，这个月才过了一半，可是你已经有三次迟到记录，还有两次早退记录了。按照现在的考核要求，无论是迟到还是早退，出现一次就要扣3分，你现在已经被扣15分了。我想我很有必要提醒你一下，这样下去可不行，你要充分注意这件事情了。"

小刘："哦……"

主任："怎么就只是'哦'呀，你是怎么想的？打算怎么改进呀？"

小刘："哦，没有什么想法，下次注意点还不行吗？"

主任："小刘，你千万不要有什么情绪。你营销工作方面很有一套，业务收入总是名列前茅，就这一点来说你是非常出色的，我对你也非常满意。今天找你来，就是想跟你谈谈日常考勤的问题。不是说我为了小事情来找你麻烦，而确实是你目前在这方面存在很大问题，不改正的话会直接影响到你的最终考评。我这里是就事论事、对事不对人，我指出你这方面的问题是希望你自己能改进一下，不要因为日常考勤的事情影响到你最终的考评分数。小刘啊，你可千万不要认为我对你个人有什么想法呀！"

小刘："哦。我知道了，主任。"

主任："那就好，业务上要继续努力，考勤的事也要放在心上。"

小刘："哦，我知道了。主任，没有什么别的事儿的话，我就去工作了。"

主任："好的，你去忙吧。"

小刘默默无语离开后，主任自言自语："唉，瞧小刘的神情，肯定还是往心里去了。可我明明告诉他，我是对事不对人的呀。"

小刘离开后，在自己的办公室生闷气，自言自语："哼，真没意思！我在外边跑业务，风吹日晒、累死累活，其中的辛苦劳累只有自己知道，主任你除了盯着业务指标，哪里会关心这些？不关心这些也倒罢了，现在竟然又盯上了日常考勤，为了几次迟到早退的小事情来说我的不是，哼！主任你自己坐在舒服的办公室里，吹吹空调，看看电脑，一身轻松自在，按时上下班对你来说当然很轻松！你要是像我一样在外边跑上一天，我看你第二天早上能不能爬得起床！哼！迟到早退个几分钟你就看见了，那我经常加班你怎么就看不见了！什么对事不对人，说得倒好听！哪天我辞职不干了，看你怎么对事不对人！"

资料来源：综合网络资料整理.

案例讨论

1. 在案例中,作为管理者的主任指出小刘出现迟到早退次数过多的问题,而且告诉小刘自己是对事不对人,有何不对之处?可是为什么小刘的反应会是这个样子?
2. 如果你作为管理者,你会如何处理这种情况?

(二) 人事不分的沟通

主任:"小刘,你过来一下。"

小刘:"什么事,主任?"

主任:"我想了解一下,你手中的几个重点客户最近情况怎么样。你知道的,能不能搞定这几个客户和我们部门今年绩效目标能不能完成关系可大了。"

小刘:"呵呵,虽然目前竞争很激烈,但是我还搞得定!主任您放心吧,您什么时候看见我握在手里的客户被别人抢走过?"

主任:"你这么说,我就放心了,呵呵。哎呀,看来年底我们部门每个人钱包鼓不鼓可就要看你小刘的了!"

小刘:"呵呵,瞧领导说的。部门人人都在玩命地干,部门业绩也不是我一个人完成的。"

主任:"呵呵,没错。大家都挺用心的,特别是你们客户经理,工作确实辛苦,特别是最近一段时间。对了,小刘,你是不是已经一个月都没有休息了?千万不要累坏了呀!"

小刘:"呵呵,这也没有办法,我的工作就是跑客户嘛。"

主任:"是呀,你的工作就是这样,想要好好休息一天可真是难呀。我担心这样下去,你的身体吃不吃得消。万一累坏了身体,那可就坏了,身体可是革命的本钱呐。"

小刘:"主任放心,我的身体还行,毕竟咱还年轻,革命还是有些本钱的。再说主任您能知道我们的辛苦,我们已经很开心了,比给我休息几天还有劲,真的!"

主任:"瞧你说的,把我说得像补药似的,我是人参呀?"

小刘:"嘿嘿,主任贴心,干活有劲嘛!"

主任:"不要这么说。说实话,部门业绩全是靠你们客户经理跑出来的,我这个当主任的就是给你们做支持、做服务的,保证你们打仗的时候粮草不断,保证你们打胜之后有奖金可拿!"

小刘:"还是主任说话实在。"

主任:"工作嘛,就是要实实在在的。工作中尽心尽力,咱们把该挣到的钱全都挣到手,到年底大家开开心心过个年,你说咱们工作还不就是为了这些吗?大道理我可不会说。"

小刘:"没错!尽心尽力做事,实实在在赚钱。"

主任:"是呀,小刘你说得对。只要大家在工作中尽心尽力了,我这个做主任的还有什么好说的。至于工作中存在的一些小问题,那都不算什么,都很好解决的。"

小刘:"哦?小问题,主任您是指什么?"

主任:"也没什么事情啦,你看你紧张的。说起来也不是什么大事,就是日常签到考勤的事情。"

小刘:"哦,我知道了主任,是不是小王那边的签到考勤,我有几次迟到早退记录呀? 主任,那几次是因为我跑客户。"

主任:"小刘,你不用说了,你的情况我都是知道的。肯定是因为你跑客户啊,所以晚到了一会儿,或者早走了一会儿。这都是因为工作,我怎么可能说你什么呢。唉,说实话,小刘你看你有时候要工作到半夜,连续几个星期都不能好好休息,这样下去身体肯定受不了,就算是因为早上多睡了一会儿迟到,那都是情有可原的事情,更何况你是因为工作,我怎么可能说你什么啦? 不过呢,这件事情你也不要怪小王,她负责签到考勤,这也是她的工作,只不过有些情况她也不了解,所以才给你记录下来,我为这件事情已经跟她说过了。"

小刘:"呵呵,主任您这么说,我都不知道说什么好了。"

主任:"那就什么也不要说了。我看这样好了,你以后如果因为有事情不能按时签到,先跟我打声招呼,小王那边我会跟她说的,免得引起不必要的误会,咱们总不能因为这些小事情影响你的考评分数呀,你说是不是?"

小刘:"嗯! 我知道了,主任您就放心吧!"

主任:"呵呵,对你小刘我还有什么不放心的呢。"

资料来源:综合网络资料整理.

案例讨论

1.主任的目的是想告诉小刘最近迟到早退的情况比较多,需要改正,但是在整个沟通过程中并没有就事论事,直接明了地告诉小刘,而是曲折迂回地询问小刘的业务情况,表达对他身体的担忧等,主任为什么这样做? 这样做的效果是什么? 小刘可能会想什么?

2.你认为这种沟通方式有什么优缺点? 结合自己的亲身经历,你更喜欢上述两种沟通方式的哪一种,为什么?

第 5 章

自信表达

> "我们对自己抱有的信心，将使别人对我们萌生信心的绿芽。"
> ——拉罗什富科
> （La Rochefoucauld）

学习目标

- 了解自信行为的含义
- 掌握六种常见的自信行为
- 掌握应对冒犯行为和退缩行为的方法

引导案例

A公司是从事手机芯片研发和设计，总部位于中国台湾的芯片设计公司。员工甲所在的部门负责该公司手机芯片在各家运营商网络中的质量和性能的验证，随着公司业务的国际化，甲所在部门也跟随着公司业务从最初的国内业务，发展到需要验证世界各地运营商（以欧美为主）的网络。

早于甲进入公司之前，A公司已经成立了以印度分公司为主导的专门负责全球运营商业务的部门。印度分公司能得到这个主导的地位是因为10年前，中国护照办理各国签证的效率非常低下，导致经常影响项目进度。但是近几年随着中国护照含金量的提高，办理各国签证的速度大大提升，目前已经超过印度,这就是甲所在部门能够实现业务全球化的大背景。

随着公司业务全球化的脚步加快,在稳步进入欧洲市场以后,美国市场成为公司发展的主攻方向。那么对于甲所在的部门来说,美国市场也是其所期望扩展的市场。

作为新拓展的市场,会由总部直接负责计划的制定和主导执行。甲及同事及时向总部表达了意愿,表示可以配合印度分公司一起完成美国市场的拓展,可以接受印度分公司的项目计划和进度安排,但是希望能够独立地承担某些子项目的责任,而甲所在部门负责的子项目将同时向总部和印度分公司汇报进度。甲所在部门对该项目进行了如下分析:

- 印度分公司对美国业务的兴趣度低于欧洲业务;
- 印度分公司的资源的确无法覆盖美国业务;
- 我们的意愿没有伤害到印度分公司依然是全球海外负责的职能。

这次争取赢得了总部的信任,维护了自身的权利,同时也没有侵犯到印度分公司的权利,所以最终甲所在部门的意愿得到满足。

这是一个典型的自信行为,甲所在部门采取自信的态度得到认可,他们的意愿也获得了满足。由此可见,企业的高效运作、同事之间的交流,都需要基于自信行为,自信行为的合理运用将会给企业、自身以及他人都带来更好的结果。而如果自信行为长期缺失,则会给工作带来极为消极的影响,例如,权利得不到维护,工作难以高效完成,意见得不到听取,愿望得不到满足,等等。

5.1 | 自信行为的含义

首先,我们将人们面对工作的三种态度分为积极、退缩和冒犯(图5.1)。那么,与之相应的,人们面对工作的三种反应方式可以划分为自信行为、退缩行为和冒犯行为[1]。

自信行为就是在不侵犯他人的情况下,勇于维护自己的权利、需要、愿望与信念。具体来说,自信行为包含两种情况:一是勇于维护自己的权利但不侵犯他人权利;二是以直接、真诚且合适的方式,表达自己的需求、愿望、意见、感受和信念,其背后的生活态度是"你好,我好"。

举例来说:你在一家餐厅进餐,旁边的进餐者在大声喧哗,你希望安静

图5.1
面对工作的三种态度

---

[1] [美]肯·白克,[美]凯特·白克.乐在沟通[M].顾淑馨,译.广州:中山大学出版社,1998.

地进餐,这时候自信答复是对旁边的进餐者说:"先生,我了解你们希望能够边进餐边交流的愿望,可是你们的说话音量影响了我安静地进餐,我希望你们现在不要大声交流。"

由此可见,自信行为的目的在于,使双方的需要与意愿皆得满足。

退缩行为指的是,不敢争取自己的权利、需要与愿望,或是表达不当,因而无法引起他人的重视。在前面的餐厅例子中,其行为可能是默默忍受,什么也不说;或者自己换一个座位,以远离喧哗。可见,退缩行为的目的是避免冲突及取悦他人。其背后的生活态度是"你好,我不好"。

冒犯行为指的是不惜违反或忽略他人利益,但求争取自己权益的一种态度。冒犯行为的特征同样包括三点,分别为:懂得维护自己的权利,但所用的方法已侵犯别人;忽略或否定他人的需要、愿望、意见、感受与信念;以不得体的方式表达自己的需求、欲望及看法(不论真诚与否),其背后的生活态度是"你不好,我好"。

再回到前面用餐例子,冒犯行为的反应可能是:"你们懂不懂进餐场合要安静?再不安静下来,我就把餐厅经理叫来了!"

由此,我们能够知道,在处理人际关系时,有三种主要的方法:第一种是只考虑自己并欺凌别人,也就是冒犯行为;第二种是处处先人后己,也就是退缩行为;第三种方法是把自己放在首位,但同时考虑到别人,也就是自信行为。

5.1.1 自信表达与个人空间

(1) 自信表达。

举个例子来说,某天,一位同事打电话来,想和你讨论下周的会议,此时你手上正忙着一份报告,因而希望过一会儿再和他谈。如果进行自信表达,你的回答可以是:"好,我很乐意与你谈谈,可是我现在想先做完这份报告,下午我再打过去好吗?"在这个回答中,你既简明扼要地解释清楚了自己的想法,维护了自己的权利,同时也询问了对方的想法与意见,在一定程度上满足了对方的期望。

以上是在自信表达过程中的言辞行为,但需要注意的是,在表达过程中,还会存在非言辞行为。而所谓非言辞行为,是指说话时能为人察觉到的,言辞本身以外的一切现象,包括听觉与视觉两部分。主要构成要素包含声音、说话方式、面部表情、眼部接触和肢体动作(图5.2)。

(2) 个人空间。

在自信表达的过程中,我们也需要注重对个人空间的把控。

有效的个人边界不是固定不变的,而是有弹性的,随交往对象

图5.2
自信行为的构成要素

和时间而改变。正确的做法是：按自己的意愿缩小或保持与他人之间的距离；对那些不想接近的人设立严格的限制；在必要的时候能够勇敢地保护自己的私人空间，与此同时，当想扩展自己的私人空间时也能伸展开，并且承认对方也有这样的权利。

因此，保护个人空间是十分必要的。首先，每个人都具有独一无二的个人空间——独属自己的物质、心理和价值观领地；其次，尊重个人空间意味着要与对方保持合适的空间距离，也要保持适当的情感距离；最后，尊重个人空间，也就是让我们有权保持自己的价值观。

5.1.2 退缩行为的普遍性

我们已经知道，退缩行为并不是一种积极有利的行为，在很多时候，退缩行为只是为了避免冲突，或者是为了取悦他人。这种行为对人、对己、对事情本身及整个组织都有比较消极的影响，但是，我们发现，现实中退缩行为其实具有普遍性。

托马斯·莫利亚里蒂（Thomas Moriarty）发现，当大学生从事重要和涉及头脑思考的工作时，不愿要求其他学生关掉让他们烦心的吵人音乐。其中，80%的学生不会向制造噪音的人提出自己的要求，他们只是默默忍受。他们后来承认，这确实是很恼人的干扰。15%的学生要求对方把音量调小，但如果对方不理睬，他们也不会重复要求。而只有5%的学生会两次提出要求，并且达到自己的目的。

由此可见，即使我们知道只有自信行为才能使双方的需求和愿望都得到满足，退缩行为会使自己的权利受到损害，我们在很多时候也会做出退缩的举动。在这一过程中，退缩者表达的意思是：我无所谓。也就是说：

> 我的需求无关紧要——你的需求才重要。
> 我的感受无关紧要——你的感受才重要。
> 我的想法没有价值——你的想法才有最大意义。
> 我没有权利——你的权利才是重要的。
> 但我们当然有权利！其实在许多情况下，我们只要说出来就能如愿以偿！

我们来看下面的例子：

> 张先生，36岁，出生在农村，是家中长子。他本科、硕士皆毕业于名校，是一位资深的IT

工程师，之前在高通中国担任高级软件工程师。虽然在高通发展得也还可以，但因为公司业务调整，张先生的研究方向在高通有被边缘化的危险，为了后续有更好的发展，张先生在2020年中旬开始关注新的工作机会，并在LinkedIn等招聘网站更新了简历。8月中旬，张先生收到了一个从事Linux研发的英国公司的面试通知。该研发方向是张先生的强项和兴趣所在，所以技术关很快通过了，公司对张先生比较满意。

为了让他尽快入职参与下一步的研发工作，公司给出了一个比较高的薪酬，在他原来的基础上加薪30%，而且可以home-work，这点对于有一个2岁不到女儿的张先生来说，是非常有吸引力的。但张先生却没有马上答应，说需要再考虑一下。

2周过去了，张先生一直没有回复，他一直在纠结。新公司的项目经理给张先生打了个电话，询问意向并暗示如果仍无法确定，将重新招聘，张先生才接受了offer并表示会尽快办理交接去入职报到。

但又过了4周，张先生仍未去新公司报到，新公司项目经理给了最后通牒，要么2周内入职，要么就不用去了。直到这时，张先生才与项目经理说出了心中纠结：原来与新公司年薪制不同，高通工资模式是岗位工资+绩效工资，绩效工资一般在年底兑现，之前离职的员工，是拿不到这部分工资的，而张先生的绩效工资估计有十几万，所以他有点纠结，希望最好能熬过新年才去上班。

新公司项目经理为此很生气，就说张先生太看重金钱，并表示对他的纠结不能认同，并维持最后通牒不变。鉴于对方的反应，担心后续的合作，谨慎起见，张先生最后放弃了这个他很满意的工作机会。

通常退缩者会积聚极大的怒气，最终来一次火山爆发。这样的爆发经常由无关紧要的小事引起，像喷发熔岩一样对当时碰巧在场的所有人发泄满怀敌意的怒火。在敌意迸发之后，退缩者会满怀负罪感，然后又恢复退缩行为模式。过了一段时间，压力又积聚到了爆发点……下面案例中的林秀就是如此。

林秀，2007年毕业于日语专业，以下是她的工作经历（表5.1）：

表5.1　林秀的履历表

时间节点	地点	职务	历时	备注
2007-07	A日系银行	客户经理助理		
2012-01	A日系银行	客户经理	4.5年	助理升客户经理的平均年限为2.5—4.5年
2015-05	A银行→B银行	客户经理		

情景一：林秀在A银行入职2.5年时，错失升职良机——

2010年的某个下午，当时和A银行的张经理对话如下：

张经理："小林，有没有兴趣做客户经理啊？"

林秀："领导，感觉好突然呀，我觉得自己还没有准备好。"

张经理："你也知道，最近某某辞职了，他的客户需要有人接手，我正在考虑这个事情。你要不要尝试一下？"

林秀："可是我觉得自己进来时间还不长，对行内的规章制度刚得心应手，和客户的感情也刚建立，接收新的客户不知道自己是否能够做好。"

张经理："好的，我不勉强你，什么时候你觉得自己准备好了，也可以来找我聊这个事情。"

林秀："……"

张经理："你回去工作吧。"

情景二：在A银行工作4年时，工作上险些出问题——

某天，还在回家的地铁上的林秀接到李经理的电话。

李经理："小林，你知道S公司今天的贴现款一定要到账吗？你是负责这家客户的贴现业务的，你怎么已经回家了？"

林秀："我知道这个事情，但为了让新同事小王学习贴现业务，S公司的贴现已经交接给小王负责，在交接前我已经把整个流程以及做法都讲解给他听，并且在之前也带着他完整地做过S公司的贴现业务好几次。他知道S公司的贴现款今天一定要到账的。"

李经理："你不用解释这么多，也不用管小王，今天客户到不了账会出很大的问题。你要负责。"

林秀："为什么要我负责？这个业务本身就不是我处理的，小王也说了这件事交给他完全可以。"

李经理："现在还在处理当中，我就是通知你，如果今天客户的账到不了，你得负责。怎么可以这么没有责任感？"

林秀："反正我没错！"

要讨论为什么退缩行为具有一定程度的普遍性，就需要先了解人们为什么会退缩。

心理学认为退缩行为是一种心理障碍，因多发生于儿童身上，又被称为儿童退缩行为。它表现为孤僻、胆小、退缩，不愿与其他人交往，更不愿到陌生的环境中去，把自己封闭起来以获得安全感。员工退缩是回避的表现。沟通中的退缩与此行为类似，是指权利的缺失，无法直接、明确表达自己的意愿、情感。

形成退缩行为的原因有以下几个方面。

(1) 否定自己的权利。

并不是所有人都明白并且承认人人都享有某些权利，因此，就会有人不能勇于为自己争取权益。你可能非常害怕别人的拒绝，或者害怕表达出自己的想法后，接收到别人不赞同的眼光，或者是评论。所以有时候，你对自己的不自信，导致你无法坚定而无杂念地将自己的想法说出来。因为你在潜意识里一直在纠结你说出来的东西，"他是不是不同意啊"，或者"他会不会生气啊"，所以无法将心思专注于表达出自己的真实含义。或者是因为害怕别人的不赞同，过度描述了一些东西，让听众感觉越听越乱。其背后的原因就在于你没有意识到你拥有拒绝的权利，以及提出请求的权利。

(2) 自信心不足。

如果人们对自己的能力没有信心，就会尽量采取低姿态，避免引人注目，对于可能成为众人焦点的场合（例如开会）产生畏惧心理。当别人提起你的工作，比如主管询问你的工作进度时，你就会在心里感受到威胁，然后采取消极的态度对这种威胁进行回避，比如在会议上很少发言，或者不愿说出在工作中所遭遇的问题。

(3) 不懂得运用自信的技巧。

有些人在表达自己想法的时候，没有在脑中寻找出一条清晰的主线，想到什么就说什么。人的思维是发散的，你脑中的想法可能是跳跃的。对于那些在成长过程中，其退缩行为曾经受到鼓励的人，他们可能会逐渐培养出这方面行为的技巧，至于自信进取，则只有在确信"万无一失"的情况下才会表现出来。于是自信行为的训练和培养就越来越不足，使得自己意见与别人不同时，竟不知该如何表达自己的观点。

(4) 看重义务而不是权利。

在中国古代一直占统治地位的儒家思想对事物的价值判断标准是：只重视行为本身是否正当、是否合乎道德要求。儒家思想强调个人对社会、对集体的义务，而不是权利。一般家庭教育中也是强调要谦卑，要礼让他人，为他人着想，因此，很多人误以为退缩才是礼貌，所以纵然不同意别人的意见也不会说出来，而是保持缄默；听到别人真心地赞美也不能坦然接受，常常用不能担当的语言来回应。

(5) 难以说"不"。

传统的文化教育我们作为家族或者团体的一分子，有必要和他人保持良好的关系。保持良好的关系是一切发展的基本要求。所以，我们的行为，一般会选择尽可能不拒绝对方。这又导致了说"不"的练习不够。而当一定要说"不"的时候,我们在心理和说话技巧上都可能没准备好。在社会交往中,面子是非常重要的事情。我们有面子,我们就应该受到相应的尊重。越有面子,就越应该受尊重。可惜的是,我们常常把尊重曲解成"听从",认为不对他人有异议,是对他人的尊重。

以上种种原因是退缩行为产生的潜在动因,人们由于这些因素而展现出退缩的行为。这种普遍存在的退缩行为,在很大程度上来源于人们能够通过这种行为来为自己圈定一个暂时的舒适区,避免冲突。

5.1.3 权利影响自信行为

权利是判定他人行为属于自信、退缩或冒犯的一项重要依据。如果不明白自己的权利,就无从知道别人是否侵害到你的权利,也不容易产生自信的行为。而理解自信表达的方法之一就是把自信表达看成捍卫自身权利,以不具破坏性的方式影响他人和社会的手段。

和20世纪八九十年代相比,现在的消费者拥有更好的选择商品,获得更好的服务,甚至无理由退货的待遇,其重要原因就在于2014年3月15日正式实施的新《消费者权益保护法》以专章规定消费者的权利,表明该法以保护消费者权益为宗旨。该法特别强调经营者的义务。首先,规定经营者与消费者进行交易时应当遵循自愿、平等、公平、诚实信用的原则。其次,以专章规定了经营者对特定消费者以及社会公众的义务。鼓励、动员全社会为保护消费者合法权益共同承担责任,对损害消费者权益的不法行为进行全方位监督。最后,重视对消费者的群体性保护,以专章规定了消费者组织的法律地位。

权利对自信行为关系重大,而这些权利又可以分为生活中的权利和工作中的权利。

（1）生活中的权利。

1）法律保障的权利。

《宪法》规定"公民在法律面前一律平等","任何组织或个人都不得有超越宪法和法律的特权"。《宪法》规定我国公民的基本权利,主要包括以下几个方面：① 法律面前一律平等；② 政治权利和自由,包括选举权和被选举权,言论、出版、集会、结社、游行、示威的自由；③ 宗教信仰自由；④ 人身与人格权,包括人身自由不受侵犯,人格尊严不受侵犯,住宅不受侵犯,通信自由和通信秘密受法律保护；⑤ 监督权,包括对国家机关及其工作人员有批评、建议、申诉、控告、检举并依法取得赔偿的权利等。

2）社会文化认可的权利。

文化不仅以程式化的经典文献、制度等客体形式存在着,而且广泛地以在长期历史过程中积淀而成的民族的思维模式、知识结构、价值观念、伦理规范、行为方式、审美情趣、风尚习俗等主体形式存在着。

① 你有权拥有与他人不同的需求与期望。

② 不论见解是否与人相同,你都有表达自己意见、观点和构想的权利,你有权要求(但非命令)他人回应你的需求与期望。

③ 你有权拒绝他人的请求,而不必感到内疚或自责。

④ 你有权拥有各种感受,如果你愿意,你也有权合理地表达出来。

⑤ 你有保持安静的权利。

⑥ 你有权向他人提出请求。

（2）工作中的权利。

一般公司对员工的行为都有明确的规定,不仅指导员工的行为,同时也对他们在沟通中的权利有显著影响。

凡是决心遵循自信原则的人,都必须接纳及尊重别人的权利,它同时也是一项重要的责任。

华为公司对员工的权利作出了明确规定：每个员工都拥有以下基本权利,即咨询权、建议权、申诉权与保留意见权。

（1）员工在确保工作或业务顺利开展的前提下,有权利向上司提出咨询,上司有责任作出合理的解释与说明。

（2）员工有权对认为不公正的处理,向直接上司的上司提出申诉。申诉必须实事求是,以书面形式提出,不得影响本职工作或干扰组织的正常运作。

（3）各级主管对下属员工的申诉,都必须尽早予以明确的答复。

（4）员工有权保留自己的意见,但不能因此影响工作。上司不得因下属保留自己的不同意见而对其歧视。

（5）员工对改善经营与管理工作具有合理化建议权。

（6）员工有权了解自己的绩效,得到绩效沟通。

华为公司还提出了以下的行为规范：

每个员工主要通过干好本职工作为公司目标做贡献。一方面,员工应努力扩大职务视野,深入领会公司目标对自己的要求,养成为他人做贡献的思维方式,提高协作水平与技巧。另一方面,员工应遵守职责间的制约关系,避免越俎代庖,有节制地暴露因职责不清所掩盖的管理漏洞与问题。员工有义务实事求是地越级报告管理中被掩盖的弊端与错误。允许员工在紧急情况下便宜行事,为公司把握机会、躲避风险,以及减轻灾情做贡献。但是,在这种情况下,越级报告者或便宜行事者,必须对自己的行为及其后果承担责任。员工必须保守公司的秘密。

5.2 | 自信、退缩与冒犯的比较

自信、退缩与冒犯本身就是我们面对工作和生活的三种态度，前面已经分析，这三种态度拥有不同的特征和表现形式。与此同时，它们的产生也有不同的目的和动因。

我们假设一个场景来比较一下这三种不同的态度：

试想，在一个座无虚席的电影院里，你背后的人总是大声说话，从而使你无法把注意力集中在剧情上，无法好好欣赏影片。电影院里坐满了，你没法换座位。现在，你有以下三种反应方式：

（1）你什么都不说，默默忍受。

（2）你转身对那人吼道："你们就不能尊重别人吗？你们要是不马上闭嘴，我就把经理叫来，让他把你们轰出去！"

（3）你转过身，直视着交谈的人说："你们在这里说话，我无法好好欣赏电影。"

这三种反应方式，分别对应了退缩行为、冒犯行为与自信行为。显然，每种反应方式都有自己的态度、顾虑和目的，也会带来不同的结果。这三种行为的比较如表5.2所示。

表5.2　三种行为比较

自信行为	退缩行为	冒犯行为
发送者	发送者	发送者
自我强化	自我否定	损人利己
富于表现	受抑制	富于表现
对自己很满意	易伤感、焦虑	控制别人
为自己选择	允许别人替自己选择	为别人做选择
能实现渴望的目标	实现不了渴望的目标	通过伤害别人来实现渴望的目标
接收者	接收者	接收者
自我提高	内疚或恼怒	自我否定
富于表现	轻视发送者	易伤感、自卫、羞辱
能实现渴望的目标	以牺牲发送者的利益为代价而实现自身渴望的目标	实现不了渴望的目标

5.3 常见的自信行为

常见的自信行为一般可以分为六种状况,分别是:描述性沟通、提出请求、拒绝请求、表达不同意见、赞美他人以及接受赞美。

5.3.1 描述性沟通

在实际的人际沟通中,可能存在这种情况:我们的出发点明明是好的,是为对方的利益着想的,自己的逻辑和主张明明也很有道理,但是与人沟通时却难免出现误解和不快,一不小心沟通便会进入恶性循环,于是大家都陷入情绪化的对峙,极大破坏了沟通的效果。或许沟通者本身的谈话方式并不是以对他人造成伤害为目的的,但沟通的语言缺失造成了他人的痛苦。因此,要想实现有效的沟通,需要掌握沟通的描述技巧,明白什么是描述性沟通。

描述性沟通的核心是对事不对人,其基础在于人性是相同的,虽然每个人的价值观和生活方式或许不同,但是作为人却有共同的感受和需求,因此,对事不对人的基本原则是要求"对人尊重"。它指导人们要转变谈话和倾听的方式,不条件反射式地反应,需要明了自己的观察、感受和愿望,有意识地使用语言,以全新的眼光看待人际关系。

(1) 评价式沟通。

与描述性沟通相对的是评价式沟通,这是一种针对人的沟通方式,即对人不对事。在这种沟通方式中,人们用道德标准来评判人,如果一个人的行为不符合自身的价值观,那他就被看作不道德或邪恶的。因此,对他人的评价实际上反映了自身需要和价值观。批评、指责、辱骂、归类、比较以及评论等都是在评判人。它的根源在于人们忽视彼此的感受与需要,而将冲突归咎于对方。常见的评价式沟通有以下描述:

> "你的毛病是你太自私了。"
> "他对人有成见。"
> "这是不恰当的。"

大部分人会在争吵中因认为对方对自己缺乏尊重而感到生气。这种感觉从何而来呢?往往由于过多地使用评价"你"的表述形式,如果对对方的行为不满意,人们很容易脱口而出:"你老是迟到!""你又不收拾房间!""你从来都不洗碗!"这种价值判断会让对方觉得自己受到了指责,因此其反应往往是反感和防卫式的。所以人们收到的回复很有可能是："上周你不也迟到了？""是你太爱干净了！""你不想想我今天帮了你多少忙？"最终，双方可能会陷入沟通的僵局，激化矛盾。在这种情境中，更明智的选择是采用描述性沟通，将焦点放在说话者"我"的想法和感受上："你今天迟到，我因此觉得很困扰，不知道该怎么帮你跟上司解释"。

（2）描述性沟通的表达方式。

描述性沟通以尊重为核心，它有四种表达方式：观察、推理、感受和需要。一方面，人们可以借助这四种表达方式在沟通中诚实地表达自己；另一方面，人们可以在沟通中实现关切地倾听。在描述性沟通中，人们通过观察他人的状态、体会他人的感受和需要，与他们建立联系，实现双方的可持续互动，直到情意相通：我此刻的观察、推理结论、感受和需要是什么；你此刻的观察、推理结论、感受和需要是什么……

使用描述性沟通时，表达自己或倾听他人都是良好的开端，但需要牢记，描述性沟通没有固定的公式，它可以适应不同的情况，并根据个人风格及文化环境做出调整。它的精髓在于对这四种表达方式的觉察，而不在于使用什么字眼进行交流。

1）观察。

观察即仔细观察正在发生的事情，并清楚地说出观察结果。观察指的是直接由感官告知的东西，没有思考、推论或推断，它关注的是纯粹的事实，是对事情、行为和环境的客观描述。需要明确的是，描述性沟通并不要求人们保持完全的客观而不做任何评论，而是强调区分观察和评论的侧重点。如果将观察和评论混为一谈，人们将倾向于听到批评，并反驳。

描述性沟通不鼓励绝对化的评论，而主张评论要基于特定时间和环境中的观察。语义学家温德尔·约翰逊（Wendell Johnson）认为，用静态的语言捕捉变动的现实，会造成许多困扰。他认为："我们的语言年代久远，但先天不足，是一种有缺陷的工具。它反映了万物有灵论的思想，让我们谈论稳定性和持久性，谈论相似之处、常态，谈论神奇的转变、迅速的痊愈、简单的问题以及终极的解决办法。然而，我们的世界包含过程、变化、差别、层面、功能、关系、问题以及复杂性。静态的语言与动态的世界并不匹配，这是我们面临的挑战之一。"

在区分观察和评论时，有些词语需要给予关注。

"每次""曾"等词语在以下句子中表达的是观察结果：
- 我看安迪打了几次电话，每次都至少打半小时。

- 我不记得你曾写信给我。

"总是""从不"等词语在以下句子中表达的是评论：
- 你总是很忙。
- 在需要她的时候，她从不出现。

如果表达言过其实，别人就可能产生逆反心理，而不愿做出友善的回应，因此客观描述而非评论至关重要。"经常"和"很少"这样的词语也可能混淆观察和评论。例如，在评论时可能出现以下句子："你很少配合我""他经常过来"，而观察则会在特定时间和情境中对事实进行描述："我最近组织了三次活动，每次你都说你不愿意参加"，"他每周最少过来三次"。

2）推理。

推理即根据观察的结果而得出的结论，是持有观点的原因。推理应以已建立的规则和可能的结果为基础。为了更好地理解推理这一要素，下面通过经理和员工之间的例子来说明：

员工对经理说："之前在进行年度绩效考核时，您已经充分肯定了我的表现。"
这是基于事实的观察。根据公司已建立的年度绩效考核规则和可能产生的影响，员工可以得到以下结论，即推理得到：
"那么，我认为我是有希望通过公司的年度加薪来体现自己的价值的。"

3）感受。

感受即所产生的的情感而非思想，可以用"我（感到）……因为我……"句式来展示感受与个体的关系。心理学家罗洛·梅（Rollo May）认为："成熟的人十分敏锐，就像听交响乐的不同乐音，不论是热情奔放还是柔和舒缓，他都能体察到细微的起伏。"在日常的生活中体会和表达我们的感受并不容易。通常，人们认为感受是无关紧要的，重要的是各种权威主张的"正确思想"。人们常常被鼓励服从权威而非倾听自己，渐渐地，人们便习惯于考虑"人们期待我怎么做"，而忽略自己的感受。事实上，表达内心的感受，不仅可以促进亲情，还可以改善工作效率。有效的沟通需要让别人了解什么会使自己生气、害怕和高兴，表达出自我的感受，如受伤、害怕、喜悦、开心、气愤等，它关注的是自己的行为和反应，而非他人的态度。当人们可以更清楚地表达感受时，沟通会更为舒畅。

感受的根源在于自身。人们的需要和期待以及对他人言行的看法，导致了自身的感受。别人的行为可能会刺激自己，但并不是自身感受的根源。因此，感受不等于想法，感受强调自身的体会，而想法侧重对他人或自己的判断。为了更好地理解感受和想法的区别，通过以下例子来说明：

> 想法："我觉得我吉他弹得不好。"
> 在这个句子中，我评价自己吉他弹得不好，而没有表达感受。
> 感受："作为吉他手，我有些失落、郁闷。"
> 如果认为自己吉他弹得不好，我可能会失落、郁闷。

当使用"我觉得"时，人们常常并不是在表达感受，而是在表达想法。例如，有时人们会说："我觉得这不公平。""我觉得"换成"我认为"也许更恰当。以下是更多例句："我觉得你应该懂得很多""我觉得自己很无能""我觉得老板很卑鄙""我觉得他很负责任"。

4）需要。

需要即表明什么对自己有帮助或使自己快乐，关注问题的方案。实际上，批评往往暗含着期待，对他人的批评实际上间接表达了我们尚未被满足的需要。如果一个人说"你从不理解我"，他实际上是渴望得到理解。如果人们通过批评来提出主张，对方的反应常常是申辩或反击。反之，如果直接说出需要，对方就较有可能做出积极的回应。但往往大多数人并不习惯从需要的角度来考虑问题。

让我们通过一个详细的上下级沟通案例来看看上述四种表达方式如何在实践中进行描述性沟通及其带来的沟通效果。

案例中，A为新入职员工，B为其直属经理。

> A：经理，早上好。（敲门，走进经理办公室，面带微笑，不卑不亢）
> B：小吴，早啊。
> A：经理，我今天有点事情想向您申请一下。
> B：哦？是吗？那坐下说吧。
> A：进入公司虽然时间不长，但是您跟各位领导、同事都对我很好，我也学习到了很多东西，真的很感谢您当初给我这个机会进入公司，非常希望能够在您手下一直工作下去。但是，还是有两个想法想跟您这里沟通一下。
> B：没关系，你尽管说。（注意经理的眼神和语气）

A：第一个想法是关于工资的。进入公司的几个月以来，收入相对我上一份工作其实是有了比较大幅度地减少的（观察），这也导致我的生活压力比较大（推理）。当时入职前谈的薪酬是包含奖金的，但是目前咱们的奖金制度暂时还没有出台的迹象（观察）。所以，我想如果奖金金额比较少的话，能否将基本工资调增一下（需求）？第二个，是关于职级方面的。最近一段时间我经常代表公司去参加已投项目的股东大会，也会参加一些项目的尽职调查（观察）。过程中接触的都是对方公司的高管，跟对方交换名片时，对方的态度并不是太重视，这也导致了我后续的工作开展比较困难（推理）。这也让我很困扰（感受）。所以，我想我对外的级别可不可以高一点（需求）？因为出去代表的是整个公司，级别高一点会显示出对对方的重视，也比较方便我开展工作（推理）。

B：首先，很感谢你能够跟我表露你心中的真实想法。我也很希望下属能够将真实想法跟我沟通，有沟通才会有改善。对于你提的第二个职级问题，很快就可以帮你解决，因为咱们部门新入职的同事就是总监级别，你的业务能力大家也都有目共睹，所以我会尽快让人事把你的级别重新调整。关于工资的问题，因为咱们部门是新成立的部门，奖金的制度还没有完全建立好。就像市场部，它是去年新成立的，刚开始奖金制度也没有完善，大家开始也跟你一样有顾虑，后来我把奖金制度建立好了，大家也都能够全身心地投入工作了。你可以放心，给我一点时间，我也一定会将部门的奖金制度完善好的。你说的情况我会充分考虑的，放心！好好干！（经理站起来，鼓励地拍了拍新员工A的肩膀）

通过上述案例，可以看到员工A有效地将自己在工作中观察到的现象、推理结论、感受以及需求传递给了经理B，同时也收到了及时的反馈，双方通过描述性沟通的方式，实现了信息的传递和沟通的有效进行。员工的表达充分体现了体谅和尊重礼貌的原则。体谅的意义在于换位思考，从对方能接受的角度准备每一个信息，把自己放在对方的立场，才能理解他人的想法。尊重礼貌则要求能够关注到别人的感受，在和别人沟通时，不仅要意识到对方的观点和期望，还应考虑其感情，不要引起对方的反感。

（3）描述性沟通的模式。

描述性沟通的行为模式可以表示为：

- 观察：我所观察（看、听、回忆、想）到的有助于（或无助于）我的利益的具体行为："当我……"；
- 推理：根据观察的结果而得出的结论；
- 感受：对于这些行为，我有什么样的感受（情感而非思想）："我感到……"；
- 需要：我需要什么。

让我们通过分析本章开头的"引导案例"来看看实践中使用描述性沟通的行为模式。

(1) 切入欧洲业务

欧洲业务属于成熟业务,已由总部授权印度分公司独立开展。为了切入欧洲业务,甲所在部门率先跟印度分公司进行了沟通。印度分公司发邮件向总部诉苦,任务太重,项目进度可能要延迟。看到邮件,部门第一时间向印度分公司反馈:"我们可以提供支援。"对上述沟通方式进行反思,如果采用描述性沟通行为模式,则沟通的方式是:

观察:你们推行的计划是……(陈述印度分公司的计划)

推理:如果没有其他部门介入他们的计划,后果是……(如果没有我们介入,他们的计划将无法按时完成)

感受:我觉得……(说出我的感受,并且说明如果他们愿意,我们可以提供协助)

需求:我希望……(说出我的期望)

(2) 拓展美国业务

甲所在部门直接向总部申请的自信基础源于他们对项目的分析。但实际上这种行为一定程度上利用了总部的权威以及文化和语言上的优势,他们应该换位思考、更加主动。如果采用描述性沟通的行为模式,则沟通的方式是:

观察:你们推行的计划是……(陈述印度分公司的计划)

推理:但是现在如果按照欧洲的模式执行,后果是……(如果还是按照原来的欧洲模式执行,会对我司造成不利影响,以及无法适应美国市场)

感受:我觉得……(说出我的感受,并且说明无意挑战印度分公司的地位,欧洲业务还是按照以前的模式执行)

需求:我希望……(说出我的要求和期望)

(3) 独立承担部分美国业务

由于美国业务的发展,公司的客户已经涵盖了美国四大运营商,部门业务量暴增,导致原有的总部牵头、印度分公司主导、部门辅助的业务模式越来越无法适应现在的业务量。虽然在业务扩张的过程中,印度分公司聘请了美国当地外包服务提供商以适应人力资源的不足,但是还是无法摆脱管理混乱的局面。为了能够更加有效地管理部门的海外业务,甲所在部门希望能够跟印度分公司谈判,以独立的形式承包某个运营商的业务,然后直接接受总部的领导。在谈判之前,他们罗列了自己和印度分公司的优劣势。部门坚定地认为:即使有外包的介入,印度分公司的人力资源依然无法覆盖所有四个运营商的项目,他们必然需要我们的支援。最终,总部同意了部门的要求,印度分公司只能退让以获得部门的支持。

但回顾谈判过程,甲所在部门在谈判中态度激烈,这对双方之后的合作是有负面影响的。如果采用描述性沟通的行为模式,则沟通的方式是:

> 观察：你们推行的计划是……（陈述印度公司的计划）
>
> 推理：但是现在业务太多，还是按照以往的方式执行，后果是……（如果按照原来的模式执行，会对我司造成不利影响，以及对项目进度造成不利影响）
>
> 感受：我觉得……（说出我的感受，并且说明无意挑战他的地位，如果业务成熟以后，还可以按照以前的模式执行）
>
> 需求：我希望……（说出我的要求和期望）

如果在表达中采取不恰当的做法，容易导致混乱和不信任。尤其是当一个问题很复杂却又是亲密关系的必要组成部分时，更要使用描述性沟通。因此，描述性沟通是自信表达的重要方式。

5.3.2 提出请求

在工作中，很多人都会有这样的体验：有求于人却不知该如何启齿；勉强开口却掩不住唐突或心虚的感受。请求什么事情最坏的结果就是被拒绝，只要提出请求了，那至少还有一点希望。提出请求常常管用，但人们往往觉得寻求帮助令人不舒服，因此倾向于回避它。

（1）寻求帮助跟自力更生的精神不一致。

（2）人们因为不想自尊受伤而害怕被拒绝。

（3）寻求帮助时会考虑能成的可能性，人们低估了他们获得帮助的机会。

（4）因为担心别人反感或厌恶自我推广而害怕太过出挑。

（5）具有"自己得让每个人都喜欢"这样的想法。

拒绝寻求帮助的请求违反"善意的"这个隐含社会规范，原因在于我们从小被教导要大方慷慨。答应别人寻求帮助的请求强化了被请求者的权力地位，被请求给予建议或帮助让我们觉得被恭维了。如果你让你的请求尽可能地使对方感到被恭维，那么它实现的可能性就会变大。研究表明，人们更容易接受与他们有着哪怕最不经意相似的人的请求。相信自己的生日与请求者是同一天的参与者同意读该请求者一篇8页的英文文章，并于第二天提供一个单页的评论的概率是没有这一情况的几乎两倍。在第二项研究中，相信与请求者名字相同的参与者当被请求捐款时愿意捐两倍的钱。

提出请求的要点是：

（1）直截了当。例如对同事说："小王，关于市场调查的结论，我希望在本周五下班前得到，你来得及吗？"

（2）不必找借口。例如，这就是找借口："通常我是不会求人的，我不想惹人讨厌,可是车子抛锚了,邻居又感冒躺在床上……"

(3) 说明理由。如果你认为说明原因会有所帮助,不妨加以说明,但是必须说出真正的理由,而且要尽量简短。例如:"小王,明天我没车可用,你能不能送我一程?"或"老李,我下周开会需要的统计数字,你能不能在星期五给我?"

(4) 尊重他人拥有拒绝的权利。在提出私人请求时,对方若以"不"字答复,就该坦然接受,而不必苦苦哀求或出言不逊。在工作的请求方面,则应提供更多资料与说明来说服对方,或探究对方为何不能答应你的请求。如果对方依然说"不",则可与他一起想办法解决困难,而不必再费神说服对方。

5.3.3 拒绝请求

许多人发现,他们很难对工作上的请求说"不",或者说即使拒绝也会拒绝得相当吃力。我们的文化教育我们作为家族或者团体的一分子,有必要和他人保持良好的关系,又不认可个人利益的重要性。所以,我们的行为,一般会选择尽可能不拒绝对方。这又导致了说"不"的练习不够。而当一定要说"不"的时候,我们在心理和说话技巧上都可能没准备好。

难以拒绝,主要的障碍在于没有充分认识到自己拥有拒绝的权利,从而以退缩的方式去应对。不会拒绝,最明显的代价是你失去了大量自己的时间。由于不懂得拒绝,你容易干很多自己不愿意干的事情,付出自己更多的时间和精力。客观上,会减少你和自己、家人一起相处的时间。主观上,由于不是自己想干的事情,疲于奔命感会日益明显,时间久了,会明显感觉压力和沮丧。

不会拒绝,这不一定会得到你想要的他人的尊重,有时候反而会被轻视和失去尊严。我们在现实生活中,不会说"不",只会埋头干活的人往往是不被人尊重和认可的。刚开始时也许还能得到他人的表扬,但不会长久,很快就会消失不见,而你所做的一切则渐渐变成理所当然的事情。不会拒绝有时还可能会让我们变得愤怒和具有攻击性。当我们答应别人一件事情时,我们往往隐含着希望得到相应的回报。"我怎样对待别人,别人就该怎样对待我。"但是我们往往得不到相应的回报。压抑的愤怒就慢慢地积聚,最后总会因为一个导火索而爆发,或者产生抑郁的心理,严重影响身心健康。

自信拒绝的要诀在于认识到:他人有权要求,你也有权拒绝。如果工作上的要求对你拒绝的权利有所限制,就请记住,你仍然有权说出这项请求对你而言有什么困难之处。这些要诀具体如下:

(1) 直接回绝,避免喋喋不休的解释。如:"平常我不会摇头的,只是……你也是知道的,希望你别介意。"

（2）说明拒绝的原因。你认为有必要说明时才说，不必无中生有，硬找一堆借口。

（3）避免用"我办不到"之类的答复搪塞回去，因为那容易让人误以为你在找借口。

（4）诚实说明你能接受的限度。如："我不能放下手边的工作""这个要求对我来说很困难，不过我建议……"这些用来拒绝工作请求的答复相当管用。

（5）拖延是一种有效的拒绝方式。具体的做法是：向对方请求进一步的说明，或要求提供更多资料，要求更多时间考虑。比如，你必须查查现有工作量才能回答。

但有的时候，对方会无视你拒绝的权利，一而再再而三地提出请求。这种反复提出的请求，目的不在于进一步说明或提供相关资料，而是希望通过这种方式诱使你改变心意，接受要求。要想拒绝反复提出的请求，需要做到两点，那就是提出合理化理由，然后在对方反复提出请求的过程中，重复同一理由。我们来看下面的例子[1]：

美发师：这次咱们给你的头发染色吗？

晓丽：不必了，我想保持正常的发色。我不想染发。修剪一下就可以了。

美发师：如果我给你的头发染色，你的脸看上去就会柔和得多。

晓丽：我真的不想染发。

美发师：我敢打赌，与你这种平平常常的黑色相比，所有人都会喜欢染过的颜色。

晓丽：我真的不想染发。

美发师：我们店里现在对染发打六折。

晓丽：我真的不想染发。

美发师：我刚去香港参加了一次美发展示会，现在最流行将头发染成浅色。

晓丽：我真的不想染发。

美发师：只染脸庞周围的头发怎么样？

晓丽：我真的不想染发。

美发师：你真的就想让我修剪一下，不染色？

晓丽：我真的不想染发。

美发师：好吧。我就修剪一下，这次先不染了。

---

[1] [美]博尔顿.交互式听说训练：人际交流五大技巧[M].葛雪蕾，朱丽，译.北京：新华出版社，2004.

5.3.4 表达不同意见

由于人们之间存在沟通方式的差异，担当的社会角色的差异，个人经历、个人感受的差异，导致我们对同一问题的理解不同，看待的角度不同，对问题的价值判断不同，不同意见的存在就是必然的。表达不同意见就是冲突的一种表现形式。

在处理冲突时，冒犯行为具有凸显冲突和降低共识的作用，造成助长争执的后果。退缩者会选择牺牲自己成全他人，为了避免公然起冲突，会随声附和别人的意见，或表达意见时吞吞吐吐、低声下气。与之不同，在此过程中，自信行为则是清晰、明确且肯定地说出己意，同时开诚布公地表示赞同或反对。以下结合周先生和荣格太太的对话（邮件）等案例来说明。

（1）清楚明白地表示不同意见。

> 荣格太太：周先生你好，我和我的孩子都申请了新的护照，当我们拿到新护照的时候，旧护照就被剪角失效了，你能帮我们把签证转到新的护照上吗？因为签证本来就在8月15日过期，并且我们全家在暑假会回德国，所以签证也需要提前延长。小儿子Nele请延长到他的18岁生日，大女儿到10月份就满18岁了。延长签证需要多久？需要什么材料？还有我们回国的机票是用老护照预定的，换了新护照还能用吗？
>
> 周先生：荣格太太，延长签证和转签证无法同时完成。当你去取护照时，请到领馆也取一份新旧护照属于同一人的证明。拿到护照和证明后，请马上去居住地派出所办理暂住证，然后再把所有的材料给到我们，大概需要2周时间。我这边还需要和我们的签证专家讨论一下这个情况下延长签证如何最简单地办理，对大女儿我们可能会直接帮她办理学生签证。机票没有问题，只要你带着两本护照即可。

（2）说明理由。

> 几日后继续追问。
>
> 周先生：荣格太太，您拿到新护照了吗？拿到之后请先将护照的个人信息页扫描给我们。然后把下列资料给到我们：……我们来办理签证转移。我们将会在6月延长您先生的工作签证，之后才能做签证的延长。也就是说7月头上可以办理全家的签证延长。等到你们回来之后，新学期开学，我们再为大女儿办理学生签证。

（3）表达不同意见要充分、具体。

> 荣格太太：周先生，我们下周一可以拿到新护照，我和孩子们的签证到8月15日到期，但是我们7月1日就要飞回去了，大女儿6月中旬就要走，我们能先把签证延长到我丈夫的签证有效期即9月30日吗？然后等我们回来再延长一次？
>
> 周先生：荣格太太，你们什么时候回来呢？如果超过8月15日，另外一个解决办法是你们申请旅游签证回来。
>
> 荣格太太：我和小儿子8月17日才回来，大女儿8月底才回来，我们能在上海申请好旅游签证吗？
>
> 荣格太太直接来到周先生的办公室，向周先生表达了申请旅游签证的时间太短，他们可能来不及申请，希望周先生可以帮忙想一想其他的解决办法。周先生经过和同事讨论决定与出入境管理局沟通是否能够在转移签证的时候直接延长签证，获得了出入境管理局的同意。
>
> 周先生：荣格太太，我们和出入境管理局协商过了，当局同意在转签证的同时先把签证延长到9月30日，等你们暑假回来我们再一起再次办理延长。
>
> 荣格太太：太棒了，衷心感谢您的帮助。

（4）表达不同意见时言词要简练。

> 没有人喜欢被说教。你越夸夸其谈，就越容易引起对方的反感。所以，当你表达不同意见时，不要啰嗦，尽可能使用简洁的语言。
>
> 例如，当不同意某人的观点时，你说：
>
> "你的建议可能不太合理，因为从现如今的政策和具体的操作方面来看，有以下几个问题……，而且以前的报告也曾提到……"
>
> 上述的表达难免引起对方的反感，但如果将其适当缩减，那么效果就会不一样：
>
> "你提出了一些很好的观点。但其中有些政策指导和操作方面的因素，我们需要考虑。"
>
> 这样的言辞就可以恰到好处地表达出你的观点，同时又不会引发对方的反感，从而使对方关注你所阐述的内容，进行深入的交谈。

（5）当对比较主观的问题表达不同意见时，不要将其归为某一准则。

> 用以"我"开头的句子，把意见与事实分开，使自己的经验与他人的经验各自独立存在。
>
> 例如："在我看来……""我认为……""我发现……""我的经验是……"
>
> 例如，如果你不喜欢某个同事的香水，你说：

> "涂香水的人应该考虑下别人的感受。"
>
> 这样的话很可能会引发你们之间的争辩,因为他们可能不会同意你的准则。但如果你说:
>
> "我对你的香水味很敏感。"
>
> 那么,这样的言辞听起来就不会让人觉得你自以为是,并且也不会对你的偏好进行争辩,从而有效地表达出你的不同意见。

5.3.5 赞美他人

赞美是用语言表达对人或事物优点的喜爱之意。由于人类存在受人尊重、认可的需求,赞美不仅能使人的自尊心、荣誉感得到满足,更能让人感到愉悦和鼓舞,从而会对赞美者产生亲切感,相互间的交际氛围也会大大改善。因此,喜欢听赞美就成了人的一种天性,是一种正常的心理需要。如果一个人经常听到真诚的赞美,就会明白自身的价值,有助于增强其自尊心和自信心。特别是当交际双方在认识、立场上有分歧时,适当的赞美会产生神奇的力量。不仅能化解矛盾、克服差异,更能促进理解、加速沟通。

在自信表达中,称赞他人的要诀如下:

(1)赞美要真诚。真诚的赞美与阿谀奉承之间的区别在于前者来自内心,后者发白唇齿。在动作表情上,可以用柔和的目光注视,保持眼神接触。不要转移视线,仿佛称赞是件尴尬的事,也不要瞪视对方让人觉得不安。

(2)赞美的话要简洁。若是为了使人高兴而说些不必要的话,反而会冲淡气氛。

(3)言辞尽可能明确,尤其要针对细节来赞美,例如:

> 如果对方是经由他人间接听到你的称赞,比你直接告诉本人更多了一份惊喜。
>
> 莫妮卡是一家外资企业的员工,她和同事艾迪相遇。
>
> 第一天:
>
> 莫妮卡:嗨,艾迪。早上好!
>
> 艾迪:嗨,莫妮卡,早上好!
>
> 莫妮卡:艾迪,你知道吗?你的回复很迅速,我很欣赏!
>
> 艾迪:谢谢!
>
> 莫妮卡:艾迪,这是我们刚接到的一个客户的问题,需要紧急处理,你这边能和客户跟进下吗?
>
> 艾迪:好的。

> 莫妮卡：艾迪，谢谢你的积极回复，客户一定很放心由你来帮他们解决这个问题。
>
> 艾迪：谢谢，莫妮卡！
>
> 莫妮卡：不客气。
>
> 第二天：
>
> 莫妮卡：嗨，艾迪。早上好！
>
> 艾迪：嗨，莫妮卡，早上好！
>
> 莫妮卡：艾迪，昨天那个案子，你处理得真棒，客户反响不错！专家就是专家啊！
>
> 艾迪：谢谢！
>
> 莫妮卡：艾迪，现在这边有个韩国的客户有个技术问题需要处理。你是来自韩国的，这个客户很适合你来处理，客户如果接到你的电话提供韩语技术服务一定很开心，你可以帮助处理来自你们家乡的客户问题吗？
>
> 艾迪：好的，我可以的，莫妮卡。
>
> 莫妮卡：艾迪，和你合作真棒，每次都很有默契。
>
> 艾迪：谢谢，莫妮卡！
>
> 莫妮卡：不客气。
>
> 在第一天中，莫妮卡首先通过"艾迪，你知道吗？你的回复很迅速，我很欣赏！"的语句，给了艾迪一个肯定，虽然是很小的方面，但艾迪发现莫妮卡在关注他的优点，对于积极正面的评论，无论大小，他的内心是喜悦的。然后引入需要处理的问题，此时对方已经接受了莫妮卡的积极评价，艾迪会延续自己的积极行为，所以工作的安排是较为顺利。同时通过"艾迪，谢谢你的积极回复，客户一定很放心有你来帮他们协助解决这个问题"，艾迪会有一种被认可的心理，在和客户沟通时会更加积极主动，情绪上也会带动客户，形成积极的连锁反应，问题的处理会更好。同时，通过间接的表扬，让本次的工作安排处理以一个积极的结果结束，给双方留下积极的印象。
>
> 在第二天中，通过"艾迪，昨天那个案子，你处理得真棒，客户反响不错！专家就是专家啊"，具体地肯定艾迪的处理。在艾迪同意了工作安排后，莫妮卡强调"艾迪，和你合作真棒，每次都很有默契"再次积极评价了艾迪。整个对话再次以一种积极的方式结束。

5.3.6 接受赞美

许多人听到赞美时，会过度表达谦虚，这种态度来自文化背景或家庭环境的影响。好的做法和凯西·爱尔兰（Kathy Ireland）一样。她是美国超级名模、演员、作家、企业家。她认为：赞美是一件礼物。你是否同意赞美你的人对你的看法并不重要。从某些方面来看，赞美本身甚至与你无关；事实上，这只是表明他对你有着足够的关注，并希望以积极的方式与你分享他对你的看法。那么，面对赞美，最好的处理方式是什么呢？真心地说一声"谢谢！"吧。

而得体地接受称赞,具体做法如下:

(1) 简洁答谢:"谢谢你,我很高兴你喜欢我的工作。"

(2) 欣然接受:"谢谢你,我也觉得这次工作完成得不错。"或是:"谢谢你,我很高兴一切进展顺利!"如果你对某一点特别满意,也不妨说出来。

5.4 应对冒犯行为和退缩行为

5.4.1 倾听,表达理解

人类最大的感情需求是得到他人的理解。冒犯行为和退缩行为的本质是其感受没有得到理解。我们可以用倾听来表达理解。通过反射式回应和提问对对方的感受表达理解。如果需要,你可以再通过引导式回应提出自己的观点。

5.4.2 积极主动化解消极情绪

一般人大多认为,感觉是与生俱来的本能,终生都摆脱不掉,也无法加以改变。如果是这样,那么处理感觉就只有两种选择:压抑或发泄。

所谓压抑感情,就是喜怒哀乐的感受皆不形于色。压抑情感并不代表那些感觉就会真正消失,尽管外表的行为不露痕迹,内在的感觉却挥之不去。而发泄则是毫无顾忌地表露感情,既不分时间、地点、场合,也不管对象是谁。更好的是第三种选择,可以使你既不必压抑自我,又不至于得罪别人或自取其辱,从而化解负面感受。冒犯行为和退缩行为都会对听众产生压力,使其产生负面感受。从而,听众被激发产生冒犯行为或退缩行为的可能性就会很大。因此,我们在应对冒犯行为和退缩行为时,首先要化解负面感受,明确自己的权利和责任,用自信行为去影响对方。

常见的负面情绪有以下七大类:恐惧、沮丧、孤独、焦虑、抑郁、嫉妒、气愤。这些情绪妨碍你待人接物的水平,使你身不由己、唯唯诺诺、行动易怒、规避问题,并且不能干净利落地处理事情。

情绪的产生受到外在环境、生理状态和认知过程三种因素的影响,其中认知过程是决定情绪性质的关键因素。不论何种感觉,都是认知过程的结晶,而认知过程又受到外在环境的影响。认知过程是指你对某一状况所持有的念头,它可能始于状况发生之前、状况发生的时刻,或是在状况结束以后。在认知的过程中,有些想法是正面的,可让人产生热忱、兴奋、愉快,或者遗憾、烦恼、挫折,以及关切、有信心或悲哀等感觉。这些感觉可以激励自信行为，督促你采取适当的行动，努力去控制自己。另外，也有些想法是错误的，即不合情理、不够诚实，以及不能适度反映现实而造成负面感受。它们会使你采取退缩或冒犯行为，进而失去自制能力。

人性的本质是主动而非被动，人类不仅能针对特定环境选择回应方式，更能主动创造有利的环境。采取主动不等于胆大妄为、惹是生非或滋事挑衅，而是要让人们充分认识到自己有这个责任。积极主动的行为来源于四种潜能。① 自我认识：审视自己的思想、情绪与行为的能力；② 良知：明辨是非善恶的能力；③ 想象力：超越我们当前的现实设想的能力；④ 独立意志：不受外力影响，自行抉择的能力。也就是说，第一，你的感觉并非无中生有，而是外在环境与个人认知过程的综合结果；第二，你的感觉并不受制于人或外在事件，它仅受制于你本人与你的认知过程。

如图5.3所示，积极主动行为中的"依据价值，自由选择"是以权利和责任为依据，对外部刺激做出积极的回应，消除负面感受，用自信行为应对冒犯或退缩行为。

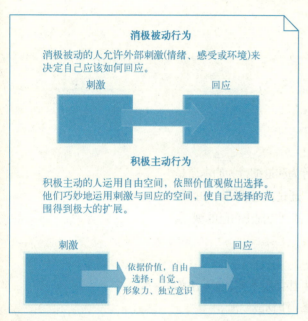

图 5.3
消极被动与积极主动

5.4.3 应对冒犯行为

应对他人冒犯行为的目的，在于使彼此以自信对自信的态度行事，顺利解决问题，而且事后双方都会有轻松愉快的感觉。再者，日后对方也比较不易再冒犯你。在化解负面感受的基础上，可以通过描述性沟通方式来表达自己的观点。

如果对方的冒犯行为不停止，可以使用重复的技巧。控制自己的情绪，反复重申你的权利和责任，也提醒对方尊重你的权利。如果对方的冒犯行为还是不停止，可以告诫对方冒犯你的权利的后果，或直接展示其后果，如向上级或有关机构投诉，或停止合作；也可以中止谈话，寻求在新的环境和时间重新进行谈话。

5.5.3 应对退缩行为

以自信行为应对退缩行为的目的，在于使彼此的沟通能达到自信对自信的层次，具体的方式是通过反射式回应表达理解，积极主动化解负面情绪后理解对方的感受，通过提问理解对方退缩的真实原因，然后鼓励对方行使自己的权利和责任，发挥自己的潜力。下面来看一个案例（表5.3）。

表5.3　应对退缩行为

对方的退缩答复	你的积极反应	评　语
"哦……好,就这样吧？"	"你有些迟疑,有什么困难吗？"	用反射式回应确认
"嗯……这……我不太会写。"	"你认为自己没有能力写出报告？"	用提问了解原因
"写是可以写出来的,我写出来怕别人笑话。"	"噢,没有人会笑话你的工作成果,你只有这个担心吗？"	了解到真实原因
"没有人会笑话我？"	"当然,每个人的工作成果都应该受到尊重！你还有其他的原因吗？"	提升对方的自我认知
"可是,我上一回报告就是一塌糊涂。可能我对写报告真的不行。"	"我不觉得有那么糟,上一篇不是很好,但我相信你可以胜任,是否有什么特殊困难？"	鼓励对方,提供情感支持
"真的吗？如果我写报告时遇到困难可以向你求助吗？"	"当然是真的,你写报告时,我随时愿意提供帮助。"	提供帮助
"太好了,我写好后你帮我看一看,把把关？"	"没问题,我很乐意那样做。"	对方开始产生自信行为
"和你谈话感受太好了,谢谢你！"	"我也很愿意和你交谈,我期望你以后对自己更有信心,就能更好发挥自己的能力。"	鼓励对方持续采取自信行为

> 你曾经嘱咐下属小刘,他的执行计划完成之后,须在一个月内向你呈交书面报告,现在是交报告的时候了。你说："小刘,还记得我说过,一个月内交报告的事吗？希望你准时交！"

当然,以上对策并非无往不利。当即使坚守积极立场,仍然不能完全感化对方时,只要它的退缩行为程度有所减轻,就算成功。由于退缩行为具有普遍性,好好应对退缩行为,对双方关系的改善、工作效果的提升都有长期的积极效果。

思　考　题

1. 确定自信行为的依据是什么？
2. 为什么退缩行为非常普遍？
3. 怎样拒绝一个反复提出的请求？
4. 在沟通中化解负面感受有什么样的作用？
5. 怎样用自信行为应对退缩行为？

案例一

保 险 提 成

T,现供职于一家国有财产保险公司的渠道拓展部门,担任业务负责人。渠道经理的薪酬体系为基本工资加业绩提成。所谓业绩提成,是指通过渠道经理搭建的互联网销售平台而售得的保费金额,按一定比例提成。举例来说,假设某位渠道经理与"百某网"和"阿某网"的相关负责人达成了合作协议,渠道经理就可以根据所产生的保费金额按月获得业绩提成。

以上这套渠道经理的薪资模式,T所在部门与人事部门基本上相安无事,依规操作,平平安安地运作了近两年,直到一件事情的发生。

以下就是T关于这件事情的自述:

我们部门有一位女性渠道经理L,今年9月底休了产假。临走前,将其手中的互联网平台暂时移交给另外一位同事Z负责。当然,双方会有一些约定。

10月初,Z同事向我反馈,某位人事专员通知她,原L同事在产假期间移交给Z同事的所有互联网平台,在L的产假期间产生的保险销售收入(即保费),其业绩提成不可归属Z。

当时我乍一听到这个消息,第一反应是觉得人事的做法不可理喻。在我十多年的保险销售工作经历中,从来没有听说过因为移交业务而导致接手业务的同事不得获取业绩提成的。

当我冲到人事办公室,与人事专员进行简单沟通后,他给我的理由是,在《销售人员管理办法》中没有提到某位渠道经理拓展的互联网平台可以移交给其他渠道经理,所以由其他渠道经理获得业绩提成是不合适的。

我反问道:"管理办法中没有提到以上内容,你怎么有权利按照自己的想法来操作呢?"

接着人事专员又提出,接受移交业务的同事,工作量远比拓展业务的同事低,所以不应该拿提成。

这番回应,让我觉得简直是滑天下之大稽,脱口而出道:"你又不是业务人员,你怎么知道后续人员的工作量远低于前期人员?这究竟是谁的主意?"

人事专员自顾自地操作电脑,头也不回地甩了我一句:"要么你等我们经理回来了再跟他商量。"

眼看人事经理不在办公室,我便快步走回了自己办公室。

回到办公室后,我逐渐冷静了下来。那一刻人事专员没有与我发生正面冲突,但是有可能积聚了极大的怒气,在某一刻会来一次火山爆发。

如果我再次上门找人事经理当面交锋还是采取一种冒犯的态度,可能会遇到两人的攻击力加成,没准会把事情搞得更糟。更何况在国企错综复杂的人际关系中,我根本不知道人事经理的后台是什么。万一谈崩了,人事经理说服大领导发文,彻底明确交接业务不可计算交接人员的业绩提成,那就是木已成舟,想挽救都挽救不回来了。

想到这里,我不禁倒吸了一口冷气,喝了点水,平复了一下我此前内心的冲动与激动。一个问题瞬间出现在我脑海:那么该怎么跟人事经理沟通呢?

我在脑海中大致梳理了一下整件事情,整理完服装,照照镜子微笑了一下,快步走出了门。

再次来到人事部门办公室,人事经理已在位子上。我先到人事专员桌前,用诚恳的语气向其表达了我的歉意:"不好意思,刚才说话有点急,别往心里去啊!"

接着,我轻声向人事经理了解其当下是否方便,确定此刻可以沟通时,便表明了我的来意:"刘经理,我适才了解到将来渠道经理手中的交接业务不可以再拿业绩提成了?"

话音未落,人事经理就用一贯笑眯眯的表情跟我说:"对,我们现在的确是这么考虑的,因为毕竟他们拿到的移交业务主要就做些维护工作,工作量不大所以就不打算给提成了。"

我转念一想,我的描述性沟通还没表达完整,如果不说完,也许他也会认为我是来吵架的,于是决定还是把话说完:"我个人理解您的想法,人事部门的确是要考虑员工的收入与付出,维持公司一贯坚持的多劳多得理念,这也是你们人事管理的价值。不过,可不可以给我一分钟把话说完呢?"

人事经理笑眯眯地点了点头,我继续保持着双方舒适的目光接触,道:"这样子一来,渠道经理们会感觉到与其他公司不一样的销售人员待遇,我认为这对未来的队伍建设可能会带来一些问题,不免有些担忧,所以过来就是想跟您开诚布公地谈一谈,也介绍一下我们的工作流程,希望你们能够重新考虑这个新的做法。"

人事经理表示理解,向我打听了渠道经理的作业流程以及维护业务的工作量,提出可否按照一定的打折系数给渠道经理计算业绩提成。跟我沟通完之后,人事经理若有所思,提出要重新思考他们的决定,并与领导做出正式请示才能答复我。

资料来源:根据复旦大学管理学院2017级MBA徐博文提供的资料改编.

案例讨论
1. 人事部门是如何对待渠道经理提成变动的?
2. T为什么不同意人事部门的安排?
3. T是如何与人事专员和人事经理进行沟通的?两次沟通的差异是什么?

案例二

企 业 参 访

刘伟是AIP平昌发动机工厂的总经理,乔治是他的老板,在英国办公,负责AIP六个工厂的运营。文华是AIP平昌发动机工厂的运营经理,直线汇报给刘伟。付德是AIP平昌发动机工厂的产品支持及应用经理,也是刘伟的业务伙伴,向英国领导直接汇报。文田是产品应用经理,直线汇报给付德,王达是AIP平昌发动机工厂的质量经理,直线汇报给文华。阿德拉是ABC公司的VP,负责ABC印度工厂的运营，ABC公司是AIP平昌发动机工厂的重要客户。

阿德拉的一封信

在2016年9月16日，AIP平昌发动机工厂总经理刘伟收到重要客户ABC公司的VP阿德拉的一封措辞严厉的信件。整封沟通信件言辞激烈，他的不满基于以下的观察：7个工厂问题需要反馈，但是工厂只准备了2个案例，还不够充分；基于这个事实推理出工厂准备不充分，是管理问题；由此表达了极度的失望之情；进而提出要求：工厂提供问题的全面调查报告，并且提供明确的时间节点。

发送时间：星期五，2016年9月16日 10：21 AM
收件人：刘伟
抄送：付德；文田
主题：RE：阿德拉参访平昌工厂

尊敬的刘伟先生：

本周三我去参观了您在平昌的工厂，然而备感失望，早知道我就去拜访中国的其他供应商了。文田安排了后勤工作并主持了本次参访，但是整个团队完全没有准备好，我们什么意向都没能达成。本次参访的主要议程是针对ABC多个工厂和分公司遇到的问题进行质量升级。

我们已经提前明确了相关的问题、需要达成的目标以及在这次参访中我的角色（见附件）。

针对列出的7个工厂问题，他们只准备了2个反馈，且反馈非常不走心，也没什么水平。我无法接受像AIP这样成熟的组织出现这样的问题，你们不是不知道如何处理质量问题，而是不想处理质量问题，这是一个与管理相关的问题。

针对列出的4个分公司问题，只准备了3个反馈，反馈水平较低。我的团队列出了3个水泵泄露的案例，但是您的团队只展示了其中2个案例，我的团队还列出了故障时间，但您的团队汇报的却是其他的一些故障时间。对于机油压力开关故障，您的团队汇报的是同一故障时间内的2种故障。您的团队中没有人提前过一遍汇报内容，没有人提前检查一下内容是否与客户提出的故障相匹配，是否能解决待讨论的问题，没有人关注细节。

所提供的反馈没有解决根本问题，没有展示有效的防护措施，您的团队甚至没有说清楚有多少部门受到影响。

我希望能够再做一次全面调查，汇总一下行动计划、受影响批次的数量、防护措施以及根本原因，通过鱼骨图或者决策树的方法，阐明如何在合理的时间内找到根本原因。

祝好，
　　　阿德拉

事件经过

在9月6日,整个客户拜访行程的协调者文田发了封电子邮件给相关人员,提到客户来的目的以及基本议程,希望大家做好准备。在跟文华面对面沟通中,提到本次参观最主要的目的是确定ABC公司新的产品在平昌生产的事宜,并且质量部门只拿到两个需要反馈的问题。同时,AIP平昌工厂的关键人物——付德和刘伟都由于出差在外不能列席此次的客户拜访。在9月14日一天的拜访中,阿德拉对王达提供的解决方案提了很多挑战性问题,同时对没有提供所有问题的回答表达了强烈不满,在会议中提到了他是亚太区的老大,在平昌这边没有得到足够的重视,他会正式向平昌总经理刘伟发出抱怨信。以下是文田给相关人员的沟通邮件。

发件人:文田
发送时间:星期二,2016年9月6日　11:08 PM
收件人:文华,艾米,王达,彻丽
抄送:付德
主题:阿德拉参访计划_Sep 2016.pptx

大家好:
　　请大家注意。
　　来自ABC印度分公司的副总裁阿德拉先生将于本周五前往平昌工厂参访。我草拟了一个议程,请见附件。请大家查看议程,并提出建议或意见,我们将在明天下午进行讨论。
　　在此附上一些要点/想法:
- 阿德拉负责产品运营和产品质量,因此他非常关注问题的解决方案、解决速度等,针对这一特点,我们需要用非常清晰和直接的数据来进行展示。
- @彻丽,最好能和阿德拉分享一下我们的LT、CSQ等信息,以获得他的兴趣或关注。我们可以讨论一下,适当更改一下议程,可能会减少工厂参观的时间。
- 我们需要统一穿AIP牌子的衬衫,以展现我们的专业程度。
- 我们需要向印度团队要一下ADQ和市场绩效的数据。
- 我们可能要为迈克尔准备一些带有AIP logo的礼物。

如有任何补充,请随时联系我。

祝好,
文田

拜访结束后文华的应对策略

由于此次事件主要是产品支持的信息未完整和及时地传达导致的,当然领导者未能出席也是重要原因,产品支持部门应该负主要责任,但毕竟是AIP公司未能招待好客户,导致客户抱怨,如何能够把如此复杂的情况传达给主要领导呢？文华的邮件内容如下：

发件人：文华
发送时间：星期三,2016年9月14日　10：30 PM
收件人：付德
抄送：刘伟,文田,迈克尔,安妮
主题：ABC印度分公司阿德拉来访

付德：
　　你好！
　　我总结了一下阿德拉来访的要点,希望您能注意一下,阿德拉可能会把他的诉求汇报给AIP领导层。

时间：2016年9月14日
访客：ABC副总裁阿德拉,负责ABC印度分公司工厂的产品组装和产品质量
出席：文田(主持人)、王达、文华、彻丽
主题：工厂参观；7个ADQ问题审查；分公司问题审查
　　概述：阿德拉在参观完工厂后对产品线感到满意,但是对ADQ和RCCA分公司的问题反馈感到失望。
　　原因：对于ADQ问题,阿德拉提出了7个问题,但是平昌质量团队仅通过产品支持团队获得1个问题的反馈。剩下的6个产品支持问题没有向平昌质量团队汇报,因为这些问题被认为是"一次性"问题。这导致平昌质量团队无法向客户提供完整的7 ADQ RCCA更新。对于分公司问题,阿德拉提出了4个问题,这些问题发生在今年年初,但RCCA流程仍在进行,他对问题响应时间非常不满意。
　　要点：平昌OTD团队充分了解了ABC的要求,针对每个ADQ案例尽力制定RCCA；对于产品支持团队的要求是将ABC工厂中的每个问题都及时反馈给平昌质量团队。
　　如有任何问题,请联系我,谢谢！

祝好！
　　文华

收到抱怨后刘伟的初始应对

AIP平昌发动机工厂总经理刘伟在收到阿德拉的抱怨邮件以及从文华处全面接收信息后，立即给阿德拉作了第一封邮件的回复。

发件人：刘伟
发送时间：星期五，2016年9月16日　1:29 AM
收件人：阿德拉@abc.com
抄送：付德，文田；艾米；文华
主题：Re：阿德拉参访平昌工厂

阿德拉：

  很抱歉，由于我事先安排了假期计划，没能跟您在平昌碰面。得知您对于这次参访感到非常失望，我感到非常抱歉。您是我们的优先客户，而我们没能满足您的需求，对此我再次深表歉意，对于您的失望我感同身受。

  我们确实存在一些内部沟通问题，平昌工厂没能充分了解您和您的客户遇到的一些问题，我们也误解了您此次参访的目的，未能做好充分的准备，我们的数据质量和问题反馈也与您的期望不符。我承认我们需要改善管理，以便为您提供应有的优质服务。

  请允许我花几天时间与AIP跨部门团队一起调查一下相关情况，我们会尽快找到问题的根本原因并提出解决方案，然后尽快与您联系。我已经在AIP内部强调了该问题，并且抄送了我的主管和客户经理。我们会充分关注您的诉求，请您放心。

  刘伟

收到抱怨后刘伟的后续应对策略

AIP平昌发动机工厂总经理刘伟在争取到一定的时间和团队制定出应对方案后，向阿德拉发出了第二封邮件。

发件人：刘伟
发送时间：星期日，2016年9月18日　9:22 PM
收件人：阿德拉@abc.com
抄送：付德，安妮，文华
主题：Re：阿德拉参访平昌工厂

阿德拉：

　　对于您在参访平昌工厂期间提出的问题，我正在密切跟进，我们没能达到您的期望，对此我再次致以诚挚的歉意。我向您保证，您提出的问题引起了我们的高度重视，英国的高管团队已经开始针对这些问题进行审查。

　　自您访问以来，我们已经举行了几次跨部门团队会议，以制定出一个完善的方案来解决您的问题。其中，我邀请付德、王达和洛恩牵头解决分公司和ADQ问题。付德很快会与您的团队取得联系，安排10月初参访ABC的后续事宜。我们希望能够增进沟通，加快问题解决速度，为此我们将建立一个工作团队，利用利益相关者治理结构解决眼前的问题，定期跟进进度和问题解决率。

　　为了进一步加强对ABC印度分公司的支持，我们在英国增加了一位名叫蒂姆·凯斯的客户经理。蒂姆将与丹尼尔·克莱顿紧密合作，快速响应各种商业问题。蒂姆还计划在10月访问ABC印度分公司。

　　我将持续把ABC作为我们的重要客户密切关注，希望您下次参访平昌工厂时，我们能达到您的期望。

　　刘伟

　　2016年10月，AIP平昌发动机工厂和产品支持团队紧密配合，对每一个问题进行细致深入的调查分析，对存在的沟通流程问题进行了完善：包含产品支持定期拜访客户及时了解客户的问题与需求，跟工厂安排每周的问题反馈与讨论机制。在10月份的对ABC公司回访中，阿德拉对AIP的响应表示满意。

　　具体行动计划如下：

	行　动　措　施	责　任　人
1	参访ABC工厂，消除数据错误，就已办结的问题达成一致	艾娜
2	与ABC达成并起草问题审核频率相关文件	艾娜
3	规范报告模板，包括保护措施、高危人群和行动措施	文华
4	更新7x工厂问题的PPT，放进与ABC沟通的新模板中	文华
5	更新4x分公司问题的PPT，与以上需要的内容保持一致	杨丽
6	与ABC进行外部沟通反馈，使用质量和服务团队更新后的信息	艾娜
7	修订FIR文件，提高从OEM获取的分公司数据的准确率	杨丽
8	与ABC达成合理调查时间	付德

（续表）

	行 动 措 施	责 任 人
9	针对每个主要OEM撰写月度报告,强调问题和PIQ/CPI参照	文华
10	定期与产品支持团队共同举办OEM健康审查	文华
11	参访ABC,把与迈克尔·海德之间的问题办结	付德
12	回顾并保证所有措施已经落实	文华
13	安排汇报技能培训,培训平昌质量团队	文华
14	强调PIQ系统的使用是沟通工厂质量问题的唯一途径	付德

资料来源：根据复旦大学管理学院2018级MBA阙祖伟提供的资料改编．

案例讨论

1. 阿德拉为什么对AIP平昌发动机工厂的工作不满意？
2. AIP平昌发动机工厂没有达到阿德拉要求的原因是什么？
3. 阿德拉冒犯了刘伟和文华吗？为什么？
4. 刘伟为什么要向阿德拉表达歉意？
5. 在10月份对ABC公司的回访中,阿德拉对AIP的响应表示满意。原因是什么？
6. 阿德拉、刘伟和文华是怎样沟通事件和自己的观点的？

自信问卷[1]

下面的问题将有助于你评估自己的自信程度,要如实回答。每个问题后面有四个数字,请在最能代表你的数字上画个圈。其中,有些问题自信的最小值是"0";另一些问题自信的最小值为"3"。

注意："0"表示"不"或者"从不"；"1"表示"稍微"或者"有时"；"2"表示"通常"或者"许多"；"3"表示"几乎总是"或者"完全是"。

1. 当别人待人极不公平时,你是否会提醒其注意？

    0   1   2   3

---

[1]［美］罗伯特·阿尔伯蒂,［美］马歇尔·埃蒙斯.应该这样表达你自己[M].张毅,谭靖,译,北京：京华出版社,2009.

2. 你是否发现自己很难作出决定?
   0   1   2   3
3. 你能否公开批评别人的意见、观点和行为?
   0   1   2   3
4. 当有人在排队时占据了你的位置,你是否会大声抗议?
   0   1   2   3
5. 你是否经常为了避免尴尬而有意避开某个人或某种环境?
   0   1   2   3
6. 你对自己的判断通常都有信心吗?
   0   1   2   3
7. 你是否坚持要求你的配偶或室友与你公平分担家务活?
   0   1   2   3
8. 你是否容易情绪激动?
   0   1   2   3
9. 当一个推销员使劲向你兜售你并不想要的商品时,你是否很难拒绝?
   0   1   2   3
10. 当一个比你来得晚的人在你之前得到服务时,你是否会提醒餐馆注意?
    0   1   2   3
11. 在讨论或争辩时,你是否不愿大声说出自己的观点?
    0   1   2   3
12. 如果某人借了你的钱(如书籍、衣服或其他有用的东西)而迟迟不还,你是否会向他提起这件事?
    0   1   2   3
13. 当别人已经讲得充分明白时,你是否还会继续争论下去?
    0   1   2   3
14. 你通常会表达自己的感受吗?
    0   1   2   3
15. 如果有人看着你工作,你是否会感到不安?
    0   1   2   3
16. 在看电影或听讲座时,如果有人一直踢你的椅子,你是否会阻止那个人?
    0   1   2   3
17. 你是否觉得自己在与别人谈话时很难保持目光交流?
    0   1   2   3

18. 在高档餐厅就餐时,若其菜品不佳或服务不周到,你是否会要求服务人员予以纠正?
    0   1   2   3
19. 当你发现你购买的商品有问题时,你是否会回到商店要求调换或退货?
    0   1   2   3
20. 当遭到别人辱骂或言语猥亵时,你是否会表示愤怒?
    0   1   2   3
21. 在各种社会场合中,你是尽量做一个局外人还是努力成为其中的一分子?
    0   1   2   3
22. 你是否会坚持让你的物业管理人员(机修工、修理工等)履行其维修、调整或者更换的责任?
    0   1   2   3
23. 你是否经常插手别人的事务并替别人拿主意?
    0   1   2   3
24. 你能公开表达自己的爱意或爱慕吗?
    0   1   2   3
25. 你能要求你的朋友们帮你一些小忙吗?
    0   1   2   3
26. 你是否总是觉得真理在你这一边?
    0   1   2   3
27. 当你与某个你尊敬的人有意见分歧时,你是否能大胆提出自己的观点?
    0   1   2   3
28. 你是否能够拒绝朋友的不情之请?
    0   1   2   3
29. 你是否难于表扬或赞美别人?
    0   1   2   3
30. 如果有人在你旁边吸烟而影响了你,你是否会指出来?
    0   1   2   3
31. 你是否会大吼大叫或强迫别人按照你的意愿行事?
    0   1   2   3
32. 你会抢别人的话茬吗?
    0   1   2   3
33. 你是否与别人(特别是陌生人)打过架?
    0   1   2   3

34. 家庭聚餐时,是否总是由你控制话题?
    0   1   2   3

35. 当你与陌生人会面时,是否由你先做自我介绍并展开话题?
    0   1   2   3

对自信的全面评估,必须建立在比现有定义更为准确的定义的基础上,还必须考虑到我们正在讨论的四个要素:情境、态度、行为和障碍。仅仅通过一个简单的书面测试是很难得出准确答案的。

这并不意味着我们要放弃寻找自信地表达自我的方法。细致地观察自己的生活,并认清自身的优缺点,是非常有价值的。不要仅仅把所有得分加在一起,说:"我得了73分,我肯定相当自信!"

现在,花上几分钟去做一下这份问卷吧。这份问卷就是为你设计的,所以要如实回答。完成问卷之后,要接着阅读对结果的分析,以及你可以把结果付诸生活实践的具体步骤。这份问卷不是一种"心理测试",所以只管放松心态,享受这个简要地探究自我表达方式的过程。

正如我们所说的,你会发现这份问卷并不完美。有些问题并不适用于你的生活,你可能会作出这样的反应:"这是什么意思?"或者"这得依具体情况而定"。别让你对问卷的批评妨碍了你。如果你花时间如实回答,这份问卷就会成为你增强自信的有效工具。

(一) 你得到了什么结果

当你完成了这份问卷的时候,你可能很想统计自己的总分。千万别这么做!一个"总分"真的没有什么意义,因为并不存在自信的总体特征。正如你的人生必须由你去体验一样,"什么是自信"这个问题的答案也是因人、因情境而异的。

正如我们在前面说过的,这份问卷不是一份标准的心理测试,我们还需要进行一番研究,对这一测试做全面的评估和审视。因此,计算"总分"的方法在这里并不适用。

(二) 分析你的问卷结果

我们建议你按照以下步骤对你的结果作一番分析:

1. 审视你自己生活中那些涉及特定人或人群的个别事件,并相应地思考你的长处和短处。

2. 查看你对问题1,2,4,5,6,7,9,10,11,12,14,15,16,17,18,19,21,22,24,25,27,28,30和35的回答。这些问题是针对不自信行为而设定的。你对这些问题的回答,是否揭示出你很少维护自己的权利?或者,是否其中一些特定情境在现实生活中给你带来了麻烦?

3. 查看你对问题3,8,13,20,23,26,29,31,32,33和34的回答。这些问题是针对攻击行为而设定的。你对这些问题的回答,是否表明你还没意识到自己在摆布别人?

大多数人完成以上三步后都会相信,生活中的自信是依具体情境而定的。没有人始终都不自信,也没有人始终都是攻击性的,也没有人始终都是自信的!每一个人都会在不同的时间,根据具体的情境而分别采取这三种不同的行为方式。你的典型行为方式有可能偏重于某一类型。你可以据此发现自身的弱点,从而开始改变自己。

4. 重读一遍问卷,在你的日志中记下你对每一项的想法。例如:

问题1:当别人待人极不公平时,你是否会提醒其注意?

选项:0

你的想法:要是我说了什么,恐怕对方会非常生气。或许我会失去一个朋友,也可能那个人会对我大喊大叫。这会令我感到十分不安。

5. 回顾你从前面的步骤中获得的全部信息,并开始得出一些总体结论。请具体关注以下四个方面的信息:

(1)什么情境会让你陷入麻烦?哪一种情境你能轻松地处理?

(2)你对自己的自我表达持有什么态度?是否总是自我感觉"良好"?

(3)你在自信方面存在什么障碍?你是否害怕后果?在你的生活中,是不是别人使你很难自信起来?

(4)你的行为技能是否能够胜任这件事?必要时你能否表达自如?

认真检查以上四个方面,然后在日志中记下自己的看法,并总结自我观察的结果。

第6章

倾 听

> 兼听则明,偏听则暗。
> ——《新唐书·魏征传》

学习目标

- 了解管理中倾听的重要性
- 学会倾听不同对象的心声
- 了解管理中可能出现的倾听障碍,并找到解决方案

引导案例

童新娟作为一个6岁孩子的母亲,某天下班回来,看到孩子情绪有些低落,但是家人表示问了没说什么原因。为了了解情况,童新娟和孩子进行了如下沟通:

童新娟:(首先抱抱孩子,拉着孩子走到沙发上坐下)宝宝(微笑并注视孩子)。

孩子:妈妈。

童新娟:(继续微笑注视孩子)妈妈今天下班路上在想,我们家宝贝今天在学校里估计和同学们玩得很开心。

孩子：妈妈，（眼神看着妈妈，情绪有些低落）今天不开心。

童新娟：哦？（眼睛看着孩子，一个手拉着孩子的手）你今天在学校不开心是吗，宝贝？

孩子：是的，妈妈。今天小明太坏啦。

童新娟：哦？小明？小明太坏啦？（微笑注视孩子，目光鼓励孩子继续讲下去）

孩子：小明今天把我课本的书皮画得乱七八糟，语文书的书皮都被画破了。

童新娟：小明今天把你课本的书皮画乱了，咱们一起包的语文课本的书皮被画破了，是吗宝贝？

孩子：是的，妈妈。

童新娟：小明把你的书皮给画破了，你似乎有些难过，是吗？

孩子：是的，妈妈，他把书皮画脏了，我很不开心，同时语文课本的书皮都破了洞。

童新娟：孩子，妈妈理解你。书皮被画脏了，确实让你难过。妈妈上次买的书皮还有一些，要不我们一起换上新的书皮？（拍拍孩子的肩膀，微笑等孩子回复）

孩子：还有书皮？好的，我和妈妈一起换书皮。

童新娟和孩子一起换了书皮。

童新娟：书皮换好了。关于书皮的事情，妈妈想问下宝宝，当时小明画你书皮的时候，你有没有告诉他不要画你书皮？

孩子：妈妈，我跟他说了，不要画，他还是画。

童新娟：后来你有没有告诉老师这件事，请求老师的帮助？

孩子：没有，妈妈。我没有告诉老师。

童新娟：孩子，下次他再画你书皮的时候，你告诉他，不要在我书皮上画，你这样做是不对的。如果他不听，你就说，你如果现在画了，我马上告诉老师。如果他不听，那就告诉老师，老师会帮助你一起让小明明白他做得不对。如果这件事情再次发生，让妈妈知道，妈妈会和你一起处理的，宝宝。爸爸妈妈爱你！（再次抱抱孩子）

孩子：妈妈，我懂了。如果需要你的帮助，我会告诉你的。妈妈，我也爱你！

在上述例子中，童新娟首先通过对孩子表达兴趣，激发了孩子表达的欲望，通过动作和反射式回应和引导性问题，理解了孩子经历的事件和内心感受，通过探索性提问和引导式回应为孩子处理类似问题提出了解决方案。

6.1 倾听的定义与重要性

6.1.1 倾听的定义

长期以来，人们把沟通当作一种富有"动作性"的动感过程，因而，只有明显动作的行为才被认为是沟通，以至于人们将说、读、写等同于沟通的全义。在这样的思维定式下，沟通的参与者被无端地划分为沟通者与被沟通者，演讲者、说服者、写作者被归为沟通者之中，而倾听者则自然而然被列入被沟通者之列。于是，倾听——这一占据我们日常沟通时间40%、具有无法替代的威力的攻心手段，被长期地拒于沟通教室门外。

倾听是接收口头和非语言信息、确定其含义和对此作出反应的过程，是有效沟通的必备要素。但是，在现实生活中，倾听的效果却常常并不尽如人意。不良习惯的养成和缺乏技巧导致很多人成为不称职的听众，显著影响个人生活和职业发展。

6.1.2 倾听的重要性

在古代中国，有一对好朋友——伯牙和子期，伯牙擅长抚琴，子期擅长听琴。当抚琴者抚奏流水时，听琴者说道："浩浩乎水哉！"当子期病死后，伯牙剪断琴弦，再也没有抚奏过琴。因为再也没人能成为他的知音，听懂他弹的曲子。

尼科尔斯（Ralph Nichols）曾描述过他做的一个实验，考察不同年龄段的学生对刚听过的信息的记忆能力。结果，90%的一年级学生能正确复述听到的话，超过80%的二年级学生也听得很有效。但初中生中只有44%回答正确，而高中生中有效倾听率则落至28%。幸亏他没有调查公司职员，不然情况可能更糟。

我们花在倾听上的时间，几乎相当于我们用来读、写、说的时间的总和。研究显示，在人们用于交流的时间中，9%用于写，16%用于阅读，30%用于说话，45%用于倾听。所以，我们至少也应花与提高读写听能力相等的时间来提高我们听的技巧。

法兰西思想之王伏尔泰（Voltaire）认为："耳朵是通向心灵的道路。"

古希腊唯物主义哲学家德谟克利特（Demokritos）也曾说："只愿说而不愿听，是贪婪的一种形式。"

英国作家莫里斯说："要做一个善于辞令的人，只有一种办法，就是学会听人家说话。"

卡尔·罗杰斯（Carl R. Rogers）在《沟通的天堑与通途》一文中写道："讨论越是激烈，人们的情绪也越是激动，越是难以理解对方论点的价值依据，此时需要的恰恰是良好的倾听。"

艾科卡（Lee Iacocca）感慨地说："我只盼望能找到一所能够教导人们怎样听别人说话的学院。……假如你要发动人们为你工作，你就一定要好好听别人讲话。作为一名管理者，使我最感满足的莫过于看到某个企业内被公认为一般或平庸的人，因为管理者倾听了他遇到的问题而使他发挥了应有的作用。"

美国著名的玛丽·凯化妆品公司创始人玛丽·凯（Mary Kay）说："一位优秀的管理人员应该多听少讲，也许这就是上天赐予我们两只耳朵、一张嘴巴的缘故吧。"

6.2 倾听中的障碍

尽管我们用于沟通的时间惊人得多，效果却往往并不如人意。因为沟通是由编码、传递、解码三个主要过程构成的,在整个沟通过程中有无数复杂的因素影响着沟通的效果。我们都做过列队传话的游戏:十来个人排成一列,由第一人领来纸条,记住上面的话,然后低声耳语告诉第二个人;第二人将听到的句子再耳语给第三人,如此重复,直至最后一人,将他听到的话写出来。这最后的句子与开头纸条上的句子往往是天壤之别。

事实上,我们应该珍惜获得的每一条信息,因为我们听到的每一句话都是冲破了重重障碍,才得以"平安"传递到我们心中,哪怕是最简单的一句"你好吗"也是如此。沟通的障碍来自环境、信息发送者和信息接收者三方,而倾听的障碍则主要存在于环境和倾听者本身。如何认识到可能出现的阻碍,并有效地预防和克服,将直接影响到倾听的效果和信息的价值。

6.2.1 环境障碍

环境主要从两方面对倾听效果施加影响:

(1)干扰信息传递过程,削减、歪曲信号。

(2)影响沟通者的心境。

也就是说,环境不仅从客观上,而且从主观上影响倾听的效果,这正是为什么人们很注重挑选谈话环境的原因。在会议厅里向下属征询建议,大家会十分认真地发言,但若是换作在餐桌上,下级可能会随心所欲地谈谈想法,有些自认为不成熟的念头也在此得以表达。反之亦然。在咖啡厅里上司随口问问你西装的样式,你会轻松地聊几句,但若老板特地走到你的办公桌前发问,你多半会惊恐地想这套衣服是否有违公司仪容规范。这是由于不同场合人们的心理压力、氛围和情绪都大有不同的缘故。那么,我们先来了解一下环境的类型特征——封闭性、氛围和对应关系。

(1)封闭性。

环境的封闭性是指谈话场所的空间大小、光照强度(暗光给人更强的封闭感)、有无噪声等干扰因素。封闭性决定着信息在传送过程中的损失概率。

(2)氛围。

环境的氛围是环境的主观性特征,它影响人的心理接受定式,也就是人的心态是开放的还是排斥的,是否容易接收信息,对接收的信息如何看待和处置等倾向。环境是温馨和谐还是火药味浓,是轻松还是紧张,是生机勃勃的野外还是死气沉沉的房间,会直接改变人的情绪,从而作用于心理接受定式。

(3)对应关系。

说话者与倾听者在人数上存在不同的对应关系,可分为一对一、一对多、多对一和多对多四种。人数对应关系的差异,会导致不同的心理角色定位、心理压力和注意力集中度。在教室里听课和听同事谈心、听下属汇报，是完全不同的心境。听下属汇报时最不容易走神，因为一对一的对应关系使听者感到自己角色的重要性，心理压力也较大，注意力自然集中；而听课时说者和听者是明显的一对多关系，听课者认为自己在此场合并不重要，压力很小，所以经常开小差。如果倾听者只有一位，而发言者为数众多的话，比如原被告都七嘴八舌地向法官告状，或者多家记者齐声向新闻发言人提问，倾听者更是全神贯注，丝毫不敢懈怠。

表6.1简要分析了管理者通常所处的几种倾听环境，主要从以上三个因素来分类，并指出该环境中影响倾听效果的主要障碍来自何处。

表6.1　环境类型特征及倾听障碍源

环境类型	封闭性	氛围	对应关系[a]	主要障碍源
办公室	封闭	严肃、认真	一对一、一对多	不平等造成的心理负担，紧张，他人或电话打扰
会议室	一般	严肃、认真	一对多	对在场他人的顾忌，时间限制
现场	开放	可松可紧、较认真	一对多	外界干扰，事前准备不足
谈判	封闭	紧张、投入	多对多	对抗心理，说服对方的愿望太强烈
讨论会[b]	封闭	轻松、友好、积极投入	多对多、一对多	缺乏从大量散乱信息中发现闪光点的洞察力
非正式场合[c]	开放	轻松、舒适散漫	一对一	外界干扰，易跑题

注：
a　对应关系：指管理人员作为倾听者与发言者的人数对应关系。
b　讨论会：指深度会谈、头脑风暴会议或专家小组会谈等讨论会形式。
c　非正式场合：指餐厅、咖啡厅、家中等。

按照这种思路还可以分析更多的场合，掌握不同场合的特征和影响谈话的主要障碍源，有助于我们选择适当的场所交谈，并主动地防止可能的障碍影响。

6.2.2　倾听者障碍

倾听者本人在整个交流过程中具有举足轻重的作用。倾听者理解信息的能力和态度都直接影响倾听的效果。所以，在尽量创造适宜沟通的环境条件之后，管理者要以最好的态度和精神状态面对发言者。来自倾听者本身的障碍主要可归纳为以下几类。

（1）用心不专。

人们常在倾听时注意力不够集中，可能去关心演讲者的着装、姿势和修辞水平等，也常常被一些噪声打搅，对演讲者想要传达的思想反倒不太在意。

（2）急于发言。

人们都有喜欢自己发言的倾向。发言在商场上尤其被视为主动的行为，而倾听则是被动的。前美国参议员早川（S. I. Hayakawa）曾说："我们都倾向于把他人的讲话视为打乱我们思维的烦人的东西。"在这种思维习惯下，人们容易在他人还未说完的时候，就迫不及待地打断对方，或者心里早已不耐烦了，往往不可能把对方的意思听懂、听全。

（3）排斥异议。

有些人喜欢听和自己意见一致的人讲话，偏心于和自己观点相同的人。这种拒绝倾听不同意见的人，注意力就不可能集中在讲逆耳之言的人身上，也不可能和任何人都交谈得愉快。

（4）心理定式。

曾经有一个女孩做了一个实验，她走上讲台，同时邀请一位观众作为伙伴。然后她在碎纸片上写了一些东西，小心地把纸折起来，并对她的伙伴说："我要进行一项传心术的实验。请你列举出一种家禽，一种长在脸上的东西和一位俄罗斯诗人的名字。"这位伙伴说道："母鸡，鼻子，普希金。"女孩微笑着说："现在请你将刚才纸条上的内容念出来。"这位伙伴大声念道："母鸡，鼻子，普希金。"正好是他刚才自己说的词语！

其实这个实验正是一个心理定式的缩影。人类的全部活动，都是由积累的经验和以前作用于我们大脑的环境所决定的，我们从经历中早已建立了牢固的条件联系和基本的联想。

由于人都有根深蒂固的心理定式和成见，很难以冷静、客观的态度接收说话者的信息，这也会大大影响倾听的效果。

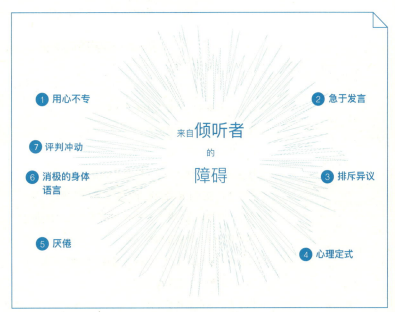

（5）厌倦。

由于我们思考的速度比说话的速度快许多，前者至少是后者的3—5倍（据统计，我们每分钟可说出125个词，理解400—600个词），我们很容易在听话时感到厌倦。往往会"寻找"一些事做，占据大脑空闲的空间。这是一种不良的倾听习惯。

(6) 消极的身体语言。

在听人说话时你有没有以下习惯：东张西望，双手交叉抱在胸前，翘起二郎腿，甚至用手不停地敲打桌面？这些动作都会被视为发出这样的信息："你有完没完？我已经听得不耐烦了"。不管你是否真的不愿听下去，这些消极的身体语言都会大大妨碍你们沟通的质量。

(7) 评判冲动。

在听到别人讲话时，人的第一反应就是从自己的立场出发去做出评判。比如，当对方说"我喜欢在武汉生活"时，倾听者的第一反应可能是不同意这个观点并回应"我不同意，我不喜欢在武汉生活"。倾听者也有可能同意这个观点（"我也喜欢在武汉生活"）、评判这个观点（"你一定是一个能适应快生活的人"）或者对讲话人做出判断（"你说的不是真心话"）。人们都有本能的欲望（天性）想去判断、评判、同意、不同意别人的话，并且偶尔倾向于为自己辩护和不给予肯定。

愿意测试一下自己是否是一名合格的倾听者吗？表6.2是一张简单的问卷，回答"是"或"否"即可。它会帮助你认清妨碍自己成为一名有效的倾听者的主要障碍是什么。

重温一下你回答"是"的项，那就是你倾听的主要障碍。

表6.2　倾听障碍测试

		是	否
懒惰	☆你是否回避听一些复杂困难的主题？		
	☆你是否不愿听一些费时的内容？		
封闭思维	☆你拒绝维持一种轻松、赞许的谈话气氛吗？		
	☆你拒绝与他人观点发生关联或从中受益吗？		
固执己见	☆你是否在表面上或者内心里与发言者发生争执？		
	☆当发言者的观点与你有分歧时，你是否表现得情绪化？		
缺乏诚意	☆你在听讲时是否避免眼神接触？		
	☆你是否更多地关注说话人的内容而不是他的感情？		
厌烦情绪	☆你是否对说话主题毫无兴趣？		
	☆你是否总对说话者不耐烦？		
	☆在听讲时你是否做着"白日梦"，或者想着别的事情？		
用心不专	☆你是否关注说话人的腔调或习惯动作，而不是信息本身？		
	☆你是否被机器、电话、别人的谈话等噪声分心？		
思维狭窄	☆你是否专注于某些细节或事实？		
	☆你是否拼命想理出个大纲来？		

6.3 | 如何进行有效倾听

6.3.1 表达关注

在倾听时,你应该看上去、听起来对发言者感兴趣。通过表明你对发言者的关注,可以鼓励发言者更全面、清晰地沟通其思想和感情。

(1) 投入。

既然决定参与谈话,就应积极投入,做好客观和心理准备。具体包括:

1) 排除干扰。选择最适宜的环境,营造轻松的气氛。专注的倾听者会尽力将环境干扰降到最低,例如拔掉电话线,在门上挂"请勿打扰"的牌子等,并会移除自己与讲话者之间诸如桌子之类的大型障碍物。当环境适宜,且倾听者身体语言上的关注是发自内心时,讲话者会捕捉到这一信息,感受到对方心理上的关注,从而更有动力说下去。

2) 集中精力。随时提醒自己交谈到底要解决什么问题。听话时应保持与谈话者的眼神接触,但对时间长短应适当把握,如果没有语言上的呼应,只是长时间盯着对方,那会使双方都感到局促不安。另外,要努力维持大脑的警觉,保持身体警觉有助于使大脑处于兴奋状态,专心地倾听不仅要求健康的体质,而且要使躯干、四肢和头处于适当的位置,比如有的人习惯把头稍偏一点有助于集中精神。全神贯注,意味着不仅用耳朵,而且用整个身体去听对方说话。聚焦讲话者时,倾听者必须将注意力从自己转移到讲话者和讲话者表达的信息上,而不是自己正在考虑的东西。稳定的目光接触,真诚的面部表情,开放性、接纳性的肢体语言和鼓励性的回应语调都可以表明倾听者在投入地倾听。而眼神飘忽不定,眉头紧锁,毫无表情,扭动身子,把脸转向别处等行为则都会构成倾听障碍。有些人因为工作节奏快,已经习惯了同时做两件事,甚至在别人跟自己交谈的时候还忙着阅读材料、接电话等。这也是导致沟通障碍的常见原因之一,因为这反而会放慢速度,阻碍创造力,因为倾听者难以得到完整信息。这种有效的关注是在向讲话者表明,倾听者对他这个人和他所说的话很感兴趣,这能促使他说下去。如果倾听者漠不关心,就会妨碍讲话者表达自己的意思。

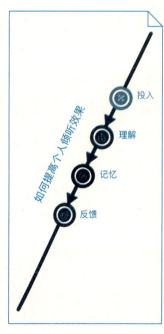

3) 采取开放式姿势。开放式姿态传达出接纳、信任与尊重。"倾听"的本意是"向前倾着听",也就是说,向前倾的姿势是集中注意力、愿意接触的表现。交叉双臂、翘起二郎腿也许是很舒服的姿势,但往往让人感觉这是种封闭性姿势,容易让人误以为不耐烦、抗拒或高傲。

开放式态度还意味着控制自身的偏见和情绪,克服心理定式,在开始谈话前培养自己对对方的感受和意见感兴趣,做好准备积极适应对方的思路,去理解对方的话。

倾听应是热忱的,不可抱着冷漠的优越感或批判的态度听人说话。热忱地倾听与口头敷衍有很大差别。"没必要那么担心,事情会好起来的"之类的话于事无益,甚至会使对方产生挫折感:原来自己的担心是没价值的。热忱的倾听则给人更多的关怀与启迪,使人在真诚的关怀中重新振作精神,找出解决问题的方法。

用点头、微笑、手势、体态等方法作出积极的反应,让对方感到你愿意听他说话。尤其对员工、下属而言,积极的鼓励使他们觉得自己有发言权;对发言者而言,你表现得愿意倾听他们的心声。

特别值得研究的是与发言者交流时的体态语言。除了保持开放式姿势、微笑、点头之外,还应留心与发言者体态语言相协调。

采用与发言者身体语言相匹配的姿势会使他们觉得舒服。比如,如果发言者的姿势是开放式的,你可以迎合他;但若发言者采取保留、疑虑的姿态,你最好也降低热情度,使他觉得自在。如果发言者有意保持一定距离,你最好不要凑得太近;如果发言者动作节奏缓慢,手势少,你也应避免使用夸张的手势和迅捷的动作。

刚开始时与发言者保持相应的体态语言会防止对立、厌恶情绪的产生,但你还是应保持积极的态度。不用担心这样会阻碍你们进一步交往,体态语言和情绪都是具有传染性的。在交谈过程中,你可以细心捕捉积极的关系进展,趁机逐渐调整你的体态,使其一步步更加开放,并同时影响对方的感情。但要防止开口说话时体态也突然转变,这会使人认为你意图控制局面。

4)积极预期。努力推测说者可能想说的话,有助于更好地理解和体会对方的感情,但"预期"不等于"假设",要是相信了自己的假设,你就不会再认真倾听了。但用大脑的超感能力适当"预期"是有益的,就如同你看侦探小说时常做的那样。

(2)用"啊、对、嗯"等声音鼓励发言者继续。

接着说。	当然!
哦?	没错。
我明白了。	真的?
那么?	天啊!
所以?	然后呢?
我正听着。	往下讲。

(3) 沉默的技巧

沉默就像乐谱上的休止符,运用得当,含义无穷,真正达到以无胜有之效。但一定要运用得体,不可不分场合,故作高深而滥用沉默;而且,沉默一定要与语言相辅相成,不能截然分开。

在倾听当中适时地运用沉默,可获得如下效果:

1）沉默能松弛彼此情绪的紧张。若对方情绪化地说了些刻薄之词,事后往往会内疚、自省;若你当场质问或反驳他,犹如火上浇油。这时若利用沉默战术,有利于平复双方情绪,也给对方自省的时间,继而改变态度,甚至聆听我们的话。

2）沉默能促进思考。适时创造沉默的空间,有利于引导对方反思或进一步思考,在对方说谎时此举尤其能引起他恐慌。此外,沉默片刻能给双方真正思考的时间和心灵沟通的机会。

3）沉默可控制自我情绪。在自己心生怒火的时候,开口极容易失言,影响谈话气氛和自身形象,保持沉默可渐渐克制自己激动的情绪。

4）沉默有诸多有益的作用,但也有消极的作用。这时倾听者要努力打破沉默,使会谈健康、正常地开展下去。消极的沉默可能由以下几种原因造成:

- 对方对话题不感兴趣。此时,你可以转换话题,或创造机会让对方引导话题,谈一些他乐于讨论的事情;如果对方是由于事前没准备,则可以提供一些简明的启发性谈话,活跃对方的思维。
- 过于谦让。唯一的办法是增强交谈的竞争气氛,制造欢迎新意见的环境,用热烈紧张而有趣的谈话激发沉默者介入交谈。
- 双方不熟悉。如果双方不了解,可主动介绍自己,谈及广泛的话题从中发现共同点;如果双方曾有隔阂,应主动热情攀谈,多涉及双方意见一致的话题。

6.3.3 引导式回应

反射式回应并不总是和环境、你的目的相适应,很多时候,你需要在与人交谈中加入更多的引导而不是反射。以下情况可以用反射式回应:当你需要或想更全面地理解对方的情感时;当你感觉对方还没有表达他在某种情况下的想法和情感时;当你感觉对方对他自己的真实情感还不确定时。反射式回应通常在交谈的初始阶段使用。当你感到自己确实理解了对方时,可转为更直接、说服的方式,用自己的观点进行回应、交谈。

引导式回应是倾听人通过陈述和引导性提问和讲话者分享自己的观点和建议。语义明确的引导式回应是较为详细的,而且应该被核实甚至有记录。意思明确、具体可以防止过于抽象，或者带有某种成见的感情色彩，更重要的是，它可以避免在指出错误时变成对对方的人身攻击。

请比较以下两种说话方式。

> 方式一："你写的字像小鸡啄米一样，重做之后，争取在最后期限内把它交给印刷厂。"
> 方式二："我在考虑你手写的字是否不够清晰。把你的观点打印出来给印刷厂好吗？"

前者的反馈不仅没有明确地告诉下属，你要他怎么完成命令，而且还令他感到难堪和羞辱。后一种说法更清楚地指示了下属该如何操作，不留下误解。

明确的反馈可以是肯定的，也可以是否定的，但都可以使评价更具建设性。比方说，你想对同事的工作给予积极、肯定的反馈，你说："你工作干得好极了！"他也许会搞不清你究竟想说什么，因为这样的反馈太不明确了。同样的，一个人被评价说："你任务完成得可不好啊！"这是个否定的反馈，却同样含义不明，它不是负有责任感的、有明确目标导向的评语。

不明确的反馈示例	更明确的反馈示例
"小王，你的计划不管用啊。"	"你认为好的计划应该有些什么特点呢？"
"小王，很抱歉我们不能采纳你的建议。"	"你能提供一些指导建议供我重新编制计划吗？"

请比较上述两种反馈示例。左栏中的反馈犯了单向反馈的错误，只顾说出自己的结论或感受，却丝毫不认为有义务提供更多细节，使自己的反馈更加有效。如果我们接收到这样的不明反馈，可以采取措施引导谈话向更有利于信息交流的方向发展。如上例中的小王，可以这样做出诸如右栏中的反馈。进行有效的反馈是双方共同的责任，也可使双方受益，我们能共同获得对事物的更深认识，并改进我们的行动。

6.3.4 提问

提问就是探求对方的观点和看法。提一些诸如"你对我的评述有何看法？"或者"我的建议可行吗？"之类的问题，借此打开双方沟通的渠道。通过提问，可以了解到别人是否理解和赞同所谈问题，如果不赞同，他们的看法如何。提问有多种目的：可以用提问来暗示观点，可以用提问来引导对方思考，也可以用来获取信息，还可以借机建立感情，表达自己参与的诚意。

如果会谈的气氛较为紧张的话，有些人会对他人的行为、语调或话语产生防卫性反应。解决方法之一就是用开放性、友好的问句代替"为什么"型的问题。简单地问一问"为什么",易被看成威胁性的。换句话说,为避免造成紧张的防卫气氛,我们可以不用"你为什么没准时来?"来责备对方,可以说:"由于你没能准时到场,我们误了车。以后如果再有类似情况,你事先通知我们一声好吗?"

防卫性气氛没有积极作用,它往往将人们导向批判的、对立的价值体系中去;相反,支持性气氛却是建设性的,它鼓励人们用积极的态度,努力寻找解决问题的思路。开放坦诚的提问还有助于调解冲突矛盾。因为在建设性的、满意度较高的气氛中,尽管人们持有不同意见,他们可以对事不对人,共同向需要解决的问题挑战。与你观点和经历不同的论点,往往是增长新知的契机。

在倾听中,为了获得想要的信息,往往需要用到三种类型的问题:开放性的、引导性的和争辩性的。每一种类型的问题有各自适用的场合。掌握了何时使用何种类型的问题对从他人那里获得有效信息起着至关重要的作用。

(1) 开放性问题。

开放性问题的优点在于用范围较大的问题获取信息。开放性问题可给予对方发挥的余地。"你为什么愿意到本公司工作?"比"你愿意加入本公司吗?"更有助于获取应聘者的信息。这种类型的问题的重点在于它不会提示你可能会喜欢什么样的回答。这是开放性问题的一个优势:既然别人不知道什么样的答案会取悦你,他更可能告诉你他真正的想法。如果想要得到客观而未经修饰的信息,开放性问题往往是最好的选择。除此之外,因为开放性问题给了被问者一定的空间,他们的回答几乎一定会附带一些可能会透露实情的额外的信息。

开放性问题也有一些缺点。首先,因为开放性问题的范围广,回答可能完全离题,因而你可能无法得到你想要的信息。另外,回答开放性问题很费时,所以当时间不是首要考虑条件时运用会比较好。第三个缺点是,开放性问题让人可以避免整体回答问题。

即使你需要非常明确的信息,以一些开放性问题开始,然后慢慢将问题引向你想要问的重点,不失为一种良策。这让你在获取有价值的背景信息的同时,与被问者建立良好关系。这需要一定的耐心。无论如何,如果你想要获得真实的可靠信息,耐心是最基本的素质。

(2) 引导性问题。

开放性问题不能在一定程度上确定回答重点,而引导性问题可以。有时候限制回答的范围是很有效的。因为引导性问题给了被问者回答的方向，他们可以避免很多时间和精力上无谓的浪费。如果你希望知道你的雇员什么时候到岗，不要问"你今天做了什么？"而是问一个引导性的问题："你什么时候来上班的？"

用范围较窄的引导性问题促成协议。范围较窄的问题给人回答的余地也小，如果你希望用问题引导对方接受你的决定，最好用窄范围问题。比如，饭店服务小姐问顾客："要加一个鸡蛋还是加两个鸡蛋？"效果肯定比问"要加鸡蛋吗？"好得多。

引导性问题的另一大用处在于让其他人知道你对某些事实有一定的了解。举例说，很多商人把在正式见面之前，熟悉一个潜在新客户的一切作为一个习惯。然后，他们会准备一些引导性问题，比如"这个项目跟你去年收购ABC公司有关吗？"一些周密计划过的有关这条线索的引导性问题会给客户信心，促使他分享更多的信息。

（3）争辩性问题。

争辩性问题是充满争议的。虽然它们在法庭上很奏效，但是在其他地方，它们常常不那么有效。不过，如果你想获得重要的信息或者揭穿一个谎言，有些时候与被问者正面纠缠是非常必要的。纠缠被问者的缺点是，虽然这会在当下提供给你需要的信息，但它通常有着高昂的代价。攻击性问题可能会永久地改变人际关系，所以通过恐吓和威胁对方来迫使对方与你共享信息是不得已而为之的手段。

提问要注意对方的特点。应适应对方的年龄、民族、身份、文化素养、性格等特点。有的人率直热忱，你也应坦诚直言，否则他还会不喜欢你的狡猾、不坦率；相反，有的人生性狡黠多疑，你最好旁敲侧击，迂回进攻，否则很可能当即碰钉子。

无论运用哪种提问方式，在提问时都应注意设身处地、诚恳地提问，注意提问的语速、语气、语调，待对方充分表达后再进行提问，且提问要具体，每次只提一个问题。如果你的问题包括两个部分，先说明一下"我的问题分两个部分，第一部分是……，第二部分是……"为了获得真实的答案，提问时要避免诱导性、强迫性，如"我不认为你会做那种事，是吗？""我今天说的，你不认为是正确的吗？"还应避免问"别有用意"的问题，如"你什么时候才能努力工作？""今天你们都死到哪里去了？"。

不管你对于选择问题和聆听回答有多用心，你得不到想得到的信息的情况也会经常发生。也许被问者真的不知道答案，或者无法紧扣话题回答，也许她闪烁其辞，也许你的问题指向不清晰或者她没有听清楚你的问题。无论如何，如果想要得到的信息对你来说很重要，那么不要放弃，继续追问。

优质跟进问题的第一规则是在必要的时候立即提问。如果你意识到谈话正在离你希望讨论的点越来越远,你应该把谈话带回正确的方向。一个最有效的战术是为缺乏沟通承担全部的责任。毕竟,这很可能是因为你的问题不够清晰。你可能要承认你不记得她曾给过有用的信息:"你可能已经提到过这点,可是我不记得了——你上一份工作是做什么的?"或者承认你可能没有理解她的解释:"我不明白这是如何发生的。你可以再解释一遍吗?"除非这个人想设法逃避问题,否则她会乐意配合的。

如果被问者不对以上任何战术作出回应,你可以试试另一种方法。回到最开始的安全地带——谈一些让被问者轻松舒服的话题,重新建立联系,然后再一次向敏感区域进军。如果这仍旧不奏效,那么把这件事先放一放。等到一个更好的时机或者场合,或者等到你和被问者的关系成熟到了一定阶段,对方可以比较轻松地跟你谈一些敏感话题的时候,再试试之前的战术。

总体来说,在倾听中,你要努力做到先进行反射式回应和提问,然后再进行引导式回应。

6.4 倾听言外之意

英国哲学家约翰·奥斯汀(John Austin)于20世纪50年代提出了"言语行为理论"。根据该理论,人们在说话时一般都同时实施了三种行为:言内行为、言外行为和言后行为。言内行为即说出话语、进行表达这一动作本身。而言外行为是指借助话语来实施诸如陈述、邀请、命令、许诺、威胁等行为,也就是说话语超出了其文字本身的意义,能传达出一定的"言外"之意。言后行为则指的是话语双方中受话者在接受话语后可能会产生的效果。不难看出,在话语活动进行过程中,正确地理解言外行为,或者说正确地理解言外之意尤为重要。

6.4.1 言外之意产生的语言学基础

"言外之意"的表达是将"意"寄托于"言外","言"和"意"在语表是分离的。这种现象的产生与语言的符号性密不可分。

首先,语言符号的离合性,为"言外之意"的表达提供了工具性保障。一方面,因"能指"与"所指"之间约定俗成为固定的符号,人们可以运用这种约定俗成的语言符号表达出言外之意;另一方面,人们在语言运用中,为了表达的需求，可以对语言与客观世界的联系作一定主观性的选择，使辞面与辞里分离，借助辞面来传达辞面意义以外的内容。这也就产生了"言外之意"。

其次，语言符号的模糊性、开放性也为"言外之意"现象的存在提供了条件。语言的模糊性，主要指词义的模糊性，也就是词义边界的模糊性。这种模糊性为词义的多义理解提供了可能。在特定的语境中，也就能表达"言外之意"。例如，你说某人"吃饱了"，往往不是说他真的吃得很饱，而是说他多管闲事。

另外，"言外之意"现象的产生还与语言的开放性有关。语言的开放性，是指"语言的结构、内容、意义以及对意义的理解包含着无限的可能性"。"语言能突破语形、语音和语义之间的约定俗成的联系，使它们产生新的联系，语形和语音由此而获得新的意义。"

由此，语言在特定语境中，可以使辞面与辞里分离，突破能指与所指原有的联系，并产生新的联系，形成"言外之意"现象。

6.4.2 言外之意产生的动机

（1）礼貌与维护面子。

作为社会性的人，在言语交际时会有一种面子感。有时为了保全自己的面子，有时为了维护别人的面子，说话的时候不得不拐弯抹角。如果直接说出来，就会伤害面子，让对方下不来台。礼貌从本质上来说是一种言语策略，留面子是真正的目的。

（2）自我保护。

人们在说一些自己知道缺乏事实根据的话语时，为了不为话语承担后果，往往会采取比较隐晦的说法，让受话者去体会、去理解，甚至去猜测。所谓"尽在不言中"，如果以后事实证明自己说错了，因为当时说的时候很婉转，没有直截了当表明自己的态度，所以也能找借口否认，这样就避免了为话语承担责任。

（3）崇智心理。

有时候人们的交际处于斗争的状态，交际双方用智慧调动言辞，唇枪舌剑，与对方斗口舌。言外之意的话语能用一定的言语形式表达更多的意义与内容。这样的话语形式需要投入更多的智慧，需要更多的言语技巧才能得以实现。崇尚智慧的心理使人们在交际中积极利用智慧寻求有更大交际效果的表达。

（4）审美需求。

话语信息按照表现特点来分，可分为理性信息、潜在信息、美学信息、风格信息四种。理性信息是有理有节地表达观点,比较客观、理性。潜在信息是发话人所传递的暗含在理性信息之中的实际信息。潜在信息的表达可以使话语的含义含蓄,隐而不露。从信息修辞的角度来看,言外之意属于潜在信息,是话语在和语境的联系中获得的意义。言外之意在言语交际中具有较高的修辞价值。言外之意的一些表现形式机智幽默,在一些场合可以成为人际的润滑剂,让人感到某种幽默,但是又不伤和气。语言中的美学信息来自两个方面:一方面是语言代码本身的形式美以及种种感情色彩所带来的,例如比喻、排比句等;另一方面是话语在同语境的联系中所取得的。言外之意的潜在信息和美学信息都是在与语境的联系中取得的。话语的潜在信息和美学信息成正比关系,潜在信息越丰富,美学信息也就越丰富。从受话人的接受心理来看,一般说来,潜在信息丰富的话语较易引起美感。

6.4.3 言外之意的表现形式

比喻、环境和形体语言不仅是沟通的附属物,它们负载着信息;实际上,在一些情况下,它们本身就是信息。比喻、环境和身体语言很少表达明确的信息,但是,这也给沟通者提供了一种理解方式,这种方式是别的信息沟通渠道所不能实现的。拥有这些语言方面的技能,一个经理人可以发掘对某类问题的直觉和良好的"感觉",这种感觉对问题可能存在的微妙之处提供了进一步的认知。

(1)比喻。

当你密切关注别人使用的言辞时,你会发现,大部分人就他们自己和周围世界描绘着独具特色的语言图画。一个人经常使用的比喻和隐喻可以作为线索,来理解他生活的世界。这些语言中生动的精髓是从体育界、文学、艺术、宗教以及其他有关个人兴趣或背景的领域中吸收来的。比喻表明了什么是有价值的,什么是可怕的,以及什么是说话者的行为准则。隐喻中的词语可以作为另一个人感受的线索,作为他或者她认为重要的事情的线索。

1)言辞独特的个人方式。

言辞是象征符号,其意思可能变化很大,这依赖于谁在使用它们。然而,两个人之间沟通的许多内容,隐含着情绪和感情。这些情感附属于言外之意所表达的个人不同经历。如果双方不对不同的经历加以密切关注,也不对隐藏在言辞背后的不同意思进行分析,谈话进行起来会非常难。

当分析两位经理之间的误解时,经常会发现阻塞沟通渠道的症结是他们共同的假设:他们在用相同的言辞表达相同的事物。在一次高级经理们讨论团队管理的会议上，一位副总裁向与会经理们问道："谁在驾驶公共汽车?"其隐含意思是没有人在驾驶。这是一个基于相同经验的明显的隐喻，可能是通过"驾驶"（driving）一词生动的言外之意和"公共汽车"（bus）与"商务"（business）一词的谐音，来进行强调。然而，这个看起来很明白的问题却导致了一场激烈的争论。高级经理们认为副总裁对于没有人负责感到不舒服。但这其实根本就不是副总裁就团队管理所表达的意思。

如果我们事事都按照自己的经验来对信息进行理解而注意不到差异，那么沟通就会有问题。

2）情绪流露。

言辞中所附带的情绪内容也通过一定方式表露出来。在一家航空公司，两位经理就最高管理层须作出决策的一项方案产生了分歧。这是一项具有远大前景的研究项目，一位经理希望"提供一个可供选择的菜单"，以便知道可以在什么范围之内进行选择。实际上通过使用"菜单"一词，他是在说"毕竟，每个人都必须吃点什么——问题在于有哪些可吃的"。而另一方面，项目经理希望促使高层管理者来正确处理这件事或者干脆什么也不做。他的措辞结尾隐含着该项目具有仿佛美国开发西部一般的高收益和高风险的意思。他描述道：在这种情况下，一个重大举措尽管是痛苦的或是冒险的，但对于项目的长期改善可能是必需的。在这个案例中，两位经理虽然意思并没有太大差异，但流露的情绪显然并不相同。

然而情感的波动可能是讨论的真正障碍。当某位经理对别人的观点使用了一个轻蔑的词(比如"浪荡公子""马屁精"等)时，就意味着他给那个人贴上了标签。贴标签是在使用一个词来停止思维或阻止思维，这代表了一种快速的拒绝。使用标签的人没有尽力去理解别人的意思，经常切断了有思想性的反应。如果这种标签是以一种诙谐的、嘲笑的方式来表达的，被冒犯的一方可能会觉得就该问题继续讨论下去会非常困难。

3）问题。

经理们所处语言环境的另一个重要方面是问题。问题为什么如此重要呢？这是因为问题经常包含了一些假设，这些假设不仅仅以一种特定方式构成了问题，而且趋于使问题的解决方案适应隐含的假设。

在前面使用的例子中，一个经理问道："谁在驾驶公共汽车？"问题在被提出时包含了一个假设：应该有一个人来进行驾驶。但是，这也包含了这样的假设：其他任何人都是后座乘客。这两种认识都是与团队管理概念相对立的。

在沟通中，有一些问题是需要进行分析的，因为有些问题是圈套，会把人带到沟里去。这个时候我们要能够识别，并且巧妙地回答。另外有一些可能是愚蠢的问题,我们则可以拒绝回答,当然拒绝的语气最好比较婉转。

4)"或者/或者"思维。

有些人习惯于将交流构造成这样的形式:一些事情或者是对的或者是错的;你或者支持我或者反对我;一份工作或者是好的或者是坏的。而现代思维发展研究已经发现了"或者/或者"方式思维以青年发展早期阶段为特征。大部分人都发现生活是多方面的,并不是单纯的两种类型。然而,在压力之下,一个人可能依然会回到非此即彼的思维方式之下。

当你听到自己或者另外一个人在以一种"或者/或者"的方式讨论问题时,你应该认真审视在这种情况下,一个两面价值对立的框架是否提供了错误的选择。可能将讨论由"或者/或者"思维方式转向"不但/而且"思维方式会更有利于沟通和问题的解决。

(2) 环境。

人们根据自己希望与别人保持相互关系的不同而以不同的方式使用沟通场所。然而沟通场所同样提供了一种重要含义,它会赋予沟通不同的意义,表达出沟通一方或是双方对沟通的态度。

1) 代表了领地的场所。

我们经常讲主场或者客场。所谓主场就是一种领地的概念。在足球比赛中,为了表示公平公正,通常会安排两个球队在主场、客场各进行一次比赛。那么在商务沟通中,同样显示了作为领地的场所的重要意义。当一个老板和一个下属谈话时,他们使用谁的办公室呢?如果老板对于作为领地的场所很敏感,他通常会在自己的办公室和下属谈话,这样老板的心情会更加舒畅,不过下属就会感到拘谨不安。如果老板希望更好地了解下属,或者想更多地表示亲切或者礼贤下士,则去下属的办公室或者选择其他场所是更好的选择。

> 在电视连续剧《完美关系》中,公司的元老有意欺负新来的年轻总裁,借口装修而把总裁弄到会议室去办公,被总裁请来的新合伙人断然制止。这个情节虽然有一点夸张,但也说明了场所的重要性。

2) 距离。

麻省理工学院的托马斯·艾伦(Thomas Allen)已经研究了研发部门内部的沟通模式,他发现,人与人之间交流、协作的可能性与两人之间的物理距离呈现出指数下降的趋势。这表明一个经理应该将组织中最需要在一起相互讨论的人从地域上安排在一起。如果你要建立一个新团队,将核心成员紧密地安排在一起,即使这意味着牺牲一些成员的空间。在不少创业公司中,员工并没有固定的工位,他们随着任务的变更和团队的变化,会改变工作位置,以便和团队成员更紧密和有效地沟通。

3) 空间。

一个经理人可以利用办公室的空间布置来影响人际关系和沟通效果。例如,我们经常看到许多经理将自己的办公室布置成两个不同的区域。在一个区域，经理隔着桌子和坐在对面的人谈话，这种安排强调了经理的权力和地位，也凸显了沟通的正式，下属很可能感觉到在这里老板占有主场优势。而在第二个区域，则是一圈沙发，这种布置表达了一种不看重层级差别的意愿，鼓励更为轻松、自由的交流和更为友善的会谈。

(3) 形体语言。

像客观环境一样，身体语言和辅助语言同样传达着重要的信息，这些信息渲染、支持或者否定人们使用的言辞。形体语言体现了当面沟通的重要性，它突出了沟通的效果，传递更多、更充分、更全面的信息。

许多研究为形体语言提供了解释。例如，胸前交叉手臂意味着听者已经对说话者的话关上了思维的大门。信息接收者在摆弄着某些物品表示他并未在认真倾听或是对说话者表达的意思不以为然。当然，这种简单化的翻译并非全对，没有哪一种姿态拥有一种单一的、不变的含义。任何姿态的含义都依赖于文化规范、个人风格、客观环境、前面所发生的事情以及双方对未来的预期。

1）面部表情。

对很多人来说，面部是最明显的感情传送器。事实上，面部表情非常明显，传递着非常丰富的信息，以至于我们经常这样说："他想说的意思全写在他脸上了"。举个例子，瞳孔放大可能意味着听者对你正在讲的内容感兴趣；瞳孔缩小说明他或她不喜欢你所说的内容。但是，解读面部表情是一个复杂的过程，因为面部经常迅速显示的是几种感情的组合，这种组合对应于那个人内心深处可能体验到的复杂的感情。

眼神的接触是人们进行非语言沟通时采用的最直接和最有效的方式。在美国文化中，社会规范表明，在多数情况下，一段较短时间的眼神接触是适当的。长时间的眼神接触通常在恐吓时出现，或者是在另一种情境下，作为一种表示浪漫、兴趣的信号来使用。大部分发言者都知道可以直接看着作为听众的个体成员，以提高他们讲话的影响。然而，一些人并没有意识到，在他们倾听时眼神接触是何等重要。一个好的听众必须在身体动作上积极主动以显示良好的注意力。例如，在老板希望听下属讲完的情况下，他应该通过在别人说话时集中精力、点头和偶尔的应和，认真地加以鼓励。即使没有说话，也是在传达关于他的理解深度和认真程度的非语言信息。

2）辅助语言。

讲话的辅助语言特征提供了另一种理解他人感情的有效方式。辅助语言包括声音的音调和音质、音高、讲话速度以及诸如叹息或者嘟囔的声音。你可以将辅助语言看作沟通的一部分，来观察一个人的声音在困难的段落如何生硬或中止，或者在情绪高涨时如何流畅而激昂。令人意外的是，在没有可视信息的情况下,一个人经常能够更好地去倾听另一个人的声音。

身体语言和辅助语言的隐含信息并非一定会与语言信息相一致,甚至并不完全对应。但是,在以充分公开的沟通为目的的情况下,非语言的信息应该以合理的、可信的方式加入语言信息中去。当一个人具有良好的沟通能力时,身体语言与语言一致地进行变化。更小的动作,比如低头、放下手,或者眼睛凝视,象征着一种暂停,强调一种观点,或者表明一个人讲话中的一些疑问或讽刺。为了表明更大的思想转换,讲话者将改变他身体的整个姿势。于是,非语言的行为成了被表达语言信息的标点符号。非语言的渠道通常表达那些对于直接语言沟通来说过于敏感的信息。因为信息是微妙的、模糊的,并经常是尝试性的,所以,它们必须被谨慎地解读以认识它们潜在的丰富含义。这些隐含信息增强或者抵触了语言表达的内容,因此,可以帮助一个经理去有意识地感受这种情景。

6.4.4 言外之意的理解

(1) 态度决定理解。

在言语活动中,正确把握说话者的态度至关重要,因为说话者的态度可以体现出言外含义。而在真实生活中,说话者常常把他说话时对话语所指的态度隐藏起来,比如一个人完全可以用一种轻描淡写的方式说出一句实际上他心里非常在意的话。这种语言的间接性会阻碍对话语的正确理解,而语言的间接程度本身就会受到很多方面因素的影响,比如交谈双方的社会权利、社会距离、相对权利和义务等。这就是说,受话者需要在交谈中根据具体情况去正确把握说话者的态度,才能更好地理解说话者的真实意图。

(2) 语境至关重要。

所谓语境,简言之就是语言所在的环境。可以是上下文(语言语境),也可以是非语言语境,比如使用语言的具体情况,语言使用者的主观因素,社会背景等。在本书中,我们将语境理解为在人们的言语交际过程中,与理解某一特定的交际话语有关的一切自然和社会因素的总和。

下面的例子可以清楚地体现出语境对于理解话语真正含义的重要性:

> 约翰:想来杯咖啡吗?
> 玛丽:咖啡会让我保持清醒。
> 其中玛丽的言语可以在不同语境前提下道出不同的言外之意。
> 语境1:玛丽不想保持清醒。
> 言外之意1:玛丽不想要咖啡。

> 而这并不是唯一可能的解释,在某个环境下——例如,如果约翰和玛丽正好在参加一场乏味的讲座,则可有如下推断:
> 语境2:玛丽想保持清醒。
> 言外之意2:玛丽想要一杯咖啡。

当然,有许多的推理可以列出,而受话者要如何真正理解,就完全依赖于话语行为所处的真正语境。不难看出,在人们的交流中,语境就像空气一样存在。脱离了语境,任何语言都将失去其真实含义。

(3)切忌"借题发挥"。

语言的魅力之一,就在于意义的不确定性,也就是指除去文字表面的既定含义,话语活动的双方可以表达并领悟到言语之外的意义。抛开一切严肃的语言学、心理学或哲学理论,人们在生活中自觉或不自觉地都在应用着言语行为的理论。而在人们的实际话语交流中,言外之意的曲解现象层出不穷。

比如我们常常会听到类似的对话:

> A:你今天戴了眼镜很漂亮。
> B:那你是说我不戴眼镜就不漂亮了吗?

在这里,A可能只是就现象本身做出的客观评价,但所谓"说者无意,听者有心",B根据自己的判断得出了与A原本意思完全不同的言外之意。这类语言信息的误读,很多时候都是因为受话者自己的过度臆测和推断,从而造成了不必要的言语误会。

(4)理解声音线索。

1)关注嗓音。

我们通常更注意言辞而非语调,即使这样,在每一场对话中都存在这样一些时刻:你能够稍稍忽略一下内容而转向关注语调。通过练习你就可以同步接收言辞和语调。即使在一个相当复杂的对话中,也一定存在某些时间是你能够在思维上回溯并关注非语言线索的。而且如果你真的去倾听某人的嗓音,你一定能够更深入理解对方想要表达的真正含义。

2)寻找模式。

或许你不能够在一次见面中就完全掌握一个人的语音模式,但在初次见面时可以试着去留意她的语气、抑扬顿挫以及其他的语音特征。当你识别了她的基本语音模式后,要特别注意某个时点对方语音模式的反常,这代表着对方在抒发某种强烈情绪或者所表达问题的严重性。

3) 将嗓音与对话者的肢体语言和言辞对比。

情绪不是仅靠声音的语气表达出来的。然而,通过比较语气与肢体语言,你通常可以确定他的情绪。当某人的语气、话语和肢体语言处于同步,都符合一种一致的模式,就能相当容易地理解他的情绪,并对他想表达的意思加以理解。而当语气和肢体语言两者不一致或是与此人的话语不一致时,那就完全是另外一回事了。

思 考 题

1. 以小组为单位,进行练习。

    3人组成一个小组(A、B、C三人)。20分钟后轮换角色,反复进行。

    A:谈论一件个人的事情。

    B:倾听,给予咨询。

    C:观察、指导B的行为,并给予A、B反馈意见。

    练习目的:发展倾听、反馈、总结、探察和支持技巧。

2. 倾听者的障碍有哪些?如何克服?
3. 反射式回应与引导式回应有何不同?
4. 倾听中,涉及提问、引导式回应、反射式回应,这三者是怎样结合使用的?
5. 怎样听懂言外之意?

案例一

绩效评估

艾米有8年工作经验,在德国一所大学毕业后一直留在学校从事相关的科研工作,2016年她回国加入S公司研发中心成为一名主管工程师。她目前承担的工作主要有两部分:40%的时间参与本部门的产品设计工作,该部分工作向部门负责人山姆汇报;60%的时间作为本部门的派出工程师参与跨部门的设计准则制定工作,该部分工作向项目负责人马克汇报。在年度绩效评估时,山姆作为部门负责人结合艾米在本部门和项目中的综合表现,对其绩效评估结果为C(欠缺),并与其进行了如下沟通。

山姆：今年一年的工作下来，你觉得你的工作表现怎么样？

艾米：我觉得工作量挺大的，我的表现也不错，交代的任务都按时完成了。

山姆：那你有没有觉得自己有哪些地方还做得不足呢？

艾米：嗯……，参与本部门的设计工作还是比较少吧……

山姆：对，这就是我想和你说的。我觉得你作为一个主管工程师应该更好地在部门中承担起 Team Leader 的角色。部门里现在可以独当一面的工程师还是偏少，所以我希望你能承担更多的工作。我感觉你现在还未能完全承担起你这个职位应当承担的责任。你所参与的设计准则编制的工作，我也向马克了解了，完成的情况还是可以的。所以综合评估了一下，我觉得你的工作还应该有所提升。

艾米：嗯。

山姆：所以，根据公司的绩效评估规定，你今年的绩效评估结果是C。

艾米：为什么？虽然参与本部门的工作相对少，但我觉得我还是比较好地完成了任务，而且马克对我的评价不是也挺好的么？

山姆：主要是因为你作为我们部门的员工协助参与马克的工作，但是不管怎么样还是部门的一员，部门里的很多事情，你作为主管设计师都没能发挥很好的牵头作用。

艾米：比如呢？请举例。

山姆：比如上个月×××部件的设计工作，因为参数错误，大家都加班加点地修改设计，你自己参与设计的那部分参数也是有问题的，可发现问题需要修改参数时，你却没有积极参与进来。

艾米：可当时分配修改任务的时候，并没有明确指派给我具体的任务内容，我也不知道我该从何处插手。

山姆：又比如，部门里每次技术例会，你大多数情况都不参加，这样影响很不好。

艾米：我认为很多技术会议上讨论的内容和我的工作内容没有相关性，所以也不必每个会议都参加，太浪费时间。

山姆：可是设计不是一个人单打独斗的事情，让各位主管工程师都列席会议，也是让大家都知道一下周围同事的设计进展和出现的问题。

艾米：好吧，你说的会议出席率的事情我承认，但是其他部门里的工作我还是很好地完成了的。哪些没完成影响了绩效，我希望你能很清楚地告诉我。

山姆：你的工作确实完成了，可是本来工作量就不大，你也没有很主动地承担起主管工程师的职责。

艾米：你对我有哪些要求应该体现在我的工作计划中，工作计划外的事我是有权不做的。

山姆：我希望部门里的员工都可以主动承担工作，而不是说计划有的就做没布置的就不做了。特别是像你这样的主管工程师，如果你的工作态度是这样，下面很多工程师也会看着学。

艾米：所以归根到底你还是没能告诉我，为什么要给我C。

山姆：我想我已经说得很清楚了，我觉得你没能很好地承担你作为主管工程师应承担的责任，我希望你能参与更多的工作，特别是在部门中。

艾米：我不能接受这个绩效评估的结果，如果你还这样坚持，那我会考虑是否还待在这个部门了。

艾米说完就起身离开山姆的办公室。山姆有些恼怒地与HR反馈了沟通情况。公司HR建议马克作为项目负责人也与艾米进行一次绩效沟通，并向其大概说明了一下此前沟通的情况。

马克：来，请坐！

艾米：是要找我说绩效的事情么？

马克：是的，因为你今年大部分的工作在我的项目组里，作为项目组的骨干之一，到年底了我也想和你好好聊聊，回顾一下今年的工作，看看我们明年还有什么可以改进提升的地方。

艾米：好吧。

马克：今年初我们项目组定了××××的目标，其中你承担的××××部分在年底都已经按计划完成了，很不容易。我们现在的设计水平和团队能力能完成到这个程度，我觉得已经很不错了，但是毕竟就整个团队的任务来说，我们离既定目标还是有一点差距的。

艾米：嗯。（沉默）

马克：所以作为团队的一分子，综合考虑以上因素，对于你的项目工作评估我的意见是B——正常完成工作。同时，我也很想听听你怎么看待自己今年的工作？

艾米：……（沉默了一会）我觉得设计准则制定的工作我还是完成得挺好的，不过自己部门的工作还是占用了一些时间，如果没有那些事情的影响，设计准则制定的工作我可以完成得更好。

马克：你是觉得设计准则制定的工作更吸引你么？

艾米：我觉得能把设计中的准则、规范理成标准性文件是一项很有意义的工作。不知道是不是我在德国待的时间太长了，我还是比较适应那种一板一眼、比较有条理性的工作。另外，部门里的设计工作经常要和其他工程师打交道，这点有时候也让我不习惯，我和人沟通的能力不是太好。

马克：那你是因为怕和别人打交道，才更倾向于设计准则制定的工作么？

艾米：也不是，这个工作本来我就更喜欢些。

马克：我非常高兴你喜欢这个工作，毕竟作为跨部门的虚拟项目团队，大家同时承担部门内和项目组两边的工作，如果对这个工作不认同的话，工作开展就会受阻。那么你觉得我们现在的设计准则制定的工作当中还有哪些问题，我们明年是不是有需要改进和调整的地方？

艾米：嗯，我一直觉得设计准则不能游离于设计工作之外，要不准则的指导和约束起不到任何实际的作用。我们明年得更深入各部件的设计工作，只有在充分了解他们实际工作的开展情况和需求的前提下，这个准则才会最有效。

马克：我非常同意你的看法。所以这也是为什么当初成立项目组时，各个工程师都是从各部件设计部门抽调组成IPT团队的原因。因为大家本身有设计经验，同时又参与部门的设计工作，可以更好地了解各部件设计的现状和需要。另外，我觉得我们与部门间的沟通也很重要，这样会更有利于我们工作的开展。

艾米：嗯。（点头）

马克：我们现在很多工作还是处于起步阶段，有些年轻工程师想不到的事情，我希望像你这样工作经验相对丰富的主管工程师能想在前面。

艾米：嗯，不过现在这个工作对我来说也是新的，很多时候我也拿不准该怎么做。

马克：没关系，你可以随时来找我，我也很乐意和大家一起探讨方案。尽管我知道你的任务很重，但是我还是希望你不要放松本部门的工作。你们设计的部件对于整个产品来说是核心部件，它的参数对上下端的部件设计有非常大的影响，我希望你能及时跟进你们部门的设计进度和存在的问题，不光是你专长的气动专业，其他结构设计、强度设计方面的工作我也希望你有所了解，这样可以使我们更好地知道哪些内容要体现在准则中，避免在将来的设计过程中再出现同样的错误。

艾米：我想我们部门的技术例会是了解这些问题一个很好的平台，以前有时候工作排不过来我就不参加了，觉得参加了也没什么用，这一点确实做得有所欠缺。其实仔细想想，例会上工程师们经常提出的问题确实对准则这块工作很重要，而且准则是针对所有部件、所有专业的，我也最好能对其他专业有一些了解。

马克：我也知道你目前在本部门的工作有一些沟通方面的顾虑，工作能力没能完全发挥，山姆之前向我了解你在项目中的绩效时也说，你做事很认真，技术也很扎实，希望你能更好地发挥自己的能力。山姆是一个非常开明、也非常惜才的部门负责人，我觉得你可以好好和山姆沟通一下你对于自身工作的想法，包括现在的顾虑、以后的计划，他一定会帮助你达到目标的。

艾米：好的，我也觉得我应该好好和他谈谈，毕竟我还是非常热爱设计工作的。谢谢。

资料来源：根据复旦大学管理学院MBA班学生作业改编．

案例讨论

1. 艾米为什么不同意山姆对他的评估？
2. 马克是怎样对艾米的绩效进行评估的？艾米接受了吗？
3. 山姆和艾米彼此听懂了对方表达的意思吗？为什么？
4. 马克和艾米沟通的目的是什么？
5. 马克听懂了艾米表达的意思吗？为什么？

案例二

紧 急 订 单

凯尔汽车公司总经理李明正收到了供应链部的部门经理张强关于调离老员工赵建军的报

告,感到非常震惊。他知道张强是一位有潜力的新任部门经理,目前在供应链部推行信息化变革以更好地适应市场发展,但他也知道,赵建军是一位有影响力的资深员工。如果不能够妥善处理他们之间的矛盾,可能会对供应链部门造成很大的负面影响。这一天,他在办公室向张强了解情况。

李明正:早上好,张强。你今天早上怎么样?

张强:还不错,李总好。

李明正:我叫你来是想讨论一下有关赵建军的问题。我知道你想把他调离供应链部门。

张强:哦,那你看到我的报告了。我建议把他调到其他部门,他没有全心参与信息化处理工作。

李明正:你认为他工作投入不够,要求把他调到其他部门?

张强:是的。

李明正:我想了解更多的情况。张强,除了你认为他工作投入不够的原因之外,还有什么让你做出这样的决定?

张强:李总,首先根据我的判断,他是一个心气很高的人。依仗自己是老员工,他总是对我做的决定不满。目前正在推行供应链订单网络处理系统,我作为部门新任管理者,正处于制定战略方向、树立威信的关键阶段,但是赵建军不配合我的工作。他不服从指挥,他只会抱怨、拖后腿。我对此感到很麻烦。

李明正:由于赵建军和其他员工在制造麻烦,你无法做好要做的事;现在我又过问这件事,又给你增添了新的麻烦?

张强:是的,我认为一个部门主管应该有权力建议选用什么样的员工来工作。我现在的要求就是赵建军应该离开供应链部门。

李明正:你觉得,是否调离一个员工是你自己的权力?

张强:是的,我们部门的网络订单处理系统正在建立,将来可以对不同订单更高效地进行分类处理。负责系统操作流程的员工培训已经在开始准备,将来效果一定会很好的。

李明正:你对你所做的供应链部门信息化工作感到很满意,但你是不是觉得我对你的工作没有充分肯定?

张强:不是李总没有肯定我,而是我觉得你认为我没有权力要求公司调离赵建军,毕竟我的资历、声望不够。

李明正:我没有怀疑你是否有权力这么做。我只是认为在这件事情上有些问题,张强,赵建军在公司里已经工作15年了,而且表现良好。如果因为你认为他对部门信息化建设有不同意见就被调离,他会感到很不满的。我想其他员工会和他一样有同感。如果我是一个新任的部门经理,尽管你的能力出色,但如果你不听我的话,就被我调离你习惯的工作部门,我想你也会对此感到非常生气,不是么?

张强:是的。但如果我们把赵建军留下来,他反对我的这种倾向会在整个小组中蔓延开来,我刚担任供应链部门经理,我以后在部门里就没有威信了。

李明正:我明白。你认为你需要得到别人的尊重,但是赵建军不听你的话,让你很没有面子,而且你也需要权威来保证工作的顺利完成。

张强:对。我不介意下属持有反对意见,但是当着全组成员的面反对我就不合适!这就是赵建军常做的,结果是其他人也觉得他们可以这样做。

李明正:听起来很有意思。他当着别人的面反对你使你特别难堪,你认为这是对你权威的挑战?

张强:对。

李明正:张强,我想了解你需要的权威的具体表现是什么。

张强:哦,我认为要做好工作,尤其是引入供应链信息管理系统,会影响一些老员工的利益,他们会抵制我,而要推动这项工作,必须要树立个人的威信,让我的决定被认真贯彻。

李明正:我明白了。你想让他们知道你的决定必须得到执行,否则就要付出沉重的代价?

张强:是的。我不喜欢下属质疑我的决定。

李明正:我认为这里出现了第二个问题,张强。除了刚开始我们讨论的问题,我发现了必须指出的另一个问题:你认为你需要采取的管理方式其实是属于权威管理。确实有些人采用权威的方式管理部门,而且取得了较好的效果,但是我也必须向你指出它的许多缺点。我的一些资料让我相信,如果你采取这种专制的管理方式,就会导致频繁的人员更替,会造成更坏的风气。而且由于缺乏必要的信息,你无法做出正确的决策。如果人人都不敢告诉你你不喜欢的事情,他们就不会向你提供全面的信息。缺少这些信息,你就难以做出正确的决定。但是,你认为如果没有权威的老板就管理不好部门。对我来说,这两个问题是相互关联的。如果连赵建军这个有能力的老员工都被解雇了,你的问题就会变成找到一名好员工是多么困难。他在部门中很受欢迎。你认为他对别人能产生影响,我想这就表明其他人和他关系很好,他们中的一些人要么现在辞职,要么等他们找到更满意的工作后立马辞职。如果你失去了这些人,那么你的工作就会难以完成。你做得很好,大大改善了这里的情况,但是你必须有合适的人手来完成这些工作。

张强:对。

李明正:所以我们现在面临两个问题。我们不仅要讨论赵建军的问题,还要讨论你的管理方式问题。

张强:我知道你所使用的管理方式和我理解的管理方式有差别,但是我不知道如何处理像赵建军这样的人。

李明正:他这样做的时候就会给你带来麻烦。即使你想采取不同的管理方式,你也搞不明白该如何进行。

张强:是的。

李明正:我明白了,你想改变管理方式却不知道如何去做。张强,我想,你也许可以从多方面获取信息。我希望我能帮助你，人事部门也应该会对你有所帮助。

张强：你说我使用的权威管理方式不适合，你认为我应该使用哪一类管理方式呢？

李明正：供应链部门正在进行信息化管理，有的员工因为业务能力跟不上，有的员工因为认识不足，对此采取消极甚至抵制的态度。我认为，你目前采用教练型的领导方式比较合适。

张强：我只是听说过这个名称，它的主要内容是什么呢？

李明正：教练型领导强调锻炼下属，让他们能够复制自己的能力，同时懂得以身作则地学习，进而带动企业学习。因为企业的竞争不是领导者个人的竞争，是团队与团队的竞争。团队的竞争就要看团队的综合实力，而不是看管理者的个人能力。

张强：那教练的含义是？

李明正：教练就是通过一系列有方向性、有策略性的过程，洞察被教练者的心智模式，让他向内挖掘潜能、向外打开更多的可能性，使被教练者有效达成目标。

张强：嗯，我以前对员工采用的命令是太多了，理解和支持不够。李总以后能够和我仔细谈一谈如何在部门中做一个好的教练吗？

李明正：没问题，我很乐意和你一起讨论。事实上，你来之前我们已经在准备一些管理培训项目，其中就包括如何成为教练型领导的内容。我们有一些相关资料，其中一些可以直接使用。如果你到人事部门拿一些这方面的资料，我想会对你有所帮助。

张强：太好了，李总，我觉得你说得对，我撤回调离赵建军的请求。

李明正：好啊，赵建军工作能力出色，我相信如果能够得到他的大力支持，对你会有不少帮助的。

张强：嗯，我也想这样。李总，我会和赵建军谈一下，但我不知道该怎么去做，你能给我一些建议吗？

李明正：好啊。我觉得，你可以主动找赵建军单独谈一下。在谈话时，先把自己的愿望讲一讲，然后，主要是倾听他的意见、愿望和需求……以后在重要决策之前，可以事先和他沟通，听听他的意见……

张强：你说得太好了，我大致知道目前在部门里面应该如何去做了。这样和你谈谈真是太好了，谢谢你的帮助。

资料来源：作者根据相关资料改写而成．

案例讨论

1. 李明正在会谈中的哪些地方使用了反射式回应？
2. 李明正和张强在会面时，他们沟通的初始目标是什么？后来的目标是什么？
3. 李明正通过什么方式体现了他对张强感情上的沟通？
4. 李明正在什么时候使用了引导式回应？
5. 张强为什么接受了李明正的建议？

"倾听"技能测验表

		几乎都是	常常	偶尔	很少	几乎从不
态度	1. 你喜欢听别人说话吗？	5	4	3	2	1
	2. 你会鼓励别人说话吗？	5	4	3	2	1
	3. 你不喜欢的人在说话时，你也注意听吗？	5	4	3	2	1
	4. 无论说话人是男是女、年长年幼，你都注意听吗？	5	4	3	2	1
	5. 朋友、熟人、陌生人说话时，你都注意听吗？	5	4	3	2	1
行为	6. 你是否会目中无人或心不在焉？	5	4	3	2	1
	7. 你是否注视听话者？	5	4	3	2	1
	8. 你是否忽略了足以使你分心的事物？	5	4	3	2	1
	9. 你是否微笑、点头以及使用不同的方法鼓励他人说话？	5	4	3	2	1
	10. 你是否深入考虑说话者所说的话？	5	4	3	2	1
	11. 你是否试着指出说话者所说的意思？	5	4	3	2	1
	12. 你是否试着指出他为何说那些话？	5	4	3	2	1
	13. 你是否让说话者说完他（她）的话？	5	4	3	2	1
	14. 当说话者在犹豫时，你是否鼓励他继续说下去？	5	4	3	2	1
	15. 你是否重述他的话，弄清楚后再发问？	5	4	3	2	1
	16. 在说话者讲完之前，你是否避免批评他？	5	4	3	2	1
	17. 无论说话者的态度与用词如何，你都注意听吗？	5	4	3	2	1
	18. 若你预先知道说话者要说什么，你也注意听吗？	5	4	3	2	1
	19. 你是否询问说话者有关他所用字词的意思？	5	4	3	2	1
	20. 为了请他更完整地解释他的意见，你是否询问？	5	4	3	2	1

将所得分加起来即为你的分数。

90—100分，你是一个优秀的倾听者；80—89分，是一个很好的倾听者，65—79分，你是一个勇于改进、尚算良好的倾听者；50—64分，在有效倾听方面，你确实需要再训练；50分以下，你似乎没有注意倾听。

第7章

冲突管理与沟通

> 生活本身就是五花八门的矛盾集合——有自然的也有人为的,有想象的也有现实的。
> ——泰戈尔
> (Rabindranath Tagore)

学习目标

- 了解冲突的概念和作用
- 了解冲突产生的原因
- 掌握冲突管理的方法
- 了解管理与沟通及管理沟通的作用

引导案例

谢阳,毕业于名牌大学,聪明伶俐,处处为人着想。大学毕业后加入一家世界500强公司,从一名营销专员干起,7年来兢兢业业,做事主动有担当,乐于助人,不仅个人有很大进步,在办公室也有个好人缘。终于,原来的营销经理离职,谢阳被领导提拔为营销主管。营销部每个季度都例行给公司总部更新营销案例分享,谢阳需要陈勇负责区域的共享案例及对应的数据。周一早上发了邮件,请陈勇周二下班前一定要提交。可是直到周二下午5点,谢阳也没收到任何邮件回复,于是他找到了陈勇。

谢阳:"你好,陈勇,周三一大早要给公司总部提交咱们部门的营销案例,我昨天发了邮件,你收到了吧?"

陈勇:"嗯,收到了,怎么了?"

谢阳想,收到了还问怎么了?不是让你今天提交案例吗?

谢阳:"收到就好。准备得怎么样,下班前能发给我吧?"

陈勇:"我那边没什么好分享的,你要是非要写,那你自己随便编一个好了。"

谢阳很生气,以前每个季度都是陈勇自己提交的,为什么偏偏我上任的第一季度就没案例可分享?但谢阳还是耐着性子没发火。

谢阳:"陈勇,别开玩笑了。你们那个区域不是刚在西北地区推出了新品推介会,听销售部李莉讲,经销商的反馈都很不错,今年第一季度的营销活动推广方案做得很不错啊……"

陈勇:"消息很灵通啊,你这不是都知道了吗?我明天还要出差,今天没时间了,你就自己写一下吧,领导觉悟一定比我高。"说完他直接拿包走人了。

谢阳当场愣住,眼睁睁看着陈勇大摇大摆地离开,看来晚上又要加班了。

7.1 冲突的概念与作用

随着组织或群体内部分工的日益细化、具体,外部环境的日趋复杂多变,竞争的日趋激烈,技术和信息的日益进步,不同主体之间的相互交往与互动活动日趋频繁,多层次、多类型、多作用的冲突现象十分普遍,冲突问题越来越突出,冲突已经成为一种十分重要的组织现象和社会现象。因此,一个组织、群体以至个人能否学习、掌握和提高冲突管理的科学知识和艺术技巧,能否及时、正确、有效地实施冲突管理,趋利避害地驾驭冲突,直接影响着自身目标的实现,关系到组织、群体和个人的生存与发展。

7.1.1 冲突的定义

冲突是指人们由于某种抵触或对立状况而在感知上产生不一样的差异。只要人们感觉到差异的存在,则冲突状态就存在了。一般来说,冲突可以描述为个体或组织在达到目标或所关心的事物中察觉或经历挫折时的过程。挫折可能是由于冲突双方在价值观或利益分配上的分歧所致,也可能来源于冲突各方的地位和权力之争。冲突的发生和发展过程如图7.1所示。

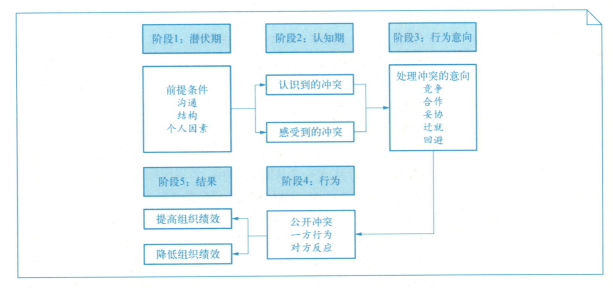

图7.1 冲突的发生和发展过程

研究者们对组织中存在的冲突形成了以下三种不同的观点：

第一种为传统的冲突观点，认为冲突是有害的，会给组织造成不利影响。冲突成为组织机能失调、非理性、暴力和破坏的同义词。因此，传统观点强调管理者应该尽可能避免和清除冲突。

第二种为冲突的人际关系观点，认为冲突是任何组织无法避免的自然现象，不一定给组织带来不利的影响，反而有可能成为有利于组织工作的积极动力。既然冲突是不可避免的，管理者就应该接纳冲突，承认冲突在组织中存在的必然性和合理性。

第三种是冲突的互动作用观点。与人际关系观点只是被动地接纳冲突不同，互动作用观点强调管理者要鼓励有益的冲突，认为融洽、和平、安宁、合作的组织容易对变革和革新的需要表现为静止、冷漠和迟钝，一定水平的有益的冲突会使组织保持旺盛的生命力，有利于自我批评和不断革新。

7.1.2　冲突的类型

根据冲突所涉及的个体范围不同，冲突可以简单地分为内心冲突、人际冲突和组织冲突。

（1）内心冲突又称动机冲突，指个体内部所存在的不能同时满足的不同欲求的对立状态。当个人的行为与所产生的效果互不相容或具有不一致的成分时，就导致了目标冲突。面对这种冲突时，如果个人意识到自己的想法、态度和价值观以及行为有分歧的时候，则会产生认识冲突。在决策过程中，这两种冲突可能同时存在。

(2) 人际冲突指的是人与人之间在认识、行为、态度以及价值观方面存在分歧。每个人的结果都取决于别人做什么。人际冲突发生于个体与个体之间,是群际冲突和组织冲突的基础。在对人际冲突的原因进行准确分析的基础上对其进行有效的管理,对于建立相谐的人际关系、提高团队与组织的凝聚力,具有十分重要的意义。

(3) 组织冲突是指组织内部成员之间、成员个人与组织之间、组织中不同团体之间,由于利益上的矛盾或认识上的不一致而造成的彼此抵触、争执或攻击的组织行为,是一个从知觉到情绪,再到行为的心理演变过程。在企业中,由于工作性质、组织结构和权力分配等因素,组织冲突表现得尤为明显。从纵向上看,企业内上下级之间可能因为上级过于苛刻、下级工作主动权受到影响、双方缺乏沟通或目标观念不一致等原因而产生冲突;从横向上看,不同部门之间可能因为目标不同且对资源分配造成影响而引发冲突。冲突的破坏性可能导致组织的凝聚力下降或工作效率低下。

从引发冲突的要素上看,冲突可以分为由情绪引发的冲突、由价值观引发的冲突和由需求引发的冲突。人们并不是在所有时刻都能有效控制自己的情绪,因此,在任何重要的人际关系中都有可能出现强烈的敌对情绪。价值观冲突则很少有特别有效的解决方法,因为作为无形的东西,价值观是与不同个体所处的长期生活环境相关的,难以在短期内改变。观念对立的人除了加强相互理解和包容外,很难找到其他方法。解决需求冲突的关键则通常在于如何满足双方的要求。

从冲突的后果上看,组织中的人际冲突基本上可以分为建设性冲突和破坏性冲突。一般来说,建设性冲突往往会激发人们的积极性、主动性和创造性,提高人们的责任感和参与意识,这种良性竞争的结果会给组织带来活力,形成生动活泼、朝气蓬勃的局面。破坏性冲突则导致个人主义和本位主义膨胀,造成才智、物质的浪费和工作效果的受损。在实际生活中,这两类冲突相互渗透、互相包含,所以要善于识别和处理。

7.1.3 冲突的作用

冲突是生活的一个正常组成部分。在每个组织、每个家庭、每个团体、每个社区里,都存在理念、价值观、思想以及行为的冲突。冲突是确定的,不确定的是我们应该选择什么样的方法来处理冲突。

冲突既可以是积极的也可以是消极的。冲突的结果取决于如何管理或处理它。积极的冲突有利于组织或个人实现预期目标。如果冲突能够带来更好的决策和创新,为解决长期存在的问题提供创造性方法,那么它就是建设性的。如果冲突会带来以下结果,它就是积极的。

(1）提高参与率：组织的成员有机会提出目标，探讨看法，提出个人想法，对其他人和环境加深认识。

（2）提高凝聚力：通过学习如何处理差异，成员能够更加团结。"如果我们能够解决这个冲突，我们的关系就一定会再进一步。"如果团队成员能有这样的想法，就显示了冲突有利的一面。在某些情况下，开始阶段的冲突会不利于团结，但是反过来会防止"集体思维"的出现。从这个角度去思考，冲突就是积极的。

（3）促进发明和创新：鼓励成员提出他们自己的想法。这可能会带来更多的发现、改进以及创造性的解决方案。只要冲突增加了协力优势而不是混乱，它就是积极的。

（4）促进个人的成长和变化：每个人都有他的优缺点。思想的冲突会使个人通过表达自己的想法和共享理念来学习和提高。

（5）明确关键问题：通过讨论，团队成员会减少模棱两可的想法，并集中精力研究冲突的真实原因，从而共同努力解决需要解决的问题。

（6）明确价值：团队成员能够明确自己所扮演的角色，代表谁的利益；明白其他各方所扮演的角色以及他们的价值；学会在什么时候需要牺牲个人的利益来满足集体或组织的需要。

消极的冲突是有害的，并且会妨碍组织或个人的表现，妨碍他们实现自己的目标。如果冲突会使人们产生情绪上的压力、焦虑，丧失行动的能力、尊严，或是迷失目标，它就是破坏性的。如果冲突会带来以下结果，它就是消极的。

（1）未平息的愤怒：成员因为自己的建议没有被合理采纳或者认为目标不可能达到而不愿意参加讨论。愤怒、对抗情绪会慢慢腐蚀一个组织。

（2）个性冲突：成员不了解各自工作方式的差异，也不懂得如何合作共事，较多地关注个人利益。

（3）缺乏自信和自重：发生冲突以后，成员会感觉到自我价值或身份有所降低。这往往是由于成员在冲突时实施了冲动的行为。

（4）意见分歧：成员对各自所扮演的角色持不同意见。有时冲突并没有得到解决或没有结果，有时人们在仍然存在分歧的情况下草草地结束冲突。

（5）效率低下：成员不愿意合作共事。其结果是人浮于事，浪费资源。

（6）问题悬而未决：发生冲突以后，成员对问题还是不太清楚，或者依然担心工作难以顺利开展。

积极的冲突所带来的益处远远超过了处理冲突所需花费的时间。冲突水平与组织绩效的关系如图7.2所示。作为一个管理者，我们的责任是

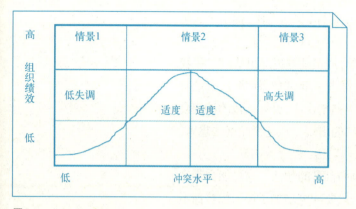

图 7.2
冲突水平与组织绩效的关系

学习如何有效地处理冲突,怎样帮助其他人处理冲突。要做到这一点,就需要在工作中创造一个良好的氛围。应该鼓励思想的冲突,但是应该避免个性的冲突。应该设法找到有助于人们处理与他人的差异的工作方法、培训方式以及沟通技巧。这需要一种合作的精神,一种致力于消除或者至少减少破坏性冲突发生的责任感。

7.2 | 冲突产生的原因

冲突是指两种事物之间关系的一种紧张状态。概括来说,冲突形成的原因一般分为三种:沟通差异、角色(结构)差异和人格(经历)差异。

7.2.1 沟通差异

在许多情况下,个人或者工作上的冲突是由于缺乏沟通引起的。缺乏沟通在很多情况下不是故意的,而更多的是因为没有花时间讲清楚我们对某些事情的理解,是由于性别或文化的差异,或者语义上的错误而引起的。我们经常想说一件事却表达成另外一种意思;或者在匆忙之中,我们讲话的语速非常快,并且语义模糊不清,却希望其他人能够明白我们所需要的东西;或者我们解释得非常清楚,但是非语言沟通所表达的信息却完全相反。有时我们用电子邮件沟通,但是电子邮件并不能像电话或面对面交流那样便于我们理解他人的语言或非语言信息。不管是在何种情况下,误解都有可能出现。这些沟通问题可能由于某些特别的群体(如工程师、军事人员)使用一些专门术语而变得更加复杂。沟通的过程和原则在不同的群体之间也会有所不同。例如,一个群体可能会用简报的形式让成员了解组织内的重大变化,而另外一个群体则只依赖口头传递重要信息。这样的后果是每个群体对组织的状况都有不同的理解,这些群体之间的合作就会导致许多沟通缺乏,而每一次沟通缺乏都会成为冲突起因。

美国学者斯蒂芬·柯维(Stephen Richards Covey)的著作《高效能人士的七个习惯》中,有一段父子冲突就是由沟通造成的。

> 儿子:"上学真是无聊透了!"
> 父亲:"怎么回事?"
> 儿子:"学的都是些不实用的东西。"
> 父亲:"现在的确看不出好处来,我当年也有同样的想法,可是现在觉得那些知识还蛮有用的,你就忍耐一下吧!"
> 儿子:"我已经耗了十年了,难道那些X+Y能让我学会修车吗?"
> 父亲:"修车?别开玩笑了!"
> 儿子:"我不是开玩笑,我的同学王明辍学学修车,现在月收入不少,这才有用啊!"
> 父亲:"现在或许如此,以后他后悔就来不及了。你不会喜欢修车的。好好念书,将来不怕找不到更好的工作。"
> 儿子:"我不知道,可是王明现在很成功。"
> 父亲:"你已尽了全力了吗?这所高中是名校,应该差不到哪儿去。"
> 儿子:"可是同学们都有同感。"
> 父亲:"你知不知道,把你养到这么大,妈妈和我牺牲了多少?已经读到高二了,不许你半途而废。"
> 儿子:"我知道你牺牲很大,可是不值得。"

7.2.2 角色(结构)差异

组织内部发生冲突的一个普遍原因是个人的角色差异,即个人或职业目标或工作目的存在差异。由于分工造成组织结构中垂直方向和水平方向各系统、各层次、各部门、各单位、各岗位的分化。组织愈庞大、愈复杂,组织分工愈细密,组织整合就愈困难。由于信息不对称和利益不一致,人们之间在计划目标、实施方法、绩效评价、资源分配、劳动报酬、奖惩等许多问题上都会产生不同的看法,这种差异是由组织结构本身造成的。例如,一个团队成员或许是想"搭顺风车",想尽量少出力。如果与之合作的正好是一个想得到高质量结果的团队成员,那么他们之间在很多问题上将会发生冲突,例如工作方式、工作方法,以及质量和数量标准等。这种冲突可能是群体内部的冲突,即一个群体内各成员之间的差异,也可能是群体之间的冲突,即一个组织内下属各部门之间的差异。例如2017年达林公司内部的冲突就是如此。该公司所有的部门都卷入一场内讧,大家彼此指责对方。产品开发部人员对市场部人员大为不满,认为他们没有提供新产品的详细计划书;他们对销售人员也不满,认为销售人员没有向他们反馈顾客对新产品的意见。生产部的人也认为销售人员只关心自己的销售额,不惜以牺牲公司利益的做法来推销产品，同时他们也信不过市场部的人，因为他们缺乏准确的预测市场趋势的能力。另外，市场部人员则认为，生产部的人思想保守，不思进取，他们对生产部的不合作和无休止的诽谤非常愤怒。他们也看不惯产品开发部的人，认为他们动作迟缓，对市场部的要求根本没有反应。而销售部的人则认为市场部的人没有工作能力，经常在电话中与销售部的人大吵大闹，指责销售部的人对顾客提出的售后服务的要求置之不理。

7.2.3 人格差异

许多冲突是由于人们在态度、价值观和认知能力等方面的差异而引起的。价值观差异是冲突中一个常见的、难以解决的根源。宗教信仰、针对他人的态度、家庭价值观或工作道德的差异，都有可能导致人们在工作上的差异。

> 英国名著《傲慢与偏见》主要说的是18世纪在英国发生的四门婚姻。故事中女主角伊丽莎白第一眼看到男主角达西就是不顺眼的，加上男主角个性的傲慢，继而对他有了偏见。而男主角达西，是个不受人欢迎的傲慢男子，也不屑于周遭冷淡的人际关系，对他来说，傲慢也许是有理的，偏见却很无情，这两者产生的冲突是避免不了的。
>
> 两个人之间也因此常有针锋相对的言辞，彼此之间的傲慢和偏见就造成了一开始的不愉快与误解，但是经过种种事件的澄清，彼此又渐渐产生一点点的感情。
>
> 达西代表着"傲慢"，伊丽莎白代表着"偏见"，他们一开始都被自己的情绪所牵引。接着一连串对达西不利的流言，更让伊丽莎白对达西反感。达西没有为了讨好伊丽莎白，而改变他的傲慢性情。伊丽莎白也表现了很真实的自己，彼此都不刻意去营造给人的印象，表现出了最真实的一面。而开始的时候，伊丽莎白一直活在自己的偏见之下，而忽略思考事实的真相，经过达西的解释和自己的判断，才最终找到幸福的归宿。
>
> 傲慢与偏见，是我们很常见的弱点和毛病。每一个人其实都很容易被自己的主观印象所驱使，因而容易对别的人下不正确的注解，进而造成了彼此之间的误会。

7.3 冲突管理

冲突管理是指是指采用一定的干预手段改变冲突的水平和形式，充分利用双向沟通或争论，有效控制或化解冲突，进行决策和找到解决问题的方法。

7.3.1 冲突的预防和控制

在日常生活中，敏感、观察力强的人能机警地感受到周围的变化，发现冲突发生的迹象和前兆，从而尽快采取预防和控制措施来避免冲突。要避免冲突，可以从以下几方面做起。

（1）由于生长环境的不同，人们的价值观、需求以及对问题的看法、立场往往存在差异。

（2）尽量少在自己与其他人之间设置障碍，特别是当对方的需求十分强烈时。责备、辱骂、胁迫、命令的姿态，不恰当的语言、表情或举止都容易构成挑衅，导致隔阂，引发冲突。

（3）要学会倾听和表达。当对方有强烈需求或困难时，鼓励其开口、认真倾听并让其觉得不会受到攻击，这样会有助于排解消极情绪，找出并解决可能引发冲突的问题。这一点在对方语气不是很坚定时非常重要。自信的表达则能传递充分信息，避免双方产生误解。

（4）很多冲突是由于精神压力过大导致的。压力大的人容易对其他人发泄自己的不满，导致他人的紧张情绪。营造良好的家庭氛围，多与朋友交流倾诉，增加运动量等都能使人们更宽容，更能接纳他人，增强自信心，从而减轻精神负担。

（5）在问题出现时，首先要认真考虑一旦发生冲突会有什么样的后果和代价；其次要抓住基本问题，并将其分解成更小、更细的问题；最后要从最容易解决的问题入手，各个击破。在控制问题时，不要把自己的原则和对手对立起来，而是要设法找出能满足双方需求的解决方法。

（6）不断改进、完善组织结构和管理风格，可以有效预防和控制冲突。从组织结构和管理风格上看，制度灵活的组织比僵化的组织更能有效处理冲突；自我防御意识不强，乐于助人的管理者更有助于避免成员发生冲突，而更具号召力和交流技巧的领导者则能积极干预冲突；鼓励个体间竞争的组织比鼓励合作的组织更容易发生冲突；政策和程序明确完善且符合成员需要的组织则更能保证活动的有序进行，减少混乱和冲突。

（7）为组织成员发表看法和意见提供适当的渠道，建立解决不满情绪的机制是必要的。广泛收集成员意见有助于在冲突爆发前发现问题的端倪，在冲突爆发后总结经验教训，调整达成协议后产生的不满和抱怨。

需要注意的是，尽管采取上述各种措施可以在一定程度上预防和控制冲突，但这并不是说尽可能多地使用这些措施就能完全避免冲突。如果策略运用不当，可能只是延迟了冲突的爆发，而不能从根本上解决问题。在这种情况下，人们还不如勇敢地面对冲突，尽力在爆发初期就加以解决。

7.3.2 建设性地解决冲突

冲突中的影响因素可以分为两类：实质因素和情感因素。实质问题包括相互冲突的需求、政策和行动上的分歧，对所处地位和资源使用的不同看法等。情感因素则包括愤怒、憎恨、恐惧、拒绝、嘲笑等。实质因素的冲突往往导致情感冲突，而情感冲突有可能加剧实质问题的冲突。当情绪激动时，人们很少能理性地考虑如何解决问题。因此，当情绪不稳定时，先处理情感因素能为更好地解决实质问题做铺垫。

(1) 处理冲突中的情感因素。

1) 如何对待对方。

良好的沟通环境是协调人际冲突的有效手段。这种良好的沟通环境必须建立在"你好，我好"的生活态度上。促进冲突向积极方向转化的关键之一，就是要以尊重态度对待对方。在有益的争论中，双方应当意识到彼此都是在表达自己对事实的看法，并且都具有合理性。当两个人表达对同一事物的不同看法，并希望让对方承认自己观点的正确性时，一切都取决于双方是否正确地看待彼此，能否毫无保留地接受并肯定对方作为个体的独特性。因此，冲突的目的之一是影响对方，而不是改变对方并把自己的"正确性"灌输给对方。任何一方都没有理由受到轻视。建设性的冲突应当是在一种充满友爱和真诚的健康气氛中展开的，从而使每个人都能保持独特的自我意识，都能在同他人真正交流的过程中成长。

尊重他人的态度需要通过具体行为来体现。倾听和注视对方的方式、语气、措辞等都能传达出尊重或不尊重的意味。不过，尊重对方并不意味着要屈尊俯就。在向对方表示你尊重其人格且理解其感情和观点后，也应当向对方传达自己的意思，尤其是在受到对方不公正的指责或对议题有异议时。

即便在理想状态下，人们也不一定能有效沟通，就更不用说在情绪激动时了。在冲突过程中，人们很容易相互误解，有时甚至在观点已经达成一致的时候还没有意识到，仍然在继续争吵。在这种环境中，对对方言论的倾听和理解能力，对产生积极的结果至关重要。

2) 如何表达自我。

在理解了对方的观点后，就轮到向对方表明自己的立场了。首先需要简短申明自己的观点，以便对方抓住关键。其次，要控制好自己的感情，避免使用攻击性的词语。最后，无论是在信息上还是感情上，都要坦率直陈。不要隐瞒重要信息，也不要受到对方不公平的指责，还要努力压制自己的不满。只有恰当地表达出自己的想法，解决情感问题，才可能进一步解决实质问题。

(2) 处理冲突中的实质因素。

在人们处理人际冲突的五种态度——回避、控制、妥协、顺从和合作中，合作是找出解决问题之道的最佳途径。在采取合作解决法时，一旦人们发现彼此需求存在冲突，就会一起寻找解决方案，尽量使双方都满意。在整个过程中，不存在哪一方屈服于或支配另一方。双方会运用积极的倾听技巧、自信的表达技巧，一起重新定义问题，发现新的选择，并充分关注共同利益。

心理学家托马斯·戈登（Thomas Gordon）认为解决冲突的程序分为以下六步。

1）从需求的角度而不是解决方案的角度描述问题。

人们基本上都同意，在实施其他解决问题的步骤之前，首先应当对问题进行准确描述。但是，在时间有限、问题复杂或是双方情绪紧张的情况下，即便是想明确下定义也不是件容易的事，所以很多人只是对问题下粗略定义。然而，随意地描述问题，却很可能妨碍解决问题的整个合作过程。因此，清晰、具体、凝练地描述问题很有必要。

为了实现双赢的目标，应该从需求的角度而不是从解决方案的角度表述问题。这一点对于合作解决法的重要性非比寻常。

首先，从需求的角度描述问题是什么意思？大多数时候人们都是从冲突解决方案的角度考虑问题。例如：

> 一个志愿者组织的五名成员住在一起，她们共用一辆车。五个人在社交事务上都相当活跃，因此常常参加晚间聚会。可以想象，她们围绕用车问题产生了冲突。当她们试图为问题下定义时，安娜说："今晚我必须开车参加8点的学校董事会。"（会议召开地点在城市东部）珍妮说："但我需要开车参加8点的社会活动特别工作会议。"（会议举行地点在距城市16公里的郊区）正如人们经常做的那样，这些执着的志愿者从冲突解决方案的角度来描述问题："今晚我必须用车。""但今晚同样的时间，我需要开车去相反的方向。"如果这样描述问题，就不可能出现双赢的结果。两个人只有一个能用车。一个赢了，另一个就输了。
>
> 如果请志愿者们从需求的角度描述问题，就是如下的情形。
>
> 两个志愿者都回答："今晚我需要用车。"但是，这仍然是从她们的预定解决方案的角度加以描述。
>
> 找出解决方案背后的需求是："你们要车用来做什么？"
>
> 安娜说："我需要去参加一个会议。"
>
> 珍妮说："我需要去参加社会活动委员会今晚的会议。"
>
> 两人的需求都是需要交通工具。对于她们的行动需求，使用她们的车是可行的解决办法之一。一旦她们从需求（而不是解决方案）的角度描述问题，就可能会出现其他的各种解决方法。例如，另外租一辆车。

在利益冲突明显的时候，问题一般比较清楚。要从需求的角度描述问题，冲突各方必须倾听并设身处地考虑其他人的话，仔细辨别出其他人的目的而不是他们所提出的解决方案，并明确表示对其他人需求的理解。

从需求的角度来描述问题是合作解决问题的第一步，所需要的时间大概会占解决问题总时间的一半。但是在这一步骤上花费时间是值得的，因为正确地描述需求可能就意味着问题解决了一半。

2）头脑风暴法。

在群体决策中，由于群体成员心理互相作用和影响，容易屈服于权威或大多数人的意见，形成所谓的"群体思维"。群体思维削弱了群体的批判精神和创造力，损害了决策的质量。为了保证群体决策的创造性，提高决策质量，管理上发展了一系列改善群体决策的方法，头脑风暴法是较为典型的一个。

头脑风暴法就是要集合思路和意见，迅速形成并列出一些解决方法，但是不要对这些方法加以说明，也不要评价方法的优劣。这一步骤要求的只是方法的数量，而不是质量，尽管大多数想法很快就会被排除。头脑风暴法的关键是要维护一种环境，能让创造性思维在短时间内致力于思考可能的解决方案。要激发大家的创造性，就不要随意对别人进行评判，否则很容易让人们产生戒备心理，不说出自己的想法。即使是正面的评价也应避免，因为这可能会将大家的思路引向固定的方向。值得注意的是，不要以为一个冲突只能有一个合适的方案，而在几个方案中来回挑选。实际上，"条条大路通罗马"是适用于很多棘手问题的。

3）选择最能满足双方需求的方案，并考虑可能的结果。

这一步骤是各方对想法进行阐述和简洁解释，并做出选择的过程。每一方都可以询问对方喜欢哪些解决方案，并指出自己喜欢哪些方案。并不是每一个方案都能让所有人满意，多数通过是合作解决问题过程中最常采用的决策方法。通过自由开放地交流想法直至达成协议，每个人的看法都得到倾听和理解，所有的意见都能在探讨和形成结论时被估计到。最终通过的决议可能并没有完全反映所有人的愿望，但是由于它也没有违背任何人的根本利益，因此会为所有人接受。

4）计划实施方案的人、时间、地点和步骤。

有时候，人们做出一个满足所有不同需求的决定之后，可能由于太过兴奋而过早庆祝，却根本没有想清楚究竟应该如何执行这个方案。而方案得不到实施，等于前功尽弃。因此，有必要确定一个具体时间，让所有相关的人聚在一起，讨论方案的具体实施事宜，包括由谁去做，在什么时间、什么地点做，以及具体应该做什么。在实施细节较多的时候，可以把达成的协议写出来,把对问题的描述、收集的想法、解决方案以及如何具体实施等都做成备忘,以便查阅和回顾。

5) 执行计划。

在讨论结束时,各方会按照计划分头执行自己的任务。按时完成不仅是守信的表示,还能促使其他各方尽快尽自己的职责。如果有人不能履行自己的承诺,其他人应当表达自己的看法,并认真倾听他不履行的原因,而不是一味忍让或横加指责。

6) 评价解决冲突的整个过程和结果。

在冲突解决之后,人们可以定好时间再碰个头,审视解决的方案效果如何。如果执行情况良好,大家可以共同庆祝;如果计划不奏效,大家可以从中吸取教训,或制定新计划加以修正。

以上六个步骤是合作解决问题的主要程序。但是,这些步骤开始前,还需要做一些前期准备工作。合作解决问题的主要阻碍之一就是不能处理好情绪,因此在开始解决问题之前,双方应当想办法发泄情绪,而不是将坏情绪相互转嫁。在确定参与解决问题讨论的人时,不仅要包括会受到结果影响的人,还要包括掌握必要资料的人。在选择讨论时间和地点时,要注意排除外界干扰。此外,还可以事先客观地写下自己想表达的信息,明确自己的需求。

虽然合作是最有效的解决冲突的方法,但并不能保证这一方法在所有情况下都奏效。这可能是因为人们没有首先处理情感因素,也可能是因为总有人喜欢在头脑风暴过程中插入评判、解释、例子等,还可能是因为有的人倾听的时间不够长、不够虚心,对自己需求的表述也不准确,导致各方无法互相理解需求。如果实施合作时很不理想,可以考虑重新开展程序,直至双方能在对共同问题有明确认识的情况下开展更多的讨论。

7.3.3 冲突管理的策略

美国行为科学家托马斯(K. Thomas)提出了冲突处理的二维模式。如图7.3所示,以"合作型"为横坐标,"自身利益维护型"为纵坐标,定义了冲突行为的二维空间,并组合成五种冲突处理策略,即合作、控制、妥协、回避和顺从。具体采取何种态度取决于个人本身的需求和目标。

(1) 合作策略。

合作是指冲突双方愿意共同了解冲突的内在原因,分享双方的信息,共同寻求对双方都有利的方案。采用这一管理方式可以使相关人员公开地面对冲突和

图 7.3
处理冲突的策略

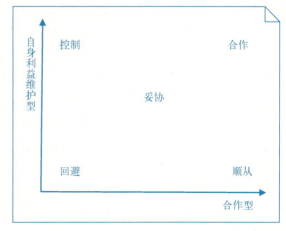

认识冲突,讨论冲突的原因和寻求各种有效的解决途径。

合作策略适合的情况有:有足够的时间处理冲突;所有人都想得到一个既可以满足各方要求又可以维持人际关系的解决方案;问题对所涉及的各方来说都很重要。各方达成一致并找到一个合作性的方案需要大量的时间和精力。在合作中并不需要双方在所有方面都达成一致,只需要双方都能够感觉到他们可以很自如地表达他们的意见和建议,共同使解决方案达到最优。

(2) 控制策略。

控制有时也被称为强迫。强迫是指利用奖惩的权力来支配他人,迫使他人遵从管理者的决定。在一般情况下,控制的方式只能使冲突的一方满意。经常采用此种管理方式来解决冲突是一种无能的表现,有此倾向的管理者通常认为冲突是一方输另一方必然赢。

当发生冲突时,有苛刻的时间限制,形势危急,需要作出一个不同寻常的决定;或者对组织利益攸关,非采取行动不可,采取控制策略是可行的。

(3) 妥协策略。

妥协是指在冲突双方互相让步的过程中达成一种协议的局面。当你在一个冲突中选择妥协策略或者"各让一步"的策略时,就意味着你为了达成协议而放弃了部分目标以及部分的人际关系。

对双方而言,协议的达成要比没有达成协议更好;达成的协议不止一个时;如果双方的地位对等,或者时间紧迫,或者合作策略和竞争策略都不奏效,这种策略对于取得一个短期的解决方案特别有效;在有足够的时间进行"付出—得到"交换的长期关系中,这个策略也是可行的。

(4) 回避策略。

回避是指在冲突的情况下采取退缩或中立的倾向,有回避倾向的管理者不仅回避冲突,而且通常担当冲突双方的沟通角色。当其被要求对某一争论表示态度时,他往往推脱说:"我还没有对这一问题作深入的了解",或"我必须收集到更多的资料"等。管理者采取这一态度并不能解决问题,甚至可能给组织带来不利的影响。

当冲突的内容或争论的问题微不足道,或只是暂时性的,不值得耗费时间和精力来面对这些冲突时;当管理者的实际权力与处理冲突所需要的权力不对称时,采取回避的态度可能比较明智。例如,作为一名员工和情绪高涨的上司发生冲突时,采取回避的方式是可行的。

(5) 顺从策略。

顺从是指在冲突的情况下尽量弱化冲突双方的差异,更强调双方的共同利益。采取这一方式的主要目的是降低冲突的紧张程度,因而是着眼于冲突的感情面,而不是解决冲突的实际面,所以这种方式自然成效有限。当冲突双方处于一触即发的紧张局面,或在短期内为避免分裂而必须维护调和的局面;冲突的根源由个人的人格素质所决定,企业目前的组织文化难以奏效时,采取顺从的方式是可行的。

对解决冲突的各种策略的利弊分析如表7.1所示。

表7.1 解决冲突的各种策略利弊分析

	合 作	控 制	妥 协	回 避	顺 从
利	<ul><li>双赢</li><li>有可能长期解决问题</li><li>寻找到理想的解决问题的方法</li><li>维持良好的人际关系</li><li>更深刻地理解面临的问题</li><li>提高方案和协议的质量</li></ul>	<ul><li>可能获得全胜</li><li>因做了一些小动作而兴奋不已</li><li>体验到个人权力</li></ul>	<ul><li>双方都有所得</li><li>和睦相处</li><li>可能鼓励寻求新方法</li></ul>	<ul><li>无须花任何的精力和时间</li><li>避免更严重的冲突</li></ul>	<ul><li>不会导致混乱状况的出现</li><li>其他人会认为你比较好相处</li><li>可以把精力用于应付其他问题</li></ul>
弊	<ul><li>从短期看耗费时间</li><li>失去自主权</li></ul>	<ul><li>有可能失去一切</li><li>与他人疏远</li><li>引起潜在的、更大规模的冲突</li></ul>	<ul><li>既然双方都未得到满足,冲突仍有可能产生</li><li>没有一方感觉自己有完全的决定作用</li></ul>	<ul><li>缺乏刺激</li><li>失去创造性的解决方案</li><li>不了解他人的需要</li><li>缺乏对环境的真正理解</li></ul>	<ul><li>缺乏自己的主张,丧失了尊严</li><li>失去权力</li><li>难以对局势作出应有的贡献</li><li>依赖你的人会认为你不为他们着想</li></ul>

决定一个策略是否有效的因素是:交易成本、结果满意度、关系影响度、冲突重现率。

7.4 冲突沟通

7.4.1 用沟通预防冲突

冲突可以增加价值,也可能损毁价值。良性冲突能够催生不失尊重的辩论,得出双方都能接受的解决方案,往往比一开始的解决办法要好得多。

而团队成员若无法消除分歧,则会产生恶性冲突,影响工作效率,扼杀创新。

然而,问题的根源并不在于意见分歧。具有破坏性的冲突大多源自更深层次:由于人们的知识、经验、态度和价值观的不同,对同一事物或对人们的是非、善恶、美丑、好坏的评价也会不同,因而产生了冲突。应对这类冲突的常规做法是,真正发生争执时再行调解,抑或等到真正出现问题时再去解决。但这种做法经常失败,因为采取措施前负面情绪积累太久,积怨已深,难以消除,也很难再重建信任。

采取主动式预防应对破坏性冲突更为有效。在团队开始工作前,即使表面上一片和睦,也要将差异摆上台面,预防破坏性冲突。

具体的做法是关注团体成员的外在、举止、言辞、思维和情感这5方面[1]。这5个主题没有固定顺序,不过当前提供的顺序是最符合逻辑的。

(1) 外在: 排斥异己。

这个主题可以帮助团队成员思考:自己希望别人怎样看待自己,以及别人实际上如何看待自己。一个很好的起点是,判断团队成员各自认为"身份"是由何种因素决定的。一些人非常重视与工作相关的特征,如经验、人脉和职业背景。另一些人则认为身份与人口统计学信息有关,如年龄、性别、国籍和教育。如果某位团队成员强调不恰当的资质,选择不合适的人格面具,乃至穿着打扮不合文化,都会很快被同事疏远。比如说,一名高管从银行业(西装革履的穿着文化)转到广告公司,就碰到了这种冲突。一次团队讨论时,一位同事告诉他:"这儿平时的着装风格是商务休闲。你一直穿西装打领带,就好像你觉得自己很特别,这样就产生了距离感。"

(2) 举止: 行为误判。

身体边界常常是问题多发区。例如,一位性格内向、容易焦虑的管理者,他的一个同事外向合群,使他很不舒服:他们对恰当交际距离的期望相差甚远。"我跟他一起在站桌旁边喝咖啡,"这位内向的管理者回忆道,"我们真的是绕着桌子转起了圈,他要凑近我,而我总要尝试和他保持安全距离。"

时间观念不同也会引发矛盾。即使是在同一家公司、同一个部门,人们对守时的重视和对其他人日程安排的尊重程度也大相径庭。更广泛地讲,保持项目按计划进展,按时完成阶段性目标,对于一些人来说是首要的,而另一部分人可能更看重根据环境变化灵活应对的能力。

团队成员的自主性程度不同,也可能造成问题。例如,男性或来自崇尚个人主义的企业和民族文化的高管,常常自然而然地主动接手特别任务或承担额外的责任,因为他们认为这是能力和自信的表现。预先在团

---

[1] [美]金卡·特格尔,[美]让-路易·巴苏.用沟通预防冲突[J].哈佛商业评论,2016,6(01).

队中对这些方面设立行为规范，避免日后产生不必要的对立情绪，是很重要的。

（3）言辞：语言区分人。

交流方式有多个维度——人们选择用来表达自己的话语，对直白、幽默、停顿和打断的容忍程度等，都可能造成误解。

如果团队成员各自母语不同，来自这方面的挑战甚至更为严峻。但即使所有人都熟练掌握同一门语言，各自表达方式也可能相去甚远。例如，语境、文化和其他因素不同，"是的""行"的意思可能是"大概吧""试试看"，甚至"不可能"。

预先明确应该直白到何种程度为宜，可以就明确表态或否定别人这些方面制定准则。公司某团队一直由几个主见很强的顾问主导，后来采用了一些原则，限制每个人在会议中的发言时间，以此鼓励大家轮流发言，并让较为矜持的成员有机会说话。

（4）思维：换用不同的思维方式。

每个人性格与经历不同，留意的信号也不同，因此解决问题和做决定的方式各自不同，就可能导致相互误解。

例如，某公司的团队出现了这种状况：团队成员的认知方式大为不同，特别是分析性思维和直觉性思维针锋相对。项目管理者意识到这个问题，发起了有关轮流领导项目的讨论，让团队需求与领导者思维方式相匹配。在偏重创意的概念设计阶段由思维自由的人担任领导者，注重细节的分析型成员则负责评估、组织和执行阶段。如此一来，全体成员都能明白不同思维方式的价值。

（5）情感：记录情绪。

团队成员各自的情感强度、在团队中表达热情的方式，以及面对不同意见和冲突时控制情绪的方式，都可能有很大的差异。

团队间通过回避、讽刺和私下抱怨来间接表达愤怒或不满的倾向，与突然发脾气以及威吓同样具有破坏性。要通过公开的询问和讨论，找到团队成员产生情绪的原因，并探讨可以有效表达反对意见的方式。

预先化解可能具有破坏性的冲突，防患于未然，带来的益处无可估量。目前我们发现的好处有：团队成员参与度更高，创造力得以提升，最终实现更明智的决策。正如一位管理者说："我们还是各自持有不同意见，但不再彼此敌对，而且能真正感受到其他人贡献的价值。"

7.4.2　自信表达

当与他人发生冲突时，如果双方都比较激动，可以轮流采取积极倾听和自信的表达,这样问题就会迎刃而解。

自信表达就是要懂得表达自己的感情、思想和愿望,维护自己的合法权利,而不去侵犯他人的权利。

这是一种可以后天习得的技能,可以提高人的自信。退缩的人在沟通时不会直接表达自己,而是通过皱眉、小声嘀咕等行为做出间接的表达,或是完全克制自己,根本不表现出来。冒犯的人则恰恰相反。他们只要能充分阐明自己的感受、思想和愿望就行,丝毫不考虑别人的权利和感受。自信的人介于前两种中间。他们认真倾听,愿意协商和妥协,但是并不牺牲自己的权利和尊严。他们会直接提出要求,也会坚决拒绝别人。他们能发动对话,但也会中断对话。他们乐于接受别人的称赞,也能实事求是地对待批评。这类人充满自信,善解人意,从容不迫,表现得诚恳、坦率。自信表达的具体策略包括以下6种。

(1) 坚定地表达自己。

要做到这一点,首先需要弄清楚自己究竟需要什么,了解自己拥有的权利。在表达自己的需要时,要做到简明扼要、冷静坚定,让对方明白你不会改变自己的主意,并用直视对方的眼神等身体语言来支持自己的陈述。

(2) 切换内容。

在发生激烈冲突时,人们可能由于情绪激动而跑题,而且情绪化地说出一些并不合适的话。这就需要有人从实际讨论的话题切换到想谈论的话题上。切换的常用技巧是冷静的、没有偏见地对双方正在讨论的内容作出评论,以免被对方误认为是攻击行为。

(3) 暂缓回答。

有时人们会被迫对他人的问题作出回答,但是立即回答可能会说出一些不该说的话。暂缓回答则能争取到时间,分析自己和对方所说过的话,清楚地意识到自己的感情、思想和需求,并调整自己的心态,为后续沟通做好准备。

(4) 暂停交谈。

当冲突的一方完全占据主动时,可能会使沟通陷入僵局。当交流太被动或太激进时,可能出现一方一声不吭,而另一方还在那里滔滔不绝,甚至有时会出口伤人的局面。这时候有必要利用暂停来赢得思考的时间。但是,频繁使用暂停就是在回避问题了,因此是不可取的。较好的做法是在要求暂停的同时确定一个稍晚的具体时间继续讨论。

(5) 回应批评。

自信地回应批评所基于的假设是只有你才是自己情感、思想、愿望和行为的最终评判者,只有你才最有什么资格决定什么最适合你。自信的回应通常有三种策略：公开承认、含糊其辞和刨根问底。公开承认指的是无论批评是否是建设性的，哪怕只是一种多余的提醒，只要接受这种批评，就应当公开承认这种批评是对的。含糊其辞指的是在应对你所不赞同的消极的、缺乏善意的批评时，你发现意见中的有些话是你赞同的，但是内心里还是坚持自己的观点，所以就会复述那些基本赞同的句子，模糊地同意对方。刨根问底则主要运用于不能分辨批评是善意还是别有用心，不能理解为什么被批评，或者没有弄清楚事情原委的时候。刨根问底针对的主要是对方言辞最激烈的，以及对对方来说最重要的那部分批评，以弄清楚对方发火的原因以及究竟要求自己做什么。

（6）描述性沟通。

用描述性沟通而不是评价性沟通有利于避免冲突的产生和加剧。前文已有详述，在此我们一起来看一则案例。在下面的例子中，浩池最初采用的评价式沟通激化了冲突，而采用描述性沟通则得到了对方的理解与合作。

> 郑浩池是一家基金公司的经理，有一次和渠道部门的一名同事姚雪莉发生了激烈的争吵。原因为渠道要紧急上线一个很重要的销售机构，否则会影响第二天基金的发行进度。雪莉告知浩池的时间已经是下午5点，让配置参数的同事时间安排非常被动，因为5点半就要开始系统清算。5点的时候他们开始了如下通话：
>
> 雪莉：我们部门有个很紧急的机构要上线，高层领导特别关注这个产品，务必不能影响进度，还请今天完成系统上线。
>
> 浩池：这都几点了，你们不知道我们的时间要求吗？你现在才通知我们，我们哪里有时间去配置参数？
>
> 雪莉：之前你们不是也帮我们紧急配置过吗？为什么这次不行？
>
> 浩池：留给我们的时间太紧张了，万一出了差错怎么办？
>
> 雪莉：这个产品不能上线，这个责任你们承担吗？
>
> 浩池：明明就是你们通知晚了，凭什么让我们承担？
>
> 雪莉：你们又不是不能配。
>
> 浩池：根据风控会纪要，你们已经超过时间点，我们有权拒绝。
>
> 雪莉：你们不就是不想加班吗？
>
> 浩池：我们部门是加班最多的，不看看你们平时都几点下班。
>
> 雪莉：那我去找你们领导，你们分管领导也肯定知道这个产品的重要性。
>
> 浩池：那你去找吧。
>
> 随后浩池就非常生气地挂了电话，双方不欢而散。一个小时后，浩池反思了自己的沟通

方式,深呼吸,化解了自己的负面情绪,再次和雪莉进行了沟通。

浩池:这个月以来,渠道部已经三次超过风控会约定时间让我们部门来配置上线参数了(观察),如果留给我们配置的时间非常紧张,可能会造成系统差错风险,给代销机构和客户带来损失(推理),我对这种情况很是担心,毕竟现在监管对这块检查很重视,一旦出现风险事件,会对公司造成很大的影响(感受),希望以后你们能够按照风控会的要求来进行执行(需求)。

雪莉:我们非常感谢你们对我们工作的支持,之前两次我也不太了解这个情况。我们会尽量按照这个要求来执行。只是有些特殊情况,我们也无法控制,比如这次是这个非常重要的客户的要求,我们也没有选择的余地。

浩池:我们也理解前台同事服务客户的不容易,如果真的出现这样的情况,希望你们能够走一个OA流程,让分管领导都能审批。如果领导评估风险和收益,觉得可以做,我们就执行,这样可以吗?

雪莉:可以啊,这也挺合理的,谢谢支持。

浩池:好的,互相理解就好,谢谢。

7.4.3 合理的争吵

争吵可以分为合理的和不合理的两种。不合理的争吵是认为双方中只有一方能赢,通常是尖刻恶毒、徒劳无益的,有时还会诉诸暴力。合理的争吵则认为每个人的需求都是正当的,可以有双赢的解决方案。这种争吵是公开坦率地探讨双方的分歧,公正平和地交换意见。

要进行合理的争吵,首先应当向对方表明事情对自己的重要性,确定一个明确的争吵时间。争吵的时候,应该集中解决一个问题,否则很容易转换话题或变成翻旧账。阐明问题时可以使用以"我"开头的句子来表达自己的感情,而不是轻易指责别人。问题说清楚后,可以提出自己的解决方案,简明地说明自己的希望。对于自己所提的建议,应当具体描述可能带来的后果。有时候,争论中会不由自主地出现危险信号,例如嗓门越来越高,一下子站起来,指手画脚,推推搡搡等。这时候一定要注意控制情绪。一旦意识到自己过于激动了,可以做几个深呼吸,放慢交流的节奏,或者暂停争论,以免逐步升级。一些争吵会以达成一般协议而结束,而另一些则可能没有结果。在后一种情况下,可以建议先将问题搁置一下,并确定以后重新讨论的时间和地点,等有了思路再说。

7.4.4 谈判

谈判是为达到双方均可接受的局面而采取的行动。当双方存在冲突时,如果某一个人或群体的利益取决于另一个人或群体时,为了使双方各自的利益得到满足而需要以合作的方式来实现时,就应当进行谈判。

谈判可以分为对抗性谈判和合作性谈判两种。不论是哪种谈判,谈判双方必须在一定程度、一定范围、一定时间内进行合作。因此,双方应当保持客观冷静的态度,在平等合作、坦诚信任的基础上寻找双方合作的共同途径,消除引发冲突的各种障碍。

在谈判过程中,双方应当认识到相互理解的重要性,多阐述客观情况,避免相互指责。因为谈判的目的并不是发泄怨气和不满,而是要寻找令自己或双方都满意的解决方案。伤害对方感情的可能只是几句话,但后果却会很严重。当对方感情被伤害时,很可能怒不可遏并反击,采取对抗性、报复性的行动,破坏双方关系。这样不仅使谈判陷入僵局,没有解决冲突,反而还导致冲突升级。而如果对方能在谈判中感到自己是有尊严、有地位的,可能会变得宽宏大量,有利于谈判的顺利进行和冲突的解决。

思 考 题

1. 冲突有哪些种类?
2. 冲突是客观存在的差异,还是主观感知到的差异?为什么?
3. 如何使用争吵去解决冲突?
4. 如何用自信表达应对冲突?

案例一

一所慈善学校的苦涩试验

从2000年1月开始,在安徽省利辛县的一个老旧乡村,先后有30多位来自大城市的民间志愿者,放弃了安逸的城市生活,来做一名乡村教师,从无到有地办起一所乡村中学——复兴中学。

村里来了大学生

复兴中学的创办,始于2000年的第一天。大专毕业的当地青年李华,再也忍受不了当地孩子失学厌学严重的状况,未经任何部门批准,就在村里贴了办学告示:自己不拿一分钱,也要为失学的孩子们上课。

尽管这个学校发不了文凭,收的都是其他学校放弃的厌学生——初中二年级还在上本该小学一年级就完成了的汉语拼音课程,还是受到了村民的欢迎。李华给学校取名复兴,"意为中华民族的复兴"。

学校老师不够

把军用挎包一背,再塞进学生作文本和教师证,李华去了北京。很幸运,在北大游荡时,他遇到了北大法律系毕业生段勇明,以及段勇明的朋友——河北理工大学毕业生赵志。段勇明一直有志于教育事业,赵志在一家广告公司工作,却厌恶广告业的虚伪,两人抱着将信将疑的态度来到了利辛。

这一来,他们的人生轨迹彻底改变了,朴素的崇高感让他们留下来:为欢迎他们的到来,村里人都端出了自己家的好东西,孩子们为他们下河捞虾,这是当地所能吃到的最好美味。更重要的是他们都在农村长大,都知道农村孩子最需要的是什么。

于是,三个老师七八十个学生的民间学校开张了。百废待兴:没有校舍,他们在马路旁租了两间房,旁边就是村里的接生站;没有黑板,就在墙上刷几道黑油漆;没有桌椅,连庙里的香案都派上了用场;甚至没有粉笔,孩子们就到别的学校捡粉笔头来给老师用。

条件实在太艰苦了,有好几次段勇明他们都想离开学校,但最后还是坚持了下来。支撑他们的,是他们心中诗意般的深厚情感。

更多志愿者到来

段勇明们的奋斗引起了媒体的关注。2001年2月,北京一家全国性媒体报道了他们的事迹后,鼓励信与捐款过来了,更重要的是,受他们的感召,一批同样充满激情的志愿者从全国各地赶来。

在田埂上,段勇明、赵志接受了香港与北京志愿者林捷等人的建议:成立董事会,办一所财务公开透明的公益学校;董事会通过网络远程管理学校并公开募集资金,校长对董事会负责;向全国征集从城市来的教学志愿者,每个志愿者至少当一年的乡村教师。"我们要完成一次教育远征,用城市文化和现代管理,来改变农村教育。"

2001年8月,感动于志愿者的热情,利辛县政府给予大力支持:将一所有500名学生的肥东中学,连校舍带学生无偿并入了复兴中学,同时过去的还有志愿者们严格挑选的十多名当地教师。县政府放手让志愿者们按自己的想法办学。

复兴中学成为国内第一所由民间志愿者集资管理的乡村慈善性中学,段勇明与赵志满怀着一个美好的理想:开创完全不同于希望工程的乡村教育模式,如果民间试验成功,他们想把复兴模式推向全国农村。

第一批志愿者过来了,他们背着旅行包,带着天文望远镜,全都来自广州、深圳、北京、上海等大城市,并且都至少是大学学历。满地尿水的厕所吓不倒他们,上课钟挂在树上,两个板凳架上门板就是床,泥巴墙上糊上旧报纸。"城市应当回报农村了,农村孩子们也应该有一流的教育。"志愿者们彻夜深谈。

这时,三个创业者间发生了严重分歧。李华认为,"学校就是我的,你们是给我打工的,只要我李华在,你们娶媳妇盖房子的钱学校包了。"在激烈的争吵后,李华离开了学校,用3万元捐款在自己宅基地上盖了新房,重新招生,却难以为继。最后李华娶了媳妇,过上了简单的幸福日子。

矛盾：难以适应的财务制度

焦虑的志愿者内部,不协调的声音也开始出现。对大多数凭着热情参与这项事业的志愿者来说,严格的财务管理一时半会儿还难以适应。创办人段勇明就说:"既然相信我,就应当放手让我干。"而大多由海外学者和职业经理人组成的校筹委会则认为,没有监督的权力肯定会有问题。他们要求段勇明立即完善财务,交出账目。

从没有记账习惯的段勇明苦苦学习财务。他第一次感到筹委会是个"巨大的责备机器"。一次喝醉后,段勇明喊道:"我不要我爸,我不要我妈,我不要林捷先生。"

一笔4 800元学费的丢失,成了双方难以化解的心结。逼账半年未果后筹委会失去了耐心,最后决定撤换段勇明的校长职务。而面对筹委会的不信任,更有人贴他的大字报,段勇明也伤透了心,他甚至天天躲在角落里一人流泪。这又被认为是在故意逃避账目问题。

2002年2月,在被撤掉校长职务后,副校长段勇明在会上突然宣布不承认筹委会,并发起了一场运动:要由学校老师公选校长,但筹委会不承认这一结果。至此,这位深受学生喜爱的老师,带着部分志愿者愤怒地离开学校。

但一个共识被确立下来:明确的账目,是这项公益事业的生命。继任的校长赵志已习惯了将每天的开支打入电脑,精确至元和角。复兴中学第一次有了可以对外公开的清晰账目。那一天筹委会有人哭了。他们知道,为了这一时刻的到来,他们付出了太大的代价,失去了不应失去的同志。

困难重重

账目建立起来了,筹委会却没有筹到钱,原因很简单,由于国家不批准新的基金项目成立,复兴中学无法借此公开募集资金。"我们无法用个人的声誉承担集资风险。"大部分由职业经理人、学者等组成的筹委会解释说,"实际上学校的钱大部分是筹委会人员的捐款。"

渐渐地,志愿者老师们也对筹委会失去了信心。有志愿者认为,筹委会有一个致命伤:由于组成人员多有海外背景,他们处理中国农村教育的方式和做法有时并不适应中国现实。"他们说要建一个厕所,请了专门的工程院设计,而按环保标准,光一个标准的4米深的化粪池就需要上万元,而且迟迟无法落实。其实我们只需要当地泥水匠盖间有水泥地的厕所。"一位志愿者老师称。

筹委会召集人林捷是一名在中国大陆生活了十多年的香港职业经理人,他按香港的标准,坚持实行严格的慈善事业制度。他把远程志愿者的任务细分切割成每人每一星期每一小时,而小额捐款者最低以每月50元长期捐助。而实际上,远程志愿者往往会抱着业余献爱心的心态,一旦发现自己要付出远远不止一个小时的时间和精力时,他们就消失了。"中国的乡村教育往往是投入毕生精力也难有成效。我们低估了这一事业的难度。"一位筹委会人士称。

前方的志愿者老师也有问题。大多数志愿者是出于对民间教育的兴趣和牺牲精神而来到这里,但也有的是想避世。有个人甚至说要卖了全部家产来当常年志愿者,原来是在商场上失败了而看破红尘。由于不拿工资,也没有约束力,有些志愿者带有很大随意性,对当地老师与农村文化不够尊重,当遇到意想不到的冲突时,有人往往选择一走了之。由于志愿者频繁更换,甚至出现过一个班一个学期换了7名英语老师,对学生感情伤害很大。

在上海的远程志愿者也同样碰到了问题,一谈到大的框架与概念,大家滔滔不绝,可是一到具体做事,却无人去实实在在地完成。因此,至今连募捐班子都没有搭建起来。

冲突:在当地老师和志愿者之间

志愿者们还面临着如何与当地文化和谐相处的难题。2002年12月26日,记者从上海动身到达复兴中学采访。刚到第二天,志愿者蔡战老师就告诉记者,他要离开复兴中学了。几天前几个人踢破了他的宿舍门,拍着桌子让他滚蛋。而此时这位满怀理想、曾徒步穿越数座雪山的汉子才刚来几个月。

另一件事是:张老师是一位有威信的当地老师兼副校长,但有一天张老师连续两次体罚一名不听话的学生,这引起了反对体罚的志愿者老师们极大的愤怒。当筹委会没有带来当地老师想象中的大笔资金时,摩擦升级了。最后,筹委会被迫撤消了张的副校长职务。这位能干的老师也离开了复兴。

"张是位教学上很不错的老师,他也没有办法摆脱这种做法。"一位志愿者老师沉痛地说。

志愿者同样存在问题。他们中有些人认为当地文化是落后的代表,有人甚至说他们来复兴是"用城市文化来殖民的"。还有人说:"未来中国只需要25%的人种田,其余农民将进城成为工厂劳动力。"持类似观点的志愿者,已经失去了赵志们对农村孩子的心灵关注,更看不起当地老师的乡土腔调。

当地老师对志愿者也有想法:"他们不睬我们,是不是觉得我们傻?有的志愿者,一进门就把门关起来,还写着'请勿打扰'。"城市志愿者保持私人空间的做法,成为没事爱串门的当地老师最敏感的痛处。

在这样的情绪影响下,志愿者与当地教师之间很难合作,在教学上,双方经常各行一套。没有当地老师的帮助,志愿者也难以控制班级的秩序。由于优秀生流失,在复兴中学一个班差生往往占了80%。为了使学习有成效,志愿者老师不得不分班。看着被抛弃的差班学生失望的面孔,志愿者老师的心在滴血。连赵志也不得不板起面孔,请调皮的学生走出教室,罚站。

艰难的沟通

2002年12月下旬,当地老师与志愿者之间的冲突日趋激烈。为协调双方的矛盾,当地教育主管负责人和筹委会召集人林捷等来到了学校。本报记者也旁听了志愿者与当地老师的座谈。

当地老师:"我们现在4个教室都是危房。慈善学校投资到底能到哪个数?公办学校每个月奖金比我们多,每年还有四五万办公费下来,志愿者少来一点还可以给学校省点钱,你看学校乱糟糟的样子。志愿者能不能管理学校?"

林捷:"你们想没想过:没有现代化管理是集不到资的。没有平衡账,没有年报是集不了资的。

没有志愿者过来,也不会有人捐钱。志愿者每人每个月拿200元,五湖四海的生力军,如果你们不欢迎,对他们的挫伤是很大的。"

志愿者:"你们不是想知道蔡战老师为什么要走吗?不是他吃不了苦,是当地老师伤了他的心。"

长时间的沉默,有老师嘀咕:"他总是抬头看人,不睬我们。"

志愿者:"打个比方,有几个年轻的科学家想帮助当地提高亩产,几乎义务下乡做试验田,这对当地农民是好事,而科学家们不会占田,甚至不会带走一块砖头,但是当地老农民看不惯他们穿白衬衫,看不惯他们科学的办法,不仅不帮忙在边上看笑话,还在地里掺石灰,这荒不荒唐?"

当地老师都笑了。

……

座谈会开了一下午,在教育主管领导和林捷等人的沟通下,当地老师与志愿者终于坐在了一起,晚上大家喝了一顿团圆酒。这样的沟通进行了多次,看起来很有成效。然而没多久,事情又回到了旧的轨道。

"我们愿意教书,我们愿意吃苦,但是我们再也不愿做当地老师不欢迎的人。"越来越多的志愿者对复兴失望了。他们纷纷找各种借口离开。

尴尬的结局

2003年3月,赵志——这位复兴中学创办者和最长时间的参与者,也选择了离开。这成了志愿者们大规模离校的导火索。

在复兴,志愿者有太多的疑惑了。一群抱着美好愿望过来的人,看到了最不美好的东西。"是我们承担了根本无法承担的责任?还是……"志愿者们在静静地思考,"假如我们多一点耐心,多一点信任,多一点……"

2003年3月底,最后一批志愿者撤离了复兴中学。一场曾鼓舞人心的教育改革实验归于沉寂。

案例讨论

1. 李华如何看待问题:
   (1)李华希望复兴中学在他的教育事业中扮演什么角色?
   (2)李华如何看待他和段、赵的关系?
   (3)李华如何看待媒体的介入?
   (4)李华如何看待慈善捐款?
   (5)李华如何看待筹委会的介入?

2. 段勇明如何看待问题:
   (1)段勇明希望自己在学校中扮演什么角色?
   (2)在学校中段勇明最关注的是什么?最令他开心的是什么?
   (3)段勇明认为筹委会要做什么?

(4) 筹委会为什么咬定账目公开问题不放松？段勇明为什么无法账目明晰公开？
3. 筹备委员会如何看待问题：
   (1) 筹委会希望在复兴中学扮演什么角色？最终成为什么样子？
   (2) 筹委会如何看待段勇明？
   (3) 筹委会为什么一定要得到明晰且公开的账目？筹委会如何看待公开募集资金这件事？
4. 当地教师如何看待问题：
   (1) 学校对于当地教师意味着什么？
   (2) 当地教师如何看待志愿者？如何看待志愿者的教学方式？
   (3) 当地教师如何看待筹委会？当地教师认为可以与志愿者和睦相处吗？
5. 段勇明和筹委会之间的冲突是如何产生的？
   (1) 是因为筹委会及其管理风格的问题？
   (2) 是因为对人性的看法不同，对钱的看法不同，或者文化背景、生活经历不同？
   (3) 是因为对复兴中学存在的社会、经济背景理解不同？
6. 志愿者和当地教师之间的冲突是如何产生的？
   (1) 是因为文化背景、教育程度、生活经历不同，或者个性不同？
   (2) 是因为教学方法不同，爱心的程度不同，或者习惯的行为方式不同？
   (3) 是因为学校管理制度设计的问题？
7. 如果你被要求去协调并解决志愿者和当地教师之间的冲突，你会怎样做？

资料来源：根据《南方周末》2003年4月17日相关报道编写.

案例二

晓　菊

我是晓菊，大学毕业8年，我的性格比较坚韧，从不向困难低头，也不轻易放弃。

窗外的雨停了，我也刚好在这一天结束了前一段在博卡特公司的工作经历。尽管我深信接下来全新的工作机会对我是很好的转型和提升，但是让我心底耿耿于怀的是刚过去的那段工作，即使我拼尽全力展示了几倍于别人的努力和能力，即使通过我个人的努力的的确确取得了看得见的成绩和显著的影响力，我却一步步失去了老板的信任。

而当我意识到渐渐失去和老板之间的信任时，我越来越清楚地知道，固然我还能长久待下去，也还能继续做出让旁人心悦诚服的成绩，但是我渴望得到的认可并提升的愿望是无法实现了。每每想到此都让我感觉回天无力，不知从何下手解决难题。

此刻细细回想过去3年8个月在博卡特公司的经历，最初的1年半无疑是高歌猛进，老板赏识认可，其他部门同事全力支持；第二年，老板主动提出单独为我设立部门，提升职业发展的通道。这也燃起了我对职业发展的迫切渴望。然而后续却屡屡莫名地遭到更高管理层的拒绝，老板一次次单独向我表达了对更高管理层决定的困惑和无奈。他说，我怎么就不能自主构建自己部门的架构和组成呢？我怎么就不能决定设立一个我下面的独立部门呢？看到老板如此真诚，我也是百般无奈，我接受了他的解释和现状，虽然心里充满了失望，但还是表示我会尽全力确保工作的正常开展。

第三年初趁汇报工作的时候，我再次提议招人或者转移部分工作给其他人。我说设计变更执行这块工作，一直以来都没有在我的KPI（Key Performance Indication，即关键业绩指标）中，我接这个工作，是因为我进来的时候没有人做，而我恰巧有这方面的经验。可是我一个人接这个工作显然只是一个短期措施，长期而言，还是需要一个或者两个人专职做这块工作才好。而我过去三年多一个人兼职做设计变更执行的工作，也只能尽可能简单处理。而现在我已经对越来越多的工作量感到力不从心了，一个短期措施怎么能够坚持三年呢？

而这一次老板听了，看了看我，直接说，那设计变更执行还是转给另外两个车间再招人单独去做吧。你以后只做项目管理和业务流程吧。

我强压住惊讶，静静地回答，好。

老板问：你觉得需要几个人？

我看了看他，心想，你给其他部门招人，干嘛问我需要几个人？我付出了那么多，什么好处也没落着呀。

他看我不回答，就说，先两个人吧。你写一下JD（Job Description，即职位描述）。

我继续静静地回答，好。

接着老板说，这部分人工预算没做，需要向更高管理层申请。所以在新人进来接手之前，你要坚持做好这块工作。

我啥也没说，就走出了老板办公室。当周，JD写完就发给了他。

几个月后，新人仍未到岗。我趁和老板单独汇报工作的时候，又一次提起将之前说的设计变更执行转出去。我说，我明显感觉能力有限，已经无法再一个人又做项目管理、业务流程还做设计变更执行。

老板说，嗯好的，我会去申请的。我感到有些愤怒，几个月过去了，如果预算没有着落，要往后拖，那就该早点告诉我。

后来，在20××年9月，因为R2U新产品开发项目，我在汇报工作时告诉老板，新产品开发流程和以往的新产品导入有很大不同，前者更完整。我需要重新定义扩展流程。老板将信将疑地同意了，并让我尽快完成新流程的定义。

在两周后的一次公开例会上：

老板："你上次提到的新流程定义完成了么？"

我:"还没有,需要8周才能全部完成。"

老板:"这周你先把草稿做出来吧。"(感到不解)

我:"可是这周我正在忙C项目啊。"

老板:"这个也很紧急,那你下周三出草稿吧。"(很不满)

会后我没有向老板解释为什么我最近需要投入最多精力给C项目。到了约定的时间,当被问及流程是否完成时,我有些不耐烦地说,我会本周完成一个新产品开发流程的PPT,给各部门介绍一下这个流程与以往新产品导入的差异以及各阶段核心内容和各部门参与其中的职责。

我邀请了老板和各责任部门负责人参加会议。从所有部门负责人的面部反应,我看得出,他们对我这个会议的目的感到惊讶和不解。的确我太一意孤行了,老板的表情明显强忍愤怒。

老板:"既然新产品开发责任人是研发部,为什么我们还要做这个新产品开发的流程?"

我:"因为研发部同事暂时没有人在建这个流程,他们没有去创建一个新产品开发的项目管理流程。而项目管理流程是一个方法,必须在开始做新产品开发这件事情前,就有这个流程,至少也应该有一个初始版本可遵循。"

老板:"他们研发部门没有人做这件事,难道就应该你去做吗?"

我:"我的确做了热心老大姐的工作,那是因为如果没有一个流程可循,那么新产品开发的工作会出现不可控甚至失控的情况,要么预算大大超支,资源不够,项目范围定不下来,做出来的产品并非市场所需,要么项目进展缓慢,迟迟无法发布。而我作为这个项目成员之一,虽然我已不再是研发部项目经理了,但是我有这个经验,我有能力起草一个初始版本,用于已经在研发部启动了的新产品开发项目,并且培训研发部的项目工程师。"

老板:"那我要你定义的流程呢?你给其他部门帮忙我不管。"

我:"就是这个新产品开发checklist(查检表)呀,我已经基本起草完毕了。"

老板:"这不是我想要的结果,我不仅想要知道每个阶段生产部做些什么,还想知道一个销售订单从下单到生产出货的流程。"

我:"哦,那就是订单生产的业务流程了。那和新产品开发流程完全是两回事呀。"

老板:"你连自己应该做的事情都没完成,却在操心其他部门的事情。"

……

会议气氛顿时僵了,其他各部门的负责人都没有声音了,我却接着老板的话说,新产品开发项目管理流程,与订单生产业务流程完全是两件事,既然你交代了,我会一步步完成。

老板已经很不开心了,板着脸说,你必须按照我的要求去做,不然就别干了。

我面无表情地看了看老板,没再接话。

在接下去的5个月里,我独自穿梭在5个新流程中,穿插着完成了新产品开发流程、R2U订单生产流程、R2U业务模式定义、R2U在中国SAP的主数据配置升级、R2U生产追溯系统配置升级。我没有再向老板口头解释这样做的必要性,只是把重要邮件抄送给他。

老板数次抱怨我没有向他定期汇报项目进展,他不知道我整天在忙忙碌碌干什么。

因为汇报工作的格式,他也前后跟我发生过数次公开的剑拔弩张的争执。

而同时,我也更新了自己的简历,心急如焚地找外面的机会。直到第二年4月初,当我把离职申请书填写完给他时,他抬头看看我,只是简单地问我,新工作找好了?

我说是的。

老板说,好的。

我心里有些意外也很失望。我以为他会看在我一个人完成了这么多事情的份上,稍稍挽留我,但是他没有说出任何挽留的话。

资料来源:根据复旦大学管理学院2017级MBA吴玲玲提供的资料改编.

案例讨论

1. 晓菊面临内心冲突吗?为什么?她可以怎样处理?
2. 是什么原因导致晓菊和老板的关系逐渐疏远的?
3. 晓菊和老板之间产生冲突的原因是什么?
4. 晓菊为什么对老板的工作安排感到惊讶和愤怒?
5. 晓菊邀请了老板和各责任部门负责人参加会议,这种安排导致的结果是什么?
6. 老板为什么经常抱怨晓菊的工作?
7. 晓菊离职时,老板没有挽留,晓菊为什么感到很失望?
8. 你认为晓菊可以怎样处理她和老板的冲突?

第8章

谈 判

> 无论你喜欢与否,你都是一个谈判者。谈判是一种生活现实。
> ——费希尔(Roger Fisher)
> 尤里(William Ury)

学习目标

- 了解谈判的定义、基本要素及种类
- 熟悉谈判的基本原则
- 了解三种谈判策略及特点
- 熟悉和理解谈判的若干技巧

引导案例

20世纪80年代,美国金融大亨卡尔·瑟雷安·伊坎(Carl Celian Icahn)兼并了经营不景气的环球航空公司。为使公司扭亏为盈,他决定减少飞行员20%的工资,但遭到了飞行员工会的抵制。伊坎只好同工会进行谈判。

当谈判陷入僵局时,伊坎对飞行员们解释道:"我要购买环航,本身就要花许多钱。我只能在得到了你们在工资问题上的让步时,才能这样做。"

一名飞行员代表高声问道:"你为什么专门要同我们飞行员作对呢?"

伊坎沉着地说:"不,我一向钦佩飞行员,这不是在作对。每当我乘坐航班旅行时,或者飞机震颤时,我都会想起驾驶舱里的那些飞行员。多么重大的责任,多么高尚的职业啊!你们干的是一件了不起的工作,我一辈子也不会够格的。"

唱罢赞歌,他话锋一转:"但是,这里只有一个问题,就是你们的薪水确实太高了。如果你们坚持自己的想法,那就可能导致与钢铁工业一样的可悲下场。"由于伊坎使用了告之以后果与利害关系的谈判方式,飞行员们终于明白了伊坎的态度,开始退却了。在飞行员作了让步的前提下,协议总算达成。尽管开始时飞行员们对伊坎充满了敌意,可是由于他使用了赞扬加晓以后果的两手策略,迫使对方败下阵来。由此可见,运用趋利避害的谈判策略能促使对方作出让步,从而达成协议。

资料来源:毛晶莹.商务谈判[M].
北京:北京大学出版社,2010:136-137.

8.1 谈判概述

8.1.1 什么是谈判

谈判是为达到双方均可以接受的局面而采取的行动。当某一个人或群体的利益取决于另一个人或群体为追求自己的利益而采取的行动时,当双方所追求的各自利益需要以合作的方式才能得以实现时,就应当进行谈判。

谈判是双方之间的一种会见形式,旨在就以下问题达成协议:

(1) 双方均认为重要的问题。
(2) 可能引发双方冲突的问题。
(3) 需要双方共同合作才能以实现各自目标的问题。

谈判的特点是它同时含有"合作"与"冲突"两种成分。它是"互惠的",却是"不平等的"。只要双方对结果均有"否决权",无论结果多么"不平等",这样的谈判都是"公平的"。

美国谈判学会会长、著名律师杰勒德·I.尼尔伦伯格在《谈判的艺术》一书中对谈判作了更为明确的阐述,他说:"谈判的定义最为简单,而涉及的范围却最为广泛,每一个要求满

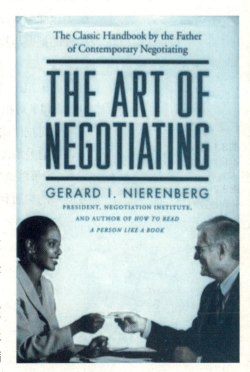

足的愿望和每一项寻求满足的需要，至少都是诱发人们展开谈判的潜因。只要人们为了改变相互关系而交换观点，只要人们是为了取得一致而磋商协议，他们就是在进行谈判。"

人类社会进入近代以后，生产力迅速发展，国际交往日益密切，国际贸易不断扩大，各项领域内的磋商谈判越来越发挥了重要的作用。我们知道，企业的生产活动需要经过许多环节才能最终完成，而各种生产要素的报酬的多寡就是在这些环节之间分配的结果。这个结果在很大程度上取决于各环节的力量对比和谈判的结果。合理与否则是实质的生产性努力加上协议谈判的技巧性努力的综合结果。其实，谈判不仅在国际外交、企业交易过程中是常事，在生活的各个层面也无不如此。儿童之间的游戏，小孩设法要父母买玩具；师生、夫妇、邻里、同事之间，事无巨细都要反复地洽谈。谈判的结果通过协议来达到某种平衡早已被人们所习以为常。然而，这种每时每刻都在发生的重要活动，却常常被人们所忽视。有人认为谈判是一种经验和艺术，无常规可循，不适合课堂教学；另有一些人则认为谈判往往是对抗性的，双方非赢即输，应用范围有限；也有人认为市场价格机制会自动地把交易推向平衡，信息很充分，交易条件已经给定，在交易过程中谈判并不起什么关键作用。事实上，谈判是一项集政策性、艺术性和技术性为一体的社会活动。谈判能力是现代商务工作者必须具备的基本能力之一，它是一个人的交际能力、交流与沟通能力和思维的艺术性的综合反映。同时，谈判能力也能综合反映出一个组织或团体的协调能力、变通与配合能力、对事件进程的把握与控制能力。

8.1.2 谈判的种类

（1）对抗性谈判。

对抗性谈判是指谈判双方非常重视眼前的竞争所带来的利益，而不在意以后的关系，因此竭力争取己方最大利益的谈判。对抗性谈判又叫"零和"谈判、竞争性谈判。在对抗性谈判中，双方的目标没有妥协的余地，大家都追求同一的实质利益；谈判双方以后交往的机会很小。在谈判中，双方首先各自采取立场，然后一方面维护自己的立场，另一方面设法让对方做出让步，最后则在妥协的方式下达成协议。但若妥协不成，则谈判随之趋于破裂。其示意图见图8.1。

（2）合作性谈判。

合作性谈判是指谈判双方不但希望在谈判中得到各自所期望的利益，更希望通过这次谈判开拓长期的合作关系而进行的谈判。谈判结局往往对谈判双

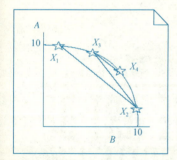

图 8.1
对抗性谈判

图 8.2
合作性谈判

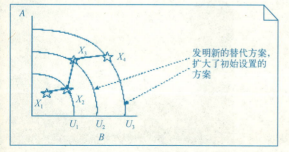

方都有利,所以又叫作"双赢"谈判。为了达到双赢结局,谈判双方都会充分沟通、互换信息,让彼此了解真实的目标和要求。在合作性谈判中,谈判双方都需要认知自身之目标及对手之目标,然后与对手共同探寻满足对方需要之各个可行途径,最后再决定是否接纳其中的一个(或几个)途径。其示意图见图8.2。

表8.1、表8.2分别是对抗性谈判与合作性谈判的比较以及在两种谈判中谈判者的比较。

表8.1 对抗性谈判与合作性谈判比较

	对抗性谈判	合作性谈判
预期的目标	短期,双方目标不协调,都在争取眼下的实利,无视长期关系的发展	长期,同时强调眼下实利和长期合作关系
对对方的观感	不信任、怀疑、相互提防	开诚布公,倾向于相信对方
谈判的导向	强调己方的要求和谈判的实力地位,无视对方的关系,甚至利用这种关系达到眼前的成果	设法满足对方的要求,认为这样对达到自己的目标更有利,努力增进至少不损害双方的关系
让步妥协的做法	让步越少、越小、越好	如果必须的话,愿意妥协让步,旨在促进关系
谈判时间	把时间用作谈判手段,用以压迫对方让步	把时间看做解决问题的手段,尽量和对方沟通,让对方有考虑的余地

表8.2 对抗性谈判与合作性谈判中的谈判者比较

对抗性谈判中的谈判者	合作性谈判中的谈判者
• 视谈判对手为敌人 • 追求的目标:获取谈判之胜利 • 不信任谈判对手 • 对谈判对手及谈判主题均采取强硬态度 • 借底牌以误导谈判对手 • 对谈判对手施加压力 • 坚持立场 • 以自身受益作为达成协议之条件	• 视谈判对手为问题解决者 • 追求的目标:在顾及效率及人际关系之下达成需要之满足 • 对对手提供之资料采取审慎的态度 • 对对手温和,但对谈判主题采取强硬态度 • 不掀底牌 • 讲理,但不屈服于压力 • 眼光摆在利益上,而非立场上 • 探寻共同利益

8.2 谈判的基本原则

谈判的基本原则也是谈判的指导思想、基本准则。它决定了谈判者在谈判中将采用什么谈判策略和谈判技巧,以及怎样运用这些策略和技巧。

8.2.1 谈判是双方的合作

不论是何种类型的谈判,即使是政治、军事谈判,谈判的双方都是合作者,而非敌对者。人们谈判首先是为了改变现状或协商行动,在谈判中,若没有双方的合作与配合,就无法达成新的意向。即使是对抗性谈判,谈判双方也要在一定程度、一定范围、一定时间内进行合作,否则,谈判便无法进行。

因此,在谈判中,谈判者应从客观、冷静的态度出发,寻找双方合作的共同途径,消除达成协议的各种障碍。美国谈判专家费雪和尤瑞(Roger Fisher and William Ury)指出:"每位谈判者都有两种利益——实质的利益和关系的利益。"合作共识、互利互惠不仅使谈判双方得到实质利益,还得到关系利益。要坚持互利合作的原则,主要应从以下几方面着眼:

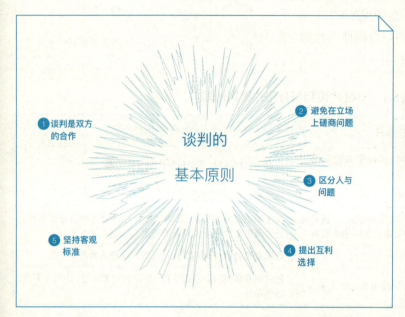

(1) 从满足双方的实际利益出发,发展长期的互利关系,创造更多的合作机会。只有着眼于全局,着眼于未来,用发展的眼光看问题,用互惠合作的态度谈问题,谈判双方才会从长期的合作关系中得到更多的利益。

(2) 谈判者应态度诚恳、真诚坦率。古人云:"精诚所至,金石为开。"只有双方在平等合作、坦诚信任的基础上,才能将己方的意图、目标、要求明确地摆到桌面上来,而对于对方要求中的合理部分表示理解与肯定,从而大大增加工作效率和相互信任,也增大了成功的概率。

(3) 实事求是。这是指谈判双方提出自己的要求、条件时要尽可能符合客观实际。同时本着公平合理的出发点去评价对方的要求、立场。

8.2.2 避免在立场上磋商问题

坚持立场会使我们在谈判中取得一定的成果,它可以为你在有压力、不确定的情况下提供一种标准,同时也为可接受的协议提出了具体条件。但认真分析会发现,在捍卫立场的前提下磋商问题或讨价还价,后果是十分消极的。

(1) 在立场上的讨价还价,违背了谈判的基本原则,无法达成一个明智、有效而又友好的协议。

(2) 在立场上的讨价还价会破坏谈判的和谐气氛。

（3）在立场上的讨价还价，会使谈判者局限于自己的立场与要求，不利于找出创造性的解决方案。

（4）立场上的讨价还价会导致谈判的低效率。谈判者采取的立场越极端，越坚持立场不让步，谈判双方所要花费的精力越大、时间越长。

为了克服以上弊端，在谈判中应着眼于利益，而不是立场，在灵活变通的原则下，寻找增进共同利益和协调利益冲突的解决办法。每个谈判者都明白，在谈判中所做的一切都是要维护己方的利益，但是，要认识到维护利益与坚持立场完全不同。谈判者应认识到，只要有利于己方或双方，没有什么不能放弃，也没有什么不可更改。

8.2.3　区分人与问题

区分人与问题是指在谈判中，把对人，即谈判对手的态度和所讨论问题的态度区分开来。

谈判的主体是人，因此，谈判的进行必然受到谈判者个人的感情、要求、价值观、性格等等方面的影响。由于谈判中对人与事相混淆，许多谈判者将对对方要求的不满，变成了对对方代表个人的指责和抱怨，从而导致双方关系的恶化，影响谈判的顺利进行。所以，在谈判中，应坚持把人与问题相区分的原则。

（1）要认识到理解对方并不等于同意对方的观点和看法。当对方提出方案和建议时，要从对方立场出发考虑提议的可能性，尽量了解对方的想法，掌握对方的心理，同时要克服自己想当然的推断所造成的偏见。

（2）尽量多阐述客观情况，避免责备对方。因为，我们的目的不是批评指责对方，发泄怨气和不满，而是要在谈判中寻找令自己或双方满意的解决问题的方案。尽量多阐述客观情况，在对方没有首先推卸责任的情况下，不首先提责任在谁，既避免对方不承担责任，又能调动对方解决问题的积极性。

（3）使双方都参与提议与协商。一个能容纳双方主要内容、包含双方主要利益的建议会使双方认为是自己的，同时双方的参与又使大家都切切实实感到他们自己是提议的参与者、制定者，那么达成协议就会变得比较容易。为了鼓励参与，可采取询问对方建议的形式，把对方有建设性的意见写进提议中，并给对方的想法、观点以尽可能的称赞。

（4）保全面子，不伤感情。伤害对方感情仅仅可能是几句话，但带来的后果是严重的。对方感情被伤害，会激起对方愤怒，导致反击，或引起恐慌，导致自卫，甚至采取对抗性、报复性的行动，破坏双方关系，使谈判陷入僵局。而对手在谈判中感到有面子、有尊严、有地位时，他可能会变得非常宽容大度、善解人意，有利于谈判的顺利进行，提高工作效率。

8.2.4　提出互利选择

谈判破裂的原因之一就是双方为维护各自的利益,互不相让。但是双方的根本利益是否都集中在一个焦点上,却是值得认真研究和考虑的。人们在同一事物上可能有不同的利益,在利益选择上也有多种途径。比如说,两个人都争一个橘子,但其中一人可能是为了吃到橘子,而另一人则可能是为了用橘子皮制药。一项产品出口贸易的谈判,卖方关心的可能是货款的一次性结算,而买方关心的是产品的质量是否一流。因此,谈判的一个重要原则,就是协调双方的利益,提出互利性的选择。为了更好地协调双方的利益,不要过于仓促地确定选择方案,在双方充分协商、讨论的基础上,进一步明确各自的利益,找出共同利益、不同利益,从而确定哪些利益是可以调和的。

坚持互利原则,应做到以下几点:

(1)打破传统的分配模式,提出新的选择方案。这就需要一方面广泛收集信息、资料作为考虑问题的依据;另一方面,突破传统的思维习惯,摆脱固有的心智模式,大胆发表个人见解、集思广益。

(2)寻找共同利益,增加合作的可能性。谈判各方应从共同利益出发,认识到双方的利益是互相依赖、互为补充的,那么就会形成"我们怎样才能使蛋糕做大,从而就可以得到更多的份额"的观念。

(3)协调分歧利益,达成合作目标。协议的签订是建立在双方分歧的基础上。比如股票的买卖,股票购买者认为股票看涨才买,而股票出售者正是看中股票可能要跌才卖。表8.3是有关专家开列的交易双方普遍存在的利益分歧。

表8.3　交易双方的利益分歧

一方关心的主要内容	另一方关心的主要内容
• 形式	• 实质
• 经济上的考虑	• 政治上的考虑
• 内部的考虑	• 外部的考虑
• 象征性的考虑	• 实用上的考虑
• 近期的	• 远期的
• 具体的结果	• 双方的关系
• 行动上的	• 思想上的
• 创新	• 守旧
• 名望与声誉	• 实际利益

调和双方利益的较好方法是在充分讨论协商的基础上提出互利的选择方案。

总之，如果把协调双方利益、提出互利选择的原则概括为一句话，那就是"寻求对你代价低、对对方好处多的东西"。

8.2.5 坚持客观标准

无论是把谈判看成双方的合作还是看作双方的较量，都无法否认谈判中双方利益冲突这一残酷现实。可见，分歧在谈判中时时刻刻存在着，而常用的调和分歧的办法是通过双方的让步和妥协来实现的。往往出现的情况是一方作出让步的同时也要对方作出同等的让步，从而增大了达成协议的困难。

坚持客观标准能够很好地克服以上问题，有利于谈判者达成一个明智而公正的协议。所谓客观标准是指独立于各方意志之外的合乎情理和切实可用的准则。它既可能是一些惯例、通则，也可能是职业标准、道德标准、科学鉴定等。

在谈判中坚持客观标准要注意以下两点：

（1）标准的普遍性。谈判双方坚持的标准应具有普遍性，如设备性能标准、技术要求指标、交货期限规定、维修服务内容等。若没有现成的客观标准可供参考，可根据类似情况，由双方拟定出一个参考标准。

（2）标准的适用性。某些谈判内容可参照的标准很多，如产品交易中的价格，既有同类产品交易的惯例价格，也有某种情况下的市场价格。双方须就此进行认真商讨，确定出适用的客观标准。若双方无法确定哪一标准最合适，可以请双方都认为公正的第三方建议一种解决争端的标准。

由此，坚持客观标准可以得到以下好处——将双方主观意志力的较量（这往往是两败俱伤的事）转换成双方共同解决问题的努力；变"对方是否愿意做"为"问题该如何解决"，变双方以各种方法"争上游"为彼此有诚意的沟通。

1976年的国际海洋法会议上，印度等代表第三世界国家提议，每个深海勘探矿源公司每开发一个勘探区要缴纳初期费 6 000 万美元，美国则反对缴纳任何初期费。双方一度形成了谁也不松口的僵持局面。后来，其中的代表找到了麻省理工学院，他们提出的深海采矿的经济模式，为谈判提供了客观的价值标准。

这个模式显示，印度所建议的收巨额初期费的做法会破坏采矿公司的正常营运；模式也表明，某些初期收费在经济上是可行的。在理性的公断面前，印度人和美国人都改变了自己的立场，它既不使谁难堪，也不使任何一方显得软弱，但将双方导向了达成协议的正确道路。

8.3 谈判策略

谈判策略是指谈判人员为取得预期成果而采取的一些具体措施，它是各种谈判方式的具体运用。任何一项成功的谈判均是灵活巧妙运用策略的结果。

8.3.1 互利型谈判策略

互利型谈判策略是建立在互谅互让、有理有节原则基础上的谈判方式与技巧。

（1）确定你的"最佳替代方案"。

"最佳替代方案"（Best Alternative to a Negotiated Agreement，BATNA）指的是假如目前的谈判不成，达成目标的其他替代方案。达不成谈判协议，可能存在多种替代的解决方案，BATNA是指其中条件最能满足你需要的方案。如果除了目前的谈判结果之外，其他的可能性微乎其微，那么谈判者就应该尽量将谈判谈成而不是放弃。一个人对BATNA的估计决定这个人的谈判底线或者临界点在哪一点，在这一点之上，任何谈判条件都超越他的期望，都是他可以接受的。

分析自己和对方的利益——你的BATNA是你讨价还价能力的指标。这个原则适用于整个谈判过程。如果谈判者在准备阶段就考虑到他们的BATNA，就可以避免很多伤心和失望。当你处于提议或者议价阶段时，如果不知道自己的BATNA，你就会失去判断力，导致你退回到争论阶段。

（2）寻找双方的差异。

谈判双方在价值认定上的差别，可以导致交换并且创造价值。如对同一件物品，我们给予的价值通常是不一样的。对于可能性预测上的差别，可以采用相机性协议。如创业投资中的"对赌"协议；对于风险态度上的差别，可以采取类似保险的风险分摊机制；对于时间偏好上的差别，可以采用改变支付模式的方法，或者因时制宜的行动。如大多数人购房看重资金当前的价值，而银行看重资金的远期价值，他们之间就可能达成协议。

（3）寻找共享利益。

单一事项上得到各方认同的方案，可以创造价值。如在淘宝上网购时，双方通过支付宝进行支付，对双方都可以节省成本，增加交易的便利性和安全性。

（4）建立信任。

采用合作的方法，提出建议，寻求建议这一策略的基本含义是指谈判人员在谈判过程中以诚恳、坦率的态度向对方坦陈自己的真实思想与观点,实事求是地介绍己方情况,客观地提出己方要求,以促使对方通力合作,使双方在诚信友好的气氛中有效地完成各方使命。这一策略常常会遭到持传统谈判观点人的否定,他们认为在双方的对峙中,坦诚等同于自我投降。然而,事实证明这一策略很有效,它有助于谈判人员达成一个满意的协议,并会促使双方的长期合作。

(5) 分享信息。

突出各自的利益及各种利益的优先顺序,而不是强调自己的底线。在谈判的探测阶段,提出假设某种情况,试探性地了解对方的利益和各种利益的排序。这里的假设包含着虚拟的假设和真正的假设。例如,在谈判初期,当双方就交易的内容互相探测底细时,我方可提问:"如果我方扩大订货,你们会在价格上作何让步?""假如我方推迟交货期,你们将采取什么样的付款方式?"这里提出的假设可能是一方真正的措施,也可能是虚拟的假设条件,以探明对方的观点与态度。

8.3.2 对抗型谈判策略

对抗型谈判策略是以"我的利益归我所有,你的利益我也据理力争"为预期目标而采取的谈判方式与技巧。在分析之前,有以下两个前提:第一,这些策略本身并不具破坏力,而是使用的群体赋予其的,关键在于具体的使用方法;第二,随着冲突等级的不断升级,谈判策略可能的破坏程度也将递增。

(1) 确定你的"最佳替代方案"。

确定BATNA,同时确定你的底线和你的期望值,可以为谈判确定讨价还价的空间。

(2) 利用"锚定效应"。

"锚定效应"是指在不确定情境下,判断与决策的结果或目标值向初始信息或初始值即"锚"的方向接近而产生估计偏差的现象。锚定效应原来是指海上停船时,抛下铁锚,让船不至于随海浪漂走。谈判中人们第一次提出一个数据及信息,导致接下来双方按此作为一个基点进行谈判。锚定效应,尤其会对谈判对手心理上造成束缚,导致行为受到影响,最终左右谈判结果。

在一项研究中,实验者要求参与者估计非洲国家在联合国中所占的比例,给每位参与者一个随机的数值,首先要求参与者对于非洲国家在联合国中所占的比例是高于还是低于这个数值作出判断,随后要求参与者对所占比例的具体数值进行估计。其中,给参与者的数值是通过转动幸运轮盘随机获得的,这个数值就叫做"锚"。结果显示,从轮盘上得到数字10和65,并分别以此为起始点作出估计的参与者，其估计数值的中位数分别是25%和45%。即使参与者知道轮盘上转出的数值是随机的，与面临的判断任务无关，却依然出现了目标值估计受锚值影响的现象。

当"锚"是数字时，它可以是谈判中的某个报价。假如报价高对你有利，你可以适当报得高些；假如报价低对你有利，你就可以适当地定得低些。

（3）逢迎讨好。

逢迎是通过一系列事先设计好的战略方法去影响某一特定的人，使他对行为实施者的一些特质产生好感。有效的逢迎能拉近谈判双方的距离，在关系融洽的基础上进行进一步的谈判，在对方未意识到谈判者真实目的之前有效地影响他可能做出的决策。逢迎的技巧包括：

1）可以夸大对方值得赞扬的优点同时弱化对方的缺点。

2）奉承的时候不要失去自己这方的可行度。一是要避免过度恭维，避免对于对方不确定的地方进行恭维；二是不能表现出是有目的的赞同，可以尝试非正面直接地赞同。

3）给予好处。可以给予小恩小惠而非大好处，不要表现出是要求回报地给予好处。

例如以下场景：

（一个女孩拿着一件衣服在身上比划着，虽然比较喜欢，但考虑到价格较贵，正在犹豫中……）

售货员（以下简称"售"）：小姐，喜欢可以试穿下，这件衣服很配你的。

女孩：我再看看吧。

售：没关系，你想买什么衣服我帮你推荐下吧，我们这里的衣服都是为身材高挑的时尚白领专门设计的，像你气质和身材都这么好，我们这里很多衣服适合你的。特别是你手上这件，你穿了肯定好看。

（虽然知道其恭维的目的是卖出衣服，但听到称赞总还是很乐于接受。）

女孩：好是还好，这红色会不会太艳了？

售：小姐，你皮肤这么白，穿红色最好看了。而且年轻人就应该朝气蓬勃的，像我这把年纪，想穿红色都怕被人笑呢！

女孩：那我先试下吧。

……

售：真合身啊，小姐你真是天生的衣架啊，把我们这件衣服的样子全撑出来了。

女孩：好像是还可以，但价钱太贵了啊。

售：好的衣服越穿越喜欢，一穿就是好几年，而那些差的穿几次就扔了啊，这样算来其实

> 一点都不贵。我女儿和你差不多大,衣橱里一堆过时的衣服,我现在给她买衣服一定买好的,价钱是其次,穿的合适就是好啊。
> 　　女孩:……(还有一点犹豫)
> 　　售:真的不用再考虑了,如果我女儿像你这么漂亮,穿得又那么合身,我一定让她买的。这样吧,我也特别喜欢你这样漂亮的小姑娘,给你员工价九五折吧,你在其他地方一定拿不到这么好的价钱的。
> 　　女孩:那好吧!(满心欢喜地去付钱……)

(4) 声东击西。

在谈判中,我方出于某种需要而有意识地将会谈的议题引到对己方并不重要的问题上,借以分散对方的注意力,以求达到我方的战略目的,这便是声东击西策略。

实际谈判的结果证明,只有更好地隐藏真正的利益需求,才会更好地达到谈判目标,尤其是在你不能完全信任对方的情况之下。这样做有以下几个好处:

1) 为以后的真正会谈铺平道路;
2) 将某一重大议题暂时搁置起来,以便有更多时间加以深入研究;
3) 延缓对方的行动;
4) 可作为缓兵之计,迷惑对方的视线。

当然,声东击西并不是要求谈判可整日漫无目的地胡侃,而应该是有计划地从外围寻求突破,采用"剥皮"战术,最后切入问题的要害。同时,在使用这种策略时也要注意,不能使对方感到谈判方是为了打乱其思路而故意实施某些行为。

(5) 有说服力的论证。

有说服力的论证就是谈判者利用逻辑性的说法降低对方的期望。当冲突发生时,通常有两种类型的逻辑说服方式。第一,谈判者说服对方,他具有正当的权利来达成所希望的结果,最典型的例子是"你的钱或我的命"——要强调我比你更加需要。第二,谈判者说服对方,降低期望将对对方有益——"让我获胜与你们的利益相符"。例如,在公司与工会进行降低工资的谈判的时候,表示如果工会不接受降低工资的要求的话,公司可能完全垮台。在这里,谈判者提出了一个看上去吸引力较小但是可信性更大的选择方案,说服对方接受这个方案。

(6) 承诺或威胁。

威胁通常比承诺要有效。其中的主要原因是:承诺只给一个选择以奖励,但对于没有做的情况留有很大的不确定性;威胁则很清楚地表明了如果不实施的话后果会怎样,惩罚的范围更大。由于威胁表达的信息更多,在控制中更有利,且人们通常对损失比对收益更敏感,所以威胁更容易得到对方的服从。

例如,对比以下两者:

承诺——"如果你吃菠菜,我将会奖励你最喜欢的冰淇淋作为甜点。"

威胁——"除非你吃菠菜,否则我将把你关在房间里。"

虽然威胁相对承诺有一定的优势,但在运用时必须注意以下几点:其一,你必须保证威胁能够实施,即使你不打算真正使用它。在一而再再而三威胁不实行之后,威胁将会失去一定的效力。其二,威胁可能会破坏谈判双方的关系,关键是如何掌握之间的平衡点。

(7) 不可改变的行为。

这一策略通常的假设是:我已经开始做某件事,除非你答应我的要求,否则我将继续做下去,而做下去的结果将对双方都造成巨大的、负面的影响。简而言之就是,第一个放弃者为输,而如果两者都不放弃,则两败俱伤。

这种谈判策略的好处就是它不受双方力量差异的束缚,其中力量相对弱的一方在谈判中更容易倾向使用这种策略。此外,这种策略把共同的责任放在对方的身上,如果运用成功,可以迫使对方妥协,而且可怕的结果一般不会发生。然而,这种谈判策略也存在一定的问题:如果对方没有完全理解或者理解错了前提条件和过程,就会出现可怕的结果。

为了增强这种行为的可信度,可以考虑找到一个第三人来给予不能改变的指示,保证过程公开而不是私密进行,证明有人看着,用解决的方法对抗。

例如,"懦夫的游戏"。这一游戏的大致内容是,高速公路上两车相对行驶,要么两车相撞,车毁人亡,要么一人改变方向避免惨剧的发生,但首先放弃的人将被视为懦夫。这个游戏实际上是考验当事人的意志力,以及对方对你意志力的看法。那怎么样才能让对方认为你不可能改变方向呢?

"无赖"一点的做法就是在对方还没有采取任何行动之前,将你的方向盘抛出车外,动作足够大以让对方注意到你的行为,知道往前开将是你不可更改的选择。在这种情况下,只要是正常的、有求生欲望的人都会选择调转车头,即使这将会成为"懦夫"。当然,这一战术成功的前提是你首先采取行动,这一行为被感知到,同时你的对手是一个跟你一样的"正常人"。

(8) 以对方的首要价值相要挟。

这一策略是分析对方的利益排序,以不满足对方首要利益为手段,要求对方在其他方面让步以获取更大的利益。

8.4 改变谈判规则

谈判的关键因素包括事项、利益、谈判方。通过与谈判密切相关的方法——说服、了解情况、改变意义和价值,人们可以修改他们对谈判的看法[1]。

8.4.1 改变事项

谈判的一方或多方会寻求在已被采纳的构架中"增加"事项或"减少"事项。这一过程可以是正式的,也可以是非正式的;可以是明示的,也可以是暗示的。

如果许多事项被同时商谈以寻求联合解决,它们被称为汇总的、组合的或联合的事项。再有,如果事项被归总呈交到"峰会",而不再是在低一层级机构中分别解决,我们就称其为事项增加。如果评估每一个事项时不考虑其他事项,或者完全将这些事项排除在考虑之外,那么就出现了事项减少或分离的现象。

下面,我们将分别关注强调创造价值和索取价值的事项的增减。

(1) 通过增加事项创造价值。

增加事项以创造价值主要有以下三种不同方法:

1) 通过增加不同价值判定、互不相联的事项来创造或扩大协议的空间。

与分别进行谈判和分别评估各自的可行性相比,将存在不同价值判定的事项放在一起进行谈判,可以创造或扩展可行协议的空间,达成分别评估无法实现的空间。这被认为是改变谈判规则以协调各方在偏好上的差别的方法。此外,增加一个事项作为原定事项的额外报酬,也会产生良好的效果。

2) 增加事项来利用事项间的相关性。

有时,当事项组合起来,在价值评判之间就有了正相关性或出现"协同作用"。正相关性在经济评价的例子中很容易发现:铅笔和纸一旦组合在一起其价值就比各自单卖的价值总和要高。所以,只要正方向的相互作用存在,那么把事项组合起来就能创造价值。

此外,利用组合产生的多样化还能降低投资风险。例如,某企业家在观光岛上拥有一家生产雨伞的公司和一家销售防晒霜的公司,他正与不同方分别商谈出售两家公司。每个生意单独来看都有很高的风险,所以没人肯

---

[1] [美] 理查德·吕克 (Richard Luecke). 谈判 [M]. 冯华, 译. 北京: 机械工业出版社, 2005.

答应他出的价码。但是，如果把两个谈判组合在一起，两个未来的买主可以合伙买下两家公司，这样现金流量的波动就比单项生意小很多，而两家公司合在一起的售价大大超过单个出售的要价的总和。由此可见，组合事项还能提高达成协议的可能性。

3）增加事项以使差别相容。

通过增加新事项可将具有不同价值判定的利益分解开，可以创造联合收益。与此相类似，一次性支付的事项扩展成一段时间内的多次支付，也会带来好处。原因是：如果在价值判断、可能性和对时间及风险的态度上存在差别，在谈判中增加新事项或将事项分解，都可以创造价值。

综上所述，增加事项可以产生联合收益——创造或扩展可能性协议的空间。这一总命题至少在三类情形下是正确的：第一，互不相关但有着不同的价值判断的事项可以组合起来；第二，事项之间实际的相关性（互补性或协同作用）可以通过组合加以利用；第三，事项可能分解。

（2）减少、回避或分离事项有助于谈判方创造价值。

将事项组合起来并不总是那么令人满意。把多个事项置于一起进行谈判，就必须在所有方面同时达成明确一致，这就会降低或破坏协议的可能性，从而可能降低谈判成功的几率。此时，就需要减少、回避或分离事项以创造价值。

1）将本身没有任何协议空间的事项纳入，会破坏其他事项得到解决的可能性。

将可能引发争执的事项与争议性不强的事项组合到一起，并要求一同加以解决，就可能导致协议无法达成。例如，假如要求耶路撒冷地位问题在中东协议的第一步谈判中就加以解决，将会使原本能解决的其他事项负载过重，谈判难以承担。对于这种情形的本能反应，是放弃同时解决的要求，特别是当双方认为在已有事项上达成协议胜过没有任何协议时。

尽管这种好处是显而易见的，但有时候将引发极大争执的事项与本身能产生互利协议的其他事项分离开，是一项非常困难甚至不可能的任务。例如，在美国国会中，涉及拨款的法案有时必须作为一个整体加以签署或否定。预算谈判可能只是由于某个导致争议的问题就整个搁浅。

2）将可能的协议中的单个空间叠加起来会破坏或者减少协议的共同空间。

有时，谈判中的一个事项作个别处理时可以解决，但与其他事项一同考虑时就无法处理。例如，两个国家在无休止的、代价巨大的敌对状态后，已经筋疲力尽，正在进行贸易谈判。但是，即使对双方都有益的协议，除非敌对状态得以解除，达成贸易协议是不可能的，因为它有其他的象征性含义。

为了避免将这样的事项加在一起，就要把它们置于低层级人员手中来处理。

（3）增加或减少事项可能成为索取价值的工具。

1）传统意义的"杠杆作用"。

为了在谈判日程中强加一件新事项，一方可能会使用其他情况下从不使用的权力。威胁要转向完全不同的事项进行更大的谈判，可以作为杠杆来强制使事项联系起来。

当谈判与"强制的"事项相联系时，希望实现这种联系的一方并不需要真正执行这种威胁。它的有效性来源于被威胁方对承担风险的态度、对结果的重要性评判以及威胁的可信性等几个方面的共同作用。

类似的去除事项或避免事项间联系的做法，经常是对对方企图借增加事项实现索取的回击。"这个问题完全是另外一回事。我们以后再加以解决"就是标准的回击手法。此外，威胁进一步使事项升级也可以把对方追加的事项排除在日程之外。

2）增加事项可以巩固联盟。

增加事项可以巩固联盟，因为它能成为联盟保持团结的动力。由于在能否解决这类事项、即使能够解决实际效果如何以及所带来好处最终怎么分配等方面有很大的不确定性，使得这可能只是密切联盟成员关系的一个手段而已。

8.4.2　改变谈判方

对于改变谈判参与方，有几个非常直接的原因值得一提。如果一个人谋求一个不扩散协议，或想在市场份额中分一杯羹，那么就要把那些对于任何最终成交都能施加明显影响或有直接利益的人，在某一阶段请进谈判中。

某一方可能会引入对谈判对手有影响力的第三方。例如，日本汽车制造商尼桑公司曾引入日本政府作为联盟，与墨西哥政府就准许在墨西哥生产一事谈判，十分有效。由于墨西哥当时最大的外汇来源是棉花出口，而日本进口了墨西哥棉花出口的70%。这种暗含的威胁是，削减进口足以让墨西哥政府同意给尼桑公司发放生产许可。所以，引入与原谈判方有其他关系的第三方，可以增强谈判达成承诺的约束力。如果任何一方违背协议，第三方协议也会受到影响，甚至可能得到相反的结果。

运用以下三种方法改变参与方可以大大改变在原谈判中可能达成协议的空间：

（1）增加或减少与解决方案有利益关系的谈判方，可以改变协议的原有空间。

如果解决争执的方案对于外部团体有价值，原谈判方可能拼命占有这些价值。引入其他参与方就是一个方法。对于原谈判方而言，只要他们同意，增加的价值就是意外之财，或者增加的价值将会增加达成协议对他们的诱惑力。

（2）增加参与方会拓展或消除原有参与方的谈判风险。

假设两家公司围绕开发某项高风险试验中的能源技术进行谈判，这项开发成功的可能性大家一致认为大约在50%。每个公司对这个项目的风险态度可以简单表述为：每家都乐意冒着牺牲2.5亿美元的风险来争取获得5亿美元的回报，但如果是以3.75亿美元的风险争取7.5亿美元的回报，每一家公司都会觉得风险太高而无法接受。如果项目的成本已知是7.5亿，一旦成功的收益是15亿。在此情形下，两家公司的谈判将是没完没了的。但情况相同的第三家公司加入进来，就平摊了风险，结果对所有参与方都有利。每个项目投资方都将感到很开心：每家承受2.5亿的成本，潜在收益是5亿。这时引入第三方使达成协议有了可能。

（3）在存在规模经济的谈判中，增加或减少参与方可以改变协议的空间。

谈判事项中的规模经济（或不经济）可以使得吸收（或去除）参与方变得有利。例如，同一地区内数个国家或州正谈判建立一个地区性的发电厂。规模经济与否，在电力行业是很重大的问题。为了承担最低的平均成本，这个群体会试图在谈判之初就增加成员。规模经济的存在会促进协议的达成。

8.4.3　改变利益

利益，是谈判的手段。达不成协议的替代选择设定了任何可行的协议必须超越的价值底线。利益、替代选择和协议共同构成了谈判的固定场景。其中，创造与索取价值间的此消彼长的需要决定着谈判结果的走向。谈判过程的大部分都包含着参与方的这一行为：有意或者无意地构造着整套利益。

关于如何对被唤起的利益进行有利的构造，两个宽泛的原则很有指导意义。第一，为了创造或提升价值，谈判者应该追求"增加"唤起，或强调分享利益。为了避免破坏价值，谈判者必须将具有破坏性的和有害的利益从谈判中去除。第二条宽泛的原则涉及主要以索取价值为目的的做法。下面，我们将具体探究如何改变利益以及试图说明这种现象的重要性。

（1）援用或回避利益以创造价值。

如果谈判中存在冲突因素，共同观点、上位目标、首要目的、理念、准则和公平原则等因素就经常容易被忽视。但是，对于一个很麻烦的建议，如果谈判者认为这个建议能推进重要的利益，他也会欣然接受。正是与更大利益的关联，可以帮助谈判者克服这些琐碎事物的分散的和负面的特性。

有时候管理者可以将准备援用的利益直接提出，或者习惯性地从这些利益的角度出发与相关人员进行交谈。此外，突出强调发展良好关系，或者在实际中将促进关系与正在进行的任务联系起来，也是有效的办法。还可以请一位层级很高的管理者或者其他地位高的人物，来强调更重要的事情，并启发人们以一种"超越"的眼光来看问题。

削减带负面效果的利益的程序。由于历史、现状或谈判动机等作用，各种破坏性特征可能会使达成协议更加困难。例如，强迫一个人承认他的让步是由于他的弱点或对手的优势，会让他感觉没面子，从而引发冲突升级。然而，诉诸谈判各方掌握之外的其他机制，可以提供解决的出路。组织内的争议也是如此。如果导致的问题更严重，为了更容易处理，有时人们可以求助于权威人士、惯例或长期形成的程序。向这些因素"屈服"，往往不会让人将原因归之于个人的弱点或丢面子。

有时，我们也需要回避有负面作用的利益。与习惯角色相联系的，可能是众多易引发冲突的因素和态度。特别是当冲突已经持续了相当长时间，颇具破坏性的敌对态度和互不信任几乎不加掩饰地存在于双方之间。此时，处理虽然是别人的，但与自己相关的问题，比直接解决自己的问题要容易得多。在有些案例中，对谈判不利的利益和特性可以由于谈判者的精心设计而被弱化。

（2）援用或回避以索取价值为主要目的的利益。

1）改变事项的"面孔"。

同一个事项，是被看作预算或经济问题，还是被看作防卫或国家安全问题，其处理方式会有很大差别。改变所谓的事项面孔，可以理解为对这一过程中唤起的利益施加影响。围绕如何界定所议事项性质的争论，往往是在索取价值过程中最激烈的讨论之一。

2）通过引入新的利益进行转托。

向有利处境的转托包括引入以前谈判中并未注意到的利益。转托的目标经常是，将解决眼前事项与相似的同类事项或未来的事项建立联系。将一个谈判中的某些利益与另一个谈判中的利益关联起来，可以压缩最初的可能性协议空间，使之向有利于某一方的方向发展。有效的具体方法包括引入谈判方未来的可信度、在其他人中的声誉、程序或实体方面负面先例带来的代价等，这些都可以用来说服对方：从这些新引入的利益的角度上看，接受某项动议对自己的代价是巨大的。由于代价如此之大，该项动议自然也就不可能通过了。于是，谈判者获得了可信度。

3）貌似创造价值的行为。

由于创造价值和索取价值的过程紧密相连，上述每一种通过援引或回避利益来创造价值的策略也能被用于争取单方收益。当谈判者面对难度很大的谈判时，他会虚伪地向其他方引入良好关系、公平原则或价值的上位目标。然后他会通过要求对方在该事项上做出较大让步，以达到对所创造价值狮子大开口式的侵占。另外，一方还会装作双方关系处于危险之中，假装生气、被冒犯或伤害等，然后提出，只要对方做出单方让步他就立即恢复关系，原谅对方。此外，在诉诸良心、责任、自我认知、其他方的认同以及社会准则行动的背后，也隐藏着类似的意图。

8.5 影子谈判

权力就是影响别人的行为、改变事态进程、克服阻力、让人们去做他们本不愿意做的事情的潜在能力。在工作单位中，存在着非正式组织，通常有非正式权力运作，其中一方处于倡导地位，而其他人看不到谈判的明显好处，所以不积极，打电话也不来，会议一拖再拖，即使开上了会，也是各唱各的调。各种意见被忽视或驳回，要求被取消，这种抵制是非正式权力运作中自然发生的。其原因在于：① 我是倡导者，但我似乎一无所有；② 对方拥有资源，对现状满意，对改变不积极；③ 改变是同对方的需求相辅相成的，但改变的好处（或不改变的坏处）不一定是看得见的，不一定是摆在桌面上的。由于这些人没有个人的影响力或在公司中没有地位来对其他人施加影响，被排除在核心层之外，即使谈判者都是平等的，谈判也会受阻或夭折——毁于私下里的猜测或不现实的预期——最终使谈判陷入僵局。针对这种情况，德博拉·M.科尔布（Deborah M. Kolb）、朱迪思·威廉斯（Judith Williams）提出了影子谈判（Shadow Negotiation）的策略[1]。

影子谈判是与主谈判平行的谈判。影子谈判不是决定讨论"什么"，而是决定"怎样"讨论。什么利益应该取得支配？谈话的声调是敌对性的呢，还是合作性的？将听取谁的意见？简而言之，就是谈判者应该怎样对待对方。

为了防止谈判受阻或走到夭折的地步，经理们可以用一些策略和手段——权力性推动、程序性推动和尊重性推动——来指导影子谈判。在一种

---

[1] [美]埃米尼亚·伊瓦拉.哈佛商学院案例精选集·谈判[M].王旭东，等译.北京：中国人民大学出版社，2003.

对其他人来说没有什么特别需要谈判的情况下，权力性推动会有助于人们来到谈判桌前。当有决策权的力量要压制别人声音的时候，程序性推动可以重组谈判的结构。当对方感受到压制或误解掩盖了事实真相时，尊重性推动会改变这种气氛，能产生更有合作性的交换意见。这些推动不会保证谈判者都将成为赢家，但有助于谈判摆脱僵局，将谈判带入真正的对话中。

8.5.1 权力性推动

通常在影子谈判中，其中的一方处于积极倡导地位，而其他人看不到谈判中的明显好处，所以不积极。只有当人们相信两件事时，才能很好地听取问题阐述：对方有一些希望得到的东西；不做出让步，就不会达到目的。因此，影子谈判的首要目标就是产生双方需求的愿望。权力性推动使不情愿的谈判者明白，他们必须谈判：如果参加，结果会更好；如果不参加，结果会更坏，从而产生双方需求的愿望。

（1）提出谈判动机。

在任何谈判中，对方控制着倡议者所需要的东西——时间、金钱、合作等。若只有倡议者需要，还不足以使其他人参与到谈判中来。对方必须知道从谈判中能得到好处。好处不一定是看得见的，但必须是同对方的需要相辅相成的。所以，创造出价值并使对方看得见是关键，不能让对方去苦思冥想。

（2）向因循守旧开战。

人们非常喜欢维持现状，从而阻碍了许多事情向前发展。当人们相信谈判可能会给他们带来坏结果时，他们自然不愿意参与其中。除非不谈判就会付出代价的问题显露出来，回避矛盾是更轻松和更安全的方法。为了扭转这种形势，就要使安于现状的想法没有多少吸引力。通过施加压力，倡议者可以加大普通问题的代价，直到对方看到如果双方再不谈判的话，事情将会变得更糟。

（3）谋求支持。

当动机和压力手段不能推动谈判进程时，倡议者可以谋求同盟者的帮助。在影子谈判中，同盟者是重要的力量。对建立信誉而言，他们至关重要，并向已经建议过的谈判动机提供了切实的支持。通过提供指导或消除麻烦，同盟者使倡议者的建议在开始谈判前就处于有利地位。至少，同盟者所抱的信心使各方认真听取，并提高了不谈判而遭受损失的代价。

8.5.2 程序性推动

程序性推动是用来影响谈判程序本身的一种方式。当倡议者遇到沉默不语的场面时,当没人做决定时,当会议被同事打断时,当没人发表评论或合理意见时,程序性推动尤其有效。

程序性推动并不是要在谈判中提出大量问题,而是要直接影响对这些问题的听取效果。会议议程是谈判前的准备工作,会议程序的安排是要听取大家的建议,所有这些结构性因素都会影响其他人对意见和要求的听取。通过事先的工作,倡议者可以在人们尚未形成固定看法前影响他们,灌输其想法并培植支持者。

程序性推动的策略有以下几种。

(1)及早灌输想法。

有些时候,参加谈判的人员沉默不语,不管出于何种原因,他们对会上的评论或人员都视而不见,听而不闻。说得太少或说话吞吞吐吐,并不一定会使人们对谈判产生这种淡漠感。当一些想法突然被提出来时,会令人措手不及,这才会使人们产生消极和防守性反应。此外,如果谈判人员已经听过该发言了,他们也会漠不关心。但一旦一种想法被灌输到人们的头脑里,不管人们的信念和看法如何牢固,他们对形势的判断都会受到影响。

(2)重新构筑谈判程序。

谈判者的背景并不都是一样的。对那些在谈判中玩弄欺骗手段、说话霸道、固执己见和小算盘打得飞快的谈判者来说,采用非常具有竞争性的方式解决问题是有利的。对这些小动作感到厌恶的倡议者可以重新构筑谈判程序,摆脱个人的竞争。背景、顺序、时间对结果都会产生影响。

在公司或部门内的谈判会陷入固定的条条框框中。如果在讨论中经常听不到倡议者的声音,那就是构成谈判的某些方法在阻碍倡议者的积极参与。一项程序性推动可以对此加以补救,因为,它将影响到如何展开讨论和如何揭露问题。

(3)建立舆论。

不管倡议者在公司的职位有多高,要是想通过命令的方式对部门进行改变,是不可能也不明智的。倡议者可以在正式做决定前,建立舆论支持。建立舆论是让其他人同倡议者站在一起,从而使会议议程对随后的讨论形成框架,形成推动力。不断增长的支持力量孤立了反对者,使持续的反对变得越来越难。还有,一旦私下达成协议,支持者就很难再公开反对。

8.5.3 尊重性推动

权力性推动对对方施加影响,促成改变。程序性推动要改变一些基本规定,因为这些规定可能会使谈判半途而废。但是,谈判仍然会因各种原因受阻：由于双方各不相让，把自己逼入绝境；或者，处于守势的一方，即使不经意，也会继续抵抗或设置障碍；交流受到曲解，变得呆板起来，或者干脆停止交流，因为参与者只是把精力都集中在自己的要求上了；或者，深藏不露窒息了任何开诚布公的意见交换。没有坦诚相见，双方就不能共同提出问题或找出真正的矛盾所在。

尊重性推动可以打破这些怪圈，使双方建立起互相的信任、鼓励对方加入对话中来。尊重性推动不仅将影子谈判从敌对中解脱出来，还提供了一个不言自明的承诺。当倡议者对对方的问题、形势或"脸面"表示尊重时，他们就打开了对另一方所持的不同出发点的谈判，也打开了由这些出发点而产生的意见、想法和感觉的谈判。尊重性将培育开放式交流。在对共同寻求的解决方案进行谈判前，与会者通常要首先建立关系，明了在什么地方他们的利益和需要是结合在一起的。共同面对的问题就成了制定创造性解决方案的基础。

尊重性推动的策略有以下几种。

（1）帮助对方保全面子：建立信任。

每个人都关心形象问题。谈判者如何看待自己和如何看待同自己有关的其他人，经常会在一项协议中处于重要的位置。"面子"就是人们所认为的自身的价值和他们希望别人看到的自身素质。谈判者花费很大精力来保全面子。如果倡议者在老板或同事面前，甚至是私下里，损害了某人的形象，这人就可能会拒绝倡议者提出的要求。给对方留面子比排除阻力更为敏感，它会打下信任的基础。它传达的信息是，倡议者尊重其他人提出的建议，不会有损对方的尊严或令其尴尬。

> 叶茂的新老板是从财务部门调来的，在经营方面欠缺经验。在各部门会议上，讨论关于项目时间表和资金的问题时，他总是不采纳叶茂的建议。不久，就形成了一种固定模式：叶茂提出一项建议，还没有说完，老板就断然否决。叶茂很沮丧，提得更努力，得到的却是更大的阻力。最后，叶茂后退一步，从老板的角度看问题：如果轻易地批准叶茂的建议，对正在建立个人威信的老板来说是在暴露自己的弱点。从此，叶茂采取了不同的方法。他不再提出单一的建议，而是提出许多的选择方案，并提出，最后的决定由老板做。逐渐地，老板认为不需要施展其权力，并对这些建议给予积极的回应。
>
> 不只是老板需要保全面子，同事和下属也要面子。同组的人员都躲避那些一看到问题就向上汇报的人，因为这会显得别人无能，解决不了问题。一旦下属受到上司的轻视或怠慢，他们就不会说出心里话。在工作单位，不管他在公司是什么角色，关心他人的面子，就是对他人的尊敬。这种尊敬会带到影子谈判中。

(2) 保持对话继续：打破僵局。

有时，谈判不能开始或继续，是因为对某些参加者来说，做出决定的时机未到，信息还不够充分，或者是尚未做好准备。人们总会有好的理由——至少对他们来说是合理的理由——使他们认为谈判的时机未到。尊重这一意见，并不是要放弃或推迟谈判；相反，倡议者要继续保持对话，但不要强迫对方马上同意。这种尊重性推动可能会提供出更多的信息，使对方有更宽裕的时间对建议重新思考，并调整其初期的偏见。

并不是所有人都会做出快速的决定。有些时候，人们不能越过自己开始的想法或偏见去看问题。花些时间去细细思考，他们最终会推翻以前的看法，更愿意去谈判。只要不是被迫的，或产生的结论不是强迫性的——只要与会者保持谈话——就有机会使抵制消失。尊重性推动能使对方以轻松的态度将谈判进行下去。

(3) 采取新的角度：产生创造性思维。

不能开展谈判的最大障碍之一和陷入僵局的主要原因是倡议者局限于自己看问题的角度。人们很容易从自己的角度看待问题，而不能听取别人的意见。他们只考虑自己所持立场的长处，而忽略了别人会有效地否决。

推断对方相信他们自己的要求是正确的，只有这样你才不会出差错。还有，倡议者只能猜测别人的想法是怎么一回事，他们是隐而不发呢，还是要摆到桌面上来？尊重性推动使对方将自己的看法讲出来，有助于谈判者理解为什么对方会有某种感觉。但是，这些推动并不仅仅是帮助性的，并不只是向倡议者提供额外的信息。通过创造或发现新的和意想不到的机会，尊重性推动可以打破坚冰。理解可以加深双方关系，增加达成一项双方同意的方案的可能性。

通过尊重性推动——积极地征询对方的想法和观点，承认其重要性，并表明这些想法和观点会得到认真对待——谈判者就会鼓励其他人同他们一起工作，而不是反对他们。

思 考 题

1. 什么是谈判？它可以分为几种类型？
2. 在谈判过程中，谈判人可采取哪些策略？
3. 一个谈判过程可以划分为几个阶段？

4. 举例说明在谈判中运用各种技巧如何有助于谈判取得最后的成功。

5. 三人联盟谈判与博弈。

请仔细阅读本说明。任何时候有任何疑问，请举手示意，指导老师将很高兴为你解答。从现在开始到谈判会议结束，与其他参与者的任何非正式的交流都是不允许的。

本博弈考虑了三个参与者：A、B、C。在博弈中，每次博弈只能形成一个条约。每个条约都有一个固定的总收益值供条约成员分配。下表显示了所有可能的条约的收益价值：

条约成员	条约总收益	条约成员	条约总收益
A与B	126	A与B和C	131
B与C	90	无条约	0
A与C	56		

在形成条约前，条约成员必须就如何分配收益达成一致意见。每一个卖者和买者的目标都是得到尽可能大的收益。

对每次博弈，参与者会有40分钟的谈判时间。在这40分钟内，参与者可以随心所欲地讨论与讨价还价，但是为了保持良好的秩序，禁止提高音量说话，禁止威胁性的身体语言。一旦形成条约，条约成员必须完成一个"签约文件"。在每张谈判桌上都有一个空白的文件。为了使文件生效，签约文件必须在指导老师宣布"40分钟"的时候完成。但签约文件必须在所有的条约成员都在文件上签名后才能生效。任何总收益超过上表所列的数据的限度的条约被认为是无效的。博弈结束时没有包括在条约中的参与者收益为零。一个双人联盟的形式并不需要征得被排除一方的同意。40分钟过去后，如果没有签订任何条约，博弈也告结束，且每个参与者获得的收益为零。

资料来源：[美] 理查德·J. 济科豪瑟. 决策、博弈与谈判 [M].
詹正茂，译. 北京：机械工业出版社，2004.

案例一

安娜加薪

我是安娜，我所服务的是一家小型欧洲公司，由于发展的需要，在中国设立了办事处，采用自建渠道的方式，进行业务拓展。由于是一家规模很小的公司，目前只有我一个雇员，在代表处负责市场分析、推广、销售和技术支持，职位是中国区市场经理，我的直接老板就是公司总裁，一个老外。他是一个非常和蔼可亲的欧洲人，由于年龄的差距，我们在工作中一直是以一种师生的方式进行交流的。

他毫无保留地向我传授经验,以非常开放的形式和我交流思想。但另一方面,他也是一个生意人,讲究成本和利润。

由于采用了市场策略,同时引进了适合的产品,在短短一年的时间里,公司的业务取得了迅猛的发展。为此,公司总部对潜在的中国市场发生了兴趣,决定引入更多的产品并加大对市场的投入,加大市场开拓的力度。

我最初效力于一家国有企业,虽然职业发展机会很好,深受领导的器重,但薪水较低。在跳槽到现在的公司时,由于看重公司的背景和发展机遇,更重要的是缺乏谈判技巧,同时由于不了解市场行情,虽然薪水比在原来公司高了一大截,但与同等职位相比,其实是非常便宜地把自己给卖了。然而根据合同,我只能在一年以后才能要求调整薪水。在过去的几个月中,我用开玩笑的方式尝试提醒了老板几次,得到了一些诸如答应考虑等含糊但正面的回复。最近,趁着老板来中国一周,我觉得有必要与老板做一次面对面的交流,根据我的工作业绩和同业水平,尽量多地争取到我应得的利益。

加薪是每个员工都非常乐意见到的事情,买房、养车、维持小资情调都必须有足够的薪水加以支持。然而,加薪是每个老板都不太乐意见到的事情,这意味着管理成本的增加,利润的减少。当然也有正面的效应,员工受到激励,转换成本增加,能够更忠实地为公司效力。

我事先为自己的加薪确定了一个底线目标,就是目前同行业的中上水平薪酬,并暗示自己一定要在谈判中坚守底线,绝不轻易放弃。我选择的谈判时间是老板完成工作巡查和客户拜访后,准备离开前的最后半天。在做完工作报告后,老板谈了他的一些看法和构想,从他的语气与态度中,我觉得他对我的工作比较满意。工作谈得差不多了,我觉得是可以开始正题的时间了。因为了解到,西方人不理解东方式的隐晦、绕弯、含蓄,通常希望开门见山、直截了当地提出要求。所以我就直奔主题了。

安娜:老板,对于过去一年中,我想知道一下你对我的评价,可以吗?

老板:安娜,你表现得不错,我非常满意。我期待今年你能取得更好的业绩。

安娜:我觉得如果你考虑提高我的薪水,我会更加努力的。

老板:这个要求非常合理,我也告诉过你我在考虑。那么,你觉得这样可以吗?

老板在白纸上写了个数字,当然,与我的预期存在一定的差距。我看了看老板写下的数字,表情平静。沉默了一下,我开始列举我的理由,首先我将我的主要工作成绩略提了一下,利用整理的数据帮助老板回顾了生意情况、客户数量、公司成本和节约的支出,让老板了解我为公司创造的高利润回报和我的低廉管理成本。然后,我告诉他目前同等职位的参考薪水,希望他了解我目前的报酬水平虽然低于我的实际价值,但我仍然认真工作,令他觉得我并非斤斤计较,更愿意用自己的表现让他乐意支付令人满意的薪水。

我的数据和长篇大论发生了一些效应,老板沉思后写了另一个数字,他也给出了他的理由。作为一家小公司,他所面临的压力也很大,成本计算中应考虑本国的税率和高昂的人员成本,实际的毛利率并不太高。同时,他认为今后每年我都会有一定的薪水调整,因此,他觉得这次提供的数字在现阶段应当是比较合理的。但这个数字依然没有达到我的预期。

通过老板的表情，我能够理解这次的数字已经非常接近老板所能提供的底线了。但我认为，我的不可替代性也许能帮助他将底线再抬高一些。

我继续保持冷静的态度，列出了我的加薪理由。首先我对有一个如此通情达理的老板表示感谢，并表示理解他所提到的几个理由。但今年的业务拓展需要我投入更多的时间和精力，而考虑到节约开支，没有因此而招募新人，实际我在完成两个人的工作量。单从这个角度，我觉得我应当得到更高的报酬。

老板沉默不语，我想也许他不同意我的理由，但不想直接加以否定。

我决定继续我的陈述，但应当适时地给予老板一些压力。

我告诉老板，当初选择进入公司的原因是它给了我充分发挥的平台，公司虽然规模不大，但我对它的发展充满信心，并希望能和公司一起成长。而我目前正在进行的MBA课程学习对公司的业务发展也作用颇大，许多营销、财务等管理知识在公司事务中得到应用。这使我更加深了对公司的归属感。

然后，我提及，在过去的三个月中，有两家猎头公司找到我，他们的客户都是世界500强企业，都提供了非常好的发展机会和薪酬福利，但我考虑再三均推辞了。我告诉老板，虽然薪水不高，但我觉得老板待我不薄，给予了充分的信任，且公司的业务已经开始有起色，我觉得非常有成就感和认同感。我不希望在这个时候离开公司，但公司也应当对我的价值有一个恰当的认定。

老板要了杯咖啡，看得出，他在对可能的利弊进行分析，最后他在纸上写了一个新的数字，这次的数值比我的预期还略高了一点。但我发现，也许是受了胁迫的缘故，他似乎有些不太乐意。

我控制了一下情绪，尽量不让他觉察到我的胜利感，尽量继续保持平静。沉思了一下，我表示接受这次报价，再次向他表达了我的感谢。我继续说，我不希望他觉得这是一次讨价行为，我为公司工作也绝对不仅仅是为了这份薪水，因为上述两家猎头提供的参考年薪远高于他的建议。我的用意是提醒老板，虽然他超出了预算，但其实他也是谈判的胜利者，他以合理的价格成功地留下了一个得力的员工。此外，我也谈了对下一步工作的展望，给予老板一个诱人的前景，让他觉得这部分支出必然会物有所值，借此进一步缓和气氛，削弱他对刚才对话的负面感。最后，我提到，为了感谢他在美国开会期间带我去纽约游览了一天的盛情款待，在晚餐后我将邀请他去听大剧院的音乐会。喜爱音乐的老板在这个下午终于露出了微笑，他似乎开始忘却会谈时的胁迫感了……

资料来源：根据复旦大学管理学院MBA班学生作业改编．

案例讨论

1. 安娜为谈判做了哪些事前准备工作？
2. 安娜的替代方案是什么？
3. 安娜在谈判快达成时为什么要控制自己的情绪，尽量保持平静？
4. 安娜提出请老板听音乐会有什么作用？
5. 安娜在谈判中使用了哪些谈判策略？

案例二

软件采购

A公司是一家芯片设计和销售公司，公司主要经营芯片的研发和销售。在芯片设计出来后，如何将芯片设计到应用系统中，首先需要进行电路板的绘制，设计好电路。这时必须用到第三方的设计软件。

一般来说，电路板设计过程并非芯片公司必须做的，但是为了让芯片更好地为客户服务，减少客户开发系统板的时间，一般情况下，芯片设计完成后，芯片公司还是会选择部分设计难度大、过程复杂的芯片做一些demo电路板，提供给客户，以降低客户的系统开发时间，从而为自己的芯片提高竞争力与市场占有率提供帮助。

B公司是一家境内注册的设计软件供应商，公司总部在美国。致力于研发、创作和销售电子设计软件和硬件来帮助电子设计工程师利用最新的设备及科技，在设计"生态系统"中管理自己的项目，从而设计出互联、智能的产品。

B公司在电路板设计领域有超过30年的研发经验，该公司研发的电路板设计软件在国内的市场份额占30%以上。国内大多数中小型芯片设计企业或系统方案商均采购该公司的电路板设计软件。

B公司将使用其公司软件产品的公司列入清单，并通过一定的技术手段定期检查这些公司是否正规使用该软件（以下简称"BD软件"）。是否正规使用包括：是否在license采购数量范围内使用；是否按软件使用协议在指定地点使用等。

20×1年11月，B公司发现A公司有超出其license采购数量使用的情况。在此之前，A公司通过B公司代理商正式采购的license数量为9套，其中3套软件注册地不在A公司注册地或经营地，而在A公司的母公司的所在地——C省D市，这违反了B公司软件使用协议中关于指定地的要求。

20×1年11月底，B公司向A公司发出律师函，要求A公司立刻停止超量非法使用B公司的BD软件，并要求A公司向B公司立刻采购一定数量的BD软件license，以合法合规地使用B公司的软件。否则，B公司将采取法律手段保护自身的合法权益。

谈判参与人由A公司的法务部经理李力，B公司的本案负责人赵凯，代理商刘平和业务部经理张行组成。

第一次谈判于20×1年12月的一天举行，参与人为李力 VS. 赵凯&刘平。

李力：对于你们认定的我公司超数量使用的情况我方不予认可，我公司是在采购数量之内使用，并没有如贵方在律师函中提出的超数量侵权使用。

赵凯：很抱歉，不能告诉你们我们是通过什么技术手段获知的，但是，你们使用BD的数量远远超过你们的购买量。

刘平：贵公司共在我公司采购BD软件8套license。

赵凯：我们在监测中发现，贵公司最多有30多个端口在同时使用BD软件。

李力：这数据太夸张了。我公司所有需要使用BD软件的人加起来都不到30人。我对你们采集的数据真伪存在质疑。

赵凯：我们有自己的技术手段，这个数据不管你们怀疑不怀疑，都是我们的参考依据。我们也是基于此，希望贵公司重视起来，再次采购合适数量的BD软件license，以保证贵公司员工的正版使用。

刘平：根据实测结果和贵方已经采购的数量，B公司也考虑到和贵公司的长期合作，希望你们再次从我方采购9套正版BD软件license。

李力：这个采购数量太离谱了，我们也用不到这么多。可能是我公司内部软件管理不是很严谨，导致有员工反复多次安装卸载BD软件，但这不应成为侵权使用的理由。

赵凯：对不起，只要有端口使用非授权BD软件并超过一定的时间，我们都会记录为侵权使用。

李力：我们不认可你们的监督方法，我们也不可能再次采购这么多BD软件，因为我们不需要这么多数量的软件。希望贵公司考虑一下我公司的主营业务。我们是芯片设计公司，而非系统设计公司，所以我们不需要那么多BD软件。

赵凯：我们已经是考虑到贵公司的实际情况了，所以我们要求的数量已经是按照我们监测的一半进行要求了。这也是公司总部的要求，我们没法更改。

李力：这样谈下去看来只有诉讼一条路可走了。

赵凯：如果你们不买的话，那就法庭见。

A公司在第一次谈判后，向B公司提出要求，更换谈判人以及代理商，再进一步谈采购事宜。B公司作为软件销售公司，从一开始就没有要把事件往诉讼的方向推，而是希望A公司能尽快答应采购一定数量的BD软件，所以B公司也同意了A公司的要求，更换了谈判人，换为公司业务部的张行。

第二次谈判于20×2年2月底举行，参与人为李力VS.张行。

张行：我公司是非常有诚意和贵公司协商解决问题的办法，所以这次让我来和您谈谈。

李力：非常感谢贵公司对我公司的看重，我们也非常希望双方是合作，而不是对簿法庭。

张行：是的。我是公司业务部的负责人，对于贵公司超范围使用软件问题，上一次我公司法务部同事已经和您这边说得很清楚，我就不重复说明了。我这次来，还是希望贵公司能够采购一些新的BD软件license，以保证贵公司的合法合规使用。

李力：您的意思是，只要我们采购一些新的license，贵方就不再就版权问题纠缠我公司了吗？

张行：差不多。但是，采购的数量必须满足我公司内部核审的要求。

李力：希望不要是狮子大开口。

张行：贵公司在今年的预算中是否有采购BD软件这一块？

李力：有，我们的计划是今年不做新的采购，而是对现有的BD软件进行网络升级。根据贵公司的报价，升级费用也是不菲的。

张行：如果只是升级，我们公司是不能接受的。

李力：我方能做的最大限度是，今年升级，明年采购1套新的。

张行：这恐怕很难，与我公司的要求相差太远了，我都没法向上汇报。

李力：经过我们的内部排查，公司内部根本没有超数量使用，贵公司的监测统计数据肯定有问题。我们之所以同意做升级并在来年再采购一套，完全是考虑和贵公司已经有这么久的合作，不希望双方走上对立面。您知道的，如果不合作，我们可以选择其他家的软件，不再使用贵公司BD软件。

　　张行：这不是我们双方希望看到的结果。

　　李力：是的，我们也不希望这样。

　　张行：我回去向公司汇报一下，但希望渺茫。希望你们再考虑一下，能否今年采购3套，明年再采购6套。

　　李力：如果你们还是坚持9套的话，我们没法往下谈。

　　张行：我回去汇报一下。

　　第三次谈判于20×2年6月底进行，参与人为李力VS.张行。

　　李力：非常感谢您在双方的合作谈判中积极的沟通和推进。

　　张行：这是分内的事，我们都希望双方能合作双赢。

　　李力：与其把大笔的费用给律师，不如将费用花在刀刃上。

　　张行：是的，我非常高兴我们在合作这一点上能达成共识。

　　李力：那么我们开门见山说吧，我公司可以考虑在今年采购1套新的BD软件，并在明年进行升级，虽然和贵公司的数量还是有点差距，但我们希望贵方还是考虑到我们合作的诚意，您觉得如何？

　　张行：很高兴你们能将采购放到今年，但只采购1套我是无法向公司交代的，公司也不可能批准这样的方案。那么，你们今年采购2套如何？

　　李力：这真是个艰难的合作。

　　张行：万事开头难，希望贵我双方在这次合作以后能更顺畅。我们在"七一"之前将采购合同直接签了，如何？

　　李力：我们需要你们更进一步的承诺，三年内不许再就版权问题干扰我公司。

　　张行：没问题。

　　双方经过总共三轮谈判，最后终于达成合作，并签署相关和解协议：由A公司在今年7月初前向B公司采购2套新的BD软件，并在20×2年7月底前完成现有所有10套BD软件的网络升级。B公司承诺在三年内不再就版权问题向A公司提起诉讼。

　　　　　　　　　　　　　　资料来源：根据复旦大学管理学院2017级MBA邱莹提供的资料改编.

案例讨论

　　1. 第一次谈判为什么没有进展？
　　2. A公司和B公司各看重哪些方面的利益？哪些利益是可以互补的？哪些利益是对立的？
　　3. A方谈判代表在谈判中使用了哪些谈判策略？
　　4. A方和B方为什么同意了谈判结果？

附 录

谈判能力的测验

下面介绍的是美国谈判专家嘉洛斯设计的一份谈判人员能力测验卷,可供谈判者进行自我测试,以便明确自己的谈判水平,并为今后的能力锻炼提示努力重点,以使自己更上一层楼。

1. 你通常是否先准备好,再进行商谈?
   ① 每次　② 时常　③ 有时　④ 不常　⑤ 都没有
2. 你面对直接的冲突有何感觉?
   ① 非常不舒服　② 相当不舒服　③ 虽然不喜欢,但还是面对着它
   ④ 有点喜欢这种挑战　⑤ 非常欢迎这种机会
3. 你是否相信商谈时对方告诉你的话?
   ① 不,我非常怀疑　② 普通程度的怀疑　③ 有时候不相信　④ 大概相信　⑤ 几乎永远相信
4. 被人喜欢对你来说重要与否?
   ① 非常重要　② 相当重要　③ 普通　④ 不太重要　⑤ 一点都不在乎
5. 商谈时你是否常作乐观的打算?
   ① 几乎每次都关心最乐观的一面　② 相当地关心　③ 普通程度地关心
   ④ 不太关心　⑤ 根本不关心
6. 你对商谈的看法怎么样?
   ① 高度的竞争　② 大部分的竞争,小部分互相合作　③ 大部分互相合作,小部分竞争
   ④ 高度的合作　⑤ 一半竞争,一半合作
7. 你赞成哪一种交易呢?
   ① 对双方都有利的交易　② 对自己较有利的交易　③ 对对方较有利的交易
   ④ 对你非常有利,对对方不利的交易　⑤ 各人为自己打算
8. 你是否喜欢和商人交易?(例如,销售家具、汽车、家用产品的商人)
   ① 非常喜欢　② 喜欢　③ 不喜欢也不讨厌　④ 相当不喜欢　⑤ 憎恨
9. 如果交易对对方很不利,你是否会让对方再和你商谈一个较好一点的交易?
   ① 很愿意　② 有时候愿意　③ 不愿意　④ 几乎从没有过　⑤ 那是对方的问题
10. 你是否有威胁别人的倾向?
    ① 常常如此　② 相当如此　③ 偶尔如此　④ 不常　⑤ 几乎没有
11. 你是否能适当表达自己的观点?
    ① 经常如此　② 超过一般水准　③ 一般水准　④ 低于一般水准　⑤ 相当差
12. 你是一个很好的倾听者吗?
    ① 非常好　② 比一般人好　③ 普通程度　④ 低于一般水准　⑤ 很差
13. 面对语意含糊不清的词句,其中还夹着许多赞成和反对的争论时,你有何感觉?

① 非常不舒服,希望事情不是这个样子　② 相当不舒服　③ 不喜欢,但是还可以接受

④ 一点也不会被骚扰,很容易就习惯了　⑤ 喜欢如此,事情本来就该如此

14. 有人在陈述和你不同的观点时,你能够倾听吗?

    ① 把头调转开　② 听一点点,很难听进去　③ 听一点点,但不太在意

    ④ 合理地倾听　⑤ 很注意地听

15. 在商谈开始以前,你和公司里的人如何彻底讨论商议的目标和事情的优先程序?

    ① 适当的次数,讨论得很好　② 常常很辛苦地讨论,讨论得很好

    ③ 时常且辛苦地讨论　④ 不常讨论,讨论得不太好

    ⑤ 没有什么讨论,只是在商谈时执行上级的要求

16. 假如一般公司都照着定价加5%,你的老板却要加10%,你的感觉如何呢?

    ① 根本不喜欢,会设法避免这种情况发生　② 不喜欢,但还是会不情愿地去做

    ③ 勉强去做　④ 尽力做好,而且不怕尝试　⑤ 喜欢这个考验,而且期待这种考验

17. 你喜不喜欢在商谈中使用专家?

    ① 非常喜欢　② 相当喜欢　③ 偶尔为之　④ 假如情况需要的话　⑤ 非常不喜欢

18. 你是不是一个很好的商议小组领导者?

    ① 非常好　② 相当好　③ 公平的领导者　④ 不太好　⑤ 很糟糕的领导者

19. 置身于压力下,你的思路是否仍很清楚?

    ① 是的,非常好　② 比大部分人都好　③ 一般程度

    ④ 在一般程度之下　⑤ 根本不行

20. 你的商业判断能力如何?

    ① 非常好　② 很好　③ 和大部分主管一样好　④ 不太好　⑤ 我想我不行

21. 你对于自己的评价如何?

    ① 高度的自我尊重　② 适当的自我尊重　③ 很复杂的感觉,搞不清楚

    ④ 不太好　⑤ 没什么感觉

22. 你是否能获得别人的尊敬?

    ① 很容易　② 大部分如此　③ 偶尔　④ 不常　⑤ 很少

23. 你认为自己是不是一个谨守策略的人?

    ① 非常是　② 相当是　③ 合理地运用　④ 时常会忘记运用策略　⑤ 我似乎是先说再思考

24. 你是否能广泛地听取各方面的意见?

    ① 是的,非常能　② 大部分如此　③ 普通程度　④ 相当不听取别人的意见　⑤ 观念相当固执

25. 正直对你来说重不重要?

    ① 非常重要　② 相当重要　③ 重要　④ 不重要　⑤ 非常不重要

26. 你认为别人的正直重不重要?

①非常重要　②相当重要　③重要　④有点不重要　⑤非常不重要

27. 当你手中握有权力时,会如何使用呢?
①尽量运用一切的手段发挥　②适当的运用,没有罪恶感
③我会为了正义而运用　④我不喜欢使用　⑤我很自然地接受对方作为我的对手

28. 你对于"行为语言"的敏感程度如何?
①高度敏感　②相当敏感　③大约普通程度　④比大部分人的敏感性低　⑤不敏感

29. 你对于别人动机和愿望的敏感程度如何?
①高度敏感　②相当敏感　③大约普通程度　④比大部分人的敏感性低　⑤不敏感

30. 对于以个人身份和对方结交,你有怎样的感觉?
①我会避免如此　②不太妥当　③不好也不坏　④我会被吸引而接近对方
⑤我喜欢超出自己的立场去接近他们

31. 你洞察商议真正问题的能力如何?
①我通常会知道　②大多时间我都能够了解　③我能够猜得相当正确
④对方常常会令我惊奇　⑤我发现很难知道真正的问题所在

32. 在商议中,你想要定下哪一种目标呢?
①很难达成的目标　②相当难的目标　③不太难,也不太容易的目标
④相当合适的目标　⑤不太难,比较容易达成的目标

33. 你是不是一个有耐心的商谈者?
①几乎永远如此　②比一般人有耐心　③普通程度
④一般程度以下　⑤我会完成交易,为什么要浪费时间呢

34. 商议时你对于自己目标的执着程度如何?
①非常执着　②相当执着　③有点执着　④不太执着　⑤相当有弹性

35. 在商谈中,你是否很坚持?
①非常坚持　②相当坚持　③适度地坚持　④不太坚持　⑤根本不坚持

36. 你对于对方私人问题的敏感程度如何?
(非商业性的问题,例如工作的安全性、工作的负担、假期、和老板相处的情形等)
①非常敏感　②相当敏感　③一般程度　④不太敏感　⑤根本不敏感

37. 对方的满足对你有什么影响?
①非常在乎,我尽量不使他受到损失　②有点在乎　③中立态度,但我希望他不会被伤害
④有点关心　⑤各人都要为自己打算

38. 你是否想要强调你的权力限制?
①是的,非常想　②通常做得比我喜欢的还要多些　③适度的限制
④我不会详述　⑤大部分时间我会如此想

39. 你是否想了解对方的权力限制?
    ① 非常想　② 相当想　③ 我会衡量一下　④ 这很难做,因为我并不是他
    ⑤ 我让事情在会谈时顺其自然地进行
40. 当你买东西时,对于说出一个很低价钱,感觉如何?
    ① 太可怕了　② 不太好,但是有时我会如此做　③ 偶尔才会做一次
    ④ 我常常如此尝试,而且不在乎如此做　⑤ 我使它成为正常的习惯,而且感觉非常舒服
41. 通常你如何让步?
    ① 非常地缓慢　② 相当地缓慢　③ 和对方的速度相同
    ④ 我多让点步,试着使交易快点完成　⑤ 我不在乎付出更多,只要完成交易就行
42. 对于接受影响你事业的风险,感觉如何?
    ① 比大部分人更能接受大风险　② 比大部分人更能接受相当大的风险
    ③ 比大部分人接受较小的风险　④ 偶尔冒一点风险　⑤ 很少冒险
43. 你对于接受财务风险的态度如何?
    ① 比大部分人更能接受大风险　② 比大部分人更能接受相当大的风险
    ③ 比大部分人接受较小的风险　④ 偶尔冒一点风险　⑤ 很少冒险
44. 面对那些地位比你高的人,感觉如何?
    ① 非常舒服　② 相当舒服　③ 复杂的感觉　④ 不舒服　⑤ 相当不舒服
45. 你要购买车子或房屋的时候,准备的情形如何?
    ① 很彻底　② 相当好　③ 普通程度　④ 不太好　⑤ 没有准备
46. 对方告诉你的话,你调查到什么程度?
    ① 调查得很彻底　② 调查大部分的话　③ 调查某些话
    ④ 知道应该调查,但做得不够　⑤ 没有调查
47. 你对于解决问题是否有意见?
    ① 非常有　② 相当有　③ 有时候会有　④ 不太多　⑤ 几乎没有
48. 你是否有足够的魅力?人们是否尊敬你而且遵从你的领导?
    ① 非常有　② 相当有　③ 普通程度　④ 不太有　⑤ 一点儿没有
49. 和他人比较,你是不是一个有经验的商谈者?
    ① 很有经验　② 比一般人有经验　③ 普通程度　④ 经验比一般人少　⑤ 没有丝毫经验
50. 对于你所属小组的领导人感觉如何?
    ① 舒服而且自然　② 相当舒服　③ 很复杂的感觉
    ④ 存有某种自我意识　⑤ 相当焦虑不安
51. 没有压力时,你的思考能力如何?(和同事相较之下)
    ① 非常好　② 比大部分人好　③ 普通程度　④ 比大部分人差　⑤ 不太行

52. 兴奋时,你是否会激动?
   ① 很镇静　② 原则上很镇静,但是会被对方激怒　③ 和大部分人相同
   ④ 性情有点急躁　⑤ 有时我会激动起来

53. 在社交场合中人们是否喜欢你?
   ① 非常喜欢　② 相当喜欢　③ 普通程度　④ 不太喜欢　⑤ 相当不喜欢

54. 你工作的安全性如何?
   ① 非常安全　② 相当安全　③ 一般程度　④ 不安全　⑤ 相当不安全

55. 假如听过对方4次很详尽的解释,你还是必须说4次"我不了解",你的感觉如何?
   ① 太可怕了,我不会那么做的　② 相当困窘　③ 会觉得很不好意思
   ④ 感觉不会太坏,还是会去做　⑤ 不会有任何犹豫

56. 商议时对于处理困难的问题,你的成绩如何?
   ① 非常好　② 超过一般程度　③ 一般程度　④ 一般程度以下　⑤ 很糟糕

57. 你是否会问探索性的问题?
   ① 擅长此道　② 相当不错　③ 一般程度　④ 不太好　⑤ 不擅此道

58. 生意上的秘密,你是不是守口如瓶呢?
   ① 非常保密　② 相当保密　③ 一般程度　④ 常常说得比应该说的还多　⑤ 说得实在太多了

59. 对于自己这一行的知识,你的信心如何?(和同事相比较之下)
   ① 比大部分人都有信心　② 相当有信心　③ 一般程度
   ④ 有点缺乏信心　⑤ 坦白说,没有信心

60. 你是建筑大厦的买主,由于太太的要求而更改设计图,现在承包商为了这个原因要收取更高的价格。而你又因为他能把这项工程做好,而非常地需要他。对于这个新的加价,你会有什么感觉呢?
   ① 马上跳起来大叫　② 非常不喜欢　③ 准备好好地和他商议,但并不急着做
   ④ 虽然不喜欢,但还是会照做的　⑤ 和他对抗

61. 你是否会将内心的感受流露出来呢?
   ① 非常容易　② 比大部分人多　③ 普通程度　④ 不太经常　⑤ 几乎没有

根据下面的评分表,谈判者可以知道自己的得分属于哪一级:

第一级:+375—+717;

第二级:+33—+374;

第三级:−309—+32;

第四级:−651—−310。

半年以后再做一次,看看有没有提高。

谈判能力测验评分表

题号 选项得分	①	②	③	④	⑤	题号 选项得分	①	②	③	④	⑤
1	+20	+15	+5	−10	−20	26	+15	+10	+10	0	−10
2	−10	−5	+10	+10	−5	27	+5	+15	0	−5	0
3	+10	+8	+4	−4	−10	28	+2	+1	+5	−1	−2
4	−14	−8	0	+14	+10	29	+15	+10	0	−10	−15
5	−10	+10	+10	−5	−10	30	−15	−10	−2	−10	−15
6	−15	+15	+10	−15	+5	31	+10	+5	+5	−3	−10
7	0	+10	−10	+5	−5	32	+10	+15	+5	0	−10
8	+3	+6	+6	−3	−5	33	+15	+10	+5	−5	−15
9	+6	+6	0	−5	−10	34	+12	+12	+3	−5	−15
10	−15	−10	0	+5	+10	35	+10	+12	+4	−3	−10
11	+8	+4	0	−4	−6	36	+16	+12	0	−3	−15
12	+15	+10	0	−10	−15	37	+12	+6	0	−2	−10
13	−10	−5	+5	+10	+10	38	−10	−8	+5	+8	+12
14	−10	−5	+5	+10	+15	39	+15	+10	+5	−5	−10
15	+8	−10	+20	+15	−20	40	−10	−5	+5	+15	+15
16	−10	+5	+10	+13	+10	41	+15	+10	−3	−10	−15
17	+12	+10	+4	−4	−12	42	+5	+10	0	−3	−10
18	+12	+10	+5	−5	−10	43	+5	+10	−5	+5	−8
19	+10	+5	+3	0	−5	44	+10	+8	+3	−3	−10
20	+20	+15	+5	−10	−20	45	+15	+10	+3	−5	−15
21	+15	+10	0	−5	−15	46	+10	+10	+3	−5	−12
22	+12	+8	+3	−5	−8	47	+12	+10	0	0	−15
23	+6	+4	0	−2	−4	48	+10	+8	+3	0	−3
24	+10	+3	+5	−5	−10	49	+5	+5	+5	−1	−3
25	+15	+10	+5	0	−10	50	+8	+10	0	0	−12

（续表）

选项 题号　得分	①	②	③	④	⑤	选项 题号　得分	①	②	③	④	⑤
51	+15	+6	+4	0	−3	57	+10	+10	+4	0	−5
52	+10	+8	+5	−3	−10	58	+10	+8	0	−8	−15
53	+10	+10	+3	−2	−6	59	+12	+10	0	−5	−10
54	+12	−3	+2	−5	−12	60	+15	−6	−10	−15	0
55	−8	+8	+3	+8	+12	61	−8	−3	+2	+5	+8
56	+10	+8	+8	−3	−10						

第 9 章 说 服

故与智者言，依于博；与拙者言，依于辨；与辨者言，依于要；与贵者言，依于势；与富者言，依于高；与贫者言，依于利；与贱者言，依于谦；与勇者言，依于敢；与过者言，依于锐。
——《鬼谷子·权篇》

学习目标

- 掌握说服的途径
- 掌握说服的要素
- 了解说服的主要步骤

引导案例

公元前265年，赵国的赵惠文王病逝，太子丹继位，就是孝成王。由于孝成王年幼，便由其母摄政。当时，秦国见赵王年幼，国内不稳，便认为有机可乘，乃命大将王翦率领大军攻打赵国。太后认为以赵国之力难以抵挡强大的秦国，便派使臣向当时颇有实力的齐国求救，齐王却放话说："你们一定得把赵太后的小儿子长安君送来做人质，我们才愿意出兵。"

长安君是赵孝成王的幼弟，也是赵太后最小、最疼爱的儿子，此时尚年幼无知。赵太后一听到要她的宝贝小儿子去做人质，便断然拒绝。朝廷大臣眼看秦国的大军就要打过来了，便拼命苦劝太后同意长安君远行齐国。

太后最后被这些大臣的劝谏给惹火了,对他们说:"如果有人胆敢再劝我把长安君送到齐国去,我就把口水吐到他脸上!"赵太后平时掌管国政,多能以社稷为念,以国家为先,但此时因为骨肉情深,似乎失去了往日的理智,不能从大局着想。可是,要想救赵国于危难之中,无论如何得让太后答应齐国的要求。然而,前去说服的大臣一个个碰壁而回,而且太后已大发雷霆,谁还敢冒着掉脑袋的危险去和她争执呢?

就在这节骨眼上,老臣触龙去求见赵太后。此时,太后正在气头上,触龙则若无其事地一步步走近太后,说:"老臣最近脚有毛病,不能多行路,所以很久没有觐见太后了。我私下猜测,唯恐太后身体也有微恙,所以特来拜望。"

太后则没好气地说:"我还死不掉,靠着轿子还可以动呢!"

"哦,那您每天饭量有没有减少呢?"

"吃点粥罢了。"

"老臣前一阵子胃口实在不好,只能勉强自己走路,每天走个三四里路,才渐渐增加一点食欲,调和了一下身体。"

"我老太太没办法!"太后仍然没好气地回答,不过神情已经缓和了许多。

触龙接下来说:"老臣有个小儿子,虽然没有什么才能,可是老臣这一大把年纪了,对他就特别宠爱。所以胆敢来请求太后,看看能不能给他补一个侍卫的缺,保卫王室。"太后说:"可以,他今年多大了?"

触龙说:"十五岁了。虽然年纪还小,但希望在老臣未死之前,把他托付给太后。"

太后说:"咦,原来你一个堂堂的男子,也如此疼爱儿子!"

触龙说:"那当然啦,甚至比他的母亲还疼他呢!"

太后笑了,说:"女人疼儿子可不一样啊!"

触龙接着说:"哦,我一直以为您疼爱女儿燕后,比疼长安君还多呢。"

"你错了,我疼长安君是胜过燕后的。"

触龙说:"是这样吗?我认为父母疼爱儿女,总会为他们长远的幸福着想。太后您送燕后出嫁的时候,拉着她的手流眼泪,想到女儿就要远离,心中难过啊。等她走了以后,心中还是挂念着她。可是每逢祭祀的时候,总是会替燕后祷告:'千万别让她回来啊。'这岂不是为她长远的幸福着想,希望她的子孙能世代为王吗?"

太后说:"是啊!"

"那么,太后您想一想:咱们赵国以前所封的侯爵中,有没有子孙三代后仍然在位的呢?"触龙又说。

"没有。"太后如实回答道。

"不要说赵国,就是其他诸侯在三代以前封侯的子孙中,有没有至今仍然有后代在位的呢?"

"我没听说过。"太后说。

"这些人近的祸及自身,远的祸及子孙。这并不是说国君的子孙都一定不肖,只是因为他们位高而无功,俸禄丰厚却无苦劳,而且受溺爱过多所致。现在太后您给长安君封了很高的爵位和肥沃的土地,也给了他很多金玉宝贝,却不让他趁现在危难之际为国家立一点功劳,一旦您老人家撒手西归,长安君要靠什么在赵国立足呢?所以,老臣才以为您并没有为长安君的长远幸福着想,反倒觉得您疼爱他不如燕后。"

太后听完以后,终于同意送长安君到齐国去做人质,齐国的救兵不久以后就到来了。

9.1 说服的途径

说服就是通过运用各种信息来改变别人的态度所作的努力。古希腊哲学家亚里士多德是第一个对说服问题产生兴趣并且试图分析的人。

人们的观点总是有一定来源的。因此无论是教育还是灌输,说服都是不可避免的。事实上,说服在政治、求爱、谈判、市场营销、法庭审判中无处不在。因此,社会心理学家试图探讨是什么因素导致了有效和持久的态度改变?什么因素会影响说服?同时,作为说服者,我们怎样才能有效地"教育"别人?

9.1.1 态度改变情境模型

卡尔·霍夫兰(Carl Hovland)是20世纪著名的社会心理学家,他提出了说服性传播效果理论。他和贾尼斯(L. Janis)把说服看作信息沟通的过程,并在1959年提出了一个标准的说服模型。1985年,弗里德曼(J. L. Freedman)把这个模型加以简化,即态度改变情境模型(model of attitude-changing situation)(图9.1)。在这个模型中,传达者、传达对象、传达信息和情境构成态度改变所关联的四个基本要素,其中传达者、传达信息和情境构成了态度改变的外部刺激。

一个人态度的改变是其原有态度与外部的不同看法(或态度)之间的

差异造成的。这种差异会产生压力,引起内心的冲突和不协调。而人具有恢复内心平衡、达成协调一致的能力,他们常通过以下两种方式来缩小这种差异,从而减轻内心的压力。一是接受外部影响,改变自己的原有态度;二是通过贬损信誉、歪曲信息或掩盖拒绝的方法否定或抵制外部影响,以维持自己的原有态度。

（1）贬损信誉：这种方法是直接针对沟通者的攻击而不是信息内容。当人们找不到有力的证据驳倒传达的信息内容时,常会采用贬低或损坏沟通者声誉（即信息来源）的方式来表明信息不可靠,降低信息的价值并加以拒绝。

（2）歪曲信息：这种方法是针对信息内容的,有两种具体的方法来缩小或取消差异,消除改变态度的压力。一种是通过同化作用将沟通者不同于己的观点看成与自己相近或相同的;另一种是通过反向作用故意将沟通者的观点做极端的夸大,甚至变得荒唐可笑,从而失去可信度。

（3）掩盖拒绝：这种方法则是对沟通者采取两种不同的态度来拒绝其信息内容。一种是修饰或美化自己真正看法的态度来拒绝外部的影响;另一种则是不予理睬的态度,不直接回应沟通者的看法,而是毫无道理地拒绝一切论据,以继续维持自己的观点。

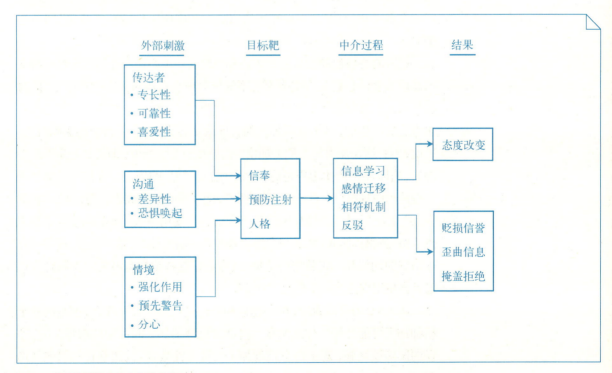

图9.1　弗里德曼的态度改变情境模型

9.1.2　中心途径与外周途径

佩蒂和卡乔波（Petty & Cacioppo）以及伊格列和柴肯（Eagly & Chaiken）提出说服可以通过以下两种途径中的一种发生作用。

（1）中心途径。

中心途径呈现信息的实质内涵，即信息是否提供有力和足够的证据令人信服。当人们在某种动机的引导下，并且有能力全面系统地对某个问题进行思考的时候，他们会更多地使用说服的中心途径，也就是关注论据。如果论据有力且令人信服，那么人们就很可能被说服。如果信息包含无力的论据，思维缜密的人会很快注意到这一点并进行反驳。

（2）周边途径。

周边途径提供其他的相关线索，即信息是否清晰易懂而不考虑论据是否令人信服。当人们忙于其他事情，转移了注意力并且完全不可能在某种动机的引导下去仔细思考的时候，他们并不会专注信息的实质内涵，也就不会花太多的时间去仔细推敲信息所包含的内容。这时，他们会采用说服的周边途径，即关注那些可以不假思索就接受的外部信息线索，而不考虑论据是否令人信服。对他们而言，论据的有力与否也并不重要。因此，当人们倾向于采用周边途径理解信息时，熟悉易懂的表达方式会比新异的表达方式更具有说服力。比如，对一个外行人来说，"不要把你的鸡蛋都放在同一个篮子里"要比"不要在一次冒险行动中压上你所有的赌注"更有影响力。

说服的终极目的是引发个体态度的改变。中心途径能引起个体更持久的态度改变。信息是否引人深思不仅依赖信息自身所具有的说服力，同时也依赖人们对信息作出回应时的观点和想法。这些观点和想法是经过深刻思考之后产生的，基于此而形成的态度改变会更持久，并且更能影响行为。因此，中心途径能引起人们更加稳定的态度改变。当然，即使那些乐于思考的人，有时候也会使用周边途径来形成自己初步的观点。人们经常会使用一些简单而具有启发性的"拇指原则"，即按照经验形成的法则，例如"相信专家"或者"长信息更加可信"等。我们也会使用一些其他的启发性策略来迅速做出判断，比如，如果一个演讲者的表达清晰流利、富有魅力，而且具有非常好的动机和一定数量的论据（或者最好这些论据有不同的来源），人们通常会使用周边途径不假思索地接受他们的信息。

从图9.2中可以看出，中心途径和周边途径并非独立存在，而是同处于精细加工可能性统一体的两端。对于信息精细加工的可能性增强，中心途径的影响就增强；对于信息精细加工的可能性减少，周边途径的影响就增强。态度的改变最终是由中心途径和周边途径双方共同作用决定的。

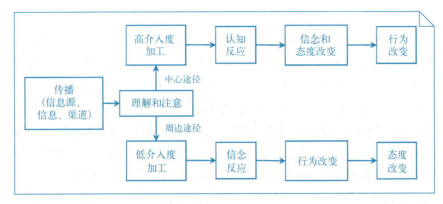

图9.2 精细加工可能性(ELM)模型

9.2 | 说服的要素

社会心理学家发现，说服主要包括四个要素：信息沟通者、信息内容、沟通渠道和听众。换句话说，就是谁用什么方法将什么信息传达给了谁。

9.2.1 信息沟通者

社会心理学家发现信息的沟通者会影响听众对信息的接受程度。在一个实验中，矛盾的双方在对他人陈述理由时，用的是相同的语言表达相同的观点，但结果每一方的论点都只对其支持者最有影响力。不仅信息本身非常重要，沟通者同样起着十分重要的作用。那么，是什么原因使得某些沟通者比另外一些沟通者更具说服力呢？

（1）可信度。

可信度就是沟通者让听众感觉自己值得大家信任，并且他所传达的信息内容也值得大家去接受的程度。

几乎所有的人都会发现，有关锻炼益处的报告如果来自中国社科院就要比来自街头小报让人觉得可信得多。美国心理学家曾做过一个有趣的实验，在给大学心理系学生讲课时，向学生介绍说聘请到举世闻名的化学家。这位化学家说，他发现了一种新的化学物质，这种物质具有强烈的气味，但对人体无害，在这里只想测试一下大家的嗅觉。接着他打开瓶盖，过了一会儿，要求闻到气味的同学举手。不少同学举了手，而其实这只瓶子里只不过是蒸馏水，"化学家"是从外校请来的德语教师。这种由于接受名人的暗示所产生的信服和盲从现象就是所谓的"名人效应"。

1)初始可信度。

初始可信度(initial credibility)是指在沟通发生之前听众对沟通者的看法。作为沟通策略的一部分,沟通者需要向听众强调或提醒他们自己的初始可信度。在那些沟通者拥有很高初始可信度的场合下,沟通者应该把它当作"可信度银行账户"。假如人们对沟通者推崇备至,即使沟通者的决策或建议不受欢迎或者不能完全与他们的预先期望相一致,他们仍可能对沟通者充满信任。但是,应意识到的一点是,就像使用银行存款后储蓄减少一样,使用沟通者的初始可信度会降低其可信度水平,因此,沟通者必须不断通过良好意愿和专业知识来提高其在"可信度银行账户"上的储蓄水平。

2)后天可信度。

后天可信度(acquired credibility)是指沟通者在与听众沟通之后,听众对沟通者形成的看法。即使听众事先对沟通者毫无了解,但沟通者的好主意或具有说服力的写作和演讲技巧有助于其赢得可信度。因此,获得可信度的最根本办法是在整个沟通过程中表现出色。沟通者的可信度受到沟通者的身份地位、专业知识、良好意愿、外表形象与共同价值等五个因素的影响(表9.1)。

表9.1 影响可信度的因素和技巧

因素	建立基础	对初始可信度的强调	对后天可信度的加强
身份地位	等级权利	强调你的头衔或地位	将你与地位很高的某人联系起来(如共同署名或进行介绍)
专业知识	知识和能力	包括经历和简历	将你自己与听众认为是专家的人联系起来,或引用他人话语
良好意愿	个人关系、长期记录值得信赖	涉及关系或长期记录	通过指出听众利益来建立良好意愿
		承认利益上的冲突,做出合理的评估	
外表形象	吸引力,听众对你有好感	强调听众认为有吸引力的特质	通过认同你的听众利益来建立你的形象;运用听众认为活泼的非语言表达方式及语言
共同价值	道德准则	在沟通开始时就建立共同点和相似点,将信息与共同价值结合起来	

① 身份地位。分析时要明确自身的等级权力,有时为了增强沟通效果或达到沟通目的,可以强调沟通者的头衔与地位,以增强自身的可信度。密歇根大学的心理学教授米尔格莱姆(Mligram)主持了一个实验,结果表明,具有独立思考能力的成年人也会为了服从权威的命令而做出一些完全丧失

理智的事情。在权威的强大压力面前，个人的抵抗力是十分渺小的。我们从小就被教育"要听话"，而在后来的成长过程中，我们确实发现服从权威在很多时候，给了我们一条行动的捷径。

② 专业知识。沟通者自身的专门技术水平和素质，特别是知识能力是构成沟通者可信度的内在要求；在一个1993年发表于《舆论季刊》(*Public Opinion Quarterly*)的研究表明，发表于《纽约时报》上的一句有专家观点的新闻可以改变全国2%的公众的主张。而研究显示，当专家的想法通过全国性电视发布时，公众的观点会被改变4%。

③ 良好意愿。可根据个人关系长期记录来获得沟通对象的信赖。餐具制造商特百惠(Tupperware)在直销中充分利用了良好意愿的影响。这个为特百惠产品示范的团体是由个人主办，比如一名妇女，她邀请自己的朋友、邻居和亲戚到她的家里作客。客人们对于东道主的感情使得他们有从她那儿购买东西的倾向。研究发现客人们在作出购买决定时，对于东道主的喜爱程度比他们对于所购买产品的重视度要重要两倍。所以当客人们在特百惠团体中买了什么，他们并不仅仅是通过购买来使自己高兴，他们同时也通过购买来使他们的东道主高兴。

④ 外表形象。这是产生吸引力的外在因素，当沟通者有良好的外表形象时，能强化听众对沟通者的好感。研究表明，我们经常会下意识地把一些正面的品质加到外表漂亮的人身上，比如聪明、善良、诚实、机智等。在面试过程中，精心修饰过自己的应聘者更可能被雇用。

⑤ 共同价值。这包括道德观、行为标准，是沟通双方良好的人际关系和持续沟通的本质要素，尤其是沟通双方在沟通开始时就建立共同点和相似点，将信息和共同价值联系起来，可迅速提升沟通者的可信度。

虽然建立和提高可信度需要极大的努力，但是可信度也并不是一成不变的。由于时间间隔会使人们容易忘记传播的来源，而只保留对内容的模糊记忆，因此就出现了睡眠者效应(sleeper effect)，即在态度心理学中，传达者因威信因素产生的影响随着时间的流逝而产生相反效应的现象。这里有两方面的含义。一是传达者刚结束传达时，如果传达者是一个威信高的人，那么，当时的影响是颇大的。但隔了一段时间后，由于听众忘记了传达者，而只记得传达的信息内容，结果影响明显变小了。可见，其中降低的这部分影响效果主要是少了传达者威信高所产生的情感效应。二是传达刚结束时，如果传达者是一个威信低或差的人，那么，当时的影响是很低的。但隔了一段时间后，由于听众忘了传达者，而只记得传达的信息内容，结果影响有了明显的提高。可见，其中提高的这部分影响效果主要是少了传达者威信低所产生的情感效应。

(2) 吸引力。

吸引力可以表现在许多方面。

1) 外表吸引力就是其中一种。广泛的思维定势让我们假设,外表形象好的人同时具有其他性格上的美德。迪翁(Dion)等人的研究发现,参与研究的男性和女性都认为,外貌具有吸引力的人比外貌不具吸引力的人更可能有以下的特点:善良、坚强、外向、有教养、敏感、有趣、镇静、好相处、性格好。

2) 相似性也会增强吸引力。英国埃克塞特大学(The University of Exeter)的研究人员发现,人际交往中,受到个体潜意识的牵引,人们虽然容易被美丽的事物所吸引,但是比外表更具吸引力的是对方和自己的相似性,比如年龄相似、教育程度相似、性别相同等。因此,颜值高、与听众相似的沟通者对听众更具吸引力。我们通常都会对与自己相似的人更有好感,不管这种相似是在观点、个性、背景还是生活方式上。根据保险公司记录中的被保险人的统计数据发现,如果销售人员与潜在客户的年龄、宗教、政治甚至吸烟习惯相似,那么,销售人员成功销售保单的可能性很大。汽车推销员在受训时就被告知,一旦发现客户行李箱里有露营设备,等会儿就需要顺便提及自己一有机会就到远离城市喧嚣的地方去;如果注意到顾客的车是在外地买的,下一步就得打听顾客从哪儿来,然后惊讶地说自己的太太就是在那里出生的。

(3) 偏好。

偏好是一个影响着可信度和相似吸引力在说服中作用的重要因素。如果信息内容是关于主观偏好的,比如与个人的品位、价值观或者生活方式等相关的,那么相似性更重要,即与听众相似的信息沟通者会更具说服力。但如果信息内容的主题是关于客观事实的,比如亚洲人的平均寿命是否比欧洲人要长?东京的人口密度是否全球第一?这时,可信度更重要,并且听众会觉得与相似之人相比,不相似之人能够提供更加独立的判断。

9.2.2 信息内容

(1) 理智与情感。

1) 取决于听众。

说服有两种诉求方式,即理性诉求和情感诉求。面对沟通者及其传达的信息内容,到底是理性论证与逻辑更重要,还是其中的情感诉求更重要呢?答案是:这要取决于听众。

受到更好的教育或者善于分析思辨的人,比受教育水平不高或不善于分析思辨的人更容易接受理性的说服。面对有思想和积极参与的听众应使用说服的中心途径,他们对逻辑的论点回应最为强烈;面对不感兴趣的听众则应使用说服的周边途径,他们更可能受到对沟通者偏爱程度的影响。态度形成的过程也会产生影响。如果一个人初始的态度来源于感情,那么他更容易被情感的论点说服;如果初始态度主要来源于理智,那么理性的论点则更有效。但是如果要改变一种基于信息而形成的态度,那么就需要更多的信息。不过,纯粹理性的诉求往往因带有浓重的说教色彩而容易引起人们的反感,甚至会引起抗拒的心理,难以引起受众注意和被人们接受;感性诉求往往以形象感人的方式更能突破人们内心的屏障。

在进行说服的时候,要注意调动听众的情绪。以感性诉求传达的信息使其具有"可接近性",而它又有两种基本形式的差别,即以形象触动和引发受众的某种正面(欣喜、快乐、幽默、热爱、骄傲等)或负面(恐惧、内疚、羞耻等)的情绪,使听众在情感认同的基础上接受信息。

2)好心情效应。

好心情效应(good mood effect)是指当信息与好的心情联系在一起时,它们会更具说服力。通常情况下,好心情之所以可以增强说服力,一方面是因为它有利于个体进行积极的思考(比如边吃边阅读更有利于说服效果),另一方面是因为它与信息相互联系。当人们有一个好心情时,他们会透过玫瑰色的眼镜看待这个世界。他们会更快做出决定,而且做决定时也更冲动,更多地依赖外界线索。心情不好的人在做出反应之前会更多地反复考虑,所以他们很难被无力的证据动摇。所以,如果你的证据不够有力的话,你最好先设法使你的听众有个好心情。

3)唤起恐惧效应。

唤起恐惧效应指借助情绪的刺激作用,通过对事物利害关系的强调,最大限度地唤起人们的注意,以增强说服的有效性。它所造成的紧迫感可促使人们迅速采取对应行动。当恐惧心理和一个令人愉快的行为有关时,其结果通常不会引发行为的改变而是否认这些事实。人们之所以会有这样的态度,是因为他们不知道应该如何避免这种危险的情况。恐惧唤起的力量是强大的,只有在让人们意识到威胁的严重性和可能性的同时告诉他们一个解决的方法,那么唤起的恐惧心理信息才会更加有效。例如,当一个具有多年吸烟史的人意识到吸烟会导致多种疾病,而不吸烟又痛苦时,戒烟与吸烟产生矛盾冲突,这种矛盾心理带来恐惧与紧张感,持续的恐惧与紧张感会损害人的身心健康。唯一的办法是消除恐惧与紧张感,要么戒烟,要么不怕死,这样恐惧心理才有可能消除。

当然,唤起恐惧效应应该有度,否则可能导致公众对危机的灾难性后果产生偏离事实的严重估计,从而加深心理上的恐惧,而过于强烈的恐惧感可能导致警钟作用的失效。所谓过犹不及,高度的紧张情绪可能会导致自发的抗拒反应和受众歪曲所接收信息的意义。

（2）观点差异。

不仅信息的沟通者对说服有影响作用，这个人说了什么也同样非常重要。一般而言，传达信息所持的观点和听众原来态度之间的差异越大，信息传递所引起的不协调感会越强，听众面临的改变态度的压力越大。然而，在较大的差异和较大的压力之下，能否引起较大的态度改变则要看两个因素的相互作用：一个因素是前面说的差异或差距；另一个因素是信息源的可信度。差距太大时，信息接收者不一定以改变态度来消除不协调的压力，而可能以怀疑信息源的可信度或贬低信息源来求得不协调感的缓解。但是如果存在一个可信且不容忽视的信息来源，那么一个与信息接受者差异很大的立场会引发最大程度的观点改变。

（3）单面论证和双面论证。

单面论证是指在说服别人相信自己的观点时，只提对自己观点有利一面的分析论证和论据材料。而双面论证是指在陈述自己观点时，不仅提示自己一方观点或于己有利的论据材料，同时也以某种方式提示对立一方的观点或不利于自己的材料，将利弊得失两面同时谈及并加以比较，突出有利的一面，让对方再思考权衡。

针对不同的听众对象，两种论证方式产生的效果不一样。通常情况下，对那些已经持赞成或处于中性态度的人来说，单面论证更有说服力；双方面的论证则对那些持反对意见或否定态度的人比较有效。如果人们对（或者将对）相反的观点有所了解的话，双面论证会更有说服力，并且说服效果更持久。众所周知，药品说明书介绍产品功用，不能为了促销目的对消费者仅仅进行单方面说服，即决不能仅仅讲药品能治什么病、有什么疗效，而不告诉人们药品的负面效应及使用的注意事项（也即药物的缺陷性和局陷性），这就是一种典型采用双面论证方式的说服，客观给出产品的正反两面信息，帮助人们做出正确的选择。它在说服听众的时候显得客观、公平、坦诚，容易取得说服对象的信赖。

（4）首因效应与近因效应。

首因效应指个体在社会认知过程中，通过"第一印象"最先输入的信息对客体以后的认知产生的影响作用。就说服而言，简单来说就是最先出现的信息最具说服力。而近因效应则是指最近出现的信息最具说服力。美国社会心理学家洛钦斯（A. S. Lochins）进行了下面这样的经典实验来解释首因效应的存在[1]。

---

[1] Lochins A S. Experimental attempts to minimize the impact of first impressions[C]//Hovland C. The order of presentation in persuasion. New Haven, Conn.: Yale University Press, 1957.

请看以下的材料,并对詹姆的性格做出评价。

> 詹姆走出家门去买文具,他和他的两个朋友一起走在充满阳光的马路上,他们一边走一边晒太阳。詹姆走进一家文具店,店里挤满了人,他一边等待着店员对他的注意,一边和一个熟人聊天。他买好文具在向外走的途中遇到了熟人,就停下来和朋友打招呼,后来告别了朋友就走向学校。在路上他又遇到了一个前天晚上刚认识的女孩子,他们说了几句话后就分手告别了。
>
> 放学后,詹姆独自离开教室走出了校门,他走在回家的路上,路上阳光非常耀眼,詹姆走在马路荫凉的一边,他看见路上迎面而来的是前天晚上遇到过的那个漂亮的女孩。詹姆穿过马路进了一家饮食店,店里挤满了学生,他注意到那儿有几张熟悉的面孔,詹姆安静地等待着,直到引起柜台服务员的注意之后才买了饮料,他坐在一张靠墙边的椅子上喝着饮料,喝完之后他就回家去了。

你是否觉得詹姆是个热情外向的人呢?

请再看这段材料,同样对詹姆的性格做出评价。

> 放学后,詹姆独自离开教室走出了校门,他走在回家的路上,路上阳光非常耀眼,詹姆走在马路荫凉的一边,他看见路上迎面而来的是前天晚上遇到过的那个漂亮的女孩。詹姆穿过马路进了一家饮食店,店里挤满了学生,他注意到那儿有几张熟悉的面孔,詹姆安静地等待着,直到引起柜台服务员的注意之后才买了饮料,他坐在一张靠墙边的椅子上喝着饮料,喝完之后他就回家去了。
>
> 詹姆走出家门去买文具,他和他的两个朋友一起走在充满阳光的马路上,他们一边走一边晒太阳。詹姆走进一家文具店,店里挤满了人,他一边等待着店员对他的注意,一边和一个熟人聊天。他买好文具在向外走的途中遇到了熟人,就停下来和朋友打招呼,后来告别了朋友就走向学校。在路上他又遇到了一个前天晚上刚认识的女孩子,他们说了几句话后就分手告别了。

此时,你是否又觉得詹姆比较冷淡内向呢?

洛钦斯将这两段故事进行了排列组合:一种是将描述詹姆性格热情外向的材料放在前面,描写他性格内向的材料放在后面;一种是将描述詹姆性格冷淡内向的材料放在前面,描写他性格外向的材料放在后面;一种是只出示那段描写热情外向的詹姆的故事;一种是只出示那段描写冷淡内向的詹姆的故事。

洛钦斯将不同组合的材料,分别让水平相当的中学生阅读,并让他们对詹姆的性格进行评价。结果表明,第一组被试中有78%的人认为詹姆是个比较热情而外向的人;第二组被试中只有18%的人认为詹姆是个外向的人;第三组被试中有95%的人认为詹姆是外向的人;第四组被试中只有3%的人认为詹姆是外向的人。由此可见,最先出现的信息极具说服力,它们似乎影响了听众对后来信息的加工,由此产生了首因效应。然而,是否像判断问题那样,首因效应也是说服过程的规律呢?

洛钦斯又以另一种方式重复了那个经典实验。具体的做法是,在让被试阅读有关詹姆性格的两段描写文字之间,有一个时间间隔,即先阅读一段后,让被试做数学题或听历史故事,再读第二段。实验结果与前述实验正好相反,这时对被试进行的詹姆性格的评价起决定作用的已不是先阅读的那段材料,而恰恰是后阅读的那段材料。很明显,第一段话的作用经过了一定的干扰之后,在很大程度上已经从记忆中消退了。

因此,在某种信息被连续感知时,人们总是倾向前一种信息,并对其印象较深,此时起作用的是首因效应;当某种信息被断续感知时,起作用的是近因效应。即当时间长到足够分离两种信息,同时听众在接收第二种信息后立即表态时,遗忘会造成近因效应。如图9.3所示,如果两种信息接连出现,并且听众经过一段时间后再做出反应,那么首先出现的信息最有利(首因效应);如果两种信息在时间上是分离的,而要求听众在听完第二种信息后立即判断的话,那第二种信息最有利(近因效应)。

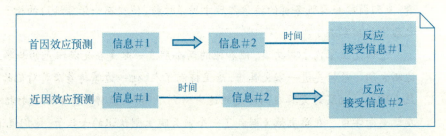

图9.3　首因效应与近因效应

9.2.3　沟通渠道

一个具有说服力的沟通者不仅要传达能够引起听众注意的信息,还要使他的观点容易理解、具有说服力、容易记忆,并且使人心悦诚服。另外,非常重要的一点是,还要考虑所采用的沟通渠道。

(1) 主动参与和被动接受。

人们会注意到,那些根植于经验的态度要更持久,对我们行为的影响也更大。和那些被动形成的态度相比，以经验为基础的态度更自信、稳定，并且在面对攻击的时候也不会那么脆弱。当然，这并不意味着被动接受的信息没有效果。比如，在一家药店里，有两个牌子的阿司匹林，其中一个牌子做过广告而另一个没有。任何一个药剂师都会告诉你这两种牌子的药实质上是完全相同的，但做过广告的阿司匹林以三倍于没有做广告的价钱卖给了成千上万的人。

有个简单的法则来说明被动接受信息的有效性，即随着观点的熟悉性和重要性的增加，被动说服的影响力就会越来越小。在一些细小问题上，例如购买哪个牌子的阿司匹林，广告的力量是显而易见的；但在那些人们更熟悉并且更重要的事情上，例如试图改变别人日常的生活习惯和长久以来形成的信念，就比较困难了。虽然这并非不可能，但也决不是一蹴而就的。

（2）个人与传媒的影响。

对人最主要的影响不是来自传媒，而是与他人之间的接触。有实验表明，课堂外的人际关系对大学生的身心成熟有重要的影响。大多数学生都回忆说他们从朋友或同学那里所学到的东西要多于从书本和媒体那里所学到的。

尽管如此，我们依然不能低估媒体的作用。那些能够对我们造成影响的个人，他们的想法必然有一定的来源，而这些来源往往就包括媒体。在人们生活的每个领域都有不同的意见领袖，大众媒体所传播的信息往往是先被这些意见领袖所接受，然后再通过人际沟通途径转给普通群众。这表明，媒体正在以一种微妙的方式渗透到我们的文化中。媒体即使对人们的态度不会产生直接的影响，但它们仍会以间接的方式对人们产生影响。

不同媒体形式的影响力是不一样的。媒体越贴近生活，其信息就越具有说服力。因此，说服作用从小到大的排列应该是：文字＜图像＜录音＜视频＜身边可信人推荐＜权威说服。然而，理解是说服的基础步骤之一，通常情况下文字形式的信息理解和回忆的效果最好，这就使得情况更为复杂。在说服过程中，信息的难易度和媒体形式会产生交互作用，即容易理解的信息以影像形式呈现时最具有说服力，而难以理解的信息以书面形式呈现时效果最佳。

9.2.4　听众

说服的过程是说者与听者双方的互动交流，是双向的、同时进行的。说服的成败在于打动听众，使听众对传达者的观点或态度产生认可或同情。个体的特质通常无法预测他们受社会影响之后做出的反应。某种特定的特点可能会使说服过程中的某一个得到加强，但也可能会阻碍另一个环节。

因此，需要对听众进行分析，要明白你要说服的是怎样的人，他/她拥有怎样的特性或特质，并就此针对性地做出说服策略的调整，提高说服的效果。若能对别人的行为性格和思想模式有更多了解的话，便会明白不同的人会有他们各自所偏好的沟通方式。

（1）个体差异。

世界上没有两片完全相同的树叶。同样，说服者所面对的听众也是不尽相同的。听众的年龄、性别、智力和自尊程度都会影响说服效果。

1）年龄。

随着年龄的变化，人们会倾向于持有不同的社会和政治态度。社会心理学家对这种差别做出了两种解释。"生命周期理论"认为态度随着人们的成长而逐渐改变（例如，变得更为保守）。"生活时代解释"认为人们年纪大时所持有的态度和他们年轻时基本没有两样，由于这些态度和当今年轻人的态度不同，代沟由此而产生。

现有的大多数证据都支持"生活时代解释"。在对年轻人和年长者长达数年的多次访谈中发现，年长者的态度相对于年轻人来说较少改变。我们中很少有人能够丝毫不受社会文化规范变化的影响。年纪大的人不够灵活，但是五六十岁的人们通常会持有比他们在三四十岁时更开放的观念。此外，研究人员指出，接近生命尽头的个体，大概由于其自身态度的强度有所减弱，可能又会容易受到观念改变的影响。然而，十几岁以及二十出头的年轻人正处于非常重要的人生时期，此期间形成的态度很可能到中年都一直保持稳定。因此，应该对年轻人加以引导，引导他们慎重选择自己的社会影响因素——包括他们加入的组织、所关注的媒体、所扮演的角色等。

2）性别。

性别的差异也会影响说服的效果。男性与女性在谁更容易被说服的问题上不存在明显差异，差异主要集中在双方各自擅长的领域。如在西方社会中，从事金融、管理等工作的大多是男性，女性在这方面缺乏自信，在与此有关的一些领域更易被说服。但在家务和子女抚养问题上，女性较为自信，因此对与这些方面有关的问题更难被说服。

3）智力。

一般认为，智力高的人比智力低的人更难被说服，但迄今还缺乏证据支持这种观点。总体而言，高智商者和低智商者在被说服的难易程度上没有显著差异。但高智商者较少受不合逻辑的论点的影响，低智商者则较少受复杂论证的影响。总体上，智力和说服仍是有关系的，而且这种关系并不像人们想象的那样简单。

4）自尊。

低自尊者较高自尊者更容易被说服,因为前者不太重视自己的看法,遇到压力时很容易放弃自己的意见。与此相反,高自尊者往往很看重自己的观点与态度,在遇到他人的说服或攻击时,常会将其视为对自身价值的挑战,所以不会轻易放弃自己的观点。

（2）自身免疫情况。

1）对原有观点的信奉程度。

信奉的强度受制于两种因素：公开表态和在上述基础上采取的行动。如果一个人对某事已持有很高的信念与态度,如在多种公开场合表明了自己的立场与态度,或者根据这一信念采取了行动,要说服其改变自己的立场和态度就是相当困难的。以色列一个大型复合公寓里半数的居民被请求签订一个请愿书,为残疾人士修建一个游憩中心。这个请愿出发点很好,并且要求也不高,所以几乎所有被要求签名的人都签了名字。两个星期后,在全国残疾人捐款日上,没有签名的居民中有一半做出了捐赠。但是签名的人中有92%捐献了金钱。在复合公寓中的居民认为他们有义务去履行自己的承诺,因为这些承诺是积极的、公开的以及自愿的。相反,如果听众对某种信念的信奉程度还不是特别强烈,而且也没有在公开场合表明过自己的立场,此时,说服其改变原有的态度,相对会容易一些。

2）有无防御心理。

提高个体对说服性信息抵抗力的途径有两种：一种是通过对人的正面教育和建立牢固的立场观点,这就是所谓的"支持性防御"；另一种就是建立免疫,即通过对个体的态度稍加攻击或预先警告的方式来提高他对更猛烈攻击的抵抗力。如同对付疾病一样,提高抵抗力最有效的方式是要建立防御。当人们的立场和观点受到轻微的攻击后,他就会产生相应的"抗体",抵抗说服性信息影响的能力将会提高。一个人已形成的态度和看法若从未与相反的意见有过接触和交锋,就易于被人们说服而发生改变。相反,如果他的观点、看法曾经受过抨击,他在应付这种抨击时建立了一定的防御机制,如找到了更多的反驳理由,就能很好地抵制随之而来的攻击。必须强调的是,这种攻击应是微弱的,否则将改变他的态度,而得到相反的效果。

（3）卷入程度。

如果听众对某一问题或某种想法的介入程度越深,他的信念和态度可能就越坚定。相反,如果介入程度比较低,他可能更容易被说服。比如,在购买个人电脑时,消费者可能要投入较多的时间和精力从多个方面搜寻信息,然后形成哪些功能、配置比较重要的信念。这些信念一经形成,可能相当牢固,要使之改变比较困难。而在低介入的购买情形下,比如购买饮料,消费者在没有遇到原来熟悉的品牌时，可能就会随便选择售货员所推荐的某个品牌。

（4）认知需求。

1）思辨力。

思辨力强的个体表现出强烈的认知需求，喜欢仔细思考并偏好中心途径。那些喜欢节省自己脑力资源的个体则表现出较低的认知需求，通常他们对周边线索的反应快，比如信息沟通者的吸引力以及周围环境的舒适度等。

2）注意力。

在说服过程中，若情境中存在"噪音"致使听众无法集中注意力，就会影响说服的效果。若引起分心的"噪音"太大，使听众听不到信息，则说服等于没有发生。比如，在广告节目中，若背景部分太吸引人，反而会由此淹没主旨，影响受众对广告主题内容的回忆，并且注意力降低会减少辩驳。当人们的注意力被别的东西吸引，无法集中精力去思考和组织反驳理由时，所传达信息内容的说服效果会得到加强。政治宣传常常应用这项技术。一方面，广告中的声音文字为候选人做宣传；另一方面，画面却吸引了我们的注意力使我们无暇分析那些文字。

（5）其他因素。

当然，影响说服效果的听众因素除了上述以外，还有一些其他的方面，比如，心情好的听众因不喜争论而容易被说服，在一定条件下容易被说服的人在另一条件下也容易被说服等。

9.3 说服的主要步骤

据美国洛杉矶南加州大学马歇尔商学院组织行为学教授杰伊·A.康格（Jay A. Conger）的研究，高效说服有以下四个独特的步骤[1]。

9.3.1 建立可信度

说服者们必须逾越的第一道障碍就是自身的可信度。说服者对特定听

---

[1]［美］杰伊·A.康格.必不可少的说服艺术[J].哈佛商业评论.1998(5/6).

众的可信度常常影响论证的成功与失败。在你进行沟通之前，在特定听众的心目中，你已有了某种可信度（尽管那个量可能是零或负数），并且你的沟通本身能够影响你的某些可信度。例如，如果听众不了解你，你可以通过引述凭证以及展示知识等专长建立可信度。你还可以通过提出均衡、公正的论点建立或提高可信度。相反，如果你在沟通中显示出缺乏专长或公正，或者表现出官僚作风和古板的形象，就会损坏你的可信度。

9.3.2 为共同的利益调整目标

即使你的可信度很高，观念也必须能够吸引到你所力图说服的人才行。在信息高度发达并快速传播的时代里，人们不会盲从，即便是轻微的感觉不好也会让他们考虑再三。高效的说服者必须善于修正方向、策动变化，在阐述观点时强调优势。世界上没有永恒的敌人，也没有永恒的朋友，只有永恒的利益。说服实质上就是一个发现共同利益的过程。当谈判双方所追求的目标一致时，其进展一般都很顺利，容易取得双方都满意的结果，如同在一艘船上，遇到风浪的袭击，大家同舟共济，同心协力，避免灭顶之灾。当双方追求的目标不一致，但又存在互补关系，同样要通过协商来满足各自的需要，这是一种互补互利的关系。当谈判双方所追求的利益相左时，谈判就比较艰难，这时候双方应该求大同存小异，力争解决关键分歧，或者重新调整利益目标，最终化对立为合作关系。

高效的说服者首先会分析并看到对方的利益所在，特别是在利益不是很清晰地表现出来的时候，要调整立场，说明问题所在。因为如果不向所有参与方阐明他们的利益所在，那么想要鼓励人们为某个计划或创意付出努力是不可能的。高效的说服者甚至在说服之前就已经仔细研究了对方所关心的问题。他们会利用谈话、会议以及其他形式的对话来收集重要的信息。他们都善于倾听，通过可以信任的那些人来检验创意，并向那些自己准备在以后说服的对象询问问题。这些做法能够帮助他们思索自己的论点、论据和演示策略。通常他们因此在说服之前即改变计划或是做出妥协，通过这样的思考和探询，他们能够与自己的听众达成一致。

我们可以把说服看成一次谈判，而谈判达成的结果就是为共同利益调整目标的具体体现。也可以说，说服的过程，就是一个确定共同利益的过程。

9.3.3 提供详尽的证据

（1）提出统计数字。

说服别人，就需要证据，而证据有好多种，其中一种有力的证据，就是统计数字。一个统计数字有时胜过千言万语。举个最简单的例子，当我们要强调抽烟对身体健康的危害时，如果只是一直强调："千万不要抽烟，抽烟容易得肺癌！"这种说法就很难说服别人。但是如果我们换一种说法："根据调查，抽烟者得肺癌的几率是不抽烟者的十倍。"抽烟的危害就不言而喻。

有时候，统计数字非常枯燥，因此就要用生动、鲜明的语言来说明这些数字。例如，以下的论述就显示出语言的丰富魅力："在每一百个接通的电话当中，有七个是超过了一分钟才来应话。这表示，每天约有二十八万分钟就这么浪费了，这样过了六个月，纽约因为迟接电话所浪费的时间，几乎是自哥伦布发现新大陆以来所有的工作日。"

（2）举出亲身事例。

这主要有三个步骤：第一，把你需要传递的主要观念，用亲身的经历做例证，详细而生动地传达给听众；第二，把你的要点简明地陈述出来，使听众完全明了，你要他们做什么；第三，告诉听众，假如他们采取你的建议，会有什么好事。这套"魔术方程式"为什么要特别强调用事例做例证呢？因为事例就是我们亲身经历的事情，这比你引述别人的经验，更能够赢得认同。

（3）利用示范制造效果。

示范就是一种表演，是最容易引起听众注意力的方式。前面谈到抽烟的害处，除了引用统计数字，也可以通过现场的演示来说明。拿出一张薄薄的卫生纸，对着它吹一口烟气，纸上会留下淡淡的印子，然后告诉大家，也许一口烟看起来没有什么影响，但是，如果朝卫生纸吹上几千口烟气，沾满烟油的卫生纸就会黑掉。我们的肺就像那张卫生纸，如果长年累月抽烟，不知道会变成什么可怕的模样。通过这个动作的示范，就比你只是用描述的方式，更能让人感受到吸烟的后遗症。

（4）提出好的比喻。

相信很多人在演讲、简报时，所讲的题材也许比较专业，台下的人不见得完全都懂，那么该如何把事情表达清楚呢？比喻就是一种很好的方式。在卡内基销售训练班，就会要求学员利用常见的文具用品，来介绍自己的工作，这就是一种很好的比喻练习。一位IBM的学员把铅笔、杯子、橡皮擦和钉书机都放在杯子里，再解释她所做的行业就是为客户提供完整而稳定的系统服务，可以把很多资料放在系统中，而不会错乱，就像在杯子中可以摆进各种文具一样。这样一来就简单易懂多了。

（5）引用专家证言。

电视广告中经常会有名人代言产品，主要因为名人在社会上有一定的公信力和影响力,大家也比较容易信任他们说的话。在进行说服的过程中,也可以"请名人代言",即用名人说过的话来佐证我们的理念。

不过,引用专家证言时,就像引用统计数字一样,最好用比较生动、活泼的方式来表达,才不会显得你在卖弄知识。

(6)秀出展示品。

所谓"眼见为实",如果能随身带一些道具,有时会进一步提高说服力。例如,在谈到卡内基的人际关系原则,如果拿出一本《卡内基人际关系与沟通的金科玉律》的小册子,向大家强调,这是戴尔·卡耐基(Dale Carnegie)四十年经验累积的精华,甚至发给现场听众每人一本,效果就会变得更好。

9.3.4 感情上与对方达成一致

优秀的说服者非常懂得感情的首要地位。可如何与对方达成一致呢?可以通过以下两种方式加以体现。

(1)关于自己所持的立场,要表达出自己在感情上的执着。这样的表情是微妙的,如果你过于冲动,人们就会怀疑你的理智。但是你必须表明,在感情上你对目标是执着的、一致的,并非只停留在表面,而是深入内心。这需要表演艺术,比如刘备的哭,他将赵云紧紧地团结在自己身边,这其实也是一种心理沟通。然而更为重要的是,高效的说服者对于听众的心理状态拥有敏锐而强烈的感觉,并且能够根据听众的接受能力,相应调整自己的基调。

(2)出色的说服就是不要将听众陷于无助的绝望中,而要给予他们希望。说服者往往会事先了解对方如何理解过去的类似问题以及当前的议题,能够拉拢那些最能打动自己听众的关键人物。他们向这些关键人物询问各种议题对于听众的心理震撼程度,并测试各种反应。同时,他们能够有效地利用在餐厅、走廊的非正式谈话来收集信息。脱离了感情的任何说服都是无法成功的,但是过分的感情宣泄也是事与愿违的。重要的是,要确保自己说服背后的感情基础与听众的已有感情相匹配。

思 考 题

1. 说服的途径有哪两种?它们之间的区别是什么?
2. 说服的要素是什么?这些要素如何影响说服的效果?
3. 说服的主要步骤是什么?请举例说明。

案例一

玉英升职

作为职场中人,大部分人的奋斗目标都是为了在公司中能尽快地加薪升职。除了薪酬待遇上的提高外,更重要的是,升职也代表了公司管理层对自己工作成果的肯定,自己的辛苦付出得到了认同。然而,我们身处一个竞争激烈的职场环境,机会往往转瞬即逝,与其被动地寄希望于上司哪一天能够注意到你的工作价值,有时候,也需要我们主动出击去抓住升职的机会,从而实现自己的理想。

20××年5月,玉英在公司就遇到了这样的一个机会。她所服务的是一家世界知名的奢侈品牌公司。公司的亚太区总部设在中国香港,而上海则是中国区的总部。她在该品牌的公关部工作了三年多,主要负责该品牌在中国的媒体推广、广告投放宣传、公关活动事宜等。通常,部门工作由玉英的顶头上司公关经理向亚太区公关总监杰克请示和汇报。但从今年年初起至今这六个月来,在原本的上司离开了公司后,由于一时没有合适人选,该职位大部分的工作由玉英来接手,也由她直接向公关总监汇报工作。从平时的接触中,玉英能感受到杰克对她的印象很不错,这一切使她萌生了想要和公司谈一谈来为自己争取升职的想法。

根据职场的经验,她深知和老板谈升职并不是件容易的事。因为它会打破公司的某些平衡,也会带来人事成本上的增加。这都是老板不愿意看到的。所谓不打无准备的仗,为了增加说服杰克的成功率,玉英在与杰克谈升职之前,积极地做了一些准备工作。首先,因为之前玉英并不直接向杰克汇报工作,杰克未必非常了解她三年来的工作表现,所以她将这三年来负责的比较大型的公关项目都做了整理,特别是半年来兼顾上级工作时候的表现,尽量用简单有效的数字形式来表达,可以非常直观地看到她所工作的成果和为公司品牌推广创造的价值。其次,由于杰克平时都在香港办公,他们接触机会不多,所以玉英特别向香港同事收集信息,得知杰克对人态度和善,但因为从小在国外长大,所以更习惯于西方人讲话直接表达的方式。最后,玉英找了一位同样做高级管理者的朋友来模拟了一场类似的谈话沟通,从模拟谈话中,她也考虑到了一些杰克对她的请求可能会做出的反应,并想好了对应的策略。做完了这些准备工作,她对于这次沟通的成功更加多了些信心。

在打听到杰克将会在一周之后飞到上海出差的消息后,玉英给他发了一封邮件,询问他是否可以在出差行程中抽出一天的下午时间来进行一次谈话。在收到他肯定答复的邮件后,他们将这次谈话的时间定在了他返回香港前一天的下午。

到了那天,玉英特地穿上了深色套装,化了显示成熟感的妆容,她希望通过这样的装扮来增加专业度和权威感,也能带来一种积极的心理暗示,她有能力胜任这个公关经理职务。在经过了工作内容汇报后,她就向杰克提出了她的升职想法。

玉英:"杰克,半年来,因为博尼的离职,我接替了他大部分的工作职责,带领上海团队开展工作,也直接向您汇报,您对我的工作表现还感到满意吗?"

杰克:"玉英,这半年来你的表现我看在眼里,我很满意你的工作,希望你也可以继续保持这么出色。"

玉英:"谢谢老板的肯定,我会继续努力。我知道博尼那个职位一直都没找到合适的人选,既然公司肯定我的表现,是否可以考虑给我一个机会,让我来担任这个职务呢?"

杰克这时微微愣住,随即说道:"玉英,其实这个职位呢,公司会比较希望从外部招聘行业经验比较资深的人来担任。"

玉英:"这半年来,我一直负责了这个职位大部分的工作,包括和米兰总部沟通,带领整个上海团队开展工作,以部门领导的身份和其他部门进行工作协调。事实上,从某种意义上来说,我已经承担了这个角色的责任和义务。但如果我一直以目前的头衔来处理这些事情的话,团队和旁人总会觉得有些名不正言不顺。特别是在和外部沟通时,对方看到我的头衔,仍然希望可以和这个部门最大的负责人来直接会谈,很多问题就一直不能沟通得很顺畅。"

因为事先玉英得知这个职位目前连合适候选人都没有,说明公司在相当长一段时间内需要她担任这个领导的角色,所以她提出了因为头衔问题造成了工作上对外沟通的困难。果然,杰克在听到这个后,语气上有所松动。

他说:"玉英,我知道这段时间让你承担了很多超越你职务范围的工作,你可不可以让我多观察你一段时间,毕竟以前博尼才是你的上司,我不是特别了解你之前的工作表现。"

这时,玉英拿出了之前准备好的资料,用以往负责的活动数的增加、媒体曝光量的提高、媒体新闻价值的增加等具体数字来打动他。同时,她把之前博尼对她工作肯定和夸奖的邮件打印好,给他作为参考。通过杰克的表情,她觉得还需要站在他的角度,给他一个说服他的上司也就是CEO的理由。所以,玉英也向他表示,经过半年来的锻炼,她已经对这个职位的工作内容和职责非常熟悉,而如果从外部招聘,还需要一段时间等对方上手及和整个团队磨合;从性价比上,内部提升也肯定会比猎头从其他公司挖人人力成本更低。

听到这里,杰克喝了一口咖啡,表示他会考虑玉英的要求,但他也需要回香港和米兰总部商量,因此需要几天时间。随即,他看了玉英一眼,又说到由于整体大环境的情况,所以在薪酬的增幅上不可能有大的上调幅度。听他这么说,玉英知道他已经基本上同意了她的升职要求,强按下心中的惊喜。考虑到她在年初刚刚调整了薪酬,而她的主要沟通目的是为了职务上升,所以在薪酬上就作出了让步,表示可以接受上涨幅度不高,到明年根据表现再调整,并且感谢杰克答应考虑她的要求。

一周以后,玉英接到了杰克的邮件,表示总部已经同意了她的升职要求,并会从下个月生效。尽管已经有了心理准备,但在收到通知的时候她还是激动万分。这是第一次她主动地向老板提出升职要求。尽管过程有些曲折,但最后还是取得了想要的结果。

玉英觉得这次能够成功说服老板同意她的要求,是有这样几个原因。第一,事先完善的准备。她分析了老板的背景,选择了相对适合的说话方式来进行沟通。用词简洁明了,直奔主题,无需过多地拐弯抹角,要知道老板一般都忙碌,没有多少时间来听太多弯弯绕绕的对话。第二,时机的把握。因为这个职位找不到合适的人选,而事实上老板在那个时刻非常地需要她,当她提出要求时,他需要安抚她。第三,用事实说话。她在提出自己的升职意愿后,应对老板的反问很从容,用事实和数据来打动和说服老板,而不是用一些比较抽象的语言。第四,换位思考。谈话中,她一直在想如果站在老板的角度,他看到的是整个部门和公司的利益,以及他要如何去说服他的老板。第五,适当让步。在杰克和她达成大部分统一后,在薪酬问题上她做了适当的让步,抓大放小。一方面,这是为了达到主要目的,另一方面,也降低杰克在说服总部时的难度,增加成功率。第六,平和的心态和态度。谈话中,她始终保持理智和克制的态度、谦虚和上进的心态,选择就事论事地讨论,体现出职业素养。通过平和的语言传达给杰克一种积极的信息,即她已经在做这个职位的工作,只是没有这个正式的头衔。而有了这个头衔后,各种沟通会更加顺利,她也能为公司最大程度地创造价值。第七,给老板思考的空间。她没有抱着一次沟通就可以达到目的的想法,和老板在此问题上的沟通,不是在和市场小贩讨价还价,谈好价钱马上成交走人。给老板一个考虑空间,才是正确的。她也做好了一次沟通不成功的心理准备,但至少会从中得出自己还有哪些问题和不足,也可以为第二次及之后的会谈做好铺垫。

这次和老板的会谈,玉英不仅成功地说服了老板同意她的升职要求,还让老板了解了她一直以来的工作表现,以及她对自己在这个公司未来的规划,起到了一举三得的效果,大大超出了她的预期。

资料来源:根据复旦大学管理学院2015级MBA袁微炯提供的资料改编.

案例讨论

1. 根据本章说服要素的内容,详细分析一下玉英是如何把握这些要素的。
2. 请简要描述玉英说服老板的主要步骤。
3. 你觉得玉英成功说服老板的原因是什么?如果你有过类似的经历,根据本章所学内容你会在未来在沟通上做怎样的调整?

案例二

丽江购物

我是嘉琳,在上海一家外资企业工作。我喜欢在假期旅游,也喜欢在旅游中购买一些当地特产,我还是一位砍价高手。我印象最深的一次购物是2016年5月末在丽江四方街。

我记得那天下午我从丽江梅里雪山回来,一路的美景让我很是兴奋。都说丽江的生活很悠闲,夜景很美,晚上天气很好,晚饭后我一个人在四方街闲逛。这里的商业很发达,沿街布满了各种小店,卖茶叶的、卖民族饰品的、卖银器的、卖藏药的、卖衣服的、卖玉饰的、卖小吃的,穿插着几十家酒吧、演艺吧,有的唱民歌,有的唱流行歌曲,有的唱英文经典老歌,很是热闹。

走到一家小店前,门口摆放的牛骨筷子让我停下了脚步。这不是下午梅里回来的路上导游带我们去买的牛骨筷子吗?看上去一模一样呢,我随口问了一下屋内的老板娘,多少钱一盒。老板娘笑呵呵地从屋内走出来,说是5元一盒。我随手拿起一盒来仔细看了看,嘟哝了一句该不是塑料的吧,心想下午我们旅游团在导游带去的店里买的可是20元一盒呀。老板娘仍然笑呵呵地对我说:"小妹,这是牛骨粉做的,云南盛产牦牛,你看这里交通不是很便利,塑料从外地运过来路费很贵的,这里的牛骨比塑料要便宜呢。"听她这么一解释,我觉得很有道理,于是就买了2盒打算回去跟下午买的好好比一下。付好钱,谢过老板娘,正打算离开,老板娘说道:"小妹,云南的茶叶很好,我这里有各种绿茶、红茶、普洱茶,你要不要看看啊?"我说:"我是打算买点普洱茶,听说普洱茶可以减肥,女生都特别喜欢,可是我不知道怎么挑?"老板娘笑了,说道:"这个简单,你进来坐,我教你,十几分钟你就学会鉴别普洱茶了。"真的这么简单?我将信将疑,跟着老板娘走到店内,这才注意到这是两间门面的店,一间摆放了各种茶叶,另一间则摆放了各种玉饰品。老板娘将我让到一张茶几前坐下,然后开始教我辨别普洱茶。她说:"普洱茶有天然发酵的和人工发酵的,有古树的也有新树的。普洱茶是熟茶,发酵的时间越长,就越好,越值钱,天然发酵时间比较长,人工发酵就很快,但是味道就没有天然的那么香,甚至涩。"她拆开了两包普洱茶,让我分辨哪个是天然发酵的哪个是人工发酵的。我一脸茫然,她笑着说:"你看,从外观上看,人工发酵的颜色比较深,因为是喷过药水的,色泽均匀,天然发酵的颜色比较浅,色彩也不均匀,我泡一点给你喝,你就知道了。"果然,一喝口感确实两样。老板娘介绍说,她和她丈夫是1999年左右开始卖普洱茶的,那时候普洱茶没有现在这么火,他们30万元起家,买了很多普洱茶,可是当年普洱茶销路不好,只好留着放在仓库里,没想到两年后普洱茶一夜间火起来,有钱都买不到陈茶,于是他们幸运地赚了300万元。我抬头仔细打量了下老板娘,年纪大概30岁左右,个子很高,脸上始终挂着和蔼的笑容。

"小妹,你可以告诉我的名字吗?你是从哪里到丽江旅游的?"老板娘关切地注视着我。

"我叫嘉琳,在上海一家外资公司任职,利用假期出来旅游。"我轻松地回答。

"我去过上海,特别喜欢上海,也非常羡慕你们这样的白领丽人。"老板娘用欣赏的目光看着我。"看来我们还是很有缘分的,你要是不急着赶路,我这里有好茶让你品。"

"不会耽误您做生意吧?"

"没关系,白天的批发生意都做完了,晚上反正也闲着。其实,我也是从外地来这里做生意的,我看你也是个背包客,挺投缘的。"

"是吗?那您是哪里人啊?"

"我是缅甸人,我们家从外公开始就在缅甸开矿卖玉。"

"难怪,你店里还卖玉的。"

"是啊,我们主营玉,只是在云南开店发现当地盛产茶叶,所以也做点茶业生意。"

"上海的城隍庙有很多店卖玉，造型都很好看，但是不知道真假，珠宝店里的玉价格高得离谱，我从来不敢买玉。"

"你们上海城隍庙有好几家珠宝店是从我这里进货的。其实，玉还是很好识别的，十几分钟我就能教会你。不急，先给你看看云南的好茶。"

"真的吗？"

"当然，玉我可是专家，四岁就开始接触玉，真的假的好的坏的，我一眼就能看出来，我给云南省的玉石协会上过课的。"

我的好奇心又一次被激起了，给老爸买了当地著名的茶王和给好姐妹们买了普洱茶之后，我急切盼望着老板娘教我识玉。付钱的时候，老板娘退给我4元钱，说道："小妹，大家是朋友，我就不赚你的钱了，刚才牛骨筷子进价每盒3元钱，两盒我收了你10元钱，现在还给你4元钱。"我收下钱，心存感激，打心眼里觉得眼前的老板娘真是个大好人，今晚真是幸运。

老板娘将我带到了对面的店铺，这是一间很小的店面，里面陈列都是玉坠、玉镯。见我正纳闷，老板娘说："这个店也是我的，这个店里的玉比对面的那个店品质要好，这后面是仓库，通常我只带批发商进去。今天，我们挺投缘的，我就带你进来见识一下。"她推开墙上的货架，带我走进了一个小房间，里面真是别有洞天，围了一圈的玻璃柜台。她找个位置让我坐下，然后从柜台下的抽屉里拿出一个小包打开，问我："你看这两只玉镯哪个是假的？"我拿起来看了看，感觉两只色泽差不多，分量也差不多，无从判断，只好摇摇头。她指着左边一只说："这只是真的。轻轻敲一下，听声音就知道了。"她左手拿起那只真的悬在半空，右手拿起那只假的，轻轻地去敲真的，发出了清脆的当当两声。她又用左手的那只去敲右手的那只，发出了很沉闷的声音。

"简单吧？其实，真玉敲击的声音很悠长，而假玉敲击的声音要么很沉闷，要么很刺耳。"

"哦。"

"你自己试试看？"

"好！"我饶有兴致地试了下，果真声音不同。

"这是最简单的识辨方法，其实，我们这些内行人看颜色、质地就能判别真假好坏了。现在加工工艺先进，仿冒技术也很发达，有些玉虽然是玉但是本身质地不好，用化学药水漂洗后再抛光也能使表面非常光鲜，有的还在加工的时候添加化学物质，增强它的透光性，不仔细看很难分辨好坏的，但是这种玉戴久了会发黑，真正的好玉是越戴越亮的。"

"那我怎么看得出来啊？"

"别急，我教你看。"

"添加化学物质的玉，通常要么很混浊，要么颜色太均匀，甚至看不出玉的天然纹路了。"她又拿出一个小包，随手拿起一个玉镯，拿出小手电筒照给我看。"你看，这个玉是不是很混浊？"

"嗯。"

"好了，看过了假的、差的，我再给你看看真正的天然的好玉。其实，市面上一般卖的玉分四种，按品质从低到高分为豆腐玉、粉玉、玻璃玉、丝玉,当然玉还有活玉和死玉之分。活玉就是里面的翡翠绿能慢慢散开来,戴得越久质地越均匀,色泽越亮。死玉顾名思义,戴多久里面的翡翠绿也不会散开来的。"她边说边从柜台的抽屉里掏出一个白色的丝绸包裹,打开一看,全是漂亮的小玉坠。

"真漂亮,我想买一个!"

"好啊,我帮你选一个吧?这个葡萄叶怎么样?夏天配个白金项链,很雅致,很适合你的气质。"

"不错,确实很漂亮。"我拿起玉坠穿在自己的项链上对着镜子比划了一下,很是满意。

"这些小玉坠虽然都是加工手镯的边角料做的,但是质地还是不错的。面积比较小,所以很难完成复杂的图形设计,通常每个玉坠上只能雕一个图案。"

"还有一个坠子上雕多个图案的?我能看看吗?"

"当然,现在比较流行一个坠子上雕3个组合图案的。"说着,她从柜台里拿出另外一个丝绸小包,打开一看,全是鸽子蛋大小的玉佩,有刚才看的那些3倍大。她随手拿起一只递给我,问道:"你看看,这个是什么玉?"

"好像是丝玉。"我一手拿起玉佩,一手拿起小电筒对着玉佩照了一下。

"对的,你学得很快啊!真聪明!"

"你看看,这块玉佩不仅质地很好,边上的雕工也是相当不错的。在玉佩上雕了一个葫芦、一只鹿和祥云,代表着福禄寿和如意。这么复杂的图案,老师傅也要雕上一天才能完成呢。"

"这个是不是很贵啊?"我试探地问了声。

"比刚才那些小的是要贵些,小的批发价500元一只,这些要2 000元。你要是自己戴,我建议你还是买小的比较好,比较好搭配。如果你真要天天戴呢,倒不如戴手镯,好手镯是戴一辈子的,又时尚又保平安。"

"那给我看看手镯吧!"

"好的,现在你已经学会分辨玉的质地了。我就分别拿四种质地的镯子给你看吧。"说着,她从柜台下的抽屉里拿出了四个小包,一一打开,放在玻璃柜台上。

我的目光完全聚焦在了那包最后打开的丝玉做的镯子上了,显然,经过刚才的培训,其他三类玉镯已经无法引起我的兴趣了。

"玉镯对材料的要求是非常高的,要整块玉质地都非常好,不像坠子还可以靠雕刻来回避瑕疵。现在好品质的玉矿已经越来越少了。加工玉镯报废率比玉佩要高很多,玉佩雕坏了可以改小,玉镯加工坏了就没办法改了。"

"哦。那会不会很贵啊?我在商场里经常看到标出天价的手镯,折扣也是惊人,一折、二折的都有。"

"呵呵。我这里批发价3 500元一个,不挑的,一打一买。商场里的天价很多其实是缅甸币的价格,不是人民币的价格。你看看我这些玉镯都是从缅甸进口来的,上面的标签价也是惊人的,呵呵。"

"原来如此。那我买一只,批发价,可以吗?"

"你是自己戴吗?如果是自己戴,我就帮你挑一个。如果是送人呢,你不可以告诉人家这个价格,否则,我的批发商们会有意见的。"

"当然自己戴了。"

"好,你看看这里面12个镯子,批发价都是3 500元,但是有的能值6 000元,有的只有2 500元,均价能达到3 500元。你要是自己戴呢,我建议你买这只,这只是这包里面品质最好的,能值6 000元,正规商场的零售价要在批发价上乘以四。你的手腕比较细,椭圆型的镯子比较适合你。"

"我以为,镯子都是圆的呢?"

"呵呵,传统的玉镯都是圆的,但是现在的年轻人喜欢时尚,所以我们也做椭圆型的镯子。而且,手腕比较细的人戴椭圆型的镯子更服帖,更好看。来,我帮你戴上试试看。"说完,她从墙角拿出一瓶洗手液,挤出一些,轻轻地涂在我的手背上,然后拿起那只玉镯轻轻地套进了我的手腕。"你看看,是不是很好看?"

"嗯。真的很亮啊!"

"会越戴越亮的,玉是有灵性的。你是就这么戴着呢,还是要先去开光再戴?你信佛吗?信佛的话,就开光之后再戴吧。"

"我已经不舍得摘下来了,就这么戴着了吧。呵呵。"

付好钱,站起身跟老板娘走出仓库,街上已经一片漆黑,掏出手机一看,已经凌晨一点了。

"小妹,你认识回旅馆的路吗?要不要我送你?"

"不用啦,我能找到的。今晚耽误你这么多时间,谢谢你教会我识茶、识玉。"

"那我就不送你了,你留一下我的电话,万一找不到路,给我打电话。"

"好的,谢谢!"

"小妹,你有空来我这里喝茶。"

"好的,再见!"

告别了老板娘,兴冲冲地回到旅馆。早上醒来之后,突然想起,这是我有生以来,第一次买这么贵的东西没讨价还价啊,居然完全忘了这回事。

资料来源:根据复旦大学管理学院学生作业改编.

案例讨论

1. 老板娘是怎样树立自己的可信度的?
2. 老板娘和嘉琳是怎样为共同利益而调整了自己的谈判目标的?
3. 老板娘向嘉琳介绍识别鉴别普洱茶的方法、识别玉的方法时,还让她亲身实践体会,这样做有什么作用?
4. 老板娘是怎样和嘉琳进行感情沟通的?

第 10 章

演 讲

学习目标

- 了解演讲的基本类型及特点
- 掌握演讲构思的步骤及相应方法
- 能够掌握必备的演讲技巧

> 一言可以兴邦,一言可以丧邦。
> ——《论语》

引导案例

迈克尔·贝(Michael Bay)是一位非常成功的电影导演。他的卓越成就包括1998年的《大决战》、2001年的《珍珠港》以及从2007年至今仍在拍摄的"变形金刚系列"。

2014年1月6日,迈克尔·贝登上了在美国拉斯维加斯举行的为期五天的消费电子展的讲台。在三星电子高管乔·斯丁兹亚诺(Joe Stinziano)的陪同下,贝的工作是帮助三星电子发布最新产品——105英寸超高分辨率的弧形电视。贝面对着成百上千的技术专家与记者开始讲道:"我作为一名导演的工作是为了生活和梦想……"接着他停了下来并开始紧张地搓着自己的双手。随之而来的便是尴尬的一阵沉默。

斯丁兹亚诺为了帮他圆场,问了他一个有关电影制作的问题。贝说道:"我创造了超越每个人正常生活体验的视觉世界,而好莱坞是一个让观众逃离现实生活的地方。我作为一名导演,我想做的是试图……"

他陷入了沉默。他的脸上浮现出痛苦的表情,他叹了口气,转过身背对着听众。接着他又转过身来面对着听众说道:"文稿全部都消失了,抱歉。我得临场发挥。"

斯丁兹亚诺激励着他继续往下说。

贝再次说道:"我想带着观众进行一次情感上的旅程,而且,呃……"他再次陷入沉默中。

"弧形电视?"斯丁兹亚诺说道,"你认为弧形电视屏幕将如何影响观众对你的电影的体验?"

"对不起,"贝说道,"我很抱歉,抱歉。"接着他转过身并走下了演说台。

"好吧,"斯丁兹亚诺说道,"女士们,先生们,让我们感谢迈克尔·贝先生参与我们今天的谈话。"

在这间人人都感到惊诧的房间里响起了零星的尴尬掌声。

迈克尔·贝之后在自己的博客中写道:"讲词提示器上的讲词消失了……我也离场了。我想现场秀不适合我。"

资料来源:[美]本·戴克尔,[美]凯利·戴克尔.怎样沟通才有影响力[M].施轶,译.北京:中国人民大学出版社,2017.

演讲,在古希腊被称为"诱动术",其含义是劝说、鼓动听众。演讲作为一种社会实践活动,必须具备三个条件:演讲者、听众、当时的环境。但是不是具备上述三个条件就构成了演讲呢?不是。因为演讲不仅是一种以讲为主的宣示活动,同时又是一种以演为辅的活动。演讲是有声语言与态势语言的统一,再加上演讲者的形象来作为传播信息的手段。只有"演"与"讲"这两个要素和谐地、有机地统一在一起,才能构成完整的演讲,这才是演讲的本质属性,是区别于其他现实口语表达形式的关键所在。

综上所述,演讲可定义为:演讲者在特定的时间、环境中,借助有声语言和态势语言的手段,面对听众发表意见,抒发情感,从而达到感召听众的一种现实的带有艺术性、技巧性的社会实践活动。

> 演讲:演讲者在特定的时间、环境中,借助有声语言和态势语言的手段,面对听众发表意见,抒发情感,从而达到感召听众的一种现实的带有艺术性、技巧性的社会实践活动。

10.1 演讲概述

10.1.1 演讲的分类

（1）照稿宣讲。就是在演讲的时候，演讲者照着讲稿逐字逐句念讲，不作任何解释和说明，不作任何修改和补充。这类演讲的关键是要有一份完备的演讲稿。这种方式适合于政策性强、法定性强或内容重要、场合严肃的演讲。

（2）脱稿背讲。就是有稿不用稿，先熟记在心，演讲时背稿进行。这种方式适合于准备时间长，演讲稿较短，演讲者记忆力好，又追求现场效果的演讲。如应聘时的自我介绍、到新单位的就职讲话等。

（3）按提纲讲。就是没有讲稿，只有提纲，以这个提纲为依据进行演讲。所谓提纲主要是内容要点和结构安排。这种演讲方式常出现在演讲者临时决定做演讲，但受时间限制，来不及写出讲稿的情况下。在允许的时间内，只能把演讲的构思、设想浓缩在一个提纲里。

（4）照腹稿讲。所谓腹稿是一种仅在心里构思着的想象之中的演讲稿，来不及诉诸文字，甚至连提纲都没有。这种方式多数是在演讲者与会以后受到邀请，临时决定演讲时出现的。照腹稿讲要求演讲者要有良好的演讲心理素质，有相当的演讲经验，受过即兴演讲的训练，并且在头脑里已经形成了演讲稿的思维模式。

（5）即兴演讲。就是没有准备的演讲。如在管理会议中会议主持者请参会者当场发表对某件事件的看法。这时参会者没有准备也没有排练，完全凭借现场发挥，这类演讲即为即兴演讲。

10.1.2 演讲的特点及目的

（1）演讲的特点。

我们要学习、准备演讲，首先必须弄清它的特点、性质。演讲有如下三个特点。

1）它可以言简意赅地讲清问题，能较快地见到效果。

2）它是一种面对面的宣传鼓励形式。这种形式一方面使得演讲者的发言更富于鼓动性、感染力，灵活可变且易于调整，另一方面又要求演讲者本人要诚恳和有耐心。

3) 它具有艺术性。演讲是运用语言和体态来影响听众,因此,演讲内容的哲理化、语言的文学化、姿态的戏剧化都不同程度地存在于各类演讲中。

(2) 演讲的目的。

一般来说,演讲者有四种主要目的。

1) 说明情况。主要是用来传递信息。在当今社会,即使是最简单的事情,人们亦应彼此合作,因而,他们首先必须相互了解。语言是了解的主要传递媒介,所以必须精确地使用它,尤其是应用演讲手段。

2) 说服听众。这种演讲是为了说服某些态度冷漠或持有相反意见的听众转变观点,甚至赞同并采取实际行动以支持演讲者的观点。

3) 激励听众。主要是激励听众,进一步强化他们对某一事物的认同感,更加积极地去努力实施相关措施。

4) 娱乐听众。这种演讲的目的主要是在轻松愉快的气氛中,演讲者通过幽默诙谐的话语使听众获得欢乐和教益。

在组织中的管理层演说多数属于前三种目的。此外,管理人员应该在开始演讲前明确听众对其的希望,因为听众是有明确目的的,他们希望了解更多的信息。管理层的目的是与他们分享你所知道的东西,并且帮助他们从他们的视角去理解。

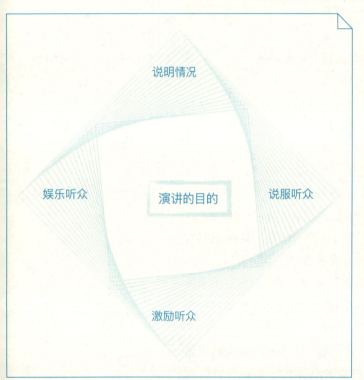

10.1.3 了解听众的特点

(1) 听众心理的四个特点。

1) 听众对信息的接受具有选择性。它们包括:① 选择性注意。听众一般只注意那些他们熟悉、有兴趣、与他们有关或他们渴望了解的部分信息。② 选择性记忆。听众在记忆信息时有明显的感情色彩和倾向性。他们容易记住自己愿意记住的信息。③ 选择性接受。每个听众都有强烈的自尊感,总愿意接受那些与自己意见一致的观点。

2) 听众心理是独立意识与从众心理的矛盾统一。

3) "名片"效应与"自己人"效应。"名片"效应和"自己人"效应就是由于交往双方存在相似性和共同之处,因此各自的信息容易被对方所接受,交往双方容易彼此沟通。"名片"效应主要指双方观点一致,"自己人"效应则不光是观点一致,而且增强了亲密感,信息传播者对接收者的影响更大。

管理心理学认为,"如果你想要人们相信你是对的,并按你的意见办事,那就首先需要人们喜欢你。否则,你的尝试就会失败。"也就是说,要引导别人,首先要缩小彼此之间的心理距离,产生"名片"效应和"自己人"效应。

4)首因效应和近因效应。首因效应指的是第一印象在人际知觉中所具有的主导性质。因为在人们的潜意识中,第一印象总是最正确的。近因效应是指新形成的印象对人际知觉具有重要意义。

(2)听众的构成。

1)目的。要充分考虑听众听你演讲的目的何在。一般来说,听众有这样几种目的:因仰慕你的名声而来;因明了你讲演的主旨而来;因想知道你演讲的结论而来;因出于礼貌不得不来;因被要求参加而不能不来;因想一睹你的风采而来;因心中疑惑于某个问题为寻找答案而来;等等。

只有针对听众的实际需要来决定演讲的题目、内容、语气,才会有成功的演讲。

2)人数。一般来说,听众人数越多,越容易接受"群体影响"的支配。所以,在听众较多的场合,更需要变更说话的语调,提高内容的感情成分。

3)性别。听众是男性还是女性?或者男女比例各占多少?性别指的是男性和女性的社会和心理期许、扮演角色和观点。假如是女性占绝大多数的场合,应更多地用温和的声调,更注重感情沟通。

4)年龄。要注意听众的年龄结构。当今时代的青年大多具有热情洋溢、有理性、较挑剔的特点,中、老年人则较含蓄、稳健。由于听众年龄结构不同,思维方式、价值理念皆有很大的不同,这一点尤其要重视。应该确定所涉及的事件和观点不仅应该是他们知道的,还应该是他们所关注的。

5)知识水准。对知识水准较高的听众应要言不烦,而对不同职业和教养水准的听众,就应先从通俗易懂的内容出发,而后再往深处适当发挥。

10.2 演讲构思

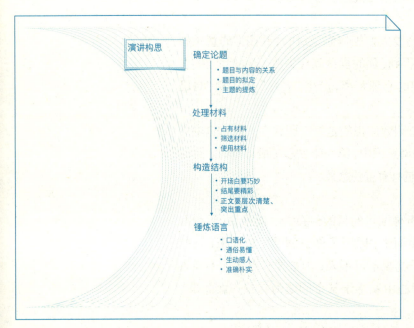

要作一次精彩而成功的演讲，就要事先做好演讲构思的工作。"凡事预则立，不预则废。"盖楼房先要设计蓝图才能进行施工，军事家须运筹帷幄才能决胜千里。演讲也一样，需要事先进行构思，才不至于想到哪里，说到哪里，无边无际，使听众一头雾水不知所云，演讲者自己也往往乱了方寸。

那么，在演讲之前，要进行哪些构思工作呢？演讲构思主要有以下四个方面的工作：确定论题、处理材料、构造结构、锤炼语言。

10.2.1 确定论题

我们把演讲中讲什么叫作选题，把演讲中所要表达的中心思想叫作主题，而演讲的选题或主题的扼要概括，在演讲术语中便称为论题。演讲的主题不仅是演讲者关心的，也是听众关注的。题目是演讲者与听众的最初连接媒介，是听众选择是否听讲的依据，是一篇演讲稿不可缺少的组成部分。题目的确定与演讲的内容、形式、风格、情调息息相关。一个新颖而富有影响力的题目，不仅能在演讲前激发起听众的听讲欲望，而且在演讲之后仍会给观众留下深刻的印象，甚至成了一个警句而广为流传。可见，题目的选择对一个演讲起到了画龙点睛的作用。那么怎样来拟定演讲的题目呢？

(1) 题目与内容的关系。

1) 选取大多数人普遍关心的问题来演讲。比如说全球气候变暖危机及应对，如何平衡工作与生活，未来一线城市房价走势判断等都是大家关注的问题，以此为题进行演讲，必然引起许多人的兴趣。

2) 选取听众没听过的新的信息、新的知识、新的思想观点来演讲。这些信息和知识能满足听众的求知欲望，激发听众兴趣，这样的演讲很少失败。

3) 选取适合自己的身份、适合演讲的时间、适合听众实际水平的内容来演讲。让一个小学生来讲《艾滋病的危害与预防》，在一个五分钟演讲中选择《21世纪的全球经济政治格局展望》，向街道里弄的老太太作《论相对论》的报告，都是不恰当的。

(2) 题目的拟定。

1) 标题要富有建设性。在实事求是的基础上，标题要选择那些给人以希望的、积极向上的、令人振奋的文字。同样的内容，不同的标题会产生不同的效应。与其用《自学并非容易》不如用《自学可以成才》，前者固然不无道理，后者却给人以信心。

2) 标题要新奇醒目。古人说，"语不惊人死不休"，演讲的题目总是最先和听众见面的，要像磁石一样，一下子把听众紧紧吸引住。鲁迅的演讲标题很是讲究，很有先声夺人、振聋发聩的吸引力，例如《流氓与文学》《老而不死论》《魏晋风度与文章及药与酒之关系》这样的标题，必然会在大量雷同、陈旧、平庸、司空见惯的演讲题目中脱颖而出，受到听众的关注。

> **魏晋风度及文章与药及酒之关系**
> ——九月间在广州夏期学术演讲会讲稿
>
> 我今天所讲的，就是黑板上写着的这样一个题目。
>
> 中国文学史，研究起来，可真不容易，研究古的，恨材料太少，研究今的，材料又太多，所以到现在，中国较完全的文学史尚未出现。今天讲的题目是文学史上的一部分，也是材料太少，研究起来很有困难的地方。因为我们想研究某一时代的文学，至少要知道作者的环境，经历和著作。

3) 标题三忌：忌冗长、忌深奥、忌空泛。题目简洁便于记忆，冗长的题目不易醒目。当然，简洁不能只用字数衡量，上面提到的鲁迅先生的《魏晋风度与文章及药与酒之关系》，字数多、结构复杂，但这个题目无一字可删，且紧扣演讲内容乃至演讲风格，仍不失简洁二字；题目令人费解，弄得艰深晦涩，读来别扭，就引不起听众的兴趣；题目空泛，内容势必不集中，听众无法猜度所要讲的内容，自然就无法产生兴趣了。

(3) 主题的提炼。

1) 主题应该是现实生活中亟需回答的问题。无论是从生活经验中思考得来的，还是从书本知识中启悟得来的，都必须有的放矢。那种不痛不痒、空对空的说教，永远得不到听众的欢迎。唯有解决人们普遍关心、急于得到回答的问题，这样的主题才有启迪作用，才有价值。

2) 主题应该是演讲者有独创之见的思想观念。"唯陈言之务去"，切不可老生常谈，人云亦云。要发人之未发，见人之未见。一次具有真知灼见的演讲，就其社会价值而言，千百倍地胜过那些拾人牙慧、平庸无奇的演讲。

3) 演讲主题要集中，要有重点。试图面面俱到，结果必然蜻蜓点水，不深不透。应紧紧围绕一个主题，把问题讲深讲透，从而使演讲重点突出，给听众留下深刻的印象，取得良好的效果。

10.2.2 处理材料

即使演讲主题可能会一时吸引听众，也应该运用当前的、可信的、易理解的论据材料来支持观点，使其具有说服力。这就涉及论据材料的处理，俗话说："巧妇难为无为之炊"，没有材料依据，主题便无法表现出来。演讲的材料指的是为演讲提供内容、表达主题的事物与观念。处理材料，具体地说，就是占有材料、筛选材料和使用材料。

（1）占有材料。

只有占有足够充分的材料，在演讲中才能游刃有余；否则，难免捉襟见肘。演讲的材料分为直接材料、间接材料和创见材料三种。直接材料指人们从生活中观察、调查、体验所获得的材料；间接材料指的是从阅读、摘录书刊文献等资料所获得的材料；特别值得重视的是创见材料，所谓创见材料，是在前两者的基础上归纳、分析、研究而得出的新的材料。前面说过，演讲的材料包括事物和观念两方面，既然观念是演讲的材料，创见材料这种经过思想活动重新"制作"的新的材料就顺理成章、水到渠成了。材料的占有，要依靠平时的积累，不可能一蹴而就。

（2）筛选材料。

材料要服务于主题。演讲者要把最典型、最生动、最真实、最有说服力的材料奉献给听众，而不应将自己所掌握的材料随意拼凑，滥竽充数。只有使主题和材料有机统一，浑然一体，方有吸引力，又有说服力。

要选择针对性强的材料。这些针对性包括：针对不同场合、不同听众的具体特点使用不同的材料；针对听众的心理要求使用与听众切身利益相结合的材料。

要选择演讲者力所能及的材料。要掂量一下，哪些材料自己拿得起来，哪些材料自己拿不起来。只有选择的材料在能力范围之内，才可能在演讲时滔滔不绝、条理分明。

（3）使用材料。

演讲中材料使用的先后次序、详略安排都要得体。比如，适当安排趣味成分的材料调节演讲的变化层次，以集中听众的注意力；对于抽象的专业术语尽量用通俗的语言加以解释和说明；对于统计数据的使用要严肃认真。

10.2.3 构造结构

合理的结构安排是一篇演讲成功的基础。只有精心营造演讲的结构，在演讲之前对于如何开头、如何结尾、何处为主、何处为次、怎样铺垫、怎样承接早已了然于胸，在演讲时才能思路清晰、顺理成章；中心突出，铺排严谨；首尾照应，浑然一体。这样不仅利于演讲者在有限的时间内讲更多的内容，也有利于演讲者克服怯场。古希腊著名演说家科拉克斯(Corax)提出，一个好的演讲结构应包含开场白、正文和结尾。

(1) 开场白要巧妙。

常言道："良好的开端是成功的一半。"一个良好的开场白应该达到两项目的：迅速和听众建立良好的关系；迅速使听众抓住演讲的主题。

只要符合这两项要求（甚至只完成其中的一项），就是一个成功的开场白。如果在演讲一开始的两分钟没有把握好，就很难获得成功。至于每一个开场白怎样组织、怎样构思，那就要根据具体演讲、具体对象、具体情境灵活掌握、随机安排，真可谓"法无定法"，没有一定之规，没有现成的公式，没有既定的格局。我们平日多留心一些成功的演讲，可以从中借鉴。

例如，可以开门见山，由题目、主题讲起；可以介绍背景，由演讲的缘由讲起；可以先声夺人，以名言警句或惊人的意外事件讲起；可以设问发问，从听众的兴趣点讲起；可以引而不发，从某个悬念故事讲起；可以平易近人，从一些幽默笑话讲起；可以联系听众，从现场的情景讲起；可以出奇制胜，从实物表演引发开去……不管什么样的开场白，从形式到内容都要有新意，要有独创性，要有特色。不管怎样新奇的开场白，都要为打开局面、点明主题这两项目的服务。好的开场白需要演讲者在实践中反复寻觅，努力探索。但要提醒的是，同样的演讲，此时此地的好开场白到了彼时彼地不一定用得上；即使是好的开场白，情境不同、对象不同，也还得另起炉灶，重新寻觅。

在演讲的开头切忌讲一些毫无必要的客套话，貌似谦虚，实则虚伪。诸如"同志们，我没什么准备，实在说不出什么，既然让我讲，只好随便谈谈"之类的废话只会弄烦听众。在演讲的开头东拉西扯、离题万里也是实不足取的。一些人千方百计想让自己在演讲中表现得聪明、智慧，但往往以失败告终。开场白还要注意紧扣主题，适合听众心理和时境，切不可为追求新奇而故弄玄虚。

(2) 结尾要精彩。

俗话说："编筐编篓，难在收口。"成功的结尾，或是加深认识、揭示题旨；或是鼓舞斗志，促使行动；或是抒发感情、感染情绪；或是富有哲理，发人深思。总之，收拢全篇，首尾呼应，它既是演讲的终点，又是引发听众思维的新的起点，即所谓言犹尽而意无穷。

结尾常犯的毛病有三种：一曰草草收兵。有的演讲，在结束时不考虑如何给听众留下完整的总体印象，不作强调，不作必要的概括，就突然作结，显得突兀，这就叫草草收兵。如多年前在纽约的联盟俱乐部(Union League Club)，一位著名的钢铁公司老板结束了一场90分钟的演讲后，在400名主管和经理的面前大步走下台。直到他离开会场好一会儿，才有人鼓掌。"他们不知道他的演讲已结束，"一位批评家回忆道，"他们没有注意他的演讲，因此也没有意识到结束。"二曰画蛇添足。有的演讲,本来该说的话已经说完,却还要唠叨不完,"关于这个问题我再来补充几句"或者"我前面讲的这一点非常重要,我在这里再耽误大家几分钟,再啰嗦几句",这就是画蛇添足。三曰套话废话。有的演讲,结尾总爱说"我的话讲完了,讲得不好,耽误大家很多时间,请大家原谅,望大家批评",看来谦虚,实则套话,令人生厌。

正如好的开场白没有公式、没有定局一样,好的结尾也没有一定的框框,妙在巧思巧用之中。当然,借鉴前人的经验,我们也可以列出一些具有代表性的结尾以作参考。如以总结全文作结尾,以决心和誓言作结尾,以希望和号召作结尾,以正反对比作结尾,以诚恳的赞语作结尾,以格言警句作结尾,以名人轶事作结尾,以昂扬诗情作结尾,以幽默笑话作结尾,以寓言故事作结尾,以实物道具作结尾,甚至可以用独特的动作作结尾……总之,只要在理性上能使听众升华,在感情上能使听众激荡的结尾,都是好结尾。好结尾不仅加深听众对内容的理解,而且给听众留下深刻的烙印,久久不能忘怀,从而化为动力,积极行动起来。

(3)正文要层次清楚、重点突出。

正文是演讲的主要部分,演讲质量的好坏、论题是否令人信服,都取决于正文的阐述。正文在结构安排上离不开提出问题、分析问题和解决问题。但它又不是一成不变的刻板的公式。要根据主题的需要,恰如其分地安排好正文的层次结构,做到层次清楚,逻辑严密,重点突出,内容连贯。在安排正文的结构时还要注意到,演讲的结构不同于文章的结构,不能肆意铺排,不可太复杂。文章可以反复看,结构复杂一些,读者反复揣摩也会弄通;演讲一遍过,结构过于复杂,听众会抓不住纲目,始终不得要领。

1)演讲的正文部分有以下几项要求:紧扣开场白;突出演讲的重点;安排好讲演内容的层次。

演讲稿划分层次的方式有:

① 并列式。它是横向地从各个不同角度或侧面去分析论题的结构形式。其主要特征是把演讲的主题所涉及的若干主要问题并列起来讲述,各个层次之间的关系是并列的,相对独立而又有联系。

② 递进式。演讲者抓住某个问题,步步深入,层层推进,鞭辟入里地进行分析,使演讲的结构呈现出递进的形式。这种结构的主要特点是在论述主题时,各层意思之间一层接一层,一环扣一环,最后水到渠成。

③ 总分式。演讲者首先概括阐明自己的观点、见解或评价,然后围绕这些论点分出层次加以论述。这种总分式的特点是使人首先获得总体印象,然后通过分别论述,可以加深听众对演讲内容的全面理解。

④ 对比式。这种讲述层次是把分论点与分论点之间、段落与段落之间

形成一正一反的对照，使听众从两种事物的不同或对立之中明辨是非，认识中心论点的正确性。

2）划分段落。划分段落时要注意内容的统一与完整，并有内在联系。统一，就是一段集中表达一个意思；完整，就是一个意思要在一段里集中讲完。各段之间有内在联系，是指各段之间内容连贯，上下段之间在内容上有逻辑联系，体现出下一段是上一段意思的必然发展。

3）注意过渡与照应。过渡一般有这样几种情况：① 讲述的问题由总到分或由分到总时；② 由一层意思转到另一层意思时；③ 由议论转为叙述或由叙述转为议论时。照应也有三种情况：① 行文和演讲题目的照应；② 论点和表现中心思想的关键词的照应；③ 提出问题和解决问题的照应。

10.2.4 锤炼语言

深刻的主题、动人的材料、精巧的结构都需要用语言表现出来，语言的表达水平直接影响演讲的质量。

具体地说，演讲的语言表达有下列几个基本要求：

（1）要口语化。稿子写完后要念一念，请人听一听，看看是否上口、顺耳。这里推荐几种方法：① 把长句改成适合听的短句；② 把单音词改成双音词，例如应→应该、如→如果；③ 把听众不易听懂的文言词语、方言改换掉。

（2）要通俗易懂。要采用通行的说法和规范化的语言，通俗易懂的语言有利于影响他人。① 把生僻词改成常用词；② 不用生造的词语；③ 多举例，用它来说明听众陌生的事物；④ 用具体形象的语言解释抽象的理论。

（3）要生动感人。① 用形象化的语言，包括运用各种修辞手法；② 发挥语言的音乐美，即声调的和谐和节奏的变化；③ 运用幽默的语言。

（4）要准确朴实。郭沫若在全国科技大会上的《科学的春天》的演讲，就是语言锤炼的一个绝好范例。他在结尾时讲道："'日出江花红胜火，春来江水绿如蓝'，这是人民的春天，这是科学的春天！让我们张开双臂热烈地拥抱这个春天吧！"

10.3 演讲技巧

10.3.1 克服怯场

任何人在大庭广众面前都会产生紧张情绪。其表现是面红耳赤，说起话来声音颤抖变调,心里发慌。企业家发表演讲经常是一些较大的场合,出现怯场是很正常的。这里给大家介绍几种克服怯场心理的方法。

(1) 选择熟悉的题目进行演讲。一个已经演讲过的题目或已经从事过研究又十分感兴趣的题目,往往会有助于顺利地开始,例如,讲讲企业怎样经营,怎样注意产品质量,怎样做好广告等。

(2) 对演讲内容和自己充满信心。理解自己演讲的内容,并且认识到自己的演讲是高质量的、结构完善的,对于演讲成功和建立自信至关重要。另外,既然你被请去演讲,那就是对你的信任,你就是在这个问题上最有发言权的专家。越显得自信,所做的演讲就越可信。

(3) 不要把听众看作是专来取笑你的"捣蛋鬼",而要把他们看作自己的朋友。从一开始就要寻找那些对你注视、微笑、点头、仔细倾听的听众。面对他们讲话,就能克服慌乱情绪。待紧张情绪消除后,再转向其他听众。

(4) 实地试验。试一下麦克风,检查一下投影仪,在舞台上随意走走,到会场后面看看可视辅助设备的效果,看看自己是否在会场的每个角落都能被听到和看到。在真正开始前,通过了解自己将站立的位置及演讲时的真切感受来获得信心。

(5) 在演讲前可以做几次深呼吸,平稳和自然的呼吸有助于思路清晰、情绪放松,也有助于演讲充满说服力,具有愉悦性和趣味性。另外,开场前活动一下脖子或与身边的人小声说一两句话,有利于消除紧张情绪。

10.3.2 表达技巧

(1) 有声语言表达技巧。

1) 发声技巧。古希腊的亚里士多德(Aristotle)在《修辞学》一书中指出:"什么时候说得明亮,什么时候说得柔和,或者介于两者之间;什么时候说得高,什么时候说得低,或者不高不低……都是关系到演讲成败的关键问题。"演讲时,明朗浑厚的中低音比较受欢迎;演讲的语速以每分钟150字左右为宜。同时演讲者还应注意加强声音的共鸣,这样能使声音变得洪亮圆润,传送得远,蕴含感情。

2) 巧用重音。在演讲中,根据表情达意的需要,有意突出强调某个词或词组,而和其他词或词组形成对比处理,这种技巧便是重音。有的时候,读得比其他词轻,也能起到突出的作用。确定重音主要依据演讲者的目的、理解、心境、感情等综合因素。

3) 停顿的技巧。停顿有语法停顿、逻辑停顿和心理停顿。前两种是根据语法和逻辑结构来处理语言的手段,其目的是保证语意清楚明确、重点突出。而心理停顿则是演讲停顿技巧中最活跃的一种。心理停顿是有意识地安排的，停顿时间比语法停顿、逻辑停顿长，听众可以明显感受到它的效应。具体来说，它有以下作用：① 给演讲者和听众整理思路、体会情感的时间，从而达到沟通同步；② 有利于内容的进一步展开、推动主题；③ 体现设问和暗示；④ 用于引起听众的好奇、注意，令听众产生悬念。

4）把握节奏的技巧。演讲中的节奏是由演讲者言语过程所确定的，是演讲者为适应内容和感情的需要而造成的叙述过程中的抑扬顿挫、轻重缓急的对比关系。演讲节奏可分为：① 轻快型：适于较随和场合，如致欢迎词、宴会祝词等。② 持重型：适于理论报告、纪念会发言、严肃会议开幕词、工作报告等。③ 舒缓型：适于科学性演讲和课堂授课。④ 紧促型：适用于紧急动员报告或声讨发言。⑤ 低抑型：适于追悼会等具有哀伤气氛的场合。⑥ 高扬型：适于誓师会、动员会、批判会等。⑦ 单纯型：适于简短的演讲。⑧ 复杂型：适于内容复杂、费时较长的演讲。

5）语气语调的运用技巧。语气语调在沟通中也占有举足轻重的地位。实验证明，即使没有实在内容的声音形式也可以沟通感情。在演讲中，"气徐声柔"可以表达爱；"气促声硬"可以表达憎；"气沉声缓"可以表达悲；"气满声高"可以表达喜；"气提声凝"可以表达惧；"气短声促"可以表达急；"气粗声重"可以表达怒；"气细声粘"可以表达疑。除了语气以外，语调的运用也可表达不同的感情。一般来说，平调表示严肃、平淡、压抑、悲痛；升调表示疑问、反问、愤慨、呼唤；曲调表示讽刺、暗示、欢欣、惊讶；降调表示感叹、请求、肯定、赞扬。

(2) 体态语言表达技巧。

1）善用表情和眼神。面部表情是人的思想感情最复杂、最准确、最微妙的"晴雨表"。演讲中表情贵在自然，切忌拘谨木然、精神慌张或故作姿态。面部表情应随演讲内容和演讲者情感的变化而变化，一笑一颦、一展一蹙都要和演讲的内容合拍。"眼睛是心灵的窗户。"演讲表情中最重要的是眼神，所以在演讲中要尽量看着听众说话；多和听众的目光构成实在性接触；注意眼神运用的灵活多样，以便"美目流溢，顾盼生辉"。

2）姿态和手势的运用技巧。不少演讲家提倡在演讲中使用站姿。站立的姿态，一般提倡两腿略微分开，前后略有交叉，身体的重心放在一只脚上，另一只脚则起平衡作用。这样便于站立，也便于移动，身姿和手势也可以自由摆动。长时间的演讲可以采取坐姿与站姿相结合的方式。一般来说，运用坐姿可以使演讲显得随和，适于"拉家常"式的演讲。手势是身体姿态中最重要的表达手段。在演讲中，自然而安稳的手势，可以帮助演讲者平静地陈述和说明；急剧而有力的手势，可以帮助升华情感；柔和而平静的手势，可以帮助抒发内心炽热的情感。在演讲中，手势的运用要有变化，要服从内容的需要，符合听众的习惯，简单明了，适当有节。

10.3.3 控场技巧

虽然演讲活动一般都是在充分准备的基础上进行,但出乎意料的状况总是难免发生。在这种情况下,当机立断,酌情控场与机变,就显得十分重要与必要。

(1) 控场和机变要注意的原则。

1) 观察要敏锐。要善于捕捉听众各种细微的情绪变化和反应,作出准确的判断和迅捷地采取措施。

2) 处变而不惊。当会场上出现不安和骚动时,演讲者应冷静、沉稳,要有一个震慑全场的气概,始终保持充分的自信,以毅力和韧性克服一时的骚动。

3) 有理有利有节。在一般情况下,绝大多数听众是通情达理的,至于个别听众的问题,要分清问题的性质、原因和责任,采取适当措施,把事情变化消灭在萌芽状态。有时演讲者也可以采取视而不见的办法,见怪不怪,其怪自败。

(2) 演讲中意外情况的处理。

1) 发现内容多、时间少。拖延时间是演讲大忌,所以在这种情况下,应果断压缩内容,删除某些句段和事例。妥善使用概括词,注意保持整个演讲体系的完整性,切忌虎头蛇尾,草率收兵。

2) 演讲者发生失误。发生失误以后,最重要的是要处变不惊,其次是果断采取应急措施,及时调整自己的演讲。

3) 对听众当场递条子或口头质疑的处理。遇到这种情况,不管是善意质询还是恶意诘难,演讲者都要头脑冷静、保持清醒,切忌感情用事。采取灵活的处置,保证演讲顺畅进行。有时可以抓住这一时机,进一步深入地阐述自己的观点。

4) 发现听众反应冷漠、缺乏合作。演讲者应迅速冷静地分析出可能的原因,根据实际情况调整演讲内容,切不可敷衍了事。

5) 对听众持对立观点的处理。在这种情况下,演讲者应在一开始就努力缓和对立情绪,创造一个宽松、和谐的气氛,便于逐步阐述自己的观点,最终说服听众。

思 考 题

1. 演讲一般有哪些类型,相应的特点是什么?
2. 演讲构思包括哪些步骤和内容?
3. 演讲的表达技巧、控场技巧有哪些?
4. 介绍自己演讲控场成功的经验或失败的教训。

案例

丘吉尔的就职演讲

背景资料：1940年5月10日，英王授权丘吉尔组织政府。丘吉尔受命于危难之际，很快就组成了战时内阁。5月13日，下议院召开特别会议，丘吉尔要求宣布对新政府的信任，发表了这篇演讲。

上星期五晚上，我接受了英王陛下的委托，组织新政府。这次组阁，应包括所有的政党，既有支持上届政府的政党，也有上届政府的反对党，显而易见，这是议会和国家的希望与意愿。我已完成了此项任务中最重要的部分。战时内阁业已成立，由五位阁员组成，其中包括反对党的自由主义者，代表了举国一致的团结。三党领袖已经同意加入战时内阁，或者担任国家高级行政职务。三军指挥机构已加以充实。由于事态发展的极端紧迫感和严重性，仅仅用一天时间完成此项任务，是完全必要的。其他许多重要职位已在昨天任命，我将在今天晚上向英王陛下呈递补充名单，并希望于明日一天完成对政府主要大臣的任命。其他一些大臣的任命，虽然通常需要更多一点的时间，但是，我相信议会再次开会时，我的这项任务将告完成，而且本届政府在各方面都将是完美无缺的。

我认为，向下院建议在今天开会是符合公众利益的。议长先生同意这个建议，并根据下院决议所授予他的权力，采取了必要的步骤。今天议程结束时，建议下院休会到5月21日星期二。当然，还要附加规定，如果需要的话，可以提前复会。下周会议所要考虑的议题，将尽早通知全体议员。现在，我请求下院，以我的名义提出决议案，批准已采取的各项步骤，将它记录在案，并宣布对新政府的信任。

组成一届具有这种规模和复杂性的政府，本身就是一项严肃的任务，但是大家一定要记住，我们正处在历史上一次最伟大的战争的初期阶段，我们正在挪威和荷兰的许多地方进行战斗，我们必须在地中海地区做好准备，空战仍在继续，众多的战备工作必须在国内完成。在这危急存亡之际，如果我今天没有向下院作长篇演说，我希望能够得到你们的宽恕。我还希望，因为这次政府改组而受到影响的任何朋友和同事，或者以前的同事，会对礼节上的不周之处予以充分谅解，这种礼节上的欠缺，到目前为止是在所难免的。正如我曾对参加本届政府的成员所说的那样，我要向下院说："我没什么可以奉献，有的只是热血、辛劳、眼泪和汗水。"

摆在我们面前的，是一场极为痛苦的、严峻的考验，在我们面前，有许多许多漫长的斗争和苦难的岁月。你们问：我们的政策是什么？我要说，我们的政策就是用我们全部能力，用上帝所给予我们的全部力量，在海上、陆地和空中进行战争，同一个在人类黑暗悲惨的罪恶史上所从未有过的穷凶极恶的暴政进行战争。这就是我们的政策。你们问：我们的目标是什么？我可以用一个词来回答："胜利"——不惜一切代价，去赢得胜利。无论多么可怕，也要赢得胜利。无论道路多么遥远和艰难，也要赢得胜利。因为没有胜利，就不能生存。大家必须认识到这一点：没有胜利，就没有英帝国的存在，就没有英帝国所代表的一切，就没有促使人类朝着自己目标奋勇前进这一世代相承的强烈欲望和动力。但是当我挑起这个担子的时候，我是心情愉快、满怀希望的。我深信，人们不会听任我们的事业遭受失败。此时此刻,我觉得我有权利要求大家的支持,我要说:"来吧,让我们同心协力,一道前进!"

资料来源:程帆.世界著名演讲精华[M].长沙:湖南教育出版社,2012:377.

案例讨论

1. 丘吉尔在演讲中向听众传递的主要信息是什么?
2. 你认为这次演讲的精彩之处主要体现在哪里?
3. 请从演讲的构思、演讲技巧来分析丘吉尔的这次演讲为何被认为是经典演讲。
4. 假如你是当时的一名英国政员,听了丘吉尔的演讲,试想你会有什么感受?

林肯在盖提斯堡的演说

盖提斯堡演说(Gettysburg Address)是林肯总统演说中最著名的一篇,也是在美国历史中最常被引用的演说。这篇演说时值美国南北战争,距北方军击败南方军的盖提斯堡决定性战役仅4个半月。而演说的场合则是在宾夕法尼亚州盖提斯堡国家公墓的致辞典礼。以下是其演讲内容:

87年以前,我们的先辈们在这块大陆上创立了一个新的国家。这个国家产生在自由之中,奉行一切人生来平等的原则。

现在,我们正在进行一场伟大的内战,以考验这个国家,或者说以考验任何一个奉行自由平等原则的国家能否长久生存。在这场战争的一个伟大战场上,烈士们为这个国家的生存而献出了自己的生命。我们在此集会,是为了把这个战场的一部分奉献给他们,作为他们的最后安息之所。我们这样做是应当的。

但是从更广泛的意义上看,却不能说我们在奉献、圣化、神化这块土地。那些曾在这里战斗过的勇敢的生者与死者已经把这块土地神圣化了,而这远不是我们微薄的力量所能增减的。全世界不会注意,也不会长久地记住我们今天在这里所讲的话。但是,全世界将永远不会忘记这些勇士们在这里所做过的事。对于我们这些活着的人来说,倒是应该把自己奉献给勇士们以崇高的精神向前推进而尚未完成的事业;倒是应该把自己奉献给依然摆在我们面前的伟大任务——我们要从这些可敬的死者身上汲取更多的献身精神,来完成他们为之献出全部忠诚的事业;要在这里下最大的决心,不要让烈士们的鲜血白流;要使我们的国家在上帝的保佑下,得到自由的新生;要使我们这个民有、民治、民享的政府永世长存。

附录二

乔布斯2005年在斯坦福大学毕业典礼上的演讲实录

很荣幸和大家一起参加这所世界上最好的大学之一的毕业典礼。我大学没有毕业。说实话，这是我离大学毕业最近的一刻。今天，我给大家讲三个故事，不谈大道理，只是讲三个故事。

第一个故事，是关于人生中的点点滴滴怎么串连在一起。我在里德学院（Reed college）待了6个月就休学了，之后便在学校旁听，又过了大约一年半。我就彻底离开了，那么，我为什么休学？

这得从我出生前讲起。我的亲生母亲当时是一名年轻的未婚在校研究生，她决定让别人收养我。她强烈觉得应该让有大学学历的人收养我，所以我出生时，她就准备让我被一对律师夫妇收养。但是这对夫妻到最后一刻反悔了，他们想收养女孩。就这样，我的养父母——当时他们还在登记册上排队等着呢，在一天半夜里接到一通电话，问他们："有一名意外出生的男孩，你们要认养他吗？"他们的回答是"当然要"。后来，我的生母发现，我现在的妈妈从来没有大学毕业，我现在的爸爸则连中学都没有毕业。她拒绝在认养文件上做最后签字。不过没过几个月后，她态度就软化了，因为我的养父母许诺日后一定会送我上大学。

17年后，我真的上了大学了。但是当时我很天真，选了一所学费几乎跟斯坦福一样贵的大学，我那工人阶级的父母所有积蓄都花在我的学费上。6个月后，我看不出念书的价值何在。那时候，我不知道这辈子要干什么，也不知道念大学能对我有什么帮助，而且我为了念这个书，花光了我父母这辈子的所有积蓄，所以我决定休学，并坚信日后会证明我这样做是对的。当年做这个决定时心里也是害怕的，可是现在看来，那是我这辈子做过最好的决定之一。当我休学之后，我再也不用上我没兴趣的必修课，把时间拿去听那些我有兴趣的课。

那些日子一点也不浪漫。我没有宿舍，所以我睡在朋友家的地板上，靠着回收可乐空罐的5分钱退费买吃的，每个星期天晚上得走7英里的路绕过大半个镇去印度教的 Hare Krishna 神庙吃顿好的。追寻我的好奇与直觉，我所驻足的大部分事物，后来看来都成了无价之宝。

举例来说：当时里德学院有着大概是全国最好的书法课。在整个校园内的每一张海报上，每个抽屉的标签上，都是美丽的手写字。因为我休学了，可以不照正常选课程序来，所以我跑去学书法。我学了 serif（衬线字体）与 sans serif（非衬线字体）字体，学到在不同字母组合间变更字间距，学到活字印刷伟大的地方。书法的美好、历史感与艺术感是科学所无法捕捉的，我觉得它妙不可言。

我没预期过学的这些东西能在我生活中起些什么实际作用，不过十年后，当我在设计第一台麦金塔计算机时，我想起了当时所学的东西，所以把这些东西都设计进了麦金塔里，这是第一台能印刷出漂亮东西的计算机。如果我没沉溺于那样一门课里，麦金塔可能就不会有那么多种字体或间距安排合理的字号了。如果当年我没这样做，大概世界上所有的个人计算机都不会有这些东西，印不出现在我们看到的漂亮的字来了。当然，当我还在大学里时，不可能把这些点点滴滴预先串在一起，但是这在十年后回顾，就显得非常清楚。

我再说一次，你不能预先把点点滴滴串在一起；唯有未来回顾时，你才会明白那些点点滴滴是如何串在一起的。所以你得相信，你现在所体会的东西，将来多少会连接在一块。你得信任某些东西——直觉、归宿、命运等。这种做法从来没让我失望，也彻底改变了我的生活。

我的第二个故事，有关爱与失去。

幸运的是，我在年轻的时候就发现自己喜欢做什么事。我20岁时，跟史蒂夫·沃兹尼亚克（Steve Wozniak）在我爸妈的车库里开始了苹果计算机的事业。我们干得很卖力，苹果计算机在十年间从一间车库里的两个小伙子扩展成了一家员工超过4 000人、市价20亿美元的公司，在那之前一年推出了我们最棒的作品——麦金塔，而我才刚迈入人生的第30个年头，然后被炒鱿鱼。你怎么会被自己办的公司解雇呢？是这样，当苹果公司越做越大，我请了一个我以为他在经营公司上很有才干的家伙来，他在头几年也确实干得不错。可是我们对未来的愿景不同，最后只好分道扬镳，董事会站在他那边，炒了我鱿鱼，公开把我请了出去。曾经是我整个成年生活重心的东西不见了，这使我心力交瘁。

一连几个月，我真的不知道应该怎么办。我感到自己给老一辈的创业者丢了脸——我把他们交给我的接力棒弄丢了。我见了创办惠普（HP）的戴维·帕卡德（David Packard）跟创办英特尔（Intel）的鲍勃·诺伊斯（Bob Noyce），跟他们说我很抱歉把事情搞得这么糟糕。这次失败闹得沸沸扬扬，我甚至想要离开硅谷。但是渐渐的，我发现，我还是喜爱着过去做的一切，在苹果的这些经历没有丝毫改变我爱做的事。我虽然被拒之门外，可是我仍然深爱我的事业，所以我决定从头开始。

虽然当时我没有意识到，但是现在看来，被苹果公司开除，是我所经历过最好的事情。成功的沉重被从头来过的轻松所取代，每件事情都不那么确定，让我自由进入这辈子最有创造力的时期。

在此后的五年，我开了一家叫作NeXT的公司，又开一家叫作Pixar（皮克斯）的公司，我还爱上了一位了不起的女人，后来娶了她。Pixar接着制作了世界上第一部全计算机动画电影——《玩具总动员》，现在Pixar是世界上最成功的动画制作公司。然后，苹果公司买下了NeXT，我回到了苹果，我们在NeXT发展的技术成了苹果后来复兴的核心。我也有了个美妙的家庭。

我很确定，如果当年苹果公司没开除我，就不会发生这些事情。有时生活会当头给你一棒，但不要灰心。我确信，我爱我所做的事情，这就是这些年来让我继续走下去的唯一理由。你得找出你爱的，工作上是如此，对爱人也是如此。你的工作将填满你的一大块人生，唯一获得真正满足的方法就是做你相信是伟大的工作，而唯一做伟大工作的方法是爱你所做的事。如果你还没找到这些事，继续找，别停顿。尽你全心全力，你知道你一定会找到。而且，就像任何一种美妙的东西，历久弥新。所以，要不断寻找，直到找到自己喜欢的东西，不要半途而废。

我的第三个故事，关于死亡。

当我17岁时，我读到过这样一段话，大意是："如果把每一天都当作生命的最后一天，总有一天你会如愿以偿。"这对我影响深远，在过去33年里，我每天早上都对着镜子自问："假如今天是生命的最后一天，我还会去做今天要做的事吗？"如果一连许多天我的回答都是"不"，我知道自己应该有所改变了。

让我能够做出人生重大抉择的最主要办法是，记住生命随时都有可能结束。因为几乎所有东西——所有外界期望、所有名誉、所有对困窘或失败的恐惧——在面对死亡时，都消失了，只有最重要的东西才会留下。记住自己随时都会死去，是我所知防止患得患失的最好的方法。人生不带来，死不带去，还有什么理由不跟着自己的感觉走呢。

一年前，我被诊断出癌症。我在早上7点半作断层扫描，在胰脏那里清楚出现一个肿瘤，我连胰脏是什么都不知道。医生告诉我，那几乎可以确定是一种不治之症，我大概活不过3至6个月了。医生建议我回家，好好跟亲人们聚一聚，这是医生对临终病人的标准建议。那代表你得试着在几个月内把你将来十年想跟小孩讲的话讲完。那代表你得把每件事情搞定，家人才会尽量轻松。那代表你得跟人说再见了。

我整天想着那个诊断结果，那天晚上做了一次切片，从喉咙伸入一个内视镜，从胃进肠子，插了根针进胰脏，取了一些肿瘤细胞出来。我打了镇静剂，不省人事，但是我老婆在场。她后来跟我说，当医生们用显微镜看过那些细胞后，他们都哭了，因为那是非常少见的一种胰腺癌，可以用手术治好。所以我接受了手术，康复了。

这是我最接近死亡的时候，我希望那会继续是未来几十年内最接近的一次。经历此事后，我可以比之前死亡只是抽象概念时要更肯定地告诉你们下面这些：

没有人想死。即使那些想上天堂的人，也想活着上天堂。但是死亡是我们共同的目的地，没有人逃得过。这是注定的，因为死亡简直就是生命中最棒的发明，是生命变化的媒介，送走老人们，给新生代留下空间。现在你们是新生代，但是不久的将来，你们也会逐渐变老，被送出人生的舞台。抱歉讲得这么戏剧化，但是这是真的。

你们的时间有限，所以不要浪费时间活在别人的生活里。不要被信条所惑——盲从信条就是活在别人思考的结果里。不要让别人的意见淹没了你内在的心声。最重要的，拥有跟随内心与直觉的勇气，你的内心与直觉多少已经知道你真正想要成为什么样的人。任何其他事物都是次要的。

在我年轻时，有本神奇的杂志叫作《全球目录》(Whole Earth Catalog)，当年我很迷这本杂志。那是一位住在离这不远的门罗帕克(Menlo Park)的斯图尔特·布兰德(Stewart Brand)发行的，他把杂志办得很有诗意。那是20世纪60年代末期，个人计算机还没发明，所有内容都是打字机、剪刀跟拍立得相机做出来的。杂志内容有点像印在纸上的Google，在Google出现之前35年就有了：理想化，充满新奇工具与神奇的注记。

斯图尔特跟他的出版团队出了好几期《全球目录》，然后出了停刊号。当时是20世纪70年代中期，我正是你们现在这个年龄的时候。在停刊号的封底，有张早晨乡间小路的照片，那种你去爬山时会经过的乡间小路。在照片下有行小字：

求知若饥，虚心若愚。(Stay hungry, Stay foolish.)

那是他们亲笔写下的告别讯息，我总是以此自许。当你们毕业，展开新生活，我也以此期许你们。

非常谢谢大家。

资料来源：根据网络资料整理.

第 11 章

会见与面试

不学礼,无以立。
——《论语》

学习目标

- 了解会见的内涵以及会见的过程
- 掌握有效会见的一般性技巧
- 熟悉面试遵循的程序,掌握相应的面试技巧
- 能够区分与信息有关的会见和与解决问题有关的会见

引导案例

　　一次A公司招聘文秘人员,由于待遇优厚,应聘者很多。某大学中文系毕业的小张同学前往面试。根据她的背景材料,在众多应聘者中她的条件还是比较优秀的。大学四年,在各类刊物上发表了3万字的作品,内容有小说、诗歌、散文、评论、政论等,还为六家公司策划过周年庆典。英语表达极为流利,书法也堪称上佳。五官端正,身材高挑、匀称,气质也比较出众。

　　面试时,招聘者拿着她的材料等她进来。小张穿着超短裙,涂着鲜红的唇膏,带着夸张的耳环,身上还散发着浓郁的香水味道,轻盈地走到一位考官面前,不请自坐,笑眯眯地等着问话。在整个面试过程中还不时地跷起二郎腿。面试大概持续了5分钟,三位招聘者就互相交换了下眼色,主考官说:"张小姐,请回去等通知吧。"她喜形于色:"好!"挎上小包飞跑出门。

面试的第一印象十分重要,第一印象往往从谈话、举止、着装、个人的性格与修养中得来。良好的礼仪和外在形象能展示应聘者美好的外表和内在,使面试官产生好感,形成良好的第一印象。你认为小张能够等到录用通知吗?

资料来源:孙福财,初明.商务礼仪[M].
北京:北京邮电大学出版社,2017:27.

11.1 会 见

会见,就是"与别人相见"。管理者作为企业组织中的一员,每天都会与各种各样的人见面、交谈。通过会见,获取有用的信息,满足不同的需求。可以说,会见是日常工作中最普通、发生频率最高的经历,也是管理中最常用的工具。然而,如何才能实施有效的会见,用最短的时间达到预期的目标却是长期困扰着管理者的难题,人们常常抱怨被淹没在无休止的会见之中,却依然一无所获,毫无进展。要解决这个问题,必须从会见的严格定义开始。

11.1.1 什么是会见

会见不是普通的谈话,不同于朋友之间的闲聊,它是为了达到预定的目的而有组织、有计划开展的交换信息的活动。

会见是一项目的明确的活动。不仅如此,这种目的还是在会见发生以前就已经预先确定了的。会见的目的各不相同,与管理有关的会见目的大致包括以下几个方面:

(1)为了选择适当人员完成特定的工作;
(2)为了提供、获取或者交流信息;
(3)为了监控、评价或者纠正工作表现;
(4)为了咨询、商讨并解决问题。

会见同时又是一项正式的安排。它要求参加者严密地组织、有计划地展开。通常会见的过程包括准备阶段、实施阶段与总结阶段。每个阶段都有大量的细节工作。认真、准确地完成这些工作才能做好一个有效的会见。

从本质上讲会见是一个交流信息的过程,由两个或者两个以上个体参加。这是所有会见都具备的共同特征。但是,仅仅认识到这一点是远远不够的。实际上,在会见这个互动过程中,交流双方所承担的角色是不同的,因此,他们的地位也就有所不同。会见通常由会见参与者之一来组织、控制并实施,其在整个过程中处于主动地位,我们将执行此项职责的个体称为面试者,而会见的另一参与方在总体上处于被动地位,被称为受试者。一般情况下,受试者通常拥有更多的信息。基于不同的角色定位,会见应被理解为一个说服的过程,一个训练有素的面试者应通过精心选择与组织的提问,来引导与激发受试者将其拥有的私人信息以一种符合面试者要求的方式展示出来。会见中的有些问题也许会令人尴尬窘迫,但这充其量只是会见的一种副产品而绝非其初衷。这种对会见意义的深层次理解是有效地实施会见过程的前提,正是由于这种深层次理解才激发了我们对会见全过程的研究,巩固了对会见技巧的把握。

11.1.2 会见的全过程

会见过程包括三个阶段:准备阶段、实施阶段和总结阶段。

(1)准备阶段。

用于会见的时间并不能随面试者的喜好与需要而单方面决定,它通常也受到受试者意愿的约束,大量统计数据表明,会见的时间一般在30分钟左右。时间的约束要求面试者事先做好准备工作,以充分利用宝贵的时间。

会见前的准备通常包括如下细节:

1)明确会见欲达到的目的;

2)明确需要收集信息的类型;

3)选择拥有这些信息的受试者并了解其个性习惯等资料;

4)选择在会见中将提出的问题以及提出它们的方法;

5)确定一个合适的会见场合。

会见的目的是一切与之相关活动的出发点,面试者在透彻认识目的的过程中,将其演绎为需要具体收集的信息,为了获取这些信息,适当的受试者就会进入面试者的考虑范围之中。确定了会见的对象之后,接下来的问题便是如何有效地完成信息交流的互动过程。

会见中面试者提出的各种问题是面试者收集信息的基本手段,也是面试者向受试者发出信息的主要载体。将需求转化成问题的过程在沟通学中被称为面试者的编码过程。针对这些问题,受试者会根据自己的知识体系、个性习惯、思维定式加以理解，这个过程就是受试者的译码过程。受试者结合所理解的面试者意图与自己掌握的信息，再次编码，传递给面试者。面试者经过理解，掌握了所需的信息。这就是会见互动过程中的一个回合，其流程如图11.1所示。

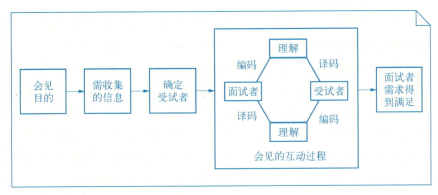

图11.1 会见准备阶段面试者须考虑的流程

由于在会见互动实施过程中，面试者提出问题的类型、方式以及受试者本身的知识体系、个性习惯、思维方式都会影响受试者对面试者意愿的理解，因此，面试者在准备阶段就必须明确自己需收集的信息的类型，例如，是仅仅需要一个"Yes"或"No"的回答来检验已掌握的信息，还是需要更详尽的资料、更深入的了解；是需要学术风格浓厚的旁征博引还是深入浅出的讲解。同时，面试者还需要了解受试者的背景资料以预测其可能的反应与理解，从而调整自己提问的方式以引导受试者按其需要的方式组织拥有的信息。

会见场合的选择有时也能决定会见的成败。一个舒适宽敞、通风明亮的环境有助于会见双方保持清醒的头脑，一个安静、不受噪声侵袭与电话打扰的场所会有效地提高时间的利用效率。特别需要指出的是，办公室的空间安排也可能会对会见的效果产生极大的影响。研究表明大部分办公室都可以分为两个区域。它们是：压力区域和半社会化区域。压力区域是指办公桌周围的那片区域，它的设置主要是为正式交谈服务的。其特点是办公室的主人坐在办公桌的后面，他们是交谈的引导者。半社会化区域指稍远离办公桌的那一区域，如果是较大的办公室，其中可能还会有舒适的沙发和茶几，在这个区域内的交谈被认为是建立在比较平等的基础之上的。改变办公室的设置与布局将会使这些区域发生改变。另外，会见双方的空间位置也会影响会见的质量。心理学家指出，交谈时，双方座位成直角时要比面对面的交谈自然六倍，比肩并肩的交谈自然两倍，因此，面试者应根据不同的目的与需求来精心策划与调整会见的环境。

（2）实施阶段。

实施是一次会见的主体，任何准备工作都是为展开有效的实施而服务的。

1）实施的步骤。

对于大多数受试者而言，会见是一项独特的经历，其地位的被动性以及被置身尴尬境地的可能性使受试者总不免有些紧张。因此在会见双方之间建立融洽和谐的关系，营造令人放松的良好气氛至关重要，这有助于使受试者放松紧张的神经，令信息流顺利通畅地互换，提高成功的概率。一声主动亲切的问候或对共同关心的问题简短的讨论都是可选的方案。作为一个面试者，应尽早地建立这种关系，它为你获取需要的信息铺平了道路；即使在初始阶段一切都进行得相当顺利，面试者也应该为维持良好的氛围而花费必要的精力，紧张情绪随时会因为意见分歧等原因而回归受试者。

会见实施的第二个步骤是说明本次会见的目的，虽然对于面试者而言，这只是举手之劳，但是很多人却因为认为会见目的显而易见而将其忽视或者省略了。不幸的是，事实并不如面试者主观臆断的那样，受试者常常被一大堆"狂轰滥炸"的问题弄得丈二和尚摸不着头脑，会见的效果必然因此而大打折扣。

完成了前续工作，面试者便可进入提问阶段。提问是会见中获取信息的最主要手段，这一步骤成功与否直接决定了会见的成效，它最能体现面试者掌握的会见技巧与运用它们的熟练程度。一般来说，这个阶段的技巧包括倾听、提问与小结。小结是会见双方在交换了一定信息后，面试者在转入下一个话题之前有意识地将受试者的陈述作一重复或简要归纳，这有助于统一会见双方的理解与认识，大大提高所获信息的准确度，若不进行必要的小结，会见双方就可能无法发现事实上存在的理解上或认识上的分歧，各自按自己的演绎版本执行会见达成的决定，结果差之毫厘，谬以千里。

当面试者获得了所需信息之后，就要准备结束会见了。通常面试者会直截了当地说明意图并感谢受试者的合作，同时提供受试者了解相关信息的机会。面试者应坦率、简洁、全面地回答受试者的提问，如果可能的话，还应该告知以后活动的时间安排，这一点在招聘会见中尤其重要。

上述会见实施步骤如图11.2所示。

2）提问的类型。

提问是会见中获取信息的最主要手段，提出问题的不同方式会导致对同一主题所作回答容纳的信息量的不同、侧重点的不同、组织方式的不同，甚至真实性的不同。

图11.2
会见实施步骤流程图

① 开放式问题与封闭式问题。几乎所有的问题都可以分成两个大类：开放式问题和封闭式问题。开放式问题允许受试者更多地自由组织材料、发表见解，面试者仅仅指定话题的范围。下面是几个开放式问题的例子：
- 介绍一下你自己。
- 你追求的是怎样一份事业？
- 你对现在的工作如何评价？

封闭式问题则恰恰相反，它仅要求受试者作简短的回答，有时甚至只需以"Yes"或"No"作答。如：
- 你现在工作的责任是什么？
- 将下面的课程按你的喜好顺序排列：数学、英语、历史。
- 你喝酒吗？

开放式问题和封闭式问题各有所长（表11.1），在会见中，面试者应根据所需综合运用。一般来说，开放式问题为受试者展示自己的个性、思维方式、处事态度提供了良机，有助于面试者获得一些深层次的信息，而封闭式问题则适于面试者收集或核对一些事实性的细节。

表11.1　开放式问题与封闭式问题优缺点比较

	开放式问题	封闭式问题
优点	1. 面试者有更好的机会观察受试者 2. 通常不会给受试者带来压力和紧张感，因为较易回答 3. 易揭示面试者的兴趣所在	1. 对面试者的技巧要求不高 2. 花费的时间较少 3. 面试者较易控制会见过程 4. 较容易比较受试者的回答
缺点	1. 通常需花费较多的时间 2. 通常较难记录与评价所获得的信息 3. 难以控制会见的过程	1. 能够提供的信息量有限 2. 有时会影响彼此间的沟通 3. 难以为受试者展示额外信息提供机会

② 中性问题与引导性问题。中性问题中不含有任何有关面试者偏好的暗示，因此，受试者的回答真实性很高，所获信息也比较可靠。中性问题的例子有：
- 你对需要经常出差的工作怎么看？
- 你为什么离开那家公司？

引导性问题常常有意无意地将受试者的反应导向面试者希望的方面。在会见中，使用引导性问题应特别慎重，它虽然有助于证实一些事实性的细节，但运用不得当，极易造成信息的扭曲与偏差。引导性问题的例子有：
- 你有汽车驾驶执照，是吗？
- 你是否像大多数学生一样认为自己的课业负担过于沉重？

③ 别有用意的问题。这类问题比引导性问题具有更强的诱导性，它们通常被用在需要了解受试者情绪和情感的场合，面试者通过这类问题配以适当的语气向受试者施加压力，迫使其揭示内心情感。在大多数会见中没有必要使用此种手段，它对面试者的技巧有很高的要求。

④ 追踪性问题。追踪性问题常常是基于受试者对前一个问题的回答而提出的，其目的是为了更多地了解受试者在前一个回答中涉及的细节。它有助于面试者对受试者加深认识，有时也有助于辨别受试者回答的真实性。例如，在一个招聘面试中，受试者回答道："从现在的工作中我学会了如何承担责任。"面试者就可继续发问：

- 那你是如何承担责任的？
- 你承担了多少责任？
- 你为何要学习承担责任？

这些都属于追踪性问题的范围。

⑤ 重复与停顿。严格地讲，重复与停顿并不属于提问的范畴，但是它们往往能起到提问的效果，它们是面试者暗示受试者继续详尽展开信息的信号。

3）非语言沟通工具。

虽然在会见中语言承担了交换信息的最主要载体的功能，但它绝不是唯一的手段，人类具备一种不需要语言就能够进行沟通的能力，一次意味深长的握手赛过娓娓动听的甜言蜜语，一个发自内心的微笑其作用可能超过千言万语的总和。同时，非语言沟通工具的运用在某些情况下往往是潜意识的、自发的，因此它们传递的信息往往更准确，故作为会见的参与者应有意识地运用非语言沟通工具。

具体来说，在会见实施阶段可能使用的非语言沟通工具包括辅助语言、动态的无声姿态和静态的无声姿态。

辅助语言是指语言的非词语方面，即声音的音质、音量、声调、语速、节奏等。它是语言表述的一部分，却不是词语本身。一个有经验的面试者能从声音中判断受试者是否紧张（音调升高和长时间的停顿）、外向（语速快和声调高）、争强好胜、缺乏耐心（语调低沉、速度快、重点突出）。

动态的无声姿态就是身势，即身体的无声动作，例如点头、微笑、手势、眼神等。在非语言信息的传递中，目光具有特殊的作用。人们往往通过目光去判断一个人的性情、志向、心地、态度。在交谈时，眼睛会告诉人们很多的东西，人们可以通过眼神流露的隐秘去调整交谈的方向、节奏、基调，也可以通过眼睛表达出丰富的内涵，增强讲话的效果。

静态的无声姿态首先表现为人们在交谈中相互空间的变化。距离可以表示相互了解的程度。其次，静态的无声姿态还包括身体的附加物，即服饰、发型等。它们通常是判断一个人的类型，所处的文化团体、社会阶级、精神面貌的一个重要依据。

（3）总结阶段。

会见实施的结束，与受试者的道别并不标志着会见的任务已经完成，此时，面试者手中掌握的只是一大堆事务性、细节性的材料，必须经过归纳、总结、整理才能为解决问题提供依据，而解决问题才是当初进行会见的原始目的与最终目标。

11.1.3　有效实施会见的一般性技巧

会见的技巧随会见目的的不同而不同，但是它们之间还是有一些共同的规律可循。

（1）实施有效会见必须遵守的几条原则。

1）遵守时间并合理利用之。在一个高效率的社会中，时间就是金钱，不论你所处的地位如何，一个遵守时间的人总能给对方留下良好的第一印象；特别是处于面试者的地位时，把握好时间分配是成功会见的第一前提。

2）开诚布公地面对对方。诚实是健全人格的基本要素，也是相互交流的前提基础，彼此间和谐信任的关系是信息流通的润滑剂。不论是对于面试者还是受试者，欺骗与伪装只会带来适得其反的结果。

3）做好充分的准备工作。匆忙上阵必然手足无措，有效的会见背后一定隐藏着大量的基础性准备工作。

（2）面试者的技巧与误区。

由于会见参与者所处的地位不同，因此在更大程度上处于主动地位的面试者更多地决定着会见的成败。

1）面试者技巧。

① 尽早与受试者建立和谐信任的关系，营造融洽轻松的气氛；

② 保持客观的超然心态面对受试者，警惕将自己的成见带入会见之中；

③ 按一定的逻辑顺序排列问题，这有助于受试者保持清醒头脑；

④ 尊重受试者，包括受试者的习惯与意愿，不过分纠缠于受试者不愿回答的问题；

⑤ 对受试者的回答应预先估计，提高记录的效率，充分利用非语言沟通工具。

2）面试者误区。

① 与受试者争论或者试图评价受试者的观点，这会影响客观性并浪费宝贵时间；

② 就某一细节问题而浪费过多时间,以致不能在规定时间完成所有会见计划;
③ 被受试者控制会见局面,如提出过多问题;
④ 以严肃的态度对待紧张的受试者,会让他们的神经绷得更紧;
⑤ 被自吹自擂、喜好夸大的受试者所蒙蔽。

会见本身是一个操作性很强的过程,不同类型的会见,不同的场合,不同参与人会产生不同的局面,无定式可循,掌握会见技巧更多地要在实践中摸索。

11.2 招聘面试

招聘面试是会见中最常见的类型,通过面试者与受试者面对面的接触和问答式的交谈,招聘单位可以进一步了解受试者的各方面情况,从而作出正确的录用选择。

面试在员工招聘中的重要意义主要表现在:
(1) 为单位提供机会来观察受试者;
(2) 给双方提供了解工作信息的机会;
(3) 可以了解受试者的知识、技巧、能力等;
(4) 可以观察到受试者的生理特点;
(5) 可以了解受试者的非语言行为;
(6) 可以了解受试者的其他信息。

正是基于面试的诸多功能,它已成为现代社会招聘工作中不可或缺的一个环节。自信的应聘者也往往希望通过在面试中的上佳表现而使自己从众多竞争者中脱颖而出。但是面试不可避免地是一种主观性评价方法,因此,面试的有效性与可信度很大程度上取决于主持面试者的经验及技巧。另外,从应聘者的角度来看,面试多多少少与紧张的心情结伴而行,要克服不稳定的心态,避免表现失真,要求应聘者对面试的目的、内容有一定程度的了解与准备。

11.2.1 面试者应遵循的程序、技巧及原则

(1) 面试程序的设计。

面试在本质上是一种主观性评价方法,因此,主持面试者难免将自己的思维定式带入面试过程,影响面试的实效,但是,经过科学、严格的设计程序,并按程序进行实施,能大大提高面试的有效性与可信度,充分发挥面试在员工招

聘中的重要作用。面试的一般程序大致包括四个步骤：工作分析、确定目标、编制问题及实施、确定评价标准并作出最后判断。

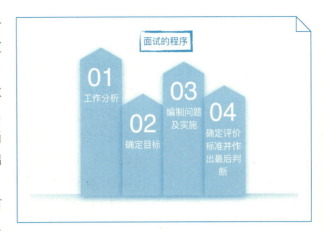

1）工作分析。面试者首先应该对招聘岗位的工作进行仔细的分析，该工作具体做什么事情，需要什么人员，需要什么素质才能够胜任，都应当了然于胸，这一步骤是整个面试工作的根基与出发点。

2）确定目标。每一次面试，主持人都应该有明确的目标：通过这次面试应该了解到什么信息，应该达到什么目的。一般而论，面试的目标有：

① 确定特定应聘者是否适合担任招聘岗位的工作。这是进行面试的首要的、同时也是最基本的目标。

② 向应聘者详尽准确地说明招聘工作的职责。应聘者对招聘岗位的了解通常都是粗浅的，作为企业的一个外部人，其信息渠道非常有限，面试者的详细说明一方面有助于应聘者对信息的全面把握，使应聘者对自己的对于该工作的兴趣与胜任能力作出正确的判断（面试毕竟是一个双向选择的过程）；另一方面，一旦录用，也能帮助应聘者迅速进入角色，适应新的工作。

③ 树立良好的企业形象。对于应聘者来说，面试者是招聘企业的唯一代表，即使未被录用，面试者的行为、态度、风格也会影响到他们今后对公司的产品与服务的看法。

3）编制问题及实施。问题的编制因面试的要求和目的不同而异。假如面试是招聘中唯一的测试手段，且应聘者的申请材料信息不足，则面试的内容应尽量广泛；反之，假如面试只是安排在其他测验之后的补充性考察手段，应聘者的申请材料已包含了大量信息，那么面试的内容可缩小在特定范围之内。此外，申请不同职位工作的面试内容也因事而异。

从广义上说，编制的问题涉及几大部分的内容：

● 个人背景、家庭情况、学习经历、工作经历等；

● 个人成就、学业成绩、工作成绩、奖赏情况、专长等；

● 理论和实践知识、专业理论知识、专业应用知识、知识面或有关常识等；

● 兴趣爱好、职业兴趣、知识兴趣、生活情趣等；

● 思维和语言能力、思维的逻辑性、分析能力、演绎与归纳能力、语言表达能力等；

● 价值观念、是非标准、爱憎观点、个人理想等；

● 求职动机及意愿、应聘动因、就职期望、工作要求等；

- 其他相关内容。

4) 确定评价标准并作出最后判断。面试者对评价与判断标准应有明确统一的认识，也就是说，要制定标准答案。应聘者怎样回答算正确的或怎样回答是有效的，怎样回答是不正确的或无效的，要有一个明确的标准。

事先确定与统一评价标准有助于提高面试的公正性。大多数招聘面试是由几个面试者分头进行的，统一标准有助于使应聘者面对不同面试者时机会均等。即使是同一面试者，明确评价标准也能防止或减轻面试者容易出现的"前紧后松"或者"前松后紧"之类的问题。

(2) 面试技巧的把握。

几乎所有的会见技巧都可运用于招聘面试中以提高面试的有效性与可信度。对于面试者来说，保证整个过程的公正性与客观性对于面试成败与否具有决定性的意义，要达到对公正与客观的适度把握，可借助于如下工具与方法。

1) 面试指导提纲。面试指导提纲通常被制成表格，将面试项目、评价标准与提问方式记录在内。这种方式一方面可保证每个应聘者面对一致的问题，也便于面试者进行比较与评价；另一方面，使面试者便于把握面试的节奏，主题集中、突出。表11.2是面试指导提纲的一个例子。

表11.2　面试指导提纲举例

序列	面试项目	评 价 标 准	提 问 方 式
1	个人背景	父母及本人家庭生活对应试者的影响；学习经历对应聘工作知识效用；工作经历对应聘工作的相关性	请简要谈谈您的家庭情况。您的家人对您应聘的态度如何？您认为您以前所学知识和工作经验对应聘工作有何帮助
2	个人成就	学习能力；以前的工作态度；工作创造性；专长与应聘工作的相关性	您在大学中各门功课的平均成绩如何？您在以前工作中做出过哪些突出成就？您的特长是什么
3	知识	专业理论知识水平；专业知识应用能力；知识面	询问专业术语或原理，询问专业理论的应用问题，提若干常识性问题
4	兴趣与爱好	兴趣与爱好和应聘工作的相关性	您业余时间喜欢干什么？您喜欢做什么样的工作
5	价值观念	价值观念的个人品质判断	您对"一切朝钱看"观点如何评价？您认为一个人一生中应追求什么目标？您对目前某种社会现象如何看
6	求职动机与意愿	应聘动机对工作行为的预期影响；意愿要求的合理性和可接受性	您为什么对本公司感兴趣？您为什么应聘某一工作？您对应聘工作有何要求
7	思维和表达能力	思维的逻辑性；分析问题的透彻性；语言表达条理性，说服力	在回答各种问题中判断
8	举止和仪表	面试中行为举止的礼仪性；面试中的精神状态；衣着穿戴整洁性	在面试中直观评价

2）面试评分表。面试评分表也是面试中经常使用的工具之一。使用面试评分表可以防止面试者判断的片面性，避免仅凭对应聘者的一个方面的印象而作出全盘肯定或否定的结论，同时，引入权数以调整各个面试项目的重要性，因此可使最终评分兼具重点突出与全面考虑的优点。表11.3是面试评分表的一个例子。

表11.3　面试评分表

姓　名	×××	性　别	×××	编　号	×××
面试者	×××	应聘职位	×××	面试日期	×××
序　号	面试项目	权　数		等级分	得　分
1	个人成就	5		3	15
2	知识与技能	6		4	24
3	兴趣与爱好	4		3	12
4	价值观念	4		4	16
5	求职动机	4		4	16
6	思维与表达	6		4	24
7	个人修养	5		3	15
8	仪表形象	3		4	12
备　注				总　分	134

面试评分表要及时填写。由于面试过程中应聘者较多而且要求回答的问题相同，因此若不及时记录，很可能会发生信息的失真。

3）面试控制板。运用面试控制板的目的在于将与面试有关的要点、目标、要求、程序、需要提的问题记录下来，这样就能够保证面试的规范化，同时也可经常提醒主持面试者始终围绕目标进行面试。

（3）面试者应遵循的原则。

要提高面试的效果，面试者必须遵循如下原则。

1）紧紧围绕面试的目的。这一点十分重要。有的主持面试者在面试时往往会岔开主题，这样既浪费时间又达不到目标；有时候受试者也会主动或无意识地把目标引开。

2）制造和谐的气氛。和谐的气氛是一切会见顺利展开的润滑剂，由于在招聘面试中，受试者总免不了有些紧张，和谐的气氛就显得尤为重要。在一般情况下，尽可能在面试刚开始时，和受试者聊聊轻松的话题，缓解面试的紧张气氛，然后再进入正题，使受试者在从容不迫的情况下，表现出其真实的心理素质和实际能力。

3）掌握面试时间。面试应该规定一个基本的时间界限，不要针对某一问题没完没了地追问，这样既影响以后的面试，又使面试的内容不易集中，整体时间分配不合理会影响整个面试的效果。

4）对每一个受试者一视同仁。先紧后松或者后紧先松的现象在面试中经常会出现。刚开始时由于主试精力较旺盛，思想较集中，提问较仔细，对受试者的评价比较准确，到了傍晚，由于长时间的工作，面试者有可能因为疲倦，就草草了事，这样面试的结果就不够理想。

5）对受试者要充分重视。有时面试者在面试中会表现出对受试者一种漫不经心的态度，这样使受试者感觉到自己受冷落，就会不积极地反应，从而使面试者无法了解受试者真正的心理素质和潜在能力。

6）注意非语言行为。人们的语言往往是通过大脑的深思熟虑才讲出来的，尤其在面试的时候，受试者往往事先做过充分准备，他讲话的时候往往把最好的一面反映出来。但是要真正了解受试者的心理素质，有时应该仔细观察受试者的表情、动作、语调等非语言行为。

7）防止与我相似的心理因素。这种心理因素就是指当听到受试者某种背景和自己相似，就会对他产生好感、产生同情的一种心理活动。如老乡、校友等关系都易于引发这种心理反应，面试者应尽量防止与我相似的因素影响，确保面试的公正性。

8）防止以偏概全的评价模式。所谓以偏概全的思维模式就是指面试者基于对受试者某一方面的好的或坏的印象而决定其总体的判断，这种评价模式是面试者将成见带入面试过程的表现，有损于面试的有效性与可信度。

11.2.2 应聘者面试准备技巧

从应聘者的角度来看，面试时总难免感到紧张，因为短短几十分钟的面试表现就可能改变你的人生轨迹。一份好工作能为你带来美好光明的前途，能帮你摆脱经济上的窘迫。然而紧张的情绪却可能使你表现失常，要克服紧张情绪，从容不迫地面对面试者，应聘者应对面试的目的、方式有一定程度的了解，并且掌握一定的面试技巧。而面试过程中最重要的技巧莫过于准确预测面试中将遇到的问题并有针对性地做好充分准备。

应聘者的面试准备技巧

1. 准备一份好的简历
   资料充分、重点突出，赢得面试机会
2. 收集应聘公司的信息
   对应聘公司、岗位有了解，往往会有较高的录用概率
3. 事先准备可能被问及的问题
   大部分面试问题都是标准化的
4. 合适的着装
   良好的视觉第一印象非常重要
5. 回避不必要的提问
   如一些易带来歧视性印象的问题

(1) 准备一份好的简历。

从寻找工作的第一步——准备简历开始,应聘者就应为日后成功的面试打下基础。一份好的简历应当资料充分、重点突出,这样才能吸引面试者,获得面试机会。

应当指出的是,求职心切的应聘者也不能走极端,在简历中自吹自擂、夸大自己的能力,即便利用欺骗的手段赢得了面试机会,训练有素的面试者也能一眼识破真伪,这样,结果反而弄巧成拙,事与愿违。

(2) 收集应聘公司的信息。

在面试中能展示自己对应聘公司有一定了解的应聘者,往往会有较高的录用概率,这至少代表了他对公司的关心与应聘的诚意。在面试结束前,应聘者往往有提问的机会,一个诸如"你们公司经营些什么"之类的宽泛肤浅的问题显然不如"你们公司是什么时间开始生产C3型产品的"这样的问题给面试者留下的印象深刻,而这需要对公司有一定的了解。

其实,收集应聘公司的信息并不如人们想象中那样困难,招聘广告与招聘推荐会是最直接的渠道。招聘广告中常常包括公司的规模、背景资料与经营范围等内容。至于招聘推荐会,若是在校园中举行的,公司往往会派专人作详细的介绍,而在大型的、多单位参加的招聘会上,则通常有与招聘人员交谈的机会,公司也会准备小册子来介绍。如果招聘单位是最终消费品的生产者,那么去百货公司或者专业商店转一圈,了解一下行情也许是个不错的主意。

(3) 事先准备可能被问及的问题。

面试中大多数的提问是标准化的,也就是说,面试者提问的意图、需要了解的信息是大致相同的,只是具体的表述与提出的方式有所差异罢了。因此,应聘者完全可以通过预先的准备来扬长避短,以最佳的方式展示自己的才能。

面试中经常被问及的内容包括:

1) 在中学或大学的教育中,哪些成就能使你成为这个职位适当的候选人?

2) 你具备哪些条件和资格使你能胜任这项工作?

3) 为什么对这份工作特别感兴趣?

4) 你有哪些业余爱好与兴趣?

5) 最近看过什么书,听过哪些主题讲座?

6) 你经常阅读哪些期刊杂志?

7) 从工作经历中,你学到了什么?

8) 你认为自己能为雇佣你的公司做出哪些特殊贡献?

9) 你现在应聘的工作对你长期的事业目标来说有哪些助益?

10）你如何证明与显示自己处事的成熟、领导才能、创造性、主动性以及对所从事领域中最大问题的关心程度？

在准备过程中应力求具体真实。此外，还应对自己的弱点与缺陷作一正确评价。在回答这类问题时应将重点放在如何从由此而导致的失误中汲取教训并将补救与纠正行动付诸实施。

作为应聘者，回答问题要紧紧围绕主题。因为面试者正是从应聘者回答问题的方法与组织中判断其表达能力与思维逻辑能力。

（4）合适的着装。

良好的视觉第一印象在面试中非常重要。一般来说，面试着装要求合体，讲究线条配置、搭配合理、色调和谐。款式不宜过于时髦，以给人成熟稳重之感为好。同时，服饰也要适应未来工作的需要，根据所应聘的工作性质和类型，确定自己的穿着，这是一个较稳妥、保险的做法。招聘单位职员平时的穿着习惯，可能就是最适合面试的穿着。

（5）回避不必要的提问。

作为应聘者权力的一部分，应聘者也可以拒绝回答面试者提出的某些问题，而不必对其言听计从，有问必答。特别是一些易带来歧视性印象的问题，如"你与男朋友的关系是否会影响工作"或者"你的家庭是否反对你经常出差"等有可能暗含着面试者潜意识中对女性的特别看法。容易带来歧视性印象的因素除性别外还包括种族、宗教等。

作为应聘者，应事先对此有一定的心理准备。当被问及这些问题时，可以拒绝回答，但应明确地说明理由。

11.3 其他类型的会见

会见是管理者最常用的工具，除了招聘会见之外，与管理有关的会见可以自然地区分为两个大类：与信息有关的会见和与解决问题有关的会见。

11.3.1 与信息有关的会见

事实上，所有的会见都与信息的流动相关联，之所以将其中的一部分单独列出，冠以"与信息有关的会见"，是因为这部分会见的最终目的就是为了交换信息。通常，这样的会见是一个大的项目或行动的组成部分。按照信息流动的主导方向的不同，这种类型的会见又可以分为信息收集会见与信息发布会见两种。

（1）信息收集会见。

信息收集会见是与信息有关的会见的主体，占了绝对多数的比例。这种形式的会见通常包括数字数据、客观事实、描述、主观评价和感受等内容。

管理人员运用信息收集会见的例子有：

1）市场调研会见；

2）事故之后的调查会见；

3）旨在评估组织内部变更的基础的会见；

4）员工离职会见。

信息收集会见的结果常常包括报告或研究文件，它们可能用于指明主要组织变革范围，如新的营销策略，同时回顾组织变革的过程，指出需要变革的必要性并把其作为有效变革管理的第一步。可见，信息收集会见通常是起始步骤中的关键一环。

大多数信息收集会见的过程都可分为以下几个阶段：

① 收集背景信息。信息收集会见不像招聘面试那么具有竞争性，对面试者的基本要求是把握节奏，充分利用时间。因此，面试者不应为从其他渠道可以获得的信息浪费时间。收集背景信息的另一个目的是帮助面试者树立关于所需信息的概念性认识，并构造展开会见的一个基本、实用的框架，用以回答"什么"、"怎么样"和"谁"的问题。

② 准备阶段。在这个阶段，要决定在会见中需要获得何种信息并如何获取这些信息，这些决定将回答如下问题：

- 我需要获得什么样的信息？
- 谁拥有这些信息？
- 我将如何展开提问以获取所需信息？
- 有多少可供支配的会见时间？
- 会见场所选择在何处？是否存在干扰提问与回答的因素？如果有，如何克服？
- 受试者健谈程度如何？是否容易离题？
- 会见结果如何记录？

③ 会见过程。这一阶段要求面试者综合地、熟练地运用各项会见技巧。由于信息收集会见的主旨在于获得大量信息，因此，面试者应善于引导受试者。建立彼此间和谐信任的关系，按照一定的逻辑顺序提出问题，较多地使用追踪性提问以及避免对受试者的回答作出当面评论等行为，都有助于信息收集会见的顺利进行。

④ 分析阶段。既然信息收集会见以获取信息为目的，那么在会见后经

过整理的会见记录交给受试者核对的做法,将大大提高所获信息的准确性,进而增进会见的效率。此外,由受试者核对记录的做法也体现了面试者对受试人的尊重,便于下一次会见的开展。

核查了信息的准确性之后,应对其作适当的分析,以为整个大的行动服务。

在信息收集会见中,员工离职会见是比较特殊的一种会见形式。其特殊性在于获取真实信息的难度。离职会见的目的主要在于调查员工自动离职的原因。若一定数量的员工因为相同的原因而离职,就说明企业内部在组织安排、激励机制等管理方面确实存在问题,需要调整。由于员工已经作了离开企业的决定,因此在这种情况下,员工一般不愿过多批评企业的不足,这种心理就造成了信息收集过程中的障碍,克服这种障碍有赖于会见双方间的信任关系。

(2)信息发布会见。

信息发布会见是以面试者向受试者发送信息为主要内容的会见形式。信息发布会见的一个例子是向新进入公司的员工介绍本公司情况与特定岗位职责的迎新会见。迎新会见的目的是帮助新员工明确职责、快速适应新的工作环境与工作风格。迎新会见会影响新员工对企业的最初看法、态度与期望。

11.3.2　与解决问题有关的会见

与解决问题有关的会见是指在管理人员同他的下属之间进行的讨论。这种类型的会见又可以细分为答评会见、纠正会见与咨询会见。

(1)答评会见。

答评会见的目的通常在于向员工反馈关于企业对于员工工作表现评价的信息。具体说来,可以包括回顾答评者在某一特定时期内的表现,指明其将来业绩提高的方法,制定其个人业绩的目标,以及评估其培训与发展的需要。答评会见的具体目标因人而异,依赖于答评者的工作表现。

在答评会见开始之前,管理人员应确定答评人的答评目标,并决定在初始阶段答评人对于答评工作的参与程度。很多企业在这一阶段都发给答评人一张自我评估表,让员工对自己的工作表现作出自我评价。答评会见中的主要议题就是讨论管理人员评价与下属自我评价的差异,并最终取得一致的意见。

答评会见应该是一个双向交流与沟通的过程,因此,答评会见时不应将所有精力都用于将上司的观点强加于答评者,而应就员工有优秀表现的领域、尚需改进的领域以及如何提高的方法和步骤等问题在平等基础上经过讨论达成共识。答评要取得预定的效果,必须建立在会见参与者互动的基础之上,接受答评的员工对答评的结果必须真正地认同才会转化为实际行动,否则就只会是走走过场,例行公事。

答评会见结束之后,作为接受答评的员工应将答评的决定付诸实施,而作为管理人员则应起到监督、协助的作用。若在答评中,有员工抱怨答评的标准有失公允或者不切实际,管理人员应尽早调查研究并加以调整,避免其成为下一次答评中影响答评准确性的干扰因素。

(2) 纠正会见。

答评会见是每个员工都会经历的会见类型,而纠正会见则不同,它是针对工作表现欠佳的员工而进行的,其目的在于帮助员工纠正不当的行为,提高工作效率。纠正会见的性质决定了受试员工多多少少会带着一种怀疑,甚至敌视的态度参加纠正会见。

会见之前,管理人员应多方面收集有关员工的行为的资料,客观地分析其缘由并据此拟订解决问题的方案。会见时,管理人员应开门见山地说明会见的目的,并详细地指出有关员工的不当行为,同时鼓励员工陈述自己的观点,通过讨论,最终确定解决问题的办法。会见后,纠正行为应立即付诸实施。

(3) 咨询会见。

咨询会见的主题通常涉及员工的个人问题,有效的咨询会见会帮助员工解决这些问题。没有了后顾之忧,员工的工作效率会大大提高。

在这样的会见中,会见参与方之间的信任关系与和谐气氛至关重要。管理者不能将自己的隐情、反应和观点强加给受试者,认识不到咨询的这个基本规律,不仅会影响会见的效率,而且会使受试者感到迷惑不解。

上述三种会见的性质、目的有所差别,因此,有效实施会见的技巧也就不尽相同。表11.4给出了三种会见中常用技巧的比较。

表11.4　几种与解决问题有关的会见的技巧比较

	答评会见	纠正会见	咨询会见
会见技巧	1. 预先通知接受答评的员工,使其有时间整理思路,作出自我评价; 2. 尽量鼓励接受答评的进行会见,员工参与各个方面的讨论; 3. 将薪酬与提高工作表现的讨论开; 4. 与接受答评的员工达成一致; 5. 为员工设定短期目标并讨论达到目标的方法; 6. 会见结束以前作一总结	1. 事先获得相关事实的资料,并尽可能加以证实; 2. 在第三方听不到的地点进行会见; 3. 讨论应集中于相关员工的行为,而不应攻击其人格; 4. 鼓励员工陈述不当行为发生的原因及其看法; 5. 讨论管理者与员工认识的分歧,并最终达成一致; 6. 讨论可行的纠正行动; 7. 会见结束以前作一总结	1. 努力获得员工的信任,保证不向第三方泄露会见内容; 2. 制造和谐的气氛,令员工可以毫无顾忌地倾诉; 3. 避免控制会见的过程,交由员工决定谈话的主题; 4. 不会对员工的陈述作任何评价

会见是为了达到预定的目的而有组织、有计划地展开的交换信息的活动。它是管理中最常用的工具,用以满足不同的管理需求。作为有能力的管理人员,必须能够广泛地使用会见技巧并把其运用到不同的环境之中,展开各种不同类型的会见。

思 考 题

1. 会见包括哪几个阶段?在各个阶段要注意哪些事项?
2. 有效实施会见的一般性技巧有哪些?
3. 面试会见一般包括哪些流程,应聘者需要掌握哪些技巧?

案例一

真诚面谈　人为我用

最近王经理的秘书小张离职了,这让王经理有点苦恼:他的秘书平时主要是负责写一些重要的材料,如董事会报告,还负责与上级主管政府部门沟通并报送材料等,这既需要对公司情况熟悉又要求文字能力强,一时半刻还真不可能从外部招聘,那么就只能考虑从公司内部找了。谁合适呢?王经理思索着,几个人选从他脑中划过,终于他停下在桌上敲打的指尖,给部门的刘真发了封邮件,要求她两天内写出一份上年度总经理工作报告,并附上了各种资料。

刘真目前在部门内负责一些行政事务,工作强度不大,但是很繁杂。她本科从某名牌大学毕业后一直在公司工作,平时工作认真,由于经常跟公司各部门的人员接触,她对公司各块业务还是有一定认知的。考虑到她是文科生,文字能力应该不会太差,王经理就让她来写这份年度报告。

两天后,王经理收到了刘真交上来的报告。仔细看了一下,文字功底尚可,可能是因为时间紧,写作高度不够,报告写得有些粗陋。总体来说,还是值得培养的。第二天,王经理通知刘真在下班后到办公室面谈。

这时的刘真心里也有自己的盘算。王经理突然让她写材料的举动和小张离职的消息使她心中也大致有了底,知道让自己写报告应该是个考验。但巧合的是,就在这两天,人力资源部的罗副总经理也来找她面谈过了,大致意思是想找她做助理,负责人事档案管理、社保、工会工作以及公司内刊的编辑工作。罗副总从公司成立起就在这里工作了,平常人也十分有威望,这工作虽说没什么挑战性,但是对正准备结婚生子的刘真来说,倒也值得考虑。该怎么选择呢?她有些拿不定主意了。

这天下班后,站在王经理办公桌的对面,她有些忐忑。桌子上正摆着她提交上去的工作报告。

王经理看她有点拘谨，笑笑说："小刘，你坐吧，不用紧张。前几天让你写了报告，你也应该有些明白是为什么吧？"

　　刘真："听说小张要离职，所以大概也猜到一些。"

　　王经理："是的，小张下个月就正式离开公司了，她的工作是要找人接替的。你在咱们部门里也有两年多了吧，现在的岗位也不能一直做下去，考虑到你的学历和专业比较适合，所以就让你写了份材料，看看你有没有胜任这份工作的能力。你写的东西我也看过了，时间比较紧，整体来说写得还可以，有些地方粗糙了一些，待会儿我发给你一个公司正式定稿的版本，你比对学习一下，找出差距，今后可以写得更好。我已经跟董事长和常务副总裁汇报过了，他们已经同意由你来接手这项工作。你的位置暂时还没找到合适的人，这段时间你原来的工作先做着，小张的工作你也先分担一部分，熟悉一下，等你原来的岗位找到人顶替再全盘接手小张的工作。"

　　刘真："王经理，是这样的，前几天罗副总也找我谈了话，想把我调去他们部门做助理。因为他只是先听一下我的意愿，还没向公司领导请示，所以我也就没跟您汇报这件事。"

　　王经理听罢皱了皱眉头，真是赶巧了，小张下个月就正式离职了，若刘真再被调到其他部门，自己手下就一下缺了两名大将，部门运行一定会受影响的。这可不行，一定要让刘真坚定留下才行。王经理于是说："这样啊，嗯，我还没有听说。你个人有没有什么想法呢？"

　　刘真："罗副总那边的工作内容她也跟我介绍过了，我大致上已有了了解。小张平时的任务我虽然知道些，但不够全面，您能否讲解一下？"

　　王经理："小张的主要工作是编写董事会材料，这个工作比较复杂一点，但一年大概也就三四次的样子。平时主要是收发政府管理部门的公文，编写报送给监督部门的材料，处理一些公司基金会的事务，承担公司季报、年报的部分编纂工作。总体来说，要比你现在的工作强度高，挑战也更大。"

　　刘真点点头。

　　王经理接着分析道："你如果更倾向于罗副总那边，我也同样祝福你。罗副总年纪大了，需要招个助理来处理日常事务。不过，摊开来讲，那里的工作性质我大概也知道。现在公司还没有独立的工会部门，即使以后成立了，也不是人力资源管理的核心内容，属于被边缘化了的部分。你如果去了，从职位设置来讲很难得到提拔，以后发展前景也很难讲。"

　　看刘真有些听进去了，王经理又说："小张现在的职位你也知道的，部门主管级别。虽然你刚刚接手这份工作，还不可能立刻跟她现在的职位一样，但是只要你肯努力做事，证明你可以胜任这份工作的话，我会去跟公司领导提出为你升职。因为同样的能力应该给予同样的地位。另外，公司也会送你参加一些外部培训，提高你跟这份工作相关的能力，这对你未来的职业发展也是有好处的。你是年轻人，未来的路还长着呢，这样有点挑战性的工作应该会更适合你一些。罗副总那里的工作对你来说就过于简单了些，相信你也会有自己的考量的。"

　　王经理的分析确实很有道理。说实话，刘真自己这两天也考虑了很多，其中的顾虑也与王经理说的相同。刘真有些动摇，但想起罗副总跟她谈话时温和的样子，又不知该如何拒绝罗副总的邀请。

王经理似乎看出了她的为难，双手交握放在桌上，用有些感慨的语气说道："刘真啊，你在部门时间也很长了，你平时工作很踏实，我们彼此也算是知根知底，你跟部门的其他同事也都相处得很融洽。相信你留下来的话，大家也都会很高兴的，另外也减少了你去新部门与其他同事彼此适应的一个过程，你说是吗？罗副总那里呢，如果你不方便回绝的话我来解决。我们部门小张走了，如果你也外调其他部门，那我们这里的工作势必会受到影响，我认为公司也会做出让你留下的决定的。相信罗副总也是可以理解的。"

刘真吸了口气，定下心来："王经理，我明白了。文字工作虽然不是我最擅长的，但是我一定会认真学习，多参加培训，接受这个挑战。另外，我有个请求，刚接手工作时肯定会有个适应的过程，还希望您能够多多给予支持、理解并指出我存在的不足，给我继续进步的机会。我想，不远的将来我一定不会让您失望的。"

王经理赞许地点点头："好的，我相信你能够做好，我相信自己的眼光。"

走出经理办公室，刘真觉得自己肩上的担子更重了。但有了王经理的鼓励，她对未来的工作也充满了信心和期待。

而王经理，他也松了口气，靠在皮椅上。他保持了整个工作团队的稳定性，相信经过一段时间的培养，刘真一定可以顺利接手小张目前的工作，成为他的左膀右臂。

资料来源：杜慕群.管理沟通案例[M].北京：清华大学出版社，2013：210-213.

案例讨论

1. 在此案例中王经理运用了哪些会见沟通的技巧？
2. 如果你是刘真，你会考虑王经理的建议吗？给出你的理由。
3. 请结合你的工作经历，谈一谈你所经历过的一些有重要意义的会见与面谈。

案例二

玛丽亚的面试经历

玛利亚是一名聪明、有人缘、见多识广的机械工程师，她在2009年6月毕业于州立大学，获得工程学位。在毕业前的那个春季，她多次参加工作面试。她觉得这些面试大多礼貌得体，有助于让她和潜在的雇主都能清楚地看到，在彼此之间是否存在某种大家都认为很重要的东西。因此，她对到自己特别向往的企业——尖峰环境公司——参加面试抱着极大的期望。她对净化环境一直怀有浓厚的兴趣，并且坚信，在像尖峰环境公司这样的企业中工作，最能充分地发挥自己所受过的培训以及所掌握的技能。同时她认为，在这样的企业中工作不仅能使她取得职业发展方面的成功，而且能使这个世界变得更加美好。

但是,这次面试对她来说却是灾难性的。当玛利亚走进面试室时,看到那里有5个人——公司总裁、两位副总裁、一位市场营销总监,以及另外一位工程师。他们开始劈头盖脸地向她发问,但是她觉得他们提这些问题的主要目的只不过是在给她挑毛病,而不是在考察她能够利用自己在工程技术方面的能力为公司做出什么贡献。在这些提问中包括一些完全没有必要的很失礼的问题(比如,"如果你是一个如此聪明的人,你为什么在上大学的时候还会去做一份服务员的工作呢?")、与工作不相干的问题以及一些有性别歧视的问题(比如,"你有没有计划安定下来,并且准备很快组建自己的家庭呢?")。

在面试过后,她分别与其中的两位先生(其中包括总裁)单独进行面谈,这次的讨论几乎完全是集中在她的技术专长方面。她觉得后来的这两次讨论进行得非常好。由于第一轮的小组面试看上去漫无目的,甚至有些卑劣,所以,当她在几天后收到该公司的录用通知时,她感到非常惊讶。

这份录用通知促使她思考了几个问题。在她看来,这份工作本身是很理想的,她喜欢自己将要从事的这份工作、这个行业以及这家公司的位置,事实上,正如与该公司管理团队中的其他成员进行交谈一样,这家公司的总裁在后来的讨论中也表现得相当有礼貌。她想知道的是,那次小组面试的目的是不是故意制造出一些紧张气氛,从而观察她承受压力的能力,如果事实确实如此,那么他们为什么要这样做呢?

资料来源:[美]加里·德斯勒.人力资源管理[M].刘昕,译.
北京:中国人民大学出版社,2017:280-281.

案例讨论

1.你会怎样解释玛利亚所经历过的这种小组面试的性质?

2.如果你是玛利亚,你会接受这家公司所提供的工作吗?

3.结合你对面试的理解,你认为在玛利亚此次的面试中哪些地方可以改进一下,以期达到更好的结果?

第 12 章

会议沟通

> 集众思，广忠益。
> ——三国·蜀·诸葛亮
> 《教与军师长史参军掾属》

学习目标

- 了解会议的概念、特点及分类
- 熟悉会议组织的注意事项
- 掌握必备的会议组织实用技巧

引导案例

从 2009 年 1 月 1 日起，欧盟轮值主席国由德国担任，为期半年。为此，兢兢业业的德国人为欧盟常设委员会修订了一份新的内部规定。

由于欧盟常设委员会会议冗长，各国外交官们经常要在一个大厅里耗上数小时，甚至一整天。因此，那些年龄较大的外交官们往往熬不住，不得不趴在桌子上小睡片刻，为此，德国人在规定中要求："代表们在参加会议期间可以睡觉，条件是不要打呼噜。同时，这些代表身边的副职们必须保持清醒。"

虽然这一规定十分人性化，却也让外交官们尴尬，不过绝大多数要求还是符合实际的。比如，内部规定：

第一条:"不要把纯信息性的问题摆到议事日程上来,这些是您副手们的工作。"

第二条:"回避其他委员会已经讨论过的,众所周知的问题和情况。"

第三条:"如果几位代表就某一问题意见一致,为了节省时间请推选一人进行发言。"

……

资料来源:改写自2009年1月30日《青年参考》.

12.1 会议概述

12.1.1 会议的概念及特点

会议,作为组织和群体中最常见的一种活动,人们几乎每天都可以看到、听到或者亲身参与其中。然而,对会议的概念,人们却从各个侧面,有着不同的理解。

(1) 会议是一种群体活动。

参加会议的每个人都是这个群体的一员。这个群体可能是相对稳定的,可以维持较长的时间,例如某公司定期召开的董事会;也可能非常易变,其成员经常更换,例如某公司召开的各种产品展示会,其成员是不同的采购者。

(2) 会议是交往需要的一种。

每个人都会参加各种各样的会议,而且他们也希望参加更多某种类型的会议。马斯洛将人的需要之第三层归纳为社会交往的需要,是基于人是社会的人,他们彼此之间存在着物质的、精神的、社会的各种联系。"社交联络"是一种参与组织活动的很强的驱动力,这种联络常常通过会议的形式表现出来。由于处于一个群体,会议参加者通常感到一种内敛力,会比群体外的人员更愿意为这个组织的目标而努力。

(3) 会议是一种权力的角逐。

会议中的成员都是有等级的。这种等级或许已经确立,或许正在形成。但是一旦会议走向成熟,其成员的角色和地位也就相对固定下来。刚刚组成的一个群体召开会议,由于群体的权力架构还没有稳定,这种权力的争夺尤其显得激烈。

(4) 会议是解决问题的途径。

与其他的沟通方式相比较,会议一个最为显著的优点就是它将众多的人聚集在一起,让他们就某个问题互相交流认识、经验、对策。这种集体的智慧,常常比一个人的思考要科学、全面得多,而且也更能解决问题。如"头脑风暴式"讨论会议,将7—10人安排在一起,要求他们每个人都要就某一问题谈一谈自己的观点看法,但是不允许互相攻击,以防偏离会议主题、浪费时间。这种讨论方式可以因为别人的发言而激发出自己的灵感,产生某种新的创意,实际效果很好。

(5) 会议是一种易于接受的约束。

会议的决议对每个参加会议的人都有较强的约束力,因为他们都是决议的参与制订者,虽然他们可能并没有对这件议案投赞成票。但是因为在任何会议中,民主集中制都是最起码的原则,不可能由于某一个人不同意就改变整个群体的意志,所以大家都能接受并遵守作为会议整体而通过的决议。会议的约束比其他类型的约束(例如规章制度等)要强得多,而且效果也更好。这就是为什么主管经理要耗时费力召集员工开会讨论某一问题,而不是简单地下个命令就算了。即使是会议上的反对者,也会为会议上通过的决议而辩护。会议至少给了每个参与者表达自己意见的权力,说明群体很尊重个人,这从一定程度上满足了会议参与者的部分深层次受尊重的需要。

(6) 会议是一种耗时费力的活动。

会议通常给人以一种拖沓冗长的印象,议而不决,让人精疲力竭。虽然也有很多极富效率的会议可以做反证,但是会议组织者还是要尽力避免其走向如前所述的结局。工业文明以来,机械代替了人手,电脑延伸了人脑,唯有会议依然比较依赖人的因素。对于其耗时费力的一面,管理者首先要研究会议的必要性,是否一定要召开会议,能否用别的沟通方式代替。一次正式的会议是当你设法通过其他途径完成你的目标或任务时的沟通备选方法。如果经理只想找一个员工谈工作,那就不必召开十多人的会议,单独谈心就可以。如果有一些简单的事情需要通知,简单到无须解释,那么也不必开会,分发一下有关的文件就可以了。其次要研究会议的成本收益对比,如果其获得的效果较小,尚不能弥补开会的成本,那么不开会也罢。

以上几种对会议的理解都从不同的侧面反映了会议的特征与功能。尽管实际上具体某一次会议可能并不会达到全部上述效果,但是从总体来说,会议还是人类生活中不可或缺的一项内容。现代科技的发展,各种电子设备代替了很多传统的管理沟通方式,但是并没有任何迹象能够表明,会议将走向消亡。反而由于其具有一些独特的优越性,引起管理者更大的注意,实际上许多会议不仅高效,而且还十分有趣。

迈氏会展(MCI Group)最近的一项调查显示,管理人员平均每个月参加60次会议。根据日本效率协会统计,全日本科长以上管理干部工作的40%

以上时间是在开会。在一些专业的领域，比如产品生产或营销部门主要依赖于部门间的团队协作，这种情况下会议时间所占比例甚至更高。如此惊人的数据，提醒管理者一定要注意利用会议的优越性，同时，在实践中要避免一些导致会议失败的常见错误，否则，其管理成本将是十分巨大的。

12.1.2 会议的分类

我们主要介绍的一种分类方法是基于举行会议的不同目的。会议的具体目的可能千变万化：讨论下个季度的产品销售情况；向公众展示一下新产品；确定一名高级经理人员的人选；开会表彰某一位技术创新能手；等等。将这些纷繁芜杂的目的加以甄别归类，发现会议可分成以下几种类型。

（1）告知信息，达成共识。

很多会议召开仅仅是为了传达一些已知的信息。例如，本月的销售状况、目前公司面临的财务危机、新产品的开发进度。这些会议要求与会者掌握这些信息，并进行一些讨论，以深化对这些信息的理解。否则，只要将相关文件打印出来分发给有关人员就可以了。开会讨论一下，大家对这些信息的印象就更深。会议的主持人可以就突出的几个问题重点阐述一下。告知信息的会议不需要形成任何决议或采取什么措施。

（2）集思广益，产生创意。

一部分会议要求与会者就某些问题各抒己见，找到这些问题的解决方案。会议上充满活跃气氛。例如，销售部门讨论新产品投放市场的策略，究竟在原有销售渠道上做些变动还是开发新的销售渠道。公共关系部门讨论近期举行的一次大型公益活动还要做哪些准备工作。这种会议是群体智慧的集中反映，其效果远非几个人智慧的简单相加。因为在这种会议中，大家头脑都在不停地运转，针对别人的意见、会议上反馈的信息进行综合、归纳、分析、处理，使最终得出的解决方案有可能是最优的或仅次于最优的。

产生创意的会议要考虑到事实上的各种制约条件。例如，公司是否有那么大的经济实力实施计划，市场容量是否足够大等。不能得出一些仅仅是想当然的结论，否则必将受到现实的报复。

（3）分配任务，提振士气。

在每年或每月的计划工作会议中，总经理都要部署下个阶段工作的重点及每位员工的职责。类似的会议在企业中还有很多。

在会议上分配任务可以提高接受任务者的责任感，因为这毕竟是一种当众接受的任务。另外，当众接受任务也使人产生一种荣誉感。大家的目光都集中到这个人身上，这个人很自然地就会觉得受到了重视。这份激励的效果是会议独有的，非个别接受任务可以比拟。这种分配任务的会议另外还有一个优点，就是由于全体成员的参与，可以将企业的整个目标体系理清楚，使之更加合理。大家在讨论时，可以将重叠或遗漏的工作职责找出来，以利于总经理重新部署。某些员工的工作任务太重，难以负担，也可以和别的员工分担一下。由于分配工作是完全透明的，有利于员工间的互相信任，保持良好的合作关系。某个人具体行使其权力时，也可因为这种权力是当众授予的，而易得到别人的支持。

根据参与会议的人数多少，可将会议分成大型会议、中型会议和小型会议。

1）大型会议参与人员可以达到成百上千人，如某公司组织全体员工的动员大会等。这类会议实际演讲者不可能太多，只可能是有限的几位，大多数人只能是听众。大型会议在告知信息时运用得较多，当然如果有一些简单的程序，亦可以进行选举或表决某项议案。大型会议应注意到其组织难度较大，维持秩序不易；大多会设计会标、会徽，甚至有会议旗帜，这样会营造与会者的群体感受。

2）中型会议人数一般在几十人之内。大型、中型会议一般都是例行会议，不可能有太自由的辩论，否则秩序将十分混乱。中型会议的几十位参与者可能都有机会发言，但是也必须有严格的秩序，并且有时间限制，以免会议失控。还有一种会议形式，就是由主导的几个人发言，其余的人加以补充。但是这样不易调动大家的积极性，导致会议气氛沉闷，得不到发言机会的与会者会三五成群地开小会。

3）小型会议应用最广泛，意义也最大，这是因为小型会议沟通非常方便，气氛也相对活跃。大家可以畅所欲言，贡献自己的智慧，因而容易产生很好的创意。小型会议参与人数较少，一般在十人以内，或者刚刚超过十人，便于控制。主持人可以随机应变地调控会议的内容和议程，以达到最佳会议效果。小型会议在组织管理活动中最为普遍。

会议还可以根据是否涉及公司外部而分成外部会议和内部会议。

1）外部会议指的是类似新闻发布会这样涉及外界公众的会议。这类会议由于关系到企业的社会形象，因此需要加强准备。主持人也要精心挑选，其应当知识丰富、口齿伶俐、思维敏捷，并且针对会议中可能遇到的各种问题提前准备好应对措施。

2）内部会议比外部会议运用得要更多。其信息披露也相对广泛，不必像外部会议那样对信息控制得较严，担心泄露公司机密。会议议程也相对灵活。

随着现代通信技术的发展，异地会议成为可能。异地会议形式主要有电话会议、视频会议等。异地会议同时适用于在同一地区设若干个分会场的情况。这类会议最大的优点就是可节约大量公司管理费用。一家大型企业每年为职员参加各种会议支付的差旅费及其他费用数额十分巨大。公司职员也可能因为没有了旅途奔波之苦而在会议上发挥更大的作用。当然，异地会议没有面对面的交流来得真切，与会者无法细致观察到其他人的表情、动作或无声的反应，而这些对于会议沟通十分重要。

12.1.3 会议的参与者

任何一个成功举办的会议都涉及至少四个角色的参与者：主持人、与会人员、记录人员、服务人员。

（1）主持人。

会议中最为重要的角色当然是主持人，主持人和会议组织者可能并非同一人。但是由于大多数会议（特别是经常发生的内部小型会议）参与人数较少，分工也不是非常细，这两个角色经常是重合的。下文中我们将会议组织者和主持人两个角色结合使用。

首先，会议组织者应对会议的全过程负责，包括确定会议的主题和目标，制订会议活动计划，安排会议议程。其次，还要选择会议的参与者，发放会议通知，布置会场；正式召开会议时，要进行一些介绍，包括主题介绍和成员介绍；继而进行发言和讨论，有可能的话还要进行表决。最后，组织者要对会议过程、结果总结一下。

（2）与会人员。

与会人员是指那些被会议组织者挑选出的与实现本次会议目标直接相关的人。一般来说，会议组织者要将会议内容、议程打印在会议通知上，分发给与会者，以便与会人员进行一些准备。与会者的准备十分重要，不经过缜密的事前思考，会议常常达不到应有的深度，从而影响最终效果。会议中与会人员的有效参与也非常必要，有效参与包括贡献出有创造性的思想，能冷静地倾听别人的意见，在别人与自己观点有冲突时，要控制自己情绪，不要发生争吵。自己发言时要简洁、清晰，不要滔滔不绝说个没完，剥夺别人的发言机会。

（3）记录人员。

记录人员的工作是将会议的要点记录下来，他所需整理的资料包括参加会议的人员（包括缺席人数）、会议的时间地点、会议的议程、与会者的意见、最终的决议等有用信息，这些信息为将来备查提供依据。

（4）服务人员。

此外，还应包括会议服务人员或者引导员。比较正式的会议，尤其是外部会议，需要有一定数量的人员从事服务工作。例如分发文件、水果、饮料，传接电话等。

除了考虑会议参与者，还要考虑一下出席会议的人数问题。一般来说，在组织日常管理活动中会议的参与人数不宜太多，应当控制在 10 人以内，最好是5—8人。超过这个范围,人数越多就有越多的人发挥不了作用。会议组织者应当细心挑选具体由哪些人来参加会议,最起码的要求是对会议内容比较了解的人才可以参加会议。举行一个财务会议,讨论下一年度的财务预算,请来一位技术人员可能毫无意义,这个人只会在会议上干瞪眼,不知所措。有些领导干部逢会必到,其实没有必要。

如果参与会议的人数太多,可以让同一部门或有相同意见的人推选出一个代表参加会议。如果精简人数后参加会议的人数仍然较多,那么可以在议程上调整一下,让一部分人在讨论完一个问题后离场。

12.2 会议的组织

12.2.1 会议准备

(1) 明确会议的主题与必要性。

会议的准备是从分析会议的主题与必要性开始的。一般来说,有可能是工作中出现了问题,然后开会研究解决问题的方案。还有一种可能就是前瞻性的会议,解决将来工作中可能发生的问题。会议的主题一般就是解决这两类问题。围绕着会议的主题,应当设置一个比较具体的并且经过努力能够达到的目标。对会议的必要性要评估一下,只有当较大量的信息需要在短时间内扩散到较大范围,并且需要多方协商时,才有必要召开会议。

(2) 制定会议议程。

确定了会议的必要性和主题之后,要制定会议的议程。会议的议程是指会议中所讨论问题及讨论的先后顺序。会议的议程应由组织者精心考虑。议程涉及的问题不应该太多,否则开会时间过长,会使与会者感到疲倦。如果确实需讨论的问题较多,可以分成若干个会议召开。议程表上的内容不能写得太简单,让会议参与者不知道将要干什么。应将要讨论的部分重点标出来,并且做到条理清晰,为每个议题分配合理的时间,让与会者事前有所准备。议程中所讨论的问题应具逻辑性。例如,先确定是否要进行多元化战略,然后再讨论进入哪一个行业。比较重要的议题要先进行讨论,因为这样与会者的精力较旺盛,并且有较充足的时间安排。议程应该在会议前发放给与会者,提前多久视与会者需要准备多少时间而定。

(3) 制定议事规则。

"议事规则就是指会议组织正式采纳的、成文的规则,这些规则规定了成员和官员在组织的会议中所必须遵循的程序和承担的责任,议事规则的目标是保证会议的公平和效率,并为解决程序上的分歧提供坚实的基准。"[1]

(4)辅助性准备工作。

确定好会议的主题和议程之后,要相应进行一些会议的辅助性准备工作,包括选择会议时间、会议场所,以及会场布置和其他一些物资准备工作。

1)确定会议时间应该考虑尽量让所有与会者都能参加会议。如果是外部会议,要避开节假日或有重大社会活动的日子。如果早上开会时间太早,会导致与会人员迟到或忙中出错。如果希望就某一问题迅速达成协议,那么最好把会议时间安排在下班前一个小时。一般来说,下午人们的注意力没有早上集中,特别是在夏天的下午,倘若主持人又做不到生动有趣,常常会使会议变得乏味沉闷,与会者昏昏欲睡。

2)确定会议地点,一般要遵循交通方便的原则。可能的话,应是离与会者工作或居住较近的地方,以保障与会者能方便及时地赶到。会场应该能够适应会议的级别和与会者的身份,不能太简陋。当然也不必太奢侈,应符合经济适用的原则。会场应大小适宜,有良好的通风状况。会场的照明情况也很重要,光线明亮会使人精神振作,提高会议效率。

3)会场内应具有一些与会议有关的设施,包括书写板、水笔,以便与会人员板书。电源、银幕、投影仪、幻灯设备,可以展示会议的一些背景资料及议程大纲;扩音设备,在较大型的会议中尤显重要,倘若与会者听不清主持人的发言,那将是一次多么失败的会议;录音设备,可以录下会议进行的实况。此外,还有其他一些基本的条件,如桌椅、茶水等。

倘若举行的是较大型的外部会议,那么还要考虑外来与会者的饮食、住宿问题,以及来回的飞机票、车船票预订等。

4)会场布置。会场布置可以参考以下几种类型(图12.1、图12.2和图12.3)。《日本的会议会

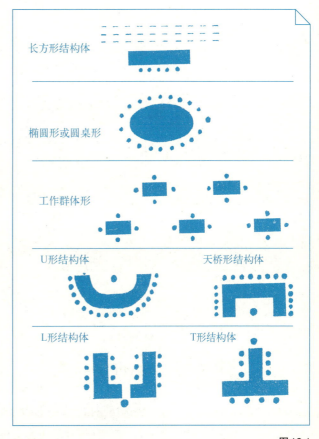

图12.1
会场布置一

---

[1] [美]亨利·罗伯特.罗伯特议事规则(第10版)[M].袁天鹏,孙涤,译.上海:格致出版社,2008.

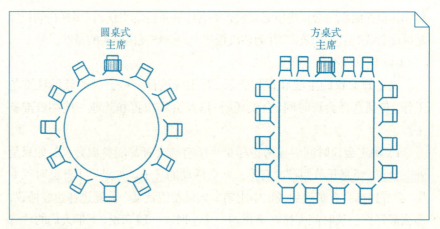

图12.2 会场布置二

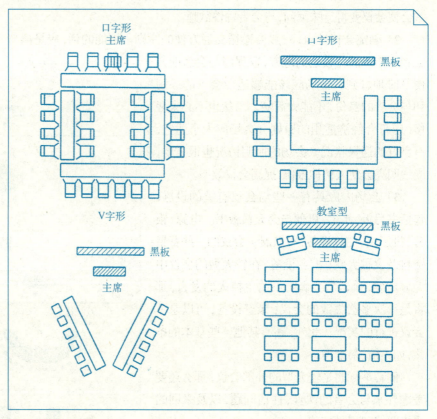

图12.3 会场布置三

场选择与布置》一书中介绍了另外几种会场布置方式。

5) 有些时候应为会议准备一些必要的宣传资料和参考文件。一方面，这有利于提高与会者对会议的重视程度；另一方面，也可以加强对有关背景信息的掌握。这些资料都应当和会议议程一起，提前分发给与会者。会议的有关资料应多印几份,因为可能有些与会者会遗失资料,届时可以补发一份。

6)发放会议通知。会议通知一般应注明会议时间、地点、名称、参与人员、主要议题、主办单位、个人需支付的费用、对方答复是否参加的最后期限及回复的地址、电话。但是很多人可能对这种约定最后期限的方式比较反感,而不愿意回复允诺。所以组织者应在最后期限前后打电话向各位受邀人征询一下,以确定他们是否参加会议。对于能收集到的回函要进行登记,最后给那些可能参与会议者安排座次、餐宿等。重要的会议,可以先发送会议通知,对方答复后再寄发精美的请柬,这样可以表示对他们的尊重。

12.2.2 会议进行

会议是否能顺利成功举行,主持人担负着十分重大的责任。所以主持人应当发挥他的智慧,控制会议的节奏和方向,确保会议结束时能对所有议题进行讨论,并取得令人满意的会议成果。

(1)会议开始。

会议应当在一种和睦活跃的气氛中开始。大部分会议先由主持者介绍一下与会人员,主要包括与会者的姓名、身份。有必要的话,也可以介绍一下与会人员的工作经历和工作成绩。这一部分也可以由与会人员作自我介绍,这样可以调动起会议的气氛,提高与会者的参与意识。对与会人员的介绍可以按照各人职务的高低或者是简单地依据座次。

介绍过与会人员后,可以由主持人重申本次会议的主题、重要性、会议议程、主要展开方式以及有关注意事项。

很多主持人在会议开始时都会遇到一件令人烦恼的事,总有个别与会人员不遵守会议开始的时间而姗姗来迟。有经验的主持人对待这种情况总是毫不留情地立即开会,这样就会化被动为主动,而剩下迟到者独自尴尬了。如果专门等待那些来迟者十几分钟,甚至是半个小时,按时参加会议的人就会等得不耐烦,并在以后的会议中采取迟到对策。美国某著名咨询公司的一位资深会议主持人对待这种情况,总会打开一台录音机,录下会议开始进行的内容和开会迟到者的尴尬反应。录下的前一部分讨论内容如果有必要的话,可以让那位来迟者事后补听一遍。经过这样一次经历,就很少有人再无缘无故地开会迟到了。

(2)主题讨论。

讨论主题事关会议能否顺利进行和取得很好的效果,而这些都依赖主持人是否有高超的主持技巧和丰富的主持经验。

主持人应当在会议之前就讨论的问题做好充分的准备,对于会议中可能会被提到的几种方案自己应有一个基本的判断。

在会议中，主持人要认真倾听各位与会者的意见，有必要的话，可以简单地记录一下：他们的观点究竟是什么，有几点理由。听清楚每位发言者的发言是主持人和其他与会者的权利和责任。如果自己听得不太明白，可以要求对方重新阐述一下。对于各位与会者的发言，用词要求尽量统一，不要这个人表达的是某个意思，另外一个人却理解成其他的含义了。这样会造成很多无谓的口舌之争，其实双方的意见可能都是正确的，甚至说的是同一内容。主持人应当不失时机地界定一下会议中相关词语的意义。

主持人的主持风格可能各不相同。有的人非常富有幽默感，让整个会议妙趣横生；有的主持人则更具有逻辑性，问题分析整理都能头头是道。但是，起码的幽默和逻辑每个主持人都应该具备，缺乏幽默的会议会变得死气沉沉。

会议的形式应力求丰富多样，例如使用放映机、投影仪、各种模型、图片，主持人也可以亲自做示范，这样会使与会者感到更生动有趣。当然会前主持人可能要做更多的准备工作。

一方面是要维持好会议气氛，以使会议按照预期的步骤进行下去，营造良好的会议气氛。主持者应当鼓励所有与会者的参与。必要时要点名让那些保持沉默者多发言，如"杨先生，你对这个问题有什么看法"，"李经理，你对王经理的见解是否赞同"，等等。为了让所有人都能表达见解，不让一部分能言善辩者垄断会议是必要的。有些与会者有一种"演讲癖"，一有机会便滔滔不绝地谈天说地。倘若演讲的内容对会议有意义倒也罢了，常常是他们说了一大通，却只是围着会议主题转圈子。这时候会议主持人应当及时而不失礼貌地打断他们的话题。

另一方面是围绕会议主题，促使会议获得一些有意义的结论。热烈而不失理智的辩论是必要的，有时候可能的确是不辩不明。但是辩论必须有一定的秩序，不能某个人还没有表达清楚他的观点，另外一个人就打断他的话，抢着发言，其实可能并没有弄清楚对方想要说什么。这样的辩论，就有些离谱了。而且由于各人的情绪都比较激动，以至于偏离会议主题，变成为辩论而辩论。这个时候，会议主持不能忘记自己的职责，尽快结束这种争论，重申会议的主题，要求大家重新围绕着主题发表他们的高见。在争论的时候，有时候大家的意见都趋于统一了，但偏偏有个别人坚持他们的反对意见而百般辩解。如果主持人认为讨论下去已经没有什么意义了，可以运用自己的权威，结束这场辩论，转向下个议题。倘若主持人在会议之前就预料到，个别与会者可能为了维护他们自己的利益，而在会议上唱反调，可以预先找这些人谈谈，争取获得他们的认同，这样既可以保全他们的面子，又可以避免在会议上浪费时间。

完成预定的工作目标,需要主持人采用以下几种有效的方式控制会议进程,为每个议题分配合理的时间,充分利用会议时间,从而得出理想的结论。

1) 组织讨论是达成会议结论的必要途径。

会议主持人在会议开始之前就可能对会议结果有所思考。但是应尽量避免一开始就将自己的思考公之于众,这样只会束缚与会者的思维,让大家有了一种心理定式:既然主持人是这么想的,那么我提出不同意见,他也会反对,从而保持缄默,或尽量附和主持人的观点。可实际上,主持人的思考常常有可能是错误的。倾听别人的意见有益无害。经常可能出现的情况是:别人在讨论的时候,主持人的观点会不自觉地发生改变。在别人讨论之后,主持人再取其精华,往往会得出更好的结论。这时候再支持或反对某一方,也可以因理由充分而更具说服力。

与会者讨论的情况有两种:

① 第一种情况,部分与会者特别活跃,相互间进行交谈。其他人相对沉默。

② 第二种情况,大部分与会者都能表达自己的观点,与会者之间的沟通是交叉的、多维的。会议气氛友好而热烈。

既然讨论是为了产生新的创意,我们认为第二种形式较好。当然如若会议中讨论的话题需要较深的专业知识和业务背景,而拥有这种知识和背景的人数有限,则只有采取第一种形式。其实在各种会议中,主持人都应当事先弄清与会者各人的工作背景、特长、经历,要发挥这些潜在因素,为达成会议目标创造条件。

2) 提问是一种很有效的控制方式。

提问首先可以鼓励那些保持沉默者多发言,其次可以在主持人认为发言者表达不清楚时,要求对方将他的观点表达清楚。还有一点最重要的就是主持人可以利用提问将话题逐步引向深入。提问的时间应当把握好,应该是在对方把一个问题说完之后、讲下个问题之前。如果对方还没有表达完,就断然插进去提问,会显得很冒失。但是若对方发言早已转向下个话题了,主持人才想起来提问,迫使对方再转回去,无疑也会使人扫兴。

主持人对有意义的发言应当予以鼓励。这样可以使对方产生一种荣誉感,激励他进一步地思考问题,如"王经理,你提出的这个方案实在高明"等。一般重复发言者的观点也可以表达会议主持人的重视,如"哦,你的意思是要开拓日本市场"。至少,这样可以表明主持人是在很认真地倾听发言者的演讲,没有什么比受到重视更令人兴奋了。

3) 主持人应当善于总结。

总结的关键是要抓住各位与会者发言的内部逻辑,将他们的意见分类整理和归纳，从而得出比较清晰的若干条结论。总结是汲取各方意见精华的过程。总结工作在会议结束时是必不可少的，要概括地列举一下本次会议究竟取得了什么成果，有什么经验、教训，哪些人要特别提出表扬。但其实在会议进程中，每个议题结束时，主持人就可以简短地做一下总结。这样可以确认大家都同意对这个议题的解决方案，同时也便于会议记录员就这个问题做一下简短的记录，方便会后整理。

4) 协调会议中的不同意见。

在会议中，可能各方会持不同意见，相互争执。如果争论已经达到过火的程度，主持人首先应当制止这种争论。其次，应当就各方的不同意见具体进行分析，看看他们的分歧点究竟在哪里，是不是都有充分的依据，是不是有协调的可能性。倘若各方的意见都有一定的合理性，那就只能权衡各种方案的利弊了，两利相权取其重，两弊相权取其轻，最终获得一个大家都能同意的方案。如果这种分歧实在过于复杂，难以消除，那么只能留待今后解决。为了保证能将所有的议题都讨论完，会议应当转向下一个议题。获得结论的方法除了通过讨论每一种方案的可行性、优缺点去实现，还可以通过剔除法，某一种方案如果在某一点上无法实现，就简单地将之排除掉，这样可以为与会者的讨论节约很多时间。无论采取哪种方法，会议主持人都应加以控制，否则会议就无法按照既定的时间和议程顺利完成。

(3) 会议记录。

每次会议中都应该安排专门的人做会议记录。会议记录是会议内容和过程的真实凭证，记录的原则是符合实际、简明扼要，避免将记录者个人的好恶带进记录本。至少，与会者的姓名和头衔、所讨论的议程项目、与会者的评论等都应该记录在案。必要时可以先用录音机录下会议内容，以免做记录时会遗漏。会议记录一般要留档并分享。如果下一次会议的内容要以这一次会议的决议为基础，那么届时主持人应当宣读此次会议的结论，以使与会者回忆起当时情况。

12.2.3 会议收尾

会议结束之后，会议组织者并非就此万事大吉了，他还有很多事情要去做。

(1) 比较大型的正式会议之后，组织者应将会议的决议和感谢信寄给每位与会者，感谢他们在会议上所做出的贡献。致谢的态度应当热情诚恳，这样有利于更长期的友好合作。

(2) 租借的设备和场地应当及时退回，对于参与会议者遗忘的物品应当及时与失主联系。尽快整理好会议记录,有必要的话,还要编写会议纪要和会议简报。

(3)有些会议演讲者,是要支付演讲报酬的,应当尽快(最好是在对方乘坐交通工具离开之前)将报酬和感谢信送到他们手中。其他一些相关费用,如租用场地费等应当尽快到位,为了填写支付对方的支票,要设法得到收款方的银行账号、收据等。

12.3 会议组织实用技巧

12.3.1 会议中的时间安排

会议开始时,一般与会者都精力旺盛,注意力较集中,此时可以讨论一些复杂的、关键的问题。会议节奏可以稍快一些。在会议的后半段,与会者可能略显疲劳,这时候可安排一些例行的、易于达到目标的活动,会议节奏可以相应较慢一点。

按照议案的重要性分类,会议中应将大部分时间用来讨论主要的问题。不要在次要问题上纠缠太多时间,避免直到会议结束时,才猛然发现还有很多事情没有做。

会议举行的时间不宜过长,一次会议时间不应超过两小时。如果有很多议案需要讨论,可以分几次会议举行。会议进程中,每隔四五十分钟应休息一会儿,允许与会者聊聊天、走动走动,喝喝水。

为了便于控制会议进度,通常在主持人正对的墙上挂一块大钟。主持人随时可以知道是不是在某个问题上拖延了过多的时间,是不是需要在别的议案上抓紧一点,确保会议能够覆盖到议程上所列的全部内容。

12.3.2 对待会议中的错误意见

与会者难免会发表错误意见。对于这些错误意见,不应当一棍子打死。因为倘若这样,难免会挫伤很多人的积极性,促使他们走向会议的对立面,不利于会议中的和谐气氛,应该具体视他们的动机如何而定。如果仅仅是因为考虑不周而造成意见错误的,一般情况下,可以不予理会,也可以予以安慰。例如:"王先生,您的观点虽然可能不太符合实际情况,但是如果我们的业务发展了,一定优先考虑您的建议。"这样的话,这个人的精神很可能会为之一振,继续很活跃地参与会议讨论。倘若个别人因为其他原因而故意发表错误见解或反对意见,就有必要进行反击了。不过,会议中应尽量避免出现这种伤和气而弄得人际关系紧张的事情。尤其要防止出现的情况是,某个人只是无意间在言语上冒犯大家,而主持人却神经过敏,以为此人心怀恶意,从而大肆抨击,弄得人心惶惶,会议任务也无法完成。

12.3.3 会议的准备

会议组织者不应对会议准备敷衍了事,必须尽可能做到充分完备。对会议议程应进行认真推敲,否则易导致会议讨论内容重复,时间太紧或太松。会前应当检查一遍供电是否正常,空调是否能够运转,用于板书的书写笔是不是准备好,幻灯机灯泡会不会不能用,话筒、录音机效果又如何,会议桌椅是不是坐得舒适。这些小事情如果不能安排妥当,常常会导致会议上的手忙脚乱。可以想象一下,会议开了半个小时,突然有人宣布要停电,然后会场陷入一团漆黑,那么会议是否还能继续进行下去?工作应当做到在发生意外的时候,都能很快维修好机器或更换某些设备,使会议恢复正常。

另外,与会议准备有关的每一件小事,无论是停车位的安排还是会议记录纸笔的准备,都会直接影响与会者的感受,因此,所有这些都值得仔细考虑。

12.3.4 会议座次安排

通常坐在主持人旁边的人地位较高,并且易受重视,发言机会也较多。这些人由于靠近主持人,常常是主持人拉拢的对象。主持人虽然地位突出,但是倘若真的成了孤家寡人,也不是一件令人愉快的事情。所以拉拢一些人支持自己,对于主持人来说也十分重要。坐在一起的人易结成联盟,在与会者相对而坐形成两列时,这种现象尤其明显。两组联盟彼此又会形成对立的两派,两派意见经常会有激烈冲突。主持人应当有意识地打破这种联盟与敌对的状况。这种小团体意识总是有害于会议的整体目标。克服这些现象,有赖于主持人的组织技巧。

12.3.5 会议中的礼貌

会议中所有参与者都必须遵守会议中的礼貌。这些礼貌不仅反映了本人的良好素质,并且也是有效达成会议目标的一种保障。

会议中的一切小动作都应当尽量避免,例如敲桌子,把椅子摇得嘎吱响,嚼口香糖等。即使与会者十分疲倦也不要显得无精打采。不要随意打断别人的话，这显然是自己不尊重对方的表现，不尊重别人的人也不会受到别人尊重。如果不同意对方的见解，不应牵涉到对方个人，不作"人身攻击"。先得到主持人的同意，再使用幻灯机、话筒、录音、录像等设备。发言时，要准备充分，将自己的观点整理成简洁的若干条，并阐述理由，不要多说与主题无关的废话。

当然，参加会议时应当穿戴整齐，按时到会，这些都是最起码的礼貌。

12.3.6 参与会议的要点

有机会参与一些重要的会议，对于每个人来说都是一件幸事。在会议中，可以展示自己的才华，结交一些新朋友，增加对某些问题的理解，而且参与会议本身就是一种提高自己才干的途径。通过会议上的发言、辩论，与会者可以训练自己的思维和口才，以及人际沟通能力。

会议之前，参与会议者应当仔细阅读会议分发的资料。针对会议中的议题，整理自己的观点。如果有必要的话，还要另外花点时间寻找一些辅助性资料，作为自己发言的依据。

会议上，要积极参与讨论。简要记录下别人的观点，与自己的观点进行比较，运用自己的智慧，不断为会议提供新的想法。

应对会议中的每个人表示尊重。有必要的话，可以递上名片，以便会后联系。会后应向会议组织者表示谢意。

12.3.7 新人首次参加会议

主持人应当将新人姓名、职务、背景介绍给会议其他人员，并且将其他人员的姓名和职务简要介绍给这位新人。新人一般比较拘束，主持人可以向其提出一些简单的问题，引导其发言，并且容忍其可能因不了解情况而发生的错误。

新人应对不认识的人友好地介绍自己，将名片递交给记录员或者主持人，让其在自己发言时，知道自己的姓名和职务。初次参加会议，还是要多听少说，这样一方面可以加深对问题的认识程度，另一方面也可以树立自己谦逊的形象。

12.3.8 对待非正式团体

最早揭示非正式团体现象的是梅奥的霍桑实验。在会议中，也可能产生各种情况的非正式团体。非正式团体满足了在会议中无法满足的会议成员的社会、情感需要。例如，会议中可能有位优秀者的观点很独到、很精辟，受到其他人的尊重。这样，其余几个希望获得大家尊重，却又提不出什么有水准的建议的人,就会产生不满,进而组成一个小团体,窃窃私语,攻击那位优秀者,这样就形成了一个非正式团体。

非正式团体在会议中有利有弊。弊端在于人为地将会议分割成几块,必然影响会议的团结和举办效果。非正式团体可能具有的优点在于,如果运用得当,可以作为正式团体的补充,为会议获得成功做出贡献。例如,会议主持人在会后专门找几位有相似背景的与会者讨论某一问题,这个小会的气氛一定十分活跃。

12.3.9 会议的预算

举办一次大型的会议,成本十分高昂。成本一方面体现在与会者参加会议而丧失的进行其他工作的时间,这是一种机会成本,可以简单地用他们的工资率乘以开会所占用的时间求得。成本另一方面体现在组织者需要明确支付的各种费用,包括与会者来往的交通费、住宿费、会议场所、设施的租用费、演讲者的演讲费,各种服务人员的工资,有关的娱乐及餐饮费用,文件的打印、复印费用,等等。会议组织者应该做好有关费用的预算,并做好支付的准备。在举办会议中,所有相关的费用支出都应予以书面确认,以防发生经济纠纷,影响组织者声誉。

思 考 题

1. 会议沟通的特征有哪些?又具有哪些优点?
2. 如果你是一位会议主持人,你将如何对待会议中的非正式团体?
3. 请结合自身经历,举例说明促使一个会议具有成效的策略有哪些。

案例一

美国电脑资讯公司的经理会议

乔伊:我想提供一个怎样看待产品策略的方式。我今天提出的这个产品策略可看作比腕力。实际上我们已经演变成一个双头产品策略,而从未有人公开指出过。形成这一双头政策的原因,是我们并未真正把组织内各方面的人集合起来,一起去了解我们的产品到底在自制与购买上应有怎样的分配比例。一批人把钱花在甲项产品计划上,而另一批人因观点不同,把钱花在乙项产品计划上。这个双头政策总是没有合而为一的时候。事实上,应该有一个统合研发与营销两方意见的上层产品策略。在这个产品策略之下制定自制或购买的决策。

麦卡锡：我想我们基本上都赞同这个看法。

乔伊：我可以再说吗？

其他人：当然。

乔伊：事实上我们现在是在反其道而行之，这比做得不够好还要严重。

查理：在决定自制与购买比例时，我也曾不断重复思考这个问题，它出现不协调的原因，是我们一方面把焦点放在解决问题，即由研究带动的策略；另一方面，对于公司没有生产的产品，我们又通过购买其他工厂的产品来补足产品种类，之所以会有购买其他工厂产品的决定，是因为这比研发导向的政策更能回应市场反应。另一个原因是，我们想要研究工作保持单纯。

菲力普（人力资源副总裁）：我想这是使我们陷入冲突的原因。

乔伊：绝对没有错！那就是问题，就是我无法容忍的偏见。请不要借口是在保持研究工作的单纯。

查理：唉……我只是坦白说出我们确实这么想。也许还有更好的方式去做这件事情。但是我确实这么认为：在过去有几次我们决定不在研发上面投资目前市场流行的普遍机型，因为那不是创新的。我们想把有限的资源与才能分配在公司的市场形象上面，那就是研究、创新、产品领导……所以我们才向外面买普遍的机型。

菲力普：让我们今天打开天窗说亮话。我可以告诉你们总是困惑我的是什么，让我夹在营销和研发两个单位间难以自处。我们总是将自己定位成"由研发带动产品的公司"。当我们给自己这样定位时，就等于是说任何产品，要是没有公司投资在创新性上的研究，就不是本公司的产品。不管怎么样，我们已经用那个方式架构自己……

麦卡锡：那是以研究为基础的定义方式之一。你是否知道另一个定义方式？就是如果不是新产品，本公司没有人会对其进行研发。

乔伊：我也不喜欢那样。

菲力普：你说对了！无论我们在董事会上主张要有上层策略方向也好，决定是自制或购买也好，仍然必须是由研发带动的；因为公司的政策就是创新。

麦卡锡：我想我们讨论到了一些重点。我们前面所说的是本公司过去被锁在一个观念里，认为能够使我们出色的只有产品的研发，这造成很大的内部紧张关系。我想乔伊是在帮助我们认清，基本上我们应该提供客户需要的任何产品。但还有一种说法认为："一旦是本公司研究的产品，就必须挂上本公司的商标。"然而这种说法并不表示，不是出自本公司研发单位的产品，就不能挂上本公司的商标。要挂上什么标签应该是一个营销决定，视你尝试的定位是什么而定。那是很有帮助的……因为一项不准备挂公司商标的产品，你根本就不会考虑开发。

哈德里（制造部门副总经理）：但是那也是在宣示全公司都是由研究带动的，不仅是研发部门带动的，包括可能出自公司的其他部门的创新构想，并非全部都通过研发部门。

乔伊：那很好，我不明白为什么这还用说。但是这里面还有一件令我困扰的事情，不知道你们能不能帮我想想看。我觉得自己好像被套上马鞍，必须代表本公司研发部门过去的传承。我一直无法接受这一点。我发现我愈是拼命把公司向前推进到新的境界，你们就愈想把我们拉回原地！这对我们而言是一个两难的困局。

哈德里：同样的，其他部门的人也有这种感觉。

所有的人：是啊。

哈德里：我们也尝试把本公司往前推进，但似乎又被拉回原地，因为"除非通过研发部门，否则不算是研究导向和创新"这个说法把我们困住了。

乔伊：我从来没说过那样的话……现在，我可否换个方式来说？我认为我们是一家研究导向的产品公司，这是正确的。我坚信本公司的成功，部分取决于高超的产品技术。看到任何开始侵蚀这个方针的事情都让我惊恐。我们必须有好的服务与产品，但这并不表示得到好产品只有一种方式。我们缺乏一个配合良好且同心协力的流程，我们必须建立这样的流程。

麦卡锡：现在或许我们应有另一种想法：我相信查理在市场和营销方面所做的一些工作——发展公司独家经销商的新网络，跟研发部门所进行的一样重要。

乔伊：我完全相信。

麦卡锡：所以现在令我们困扰的是，如果所作的投资不能快速得到回报，这个部门就招致严厉的批评。

乔伊：欢迎来到研发的世界（研发的投资都是无法立即收回的）。

查理：这里我想提出两点看法。在我看来，有些我们委托外面厂商制造的产品也可考虑由你们来开发；而有些由你们开发的产品则可考虑是否授权其他公司制造，以免浪费本公司的研发资源。我始终认为毫无弹性的自制或外包是不合理的。

乔伊：我很同意这个看法……

查理：还有一点就是在我们的营销与研发部门之间，没有有效的沟通方式。事实上，两个部门愈来愈疏远。如果我们想要朝满足顾客需要的方向努力，必须有一种方式让这个信息在公司各角落都被看见。

哈德里：你刚才询问为什么在研发与营销之间存在紧张关系。事实上，在制造与财务之间也存在紧张关系。我认为这些紧张关系部分源于组织的控制结构。我今天最大的收获是，原来并不只是我们这个部门有这种感觉，大家都身处类似的环境。整体而言，我们的组织偏向以控制为导向，由上面在控制，我似乎难以插手，这让我在过去有很大的无力感。现在我准备跳过他们来好好地做些事。

资料来源：朱祝霞，赵立颖．沟通其实很容易[M]．北京：中国纺织出版社，2002：192．

案例讨论

1. 分析在本次会议上，各位与会者的表现如何。
2. 请讨论研发和营销部门为什么能够重归于好，说出你的观点。
3. 这次会议取得了哪些成果？

案例二

一次特别的会议

雷齐公司的高级职员每年都有三天假。在这三天中,他们到加州蒙特利湾北边一个秘密的场所既休假又研讨企业的未来发展战略。今年,和往年一样,假期一到,高级职员们都去休假。按照惯例,在第一天下午的会议上,董事长保罗·库克首先登台讲话。

他向大家宣读了企业的战略大纲,并且着重强调工作环境正在发生的变化以及来自各方面的竞争。这些内容虽然不至于让人意志消沉,却很枯燥,以致高级职员没有任何积极的反应。库克感到时机到了,他在宣读时,突然停下来,大声吼道:"都是些狗屁不通的东西!"在场的员工都十分吃惊,不知什么使董事长如此发怒。

接着,库克说,重新评估公司,摆脱束缚,再创新高的时候到了。随后更加让人意想不到的事情发生了。

聪明的管理者也可能会奇怪,雷齐公司的董事长为何会在高级职员度假的第一天对他们大动肝火呢?到底出了什么差错?

情况是这样的。如同其他公司一样,雷齐公司的高层领导发现近年来公司出现了一些高级职员人员老化的不良现象。雷齐公司的高级职员,在过去25年中几乎没有进行过任何变动。无论是在哪一家公司,一个员工在某一职位上工作的时间过久,自然会失去锐气,丧失进取精神。他们变得随随便便,淡漠无比,对各种变化反应迟钝。如果公司中这种"老态龙钟"的人过多,这家公司就会老化、衰败。这或许是企业发展到一定程度的自然现象,但是这着实让很多企业家伤透了脑筋,他们力图恢复企业的活力,希望为企业重新充电,注入新的能量,打上一支强心剂。这正是库克怒斥员工的深层原因,他希望通过这种强烈的刺激,让员工处于沉睡状态的心复活,而循规蹈矩的做法很可能无法达到目的。他希望在这几天的假期里,让员工充满活力,使老化的企业恢复生机。

后来,有一架直升机降落在海滩上。全体与会员工无不吃惊,他们都登上了飞机。黄昏时分,直升机起飞了。每位员工都取出耳机,插入飞机的音响系统,雷齐公司的行动即将开始。

伴随着悠扬动听的音乐,还有太平洋日落的美景。库克的声音渐渐响起,库克说以后三天的日程要作改变,一切的束缚和限制都将取消,预示着新的开始,进行新的展望。库克还简明扼要地提出了富有巨大挑战性的、易为人所记的创新计划和长远目标。直升机在蒙特利湾的对岸降落。雷齐公司的疯狂行动由此开始。

在随后举行的会议中,库克和总裁作了大量的报告。而过去的会议全是由经理向他们作报告。两位巨头主持会议,组织了讨论,一切值得讨论的问题都在会上进行了充分的讨论。在三天的活动中,两头大象和四只骆驼让这些高级职员感到特别新奇。

一次,所有的人员正要去吃午餐,当他们走过停车场时,看到两头大象站在停车场上。每头大象的身上都有一面三角旗,三角旗上醒目地写着这次会议产生的目标。而另外的四只骆驼则与阿拉伯酋长之夜有关。当晚,举行骆驼赛跑,高潮迭起。雷齐公司的一流人才早已穿好华美无比的阿拉伯服装。这时，出现了四只骆驼，它们个个生机勃勃，身上都有一块毯子，会议的目标绣在毯子上。通过这两种新奇动物的刺激，全体度假人员都对会议的目标留下了极其深刻的印象，正因为如此，雷齐公司才能在以后的10年中始终朝着这一目标不断前进。

雷齐公司的高层领导还有其他强烈的刺激。例如，在从午夜到凌晨四点的这段时间，印发小报，送至每位员工手中。在24小时内发生的值得大家长期留念的大大小小的事件，在小报上都有报道。这让员工在以后很长的时间内都留有极其深刻的印象。此外，在最后一天，还要给全体与会者强化记忆，他们放映了这三天活动的录像带。雷齐公司的这些刺激的确十分有效，在三年之后，大家还经常提起这次"骆驼大象会议"。这个疯狂的假期效果非凡，公司的高级员工原来骄傲自满，没有前进的动力，而在疯狂的假期结束后，个个精神抖擞，似乎重新获得了向前冲刺的力量，雷齐公司也从此恢复了活力，走上了新的发展道路。

资料来源：张丽.每天读一个管理学案例[M].北京：中国纺织出版社,2012：194.

案例讨论

1. 雷齐公司的这次会议主要目的是什么？你认为通过这次会议能达到这些目的吗？说说你的观点。

2. 你认为本次会议有哪些独到之处，你认可这种会议形式吗，并给出你的理由。

3. 现代企业的会议形式越来越多样化、新颖化，请结合自己的经历，谈谈你所经历的一次印象深刻的会议。

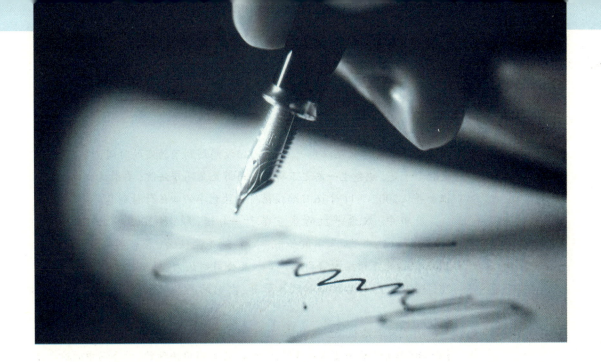

第13章 商务写作

> 言之无文,行而不远。
> ——《左传·襄公二十五年》

学习目标

- 明白写作在管理沟通中的重要性
- 掌握关于通用文书的写作技巧
- 在工作中能够尝试改善书面沟通的方式方法

引导案例

中国文字博大精深,因字面歧义所发生的合同纠纷也不少。近日,浙江义乌的鲍先生就陷入了"语言陷阱"中,不过他的代价有点大,就因为一字之差,导致其近百万元利息的诉请无法得到法院支持。

话要从十年前说起,当时鲍先生承包了某公司的厂房建设工程,并在2005年11月16日缴纳保证金100万元。后因各种原因,该工程未实际开工建设,后该公司同意于2013年8月15日退还鲍先生保证金100万元,至于这期间产生的利息,该公司答应按月利率0.7%计算,同时约定:"如在2013年8月15日前无法归还,按2005年至2013年8月15日后银行同期贷款利率的四倍计算支付利息。"

原以为事情就可以告一段落了，但没想到到了约定的时间，该公司仍未还款。于是，鲍先生一怒之下将该公司诉至义乌市法院，要求该公司返还保证金并从2005年11月16日起按银行贷款利率的四倍计付利息。

庭审中，双方争执的焦点在于一句话，即"按2005年至2013年8月15日后"。这个"后"字该如何理解？鲍先生认为，按合同本意应当是从2005年起就开始按四倍利率计算。某公司则认为，根据该协议明确应当从2013年8月15日后按四倍利率计算，之前的利息应当还是按月利率0.7%计算。

法院审理后认为，这句话中的"后"字应当按"之后"理解，"之后"在《新华字典》中的含义为在某时间以后，故按照用语结构，对合同中的这句话的理解应当为：在2005年至2013年8月15日这一时间以后的利息，按银行同期贷款利率的四倍计算。

因为协议书也是由鲍先生草拟的，对条款的文意理解发生争议时，也应当做出不利于鲍先生的解释，所以最终法院没有支持鲍先生要求，最终只能由他自己为这次的"失误"买单。

资料来源：改编自中国新闻网，2015-7-28.

得益于文字处理技术和电子邮件的迅速发展，在现代商务活动中，90%的沟通是通过书面形式进行的，因此，商务写作技能被视为"职业筛子"。一篇优秀的报告或者信函可能带来升迁的机会，而且，由于书面信息可以作为永久性的记录，商务写作能力的提高越来越受到商业人士的重视。

13.1 商务写作的特点、分类与原则

13.1.1 商务写作的特点

写作，从形式上来看，表现为"书面语言"，它具有一定的行文和格式；从内涵上来看，它具有创造性，简单的记录或者抄写不属于这一范畴。为简便起见，以下若无特别指出，写作指的便是商务写作。

（1）写作是一种重要的沟通方式。

商业活动中最重要的项目和决策最终都需要通过书面形式来沟通，作者通过写作对其观点进行全面完整的分析和论证，企业也常用书面形式记

录和规范组织的行为。企业的管理者将大部分时间花在文件的查阅、传送和拟定上面。而且大多数情况下，作者必须独立完成写作和编辑任务。

无论是内部沟通还是外部沟通，企业时刻离不开写作。例如，在内部沟通方面，公司成立时要拟定公司章程、制定规章制度、职务说明书等；在平时管理中还要制定年度计划、每月计划，还有众多的商务交往信件和函件。许多大企业还会有自己的内部刊物作为一条沟通渠道，以增加组织的凝聚力。在外部沟通方面，财务报告、市场调研报告、对外的商务信件和函件等，都是企业与其外部环境之间的纽带。

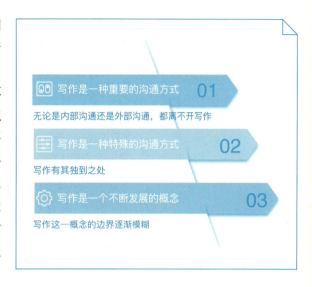

（2）写作是一种特殊的沟通方式。

沟通方式有很多种，例如面谈、演讲、会议、身体语言等，有效的沟通策略往往需要多种沟通的最佳组合。

1）写作的优势。

写作作为一种重要的沟通方式，具有其自身独特的优势。

① 准确性高。写作给予信息的发送者充分的思考时间，使作者能够仔细推敲、从容地表达自己的意思。初稿完成后，还能由自己或请他人重新审阅、不断修改调整，发现隐藏的错误，使信息表达完整、清晰、准确。而且，由于书面沟通不受时空限制，避免了口头沟通中因多次传播、解释而出现的信息失真问题。因此，写作中可以表达很多口头沟通时无法展现的大量细节，读者也比听众更能够获取详细的内容。

② 正式规范。书面沟通的信息可以长期保存，提供永久的记录，便于反复核对、随时查阅。俗语中的"白纸黑字""口说无凭""没有记录等于没有发生"等都表明了书面沟通的是非分明、证据力强的特点。商务活动中，书面沟通常被作为正式的沟通方式，文书一旦形成，便具有相对稳定的指导作用、约束作用和凭证作用，从而规范人们的商务行为。

③ 理性审慎。尤其在解决矛盾争端时，书面沟通能弱化双方不必要的情绪，帮助双方关注于客观事实而不是主观感受或其他个性和工作风格上的差异，并以合理的方式解决意见不和以及争端。

④ 传递成本低。在比较正式的沟通情境中，书面沟通省去了正式会议所需的会议室、演讲厅、招待场所、音像设备等硬件设施。另外，书面沟通方式还可以实现多向信息传递，易于实现规模效应。文本材料易于复制，容易实现对多人以及远距离的分发传送。传递大量、复杂的信息（例如财务数

据)时一般都采用书面沟通方式。

2) 写作的劣势。

与其他沟通方式相比,写作的劣势则体现在:

① "覆水难收"。在大多数人眼中,书面形式的沟通内容常被视为正式文件或正式承诺。由于有案可查,一旦出现失误而成为公开的事实,其不良影响往往难以挽回,甚至被用于法律诉讼。例如,IBM公司的原董事长约翰·埃克斯(John Akers)在严厉批评经理人员的骄傲情绪和不思进取时,没有仔细考虑采用电子邮件形式可能产生的不良影响,这则消息后来被透露给了媒体,震动了整个金融界,IBM的公司形象和员工士气也因此受损。

② 写作要求高。书面文件一旦出现错误或误会,即便是一封处理日常事务的信函,其纠正的困难和所需付出的代价比面谈或电话大得多,因此书面沟通要求作者具备较高的写作技能,而且信息必须经过仔细斟酌,做到清晰、准确、完整。作者还应具备较强的换位思考能力,预见到读者可能提出的问题、沟通的效果如何。

③ 反馈速度慢。与口头沟通相比,书面沟通的对象无法在短时间内做出反馈。作者难以确认对方是否已收到信息,而信息的接收者可能因为忽视了信息的重要性等原因未能做出答复。因此,传递紧急的信息或者需要对方做出迅速反馈时,应该选择面谈、电话等口头沟通方式。

④ 情感交流少。书面沟通无法进行眼神交流,不能看到对方的面部表情或听到对方语调的变化,因此不像口头沟通一样轻松、活泼,而显得冷淡、缺乏人情味,情感交流效果较差,不便于增进友谊。

(3) 写作是一个不断发展的概念。

技术发展使得"写作"这一概念的边界渐渐模糊,传统意义上一支笔、一张纸的写作正在越来越多地被电脑写作取代。句子的剪切、复制、粘贴以及跨文本调用等功能的实现使写作的效率得到极大提高。另外,写作完成之后,文本的传递和阅读也可以通过网络方便地完成。因此,熟练运用计算机是现代商务写作者应有的一项基本技能。

尽管写作的概念呈现出相对化的趋势,我们认为写作仍然应当具备以下三个必要条件:

1) 写作表现为文字形式。

2) 写作应具有一定的创新性,是在做一件前人没有做过的事情,而不是简单的记录或摘抄。

3) 通过写作来达到沟通的目的,也就是写作应该是一个有意识的过程。

沟通形式会对沟通对象产生影响,它是沟通策略的一个重要组成部分。

当你想要传递一个信息时,是应当选择一封正式的信函、一封便函,还是一封电子邮件?你又是否想过书面形式是最佳的吗?一个电话或者一次面谈是否会更加具有效率?

没有一种沟通方式是万能的,信息发送者需要根据实际情况选择最有效的沟通形式,它可以是口头的、书面的或非语言的。一个信息的最佳沟通方式的选择依赖于沟通的速度、成本、对反馈要求的快慢或是否需要书面记录。结合书面沟通的上述特点,通常情况下其适用的沟通情境包括:

1)沟通的目标是信息传递性的而非需求满足性的。

2)小范围讨论一个简单问题时。

3)需要大家先思考、斟酌,短时间不需要或很难有结果时。例如,项目组团队活动的讨论、复杂技术问题提前知会大家思考等。

4)传达非重要信息时,例如分发周项目状态报告等。

5)澄清一些谣传信息,而这些谣传信息可能会对团队带来影响时。

6)建议、合同、章程等重要文件,采用正式的书面沟通能够增加其可信度。

有些情形下,有效的沟通还应该是口头、书面等多种沟通方式的优化组合。例如,在管理实务中,部门之间的协调、任务的安排通常是先口头确认,再通过邮件等书面形式确认一遍,以防出现遗漏、偏差。

13.1.2 商务写作的分类

(1)根据商务写作的范围和对象分类:和非书面沟通一样,可以分为内部沟通、对外沟通、跨文化沟通。

(2)根据商务写作的形式和渠道分类:可以分为电子邮件、信函、传真、布告栏(表13.1)。

表13.1 沟通渠道分类

	适用情境	不适宜的情境
电子邮件	简短消息、快速反应	把多种消息放到一起; 有图形图像(过大的附件会降低网络上传下载速度)
信函	保存正式纪录	快速回答
传真	有图形图像; 不具备电子格式的文档; 直接送到接收者的桌面上	小的彩色打印件; 能表现细节的图形
布告栏	很容易与在场的人们沟通	分散的班组和团队

（3）根据商务写作的内容分类：在企业内部，商务写作的类型包括便函、报告、公告、工作说明、员工手册、绩效评估、建议书、祝贺信等（表13.2）；对外商务写作类型有产品目录、报价单、合同协议、商务信函、建议书、年度报告、感谢信等（表13.3）。

表13.2 组织内部商务写作要点

写 作	内 容	目 的
摘要	附在文件前的说明，告知读者发送公文的目的	告知；劝说读者阅读文件；树立良好形象
月、季度报告	总结该期间内的利润、生产和问题的报告	告知；树立良好形象
政策、规章公告	公司政策和规定的声明	告知
临时变动和程序公告	劝说性备忘录，说服读者在某一特定情况下，非常规措施比公司现行的政策和规定更加有效	劝说；树立良好形象
工作说明	工作性质描述，用于绩效评估、工资评定和聘用审核	告知；劝说应聘者报名
员工手册	企业内部的人事制度管理规范	告知；树立良好形象
绩效评估	对员工的绩效进行评估，附改进建议或升迁推荐	告知；劝说员工改进绩效
建议书	就某项工作向有关部门或上级领导提出建议	劝说；树立良好形象
祝贺信	祝贺获奖、升迁的员工	树立良好形象

表13.3 对外商务写作要点

写 作	内 容	目 的
产品名录、报价单	提供产品和服务及其价格等信息	告知
合同协议	合同双方意思表示一致而达成的一种契约	告知
商业信函	客户所需发布的商务性信息，包括以传递商品、服务的信息为内容的信函广告，以及以传递经济结算单为内容的信函	告知或劝说；树立良好形象
建议书	向其他个人或组织提出建议	劝说，树立良好形象
年度报告	总结全年的财务情况，向股东汇报	告知；劝说股东买入、继续持股或增持公司股票；树立良好形象
感谢信	写给供应商、顾客或任何帮助过公司的个人和组织	树立良好形象

（4）根据商务写作的目的分类：可以分为传递信息、请求或劝说、树立良好形象三种。

以上列举的每一种书面沟通形式中都包含了这三个目的中一个或一个以上。传递信息是向读者告知或解释某件事；请求或劝说是要求读者有所行动，它们两者之间的区别在于，请求所要求的事情较为容易或常规化，而劝说则必须通过激励和说服读者以使之采取行动；树立良好形象，则是为自己和自己的组织树立良好形象，使读者乐于同你开展业务。

大多数信息传递都包含多种目的。例如，当你回答问题时，你既是在传递信息，同时也想通过展示你的能力和洞察力来树立信誉；在处理客户索赔问题时，不论你的答案是肯定还是否定，你都想表明有关索赔要求都已得到认真的考虑，并且自己做出的决定是合理、公正的。

13.1.3 商务写作的4C要则

评价一次商务写作的有效性的标准可以归纳为4C：准确（Correct）、清晰（Clear）、完整（Complete）、简洁（Concise）。在实际写作中，对四项标准的运用，还应结合另外四要素——作者、读者、沟通目的及沟通情境——之间的相互作用，有所侧重。

（1）准确传递信息。

准确是写作的首要原则，也就是说，写作所用的材料要真实可靠，观点要正确无误，语言要恰如其分。此外，准确性原则还要求在文章表述上的正确性，具体表现为以下方面：

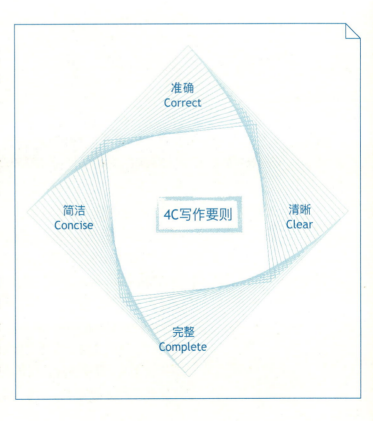

1）表述方式。

表述方式上，要符合文章样式的需要，如叙述类写作要讲求事实概括；说明类写作要直接提出要求，界限分明；议论性写作要直接表述观点。

2）文字表达。

文字表达上，要概念明确，明确其内涵和外延，使用简略语要符合约定俗成的原则。另外，推理也要合乎逻辑，避免牵强和武断。观点不明确，逻辑混乱是写作中常见的问题。其中，常见的四种逻辑错误如下：

① "由此可证"。将事件的时间顺序与因果关系混淆,以为事件A发生在事件B之前,那么A就是B的原因。比较下面两个例句:

> "由此可证"式:李克力挽狂澜扭转了A地区销售业绩的颓势,因为从他担任区域经理以来,A地区的销量平均月增长1%。
>
> 逻辑合理的表述:自从李克担任A地区的区域经理以来,尽管当地的宏观经济状况没有发生改变,但公司在当地的销量平均月增长了1%。他还亲自帮助销售代表们制定销售计划,看上去他推行的那些管理方法确实提升了销售业绩。

② 不根据前提的推理。指在错误或不充分的前提下得出结论。

> 不根据前提的推理:我们周日投放的报纸广告收到200个电话咨询,这个月的销量一定要增加了。
>
> 逻辑合理的表述:我们周日投放的报纸广告收到了200个电话咨询,如果其中10%的人在月底前下订单,那我们销售业绩将比上月提升2%。

③ 假定……合理。指把结论建立在不合逻辑的原因上,例如,我这么断定是因为我需要显示我的权威性。

④ 草率决定。主观地认为在某些情况下才成立的结论在当前情况下一定成立。

> 草率决定:在所有申请者中,宋俊芳的学历最高,她一定是最能胜任这个岗位的人。
>
> 逻辑合理的表述:宋俊芳在各项评价指标上表现都是最好的,她是最能胜任这项工作的人。

3) 文字书写。

文字书写上,要求符合一定的标准。例如,正确使用简化字,不可随意自造生字;数字、标点符号的使用也要符合规范。仔细检查并修改文章中的拼写、语法错误,哪怕读者发现其中极小一个细节上的错误,你整个文章的可信度都可能受到质疑。

(2) 清晰地表达关键信息。

关键信息就是想让沟通对象记住的信息。和其他写作不同,商务写作是实用主义的,要能够解决问题或传递信息。在写作之前,应当首先问自己:"什么是写这份文件必须传达清楚的关键信息?"在开始正式写作之前把它写下来作为备忘,并在写作过程中不时回顾一下,有助于整个写作过程保持针对性。事实上,很多作者往往过分专注于文稿的细枝末节而忽略了写作应该表达的关键信息。

当然,这不是说写作当中只要列出主题句而省略所有的细节,但要注意使每一个数据和细节都起作用,而非堆砌一大堆联系不紧密的细节以致削弱了关键信息本身。大多数情况下,关键信息应该出现在文稿的开头,而余下的部分用来阐明细节或提供支持的论据。写作的清晰性标准可以细分成以下几点:

1)逻辑清晰。

逻辑是一种有序地利用信息进行推理的方式。为你的思想排序,并考虑哪种组织次序是更利于读者理解信息的,使文章读起来富有逻辑并且饶有兴趣。

引导你的读者一步一步地把握你的思想、信息和结论,实现这个目标常用的逻辑顺序有:

时间:过去—现在—将来;

空间:中心点—外延;

因果:事实—原因—结果;

步骤:原料—制作—成品;

理论—实践:如文章的可读性—使用短句短词,避免专业术语,减少不必要的重复、复合句;

问题—解决:超重—节食、体育锻炼;

比较对照:如有效率和有效,紧急的和重要的。

建议:

结论—建议—事实或理由:适用于不太关注细节的读者;

建议—结论—事实:适用于那些了解事件背景的读者;

结论—事实—建议:能够抓住读者的注意力,激励读者自己进行逻辑推理。

2)表达清晰。

表达的意思应该清楚明白,让人读了能够准确理解,而抽象的、委婉的和概括性的模糊语言容易误导读者。例如,模糊不清的代词指代会使人陷入迷惑,像"物体被举得越高,质量越大,它的势能就越大"中代词"它"的指代对象就不明确。因此,不能为了追求词句的简洁而牺牲了表达上的清晰性。

3)结构清晰。

文章的风格、组织和版面设计应当提高文件的可读性,有助于读者尽快把握文章的内容并采取行动。例如，在商务报告中合理地运用图表、空白等技巧不但增强了报告的视觉效果，使报告更加形象，而且使复杂的报告更加清晰、简明易懂。

结构的清晰也包括保持体例上的一致性，即在文章中的各部分使用相同的结构。例如，同一级别的标题最好在语法结构上保持平行，项目编号、图形的规格等也应该前后一致。

本·富兰克林认为："良好的写作应该考虑读者的利益。"任何商务活动的一个核心原则是以客户为中心，因此，以沟通对象为中心也是商务写作的一条重要原则。商务写作要想方设法突出对方的利益，从读者的角度而不是自己的立场出发来组织信息。

① 注重信息发送者的表达。例如：

> 为了帮助我们更新股东记录，我们要求你返还信封内的卡片。
> 只有在收到所有权登记表后，我们的保单方始生效。
> 我们开设了网上语言课程，对此我们信心十足。
> 人力资源部要求及时完成问卷，以便于我们分配培训。

② 注重信息接收者的表达。例如：

> 为了让您能够及时收到股息支票并获得有关您的信息，请将信封内的卡片返还给我们。
> 一旦您将所有权登记表返还，你的保单即告生效。
> 越早加入我们的网上语言教学计划，您就能越快获得回报。
> 您将会成为职业发展计划上的首批员工。请您填好相关问卷并尽快交上来。

优秀的沟通者站在对方的立场上，喜欢用第二人称而不是第一人称代词。当然，第二人称代词也不能滥用，例如"直到你收到书面许可，你才能退回商品"中"你"出现了两次，但读者感觉是在被对方指责，反而不如以下表达积极："在得到书面许可后，顾客可以退回商品"。可见，在表示责备或易引起反感的信息中，则应避免使用第二人称代词。

（3）言简意赅。

1）语句简单。

句子是书面沟通的基本单元，一个优秀的作者应当了解一个句子什么时候已经达到了它最佳的信息负荷量。商务写作的目标是表达而不是震撼，无需为了表现广博的知识和创造性的思维而在语言和文采上绞尽脑汁。

语句简单有两个好处：一是突出关键信息，二是节省读者的时间。相反，结构复杂的长句可能产生更多的误解和混淆。

大多数人都有一种错误的观念，以为多多益善。例如，医生开药时嘱咐病人每次一片，有的人可能会因为康复心切，擅自把剂量加倍，心想"如果一片都能治好，两片的效果岂不加倍"。在日常写作中，许多人也有语意重复的习惯。

2）文章简洁。

商务写作并不像学生的学期论文那样规定"最低字数限制"，事实上，只要能传递必要的信息，文字越短越好。一般认为，如果你不能将关键信息压缩到一两句话，你很可能对于自己要说的事情也不清楚。在需要表达多个关键信息的文件中，则需要使用精炼的段落和过渡连接组织信息。一个组织得当的段落只包含一个关键信息，并通常在一个句子中提示中心思想，但这一句子不一定要在句首。

3）文体简易。

多数的商业文化和商务沟通对象不愿意接受烦琐、复杂的写作方式。在完成写作时大声朗读你的文章，如果它们听上去太生硬或太正式而令你不好意思说出口，建议你重新调整文章的写作风格。

13.2 商务写作步骤与技能的提高

13.2.1 商务写作的步骤

商务写作过程可以分为三个阶段，而每个阶段又可分为三个步骤：
- 第一阶段：分析，预测，制定策略；
- 第二阶段：调查，组织，起草；
- 第三阶段：修正，校对，评价。

在每个阶段上所花的时间布局，一个粗略的参考标准是：第一阶段25%，第二阶段25%，第三阶段50%。一个优秀的写作者在校对和修正上花费大量的时间以做到精益求精。当然，具体的时间安排也与写作任务的重要程度和熟练程度有关，例如一些日常文件的写作中，第一阶段可能匆匆略过，而一些重要、复杂的写作如说明性信函、建议书等，则需要慎重对待每个阶段的每个步骤。总体上而言，修正和校对都是写作过程的主要组成部分。

(1) 分析写作任务。

首先确定写作的必要性。"是否需要写""是否应该写"是写作前应该考虑的最基本问题。由于写作具有一定的风险,你是否确定想被永久地记录?是否有重要的理由要写?是否需要得到对方的即时反馈?现在是不是合适的写作时机?你是不是合适的写作人选?等等。因此,需要结合书面沟通和人际沟通的特点,选择最佳的沟通渠道。

其次确定写作的目标。商务写作的具体目标如表13.4所示。

表13.4 商务写作的具体目标

分析	解释	说明	讨论
建议	询问	推荐	评论
感谢	通知	确认	概要

大多数商务写作的目标只是起到通知、说明性作用,例如,解释工作程序、交待会议流程、展现调查结果。另一些写作则可能要说明读者采纳自己的观点或采取行动,例如推销信、建议书。如果写作的目标不止一个,把它们全部找出来。

区分主要目标和次要目标。例如,说服性信函的主要目标是说服,次要目标则是增进对方对你和你的组织的好感;树立良好形象的信函的主要目标就是培养或增进好感。

(2) 预测读者反应。

谁将是你主要的和次要的读者?你和他私下的关系如何?你对他的教育情况、宗教信仰、文化背景所持的态度如何?他们对这则信息可能会有什么反应?这些问题的答案将决定你应该花费多少时间准备和写作。如果是为经理起草一份分析报告或公开的演讲稿,就需要对沟通的对象做非常充分的预测,相反,如果只是发给老主顾的信件则只需要很短的时间思考与组织。

(3) 制定写作策略。

渠道策略。在前面的写作必要性分析中,考虑了书面沟通与口头沟通的优劣,在真正开始搜集写作材料之前,还需要对比分析书面沟通的各细分渠道,是信函、传真还是电子邮件更加有效。

信息策略。在对沟通对象和沟通目标进行分析的基础上,思考写作内容的宽度和希望涉及的深度,这一步将直接影响到之后收集资料、组织信息的有效性和效率。

(4) 调查搜集资料。

写作前的调查阶段是形成信息的过程,在信息整理到一半的时候突然发现新的重要资料,常常意味着信息可能要从头开始并重新组织。

大多数的日常书面沟通,比如常用的信函、备忘录等,作者主要依靠自己原有的知识进行判断或对现有的资料进行非正式调查。非正式调查的方法包括:

1) 参考以前的文件。借鉴前人的文件是怎么做的,它们常常能在内容和格式等方面提供帮助。

2) 与老员工或者上级进行沟通。看看他们处理类似问题的办法,采取的立场,以及值得推荐的资料等。

3) 问卷或电话调查。通过对目标对象进行非正式的问卷调查,询问他们的意见。从统计学角度来看,也许这种方法并不太科学,但在日常信息的沟通上它却能起到帮助作用。

4) 头脑风暴。以5—10个人一组进行讨论,集思广益,人们常常能从这种小规模的自由讨论中得到启发和灵感。

5) 运用图表。借助于形象思维而不只是文字来组织信息,能帮助打开思路,自由联想。

当沟通所需的信息超出知识范围和现有资料,尤其是在写作长篇的商务报告时,就需要进行正式的调查搜集工作,搜集尽量详细的资料。正式的调查方法大体上可以分为以下几种:

1) 纸质文档。例如公共图书馆和大学图书馆里各种图书、报纸、期刊等,还包括各种百科全书、商行名录和年鉴等。

2) 网络搜索。网络的发展极大提高了现代信息检索的效率,前面提到的书面印刷材料也有很大一部分可以在网络上找到。可以在公共图书馆和大学图书馆的网站上访问索引甚至全文资料数据库。

3) 搜集原始资料。例如,为了撰写市场调查报告,通过实地访问消费者,获取一手资料,统计问卷结果。正式的调查应该包括科学的抽样方法,才能保证判断的准确性和预测的合理性。

4) 科学实验。它是获取一手资料的另一种重要方法,能通过控制变量研究其他变量的影响,为决策者提供有价值的数据信息。

由于资料的搜集是商务报告写作中的重要步骤,本书将在相关的部分做更加详细的介绍。

(5) 组织观点。

提炼你积累的材料和观点。在收集了大量相关或无关的资料以后,可能你自己头脑中充斥的全是矛盾的观点、杂乱的细节信息。现在,撇开那些细节性问题,试着回顾沟通目标和沟通对象的分析,找到信息的核心内容。以下是几种提炼材料的技巧:

1) 设想读者只是快速浏览。你最想让他们知道什么?他们自己最想要了解什么？商务写作的初学者常犯的一个错误是不能"忍痛割爱"，根据自己的偏好孤立地评判和取舍收集来的资料。应该将材料的取舍标准聚焦于商务写作的真正目的上来。材料是为商务写作服务的，盲目迁就于材料削足适履只会妨碍写作主题的集中和深化。

2）一句话概括你自己的观点。只有这时你才会发现哪些观点是最主要的，哪些是次要的。

3）根据提炼的成果，把相似的观点进行归类分组，整篇信息最好分成3—5块主要内容，在每一个大类内容下不要只包含一个次要观点，同时这些次要观点也要有细节和例子佐证。如果一个大类下只有一个次要观点，将它与其他大类内容合并或者重新组织。

4）保证各部分内容之间的相互独立，没有交叉。

5）通过分析提炼出提纲，这时可能还需要回到前面的步骤再收集一些资料，虽然写作过程是周而复始的，但一般而言，高效的作者都是在不断改进并完成前面四步准备工作后才开始真正写作的。

（6）起草文稿。

在完成对写作任务的研究、资料的搜集和观点的组织框架后，就开始进入撰写初稿的阶段了。专家的建议是尽量写得快一些，想到什么写什么，以后再回来修改推敲，因为这毕竟是初稿而不是最终版，而且在现在计算机写作的界面下，修改初稿变得容易得多。

1）句子。

突出要点。有三种突出句子要点信息的方法：句子开头、结尾、短句。例如下面这则会议的通知，如果要突出会议的日期则可以采用以下写法。

> 原句：所有的生产和管理人员将在5月23日开会，届时将宣布一项关于工资奖励的新方案。
> 开头：5月23日所有生产和管理人员开会，届时将宣布一项关于工资奖励的新方案。
> 结尾：所有生产和管理人员将开会讨论工资奖励问题，时间定于5月23日。
> 短句：5月23日开会。所有的生产和管理人员都要出席，届时将宣布一项关于工资奖励的新方案（将需要加深印象的要点信息用短句表达，然后再解释和提供细节信息）。

主动语态。被动语态会削弱动作发出者的重要性，而主动语态的句子直接易懂，更加简洁有力，因此，大多数情况下，商务写作都采用主动语态。只有要动作的发出者不清楚，或者作者有意想将读者的注意力从错误责任人的身上转移开时，才需要用被动语态。

不要在乎写作的顺序。不要期望严格地从头写到尾，例如，写摘要和序言是一项很艰巨的工作，人们常常在写正文时对论点或组织结构作出较大的调整，因此没有必要一次次相应地修改摘要和序言，很多作者都是到最后才写开头部分。

2）段落。

按照写作的4C要则中的简洁性原则，一个段落应当只包含一个关键信息，并使用合理的转接保持前后的连贯性。此外，在写作精炼的段落中常用的技巧还有：

呈现逻辑顺序。在文章的开头、结尾或其他醒目位置使用"因此""然而""比如""此外"之类的词，能够作为读者的导向标，标示出文章的思路和逻辑顺序，加快信息的理解速度。在需要读者采纳自己建议的说服性写作中这种方法非常见效。

使用小段落。商务写作者一般不写超过8行的段落，那些冗长的段落会让读者望而生畏，如果一个关键信息不能在10行以内表达完整，那么就考虑将它分解成几个更小的部分。

（7）修正。

不要期望一遍或两遍就能达到令人满意的状况。有经验的写作者都会先很快地完成初稿，在这一过程中不要在乎语言、准确性、标点之类的细节问题，然后把它们搁置在一旁，一般在24小时以上，然后再回头去精心地修正、校对。我们在此用"修正"专指对信息策略、文章结构、段落句子等宏观上的修改，而校对则指对标点、拼写等微观上的完善。

缺乏经验的作者常常在完成草稿以后，就陷入对标点符号或措辞造句等琐碎细节的检查当中，优秀的商务写作则在完成了对内容、结构的修改后才着手校对工作。

审视全局。再次对照前几步中确定的写作目标、组织结构并重新审视文稿，从读者快速浏览获取关键信息的角度整体评价全文结构。

保持简洁。直接表达出你想说的意思，删除那些为了炫耀而使用的"想象力丰富"的段落和句子，以及那些不必要的意义重复。

使用平行结构。在结构和段落水平上修改了文章以后，开始修改词句。名词和名词匹配，动词和动词对应，词组、句子之间互相呼应，这样既提高了文章的可读性和可记性，又使文章结构显得平衡、和谐。

合理应用视觉效果。诸如表格、图片、项目符号、空白之类的视觉效果能够很好地突出信息中的重点部分，帮助读者将重点信息与事实细节区分开来，提高浏览的速度。作者的训练有素将在读者心中树立良好的形象，另一方面，也能明显提高自己以后再次修正的效率。

使用打印件。将文稿格式设置成双倍行距，留出较宽的页边距，再打印出来修正有助于提高效率。大多数人不适应对着电脑屏幕阅读、写作,而且受屏幕大小的限制,作者在同一时间只能看到文章的一小部分内容,进行局部的细节修改,而难有一个全局的视野。相对而言,打印成纸质文档便于对整体进行斟酌修改。

(8)校对。

校对中应该检查的地方:拼写、格式、语法、标点符号、姓名和数字。

13.2.2 写作技能的提高

常见的写作障碍可以分为两类:一类是在写作前无从下手;另一类则是在写作过程中思维中断,导致写作活动中止。克服写作障碍的本身就是写作技能的提高过程,当写作中出现障碍时,首先要分析障碍产生的原因,再有针对性地予以突破。

(1)对于写作前无从下手的情况。

1)在写作前一定要明确写作的意图。

先想后做是写作中的一条重要原则。在动笔之前,问自己为什么要写这个文稿?期望它能实现什么目标?应该包含哪些方面的内容?这些方面中哪些是重要的哪些是次要的?各项内容之间的次序和逻辑关系如何?

在某些场合中,书面沟通的目标似乎是不言而喻的。例如,建议书的目的是使对方接受你的建议,宣传手册是获得客户的尊敬和喜爱。这时就要注意,盯着显性的短期目标可能使你看不到更大的目标,因此在写作前要明确什么是主要目标和长期目标。

2)制定明确的沟通策略。

上面所述的明确自己的写作意图就像描绘出一张清晰的地图,在此基础上才能制定具体的沟通策略,使写作的起步顺利。

詹姆斯·S.奥洛克四世(James S. O'Rourke, IV)在他的《管理沟通:案例分析方法》(*Management Communication: A Case-Analysis Approach*)中提出六条实用的沟通策略(表13.3),其中三条用于传递信息,另外三条则关于如何促进对方采取行动。

表13.5 六条沟通策略

传递信息的策略	促进行动的策略
表达赞同	请求配合
提供事实	给出方向
提供观点	寻求认同

3)收集足够的资料。

巧妇难为无米之炊,即使有清晰的目标,但缺乏相关的素材也难以入手。

(2)对于写作过程中思维中断的情况。

1)确定合适的思维路径。写作思维是相当重要的一个概念,应用文写作中最基本的思维方法是分析和综合。具体而言,有比较、分类、抽象和概括、归纳、演绎和类比。思维中断的原因可能是在写作过程中没有找到合适的思维路径。

2)先画出思维地图。在写作之前应当把写作思路以书面形式确定下来,例如写出标题、副标题或者要点及其过渡,以便在中断时迅速回到之前的思维中。

3)创造一个良好的写作环境。外来的事件例如电话铃响或同事来访是常见的导致写作不得不中断的原因,思维很难在事件后保持原先的连续性,导致重新提笔时陷入一片茫然。

4)就像修改文稿时搁置一段时间后再看能达到更好的效果。同样地,在写作过程中,如果思路中断,干脆搁下笔来从事些其他的活动或者先写其他部分,而非有意地强求自己进入事件之前的写作状态。例如,从事一些非文本(表格、图形之类)的工作,可以帮助找回写作的新鲜感和成就感。

5)平时多阅读,多思考,多练习,不断提高写作技能。明确了写作的特点、目标、思维路径之后,还需要在平时有意识地思考别人的文书在思想内容、表达方式、布局设计等方面的处理方法,对比分析不规范的文书和优秀的文稿之间的差异,从中汲取教训积累经验。纯粹的"以读代写""纸上谈兵"是无济于事的,只有在此基础上进行反复的实践,才能将头脑中的知识转化为手上的真实能力,真正克服写作中的障碍,提高写作技能。

13.3 消极信息与积极信息的文案

13.3.1 换位思考

在写作过程中,最难的是从读者角度排列各部分的重要顺序、删除无关的信息以及写好过渡部分,这就需要做到换位思考。

换位思考是从受众的角度来看待事物的一种沟通方式,它强调受众想了解的内容,尊重受众的聪明才智,并保护受众的自尊心。

1980年克莱斯勒汽车公司几乎要关门大吉、宣布倒闭,他们唯一的希望就是联邦政府27亿美元的贷款担保。而这看上去几乎是不可能的。为什么国会会为一个私有公司批下这么一大笔钱呢?克莱斯勒的说客知道,如果选词恰当便能扭转局面。他们所找到的论据是,若政府为公司提供"安全保障",那么公司也能为个人做到这点。他们进一步说明,这是一个每个人都面临的"美国问题",而不仅是他们的问题。他们的方案起效了!

下面是具体应用换位思考沟通方式的五种技巧:

(1) 要谈及受众而非自己。例如:

非换位方式:(售货员)我把这件衣服卖给你,可以得到30%的提成;
换位方式:(售货员)你买了这件衣服,穿上会非常高雅。

(2) 要谈及受众的具体要求或订单。例如:

非换位方式:经理,你交给我办的事完成了;
换位方式:经理,你上周五让我写的市场调查报告完成了。

(3) 除非要表示祝贺或同情,否则少谈感情。例如:

非换位方式:我们很高兴授予你5 000元的信用额度;
换位方式:你的中国银行信用卡有5 000元的信用额度。

然而,在祝贺和慰问中表达个人的感情是十分恰当的。

非换位方式:祝贺你荣升为地区经理!听到这一消息真令我高兴;
换位方式:得知你父亲去世的消息,我很难过。

(4) 涉及正面情形时,多用"你"而少用"我";如果涉及受众,就要用"我们"。例如:

非换位方式:我们为所有员工提供健康保险;
换位方式:作为宝洁公司的雇员,你会享受健康保险。

（5）涉及负面情形时，避免使用"你"，以保护受众的自尊心；用被动语态或无人称表达形式来避免有责备之意。例如：

> 非换位方式：你在预算中没有考虑通货膨胀；
> 换位方式：(被动式)通货膨胀的影响未被考虑在预算中；
> 换位方式：(无人称)预算中没有考虑通货膨胀的影响。

改用换位思考沟通方式不会改变句子的基本意思。然而，这样做往往会使句子变长，这是因为应用换位思考的句子所包含的信息不仅更具体而且更多。当然，长句子不一定就是冗长的。冗长是指所用的话语超过了表达意义的需要。我们可以在提供更多信息的同时保持文章的简洁。

13.3.2 传递积极信息的文案

积极信息一般使用直接法来传递。如果要传递的所有信息都是积极的信息，可以先提出最富积极意义的内容，然后根据各部分包括的积极因素的强度，由强到弱安排各部分内容。

读者先读到最富积极意义的信息，就比较容易接受随后提出的观点。认识到第二部分的强度略弱于第一部分，读者就会想到第三部分的强度也会略弱于第二部分，这样读者就会更有准备地接受第三部分内容，以此类推。这种累加的效果使读者对信息的总体反应优于对用间接法阻止信息的反应。

因为大量的积极信息会给读者留下极好的印象，对作者十分有利，所以作者应该充分利用这种信息优势，争取实现最佳的沟通效果。运用以下技巧，可以使文章在沟通效果上更上一层楼：将主语或动词放在句子的开头，直接陈述信息；使用主语语态；选择现在时；使用有力度的动词；组织句子结构，强调积极的信息；采用以"您"为中心的态度加强读者的参与；等等。请看下面的例子：

> 恭喜您！您提出的对研发部门进行人员重组的建议就要付诸实施了。您比任何人都更早、更清楚地看到了严重的性格冲突问题。我们会立即将您的建议有效地转化为现实。

传递的积极信息在强度上也会大相径庭，有的信息非常积极，如"您被雇用了"，而有的信息只是稍带积极因素，如"这是我们每一季度通常要订购的产品"。信息的积极因素越多，肯定的语气就要越强，反之亦然。

包含积极因素的商务信息通常有资助申请、宣布有利信息、延长信用期限、表示感激以及接受或发出邀请。

13.3.3　传递消极信息的文案

组织消极信息文案的最佳方法取决于受众情况以及消极信息的严重程度。表13.6给出了面向不同受众的消极信息文案的组织。

表13.6　消极信息文案的组织

给客户和顾客的消极信息文案	给上级的消极信息文案	给同事或下属的消极信息文案
如果你有理由相信读者会理解并接受这一负面信息，那么在给出消极信息之前先给出这个理由。好的理由有助于读者做好接受事实的思想准备	描述存在的问题。清晰、客观地阐述问题	描述问题。清晰、客观地阐述问题
清楚并一次性地表达负面信息或做出拒绝。如果拒绝表述得不明显，就容易被完全忽视。这样作者就要第二次说不	说明问题是怎么发生的。提供背景情况；究竟是什么因素导致问题的产生	如果可能，提供备选方案或折中方案。备选方案不仅为受众达到目的提供了另一种方法，而且表明了作者对读者的关心以及愿意帮助他们满足需要
如有可能，应提供备选方案或折中方案。备选方案不仅为受众达到目的提供了另一种方法，而且表明了作者对读者的关心以及愿意帮助他们满足需要	提出解决问题的选择方案。如果很明显地存在一个最佳方案，那么只需要讨论这一方案。但是，如果上级想起了其他方案，或者不同人对方案有不同的看法，那么就应描述全部方案，并给出各个方案的优缺点	如有可能，征询建议或者要求采取行动。部分受众可能会提出解决方案。参与决策的员工更可能接受决策结果
以积极的、展望性陈述来结束文案	推荐解决方案并要求采取行动征得同意，这样就可以做出必要的改变以解决问题	

然而，人们通常难以决定用直接法还是间接法传递带有消极因素的信息。

13.3.4　使用直接信息的写作方法传递消极信息

您同意以下观点吗？

（1）"我敢说这学期我已经收到了20封工作拒绝信了。起初，我很感激对方委婉地拒绝我，但是现在我只想让他们将坏消息直接告诉我。"

（2）"我当然希望谈成合同了。从寄信人的地址中我就可以知道信是谁寄来的,要谈的话题我也清楚。所以只要告诉我:我拿到合同了吗?"

(3)"别试图安慰我,我已经是个大人了。我不需要这种枯燥乏味的婉转的开头。直入主题吧,我喜欢别人和我直截了当地讨论问题。"

这些观点有着明显的合理性。问题是多数人并不总是喜欢这种直接的方式,许多人更愿意接受婉转拒绝工作申请或合同的方式,愿意接受婉转地传递消极信息。那么您要解决的问题就是确定:

(1)这种信息或在这种情况下,使用直接法合适吗?

(2)对方喜欢这种直接传递信息的方式吗?

(3)这是一种正常的例行信息吗?

如果对上述三个问题的答案都是肯定的,就可以用直接法组织结构。如果对其中一个问题的答案是否定的,则要用间接法。如果无法确定答案,采用间接法则是最安全的,因为不恰当地使用直接法会导致对作者以及作者业务的强烈抵制。

另一方面,不恰当地使用间接法也会伤害读者,但不会导致很强烈的消极反应。

用直接法传递消极信息时,请牢记以下要点:

(1)将消极信息放在文章的开头,因为这对读者来说是最重要的。不要试图掩盖坏消息。

(2)逐渐提出消极信息。采用被动语态也许很合适,运用一些技巧,要讲究策略,不要详述坏消息。

(3)如果可能,说明做出这样决定的理由。不要说对不起,要让道理来支持自己的观点。进行必要的解释,但是不要推卸责任或指责公司的政策。

(4)尽量包括一些积极的信息,尤其是在文章的末尾处。

(5)态度要真诚。让人觉得不真诚时,会妨碍沟通,传递消极信息时更是如此。

(6)始终要向对方体现出善意。

描述为避免今后出现类似问题已采取的措施、体现个人对客户的关心或提供一些免费服务、替代品等,都可以实现最后一个目标。

下面的例子列举了使用直接法有效传递消极信息的样本。

发件人: server@net.com
日期: 2019年11月8日,星期五
发送人: 陈杉 <samchen@net.com>
收件人: ExecManTeam.list@net.com

主题：本周末的内部管理团队休养

　　在我看来，上周末在Big Pines度假区组织的休养活动非常失败。我们本想通过两天的开会和讨论，为公司明年的业务发展制定一个稳定的发展策略，决定是否扩大X-14或Z-19音频微型磁片的生产，并使大家更清楚电子商务对公司的未来产生的影响。但是我们没有完成前两个任务，在最后一个问题上，我们也只是取得了很小的进展。

　　回顾这次活动，我认为效果不好主要有几方面的原因。首先，我们的活动应该更有组织性，而不是只发挥全体委员会的作用，在所有问题上寻求一致意见。其次，邀请配偶参加互动使大家都很高兴，但却妨碍了按时开会，使我们难以集中精力。最后，星期日下午的高尔夫球活动完全扰乱了活动计划，使我们产生了任务就要完成的错觉。

　　因此，我建议星期六，也就是本月23日，在会议室召开一次工作会议，上午8点钟开始，完成尚未完成的任务。我已经安排比尔·法恩加担任讨论协调员。

　　你们都清楚要讨论的问题，所以请仔细考虑一下。越早完成任务，我们就能越早与家人共度周末或去打打高尔夫球。

有关直接法传递消极信息的其他注意事项：

　　有时，您也许需要使用直接法传递信息，如给朋友写信，使用间接法就会让朋友不高兴。请看下面的例子：

　　您是我的好朋友，但是我还是想让您支付上个月借给您的钱，这样您就可以从公司的股票投资项目中受益。请立即还我500美元。

　　试图避免大家都不喜欢的傲慢语气时，也可以使用直接法传递消极信息。在某一问题上很明显是我们犯了错时，有时我们更愿意只听到坏消息，而不愿意被戏弄。请看下面的例子：

　　昨天是有关黄河项目报告的截止日期，我们都知道完成这个项目对整个战略计划的重要性。明天下午5点之前将报告交给我。

13.3.5　使用间接信息的写作方法传递消极信息

　　消极信息的写作规则源于传递坏消息和保持善意这两个相对立的目标。有时，保持善意并不是主要目的，甚至是从属于传递的过程的。例如，在向对方发出第五封信催促其为所购的货物或服务付款时,预期已经越来越严厉,为对方留下一个好印象也通常不再是一个主要目标了,这种情况下就可以用直接法,或根据具体情况采取适当的办法。

传递消极信息可分为四个步骤:① 委婉的开头;② 说明产生坏消息的原因;③ 指出坏消息;④ 积极的结尾。这是一种间接组织信息的方式,即信息的主要内容——坏消息放在了并不重要的位置上,而开头则占据了显著的位置(这正是传递积极信息时,将最富积极意义的信息放在文章开头的原因),结尾也是如此。根据位置重要性原理,坏消息经常被放在文章中间,这样就可以削弱坏消息的影响。

使用间接法的道理在于:让读者对要提出的消极信息有心理准备,可以在很大程度上改变读者对信息的看法。虽然读者很不愿意听到坏消息,但是如果以能使读者读完全文的间接方式传递信息,所做的解释也很可信、很现实且符合逻辑,那么读者至少可以理解作者的做法。

(1) 委婉开头。

委婉开头的目的是在没有暗示出消极信息的情况下,交待一般性的话题。委婉开头,但又不使读者感觉到这是在委婉地传递坏消息并不容易。如果您读过的某篇文章开头让您意识到这是在使用委婉的技巧,它就不是一个很有效的开头,因为它暗示了坏消息。此外,离题太远或语气过于积极也属于不成功的开头的一些特点。

因为多数消极信息都是对以前的信息或咨询进行回复,所以读者通常急于知道答案,这就给委婉开头增加了难度。请看下面的例子,您会做何反应?

> 感谢您给我们发来应聘管理顾问职位的求职信。正如您所了解的那样,我们的管理咨询部是几家主要会计师事务所中最大、最好的部门之一。正因如此,所以我们总是会仔细审查应聘者的教育背景、工作经验和其他方面的条件。

如果您十分渴望得到这份工作,您也许会发现婉转地传递重要的消息,而且不管这是个什么样的消息,都会让人很失望。另一方面,您也许会发觉开头指出您个人的看法是一种进入话题的很好方式。总之,这样的开头至少没有暗示出坏消息或离题太远。

聪明的读者会认为在回复信息中,如果开头没有立即指出好消息,就一定是在委婉地提出坏消息。如果传递消息时,不是使用直接法就是使用间接法,写作都会很有效,这种观点当然是正确的。但事实上,许多作者在传递积极消息时,不恰当地使用了间接法,而有些作者在传递非常消极的消息时,又不恰当地使用了直接法,换句话说,很多作者组织信息的技巧并不高明,致使很多读者读到有效的委婉的开头时,并不能认识到作者的意图。

在传递消极信息的四个步骤中,委婉的开头通常是最难做到的。对许多作者来说,以超出必要的积极语气开头要比以中性、稍微积极的语气开头容易很多,但是开头过于积极,就很难向将要提出的坏消息过渡。例如,"您所做的市场分析一直比部门其他人做得好",这样的开头就很难向消极信息过渡。

难以委婉开头的另一个原因,也是一个主要原因,就是这种方式常会让人感觉作者在操纵读者。一旦读者认为自己受到了欺骗、强迫,或认为信息有偏见或过于片面,就会拒绝作者传递的信息(实际上,这种反应适用于所有间接传递的信息)。严格地说,作者是在通过选择词语、斟酌句子结构、组织信息来操纵读者。但是,如果读者没有意识到这一点,作者就很可能会实现委婉开头的目的。

(2) 说明原因。

在传递消极信息的过程中,最关键的一步也许就是第二步了——对随后的坏消息进行解释说明。目的是让读者认可做出下述决定的原因,并与后面的决定联系起来。回到上面列举的回复求职信的例子,以下解释可以实现该步骤的目的吗?

> 由于管理咨询部门有着良好的信誉和完善的培训计划,在本国占据着重要的地位,所以很多人都在应聘这一职位,其中已获得MBA学位的人占了很大比例。应聘者的数量和素质都使我们难以选择。最终,我们决定以工作经验为标准确定参加面试的人选。

上面的例子中,作者提出了三点理由:应聘者的数量、素质和经验。

阐述原因时,要站在读者的角度考虑问题——原因要符合读者的逻辑思维,而不是仅仅符合作者的逻辑。不要轻易以公司政策这类叫人无法信服的说法作为理由,而应该去解释公司的政策。不要推卸责任、责怪他人做出了这样的决定。如果信息是传递给公司以外的人,那么作者代表的是公司,将责任转嫁到别处不合适。如果合理并且恰当,每个结论应该是从前面的原因推导而来的。

如果对原因的阐述符合逻辑,坏消息的出现就会很自然。而且,虽然下一步就要提示消极信息,在这一步也不能泄露坏消息。

(3) 坏消息。

间接传递坏消息的第三个步骤是传递消极信息。虽然委婉的开头和说明原因部分的长度可以是几句话,也可以是一整段,但是这部分却可以很短,有时甚至可以是句子的一部分。坏消息通常紧跟原因部分并附加到该部分中。不要将坏消息放在单独的一个段落中。例如,"基于上述各方面的原因,我们必须终止合同。"另外一段会对信息起到强化作用。

将坏消息附加到原因部分,目的是使读者认同作者的观点。

> 与您具有同样出色的教育背景、但又有着丰富咨询经验的人被选中参加面试。

虽然这部分内容相对短些,但仍很重要,需要仔细斟酌。传递消极信息的语气太生硬,前面精心策划的内容就会毁于一旦。为了保持读者的善意,有必要尽可能积极地描述消极信息。有时则可以描述正在做的事,而不是没有做的事,让读者自己去理解。例如,可以说接受了另一个公司的投标,这样读者就会知道自己没有入选。

在商务写作中,还会出现个人色彩过浓的现象。要避免使用姓名和人称代词,要表现出一种非个人化的风格。使用名字、"我"和"您"时更要谨慎。有些作者为了说明自己参与了决策制定,在文章中表现出同情或歉意,这样做往往会削弱前面解释的合理性,并且也不会淡化坏消息。"对不起"可能会引出"我也是"或更强烈的"我敢打赌您也是"的信息。而且,不必要的同情或抱歉只会强化坏消息。

传递了消极信息后,不要再去管它,不要在坏消息上徘徊。将主题转到更积极的事情上去,如积极结尾的话题。

(4) 积极结尾。

为了保持对方的善意,最后一步要将语气从消极转变为积极。在文章末尾交待积极的信息可以使文章有个良好的结尾、避免以坏消息结束,并利用位置优势(文章末尾的强调作用)从整体上营造积极的气氛。

至少,应该在结尾对报价、投标、建议、申请、观点、信息或任何决定拒绝的事情表示遗憾。要确保表达谢意时很真诚。有时即使是"再一次表示感谢,有事请给我们来信"这样衷心表达谢意的话对读者也不会起多大作用,因为这样的话让人感觉缺乏诚意,用得过于频繁。换个方式表达同样的信息,会让人觉得真诚、是专门针对对方的情况来说的,如"也许您的下一个创意会获得成功,所以请不要拒绝今后与我们分享其他建议"。

不要停留在只表达谢意上,要争取写出更有力度的结尾。也许可以对拒绝的事情进行调整,从而给对方一个肯定的答复。例如,如果对方要求重新打印某篇文章,可以这样回复:"如果您更愿意接受影印件,而不是打印件，我们可以立即给您邮寄过去。"如果您无法提供对方所需的产品，则可以提供其他获得产品的渠道，例如："我们已经不生产您所需的压制玻璃器皿了，Art Products公司买走了该产品的铸模，他们也许能够帮助您，他们的地址是……"

使结尾更加有力度还可以使用第三种技巧：指出今后可能会给对方一个肯定的答复。还是回到上面回复工作申请的例子：

> 随着管理咨询部的不断发展，我们还会招聘新员工。而您的经验也会随着时间的推移而不断丰富，希望有一天您能来我们部门工作。

不要在文章末尾又提示坏消息，如"再一次向您说明，在这个问题上，我们与您一样感到遗憾"。如果已经在第三部分传递了消极信息，不要再一次提起这个话题，而是以积极的观点结尾。

在消极信息中，每一部分都要阐明一个观点，并且各观点之间要自然过渡。让我们再来回顾一下完整的工作申请回复信：

> 感谢您给我们发来应聘管理顾问职位的求职信。正如您所了解的那样，我们的管理咨询部是几家主要会计师事务所中最大、最好的部门之一。正因为如此，所以我们总是会仔细审查应聘者的教育背景、工作经验和其他方面的条件。
>
> 由于管理咨询部门有着良好的信誉和完善的培训计划，在本国占据着重要的地位，所以很多人都在应聘这一职位，其中已获得MBA学位的人占了很大比例。应聘者的数量和素质都使我们难以选择。最终，我们决定以工作经验为标准确定参加面试的人选。与您具有同样出色的教育背景、但又有着丰富咨询经验的人被选中参加面试。
>
> 随着管理咨询部的不断发展，我们还会招聘新员工。而您的经验也会随着时间的推移而不断丰富，希望有一天您能来我们部门工作。

自然过渡在所有文章中都很重要，传递消极信息也不例外。在第一部分和第二部分之间实现自然过渡尤为重要。恰当措词，从第二部分的最后一个观点过渡到第三部分的第一个观点。

不要使用表示转折的词或短语，如"另一方面"、"但是"或"不幸的是"，这样就可以从第一部分顺利地过渡到第二部分，同样，也不要将读者引导到坏消息上。

如上所述，从第二部分过渡到第三部分通常会很容易。而在第三部分与第四部分之间,虽然存在着明显的语气变化,但是过渡却没有上文中那么重要,因为语气已经变得积极了。有时作者会刻意在第四部分开头使用表示转折的词或短语以强调这种变化,如"但是,在以后的几个月中……",使用这样的技巧会告诉读者:"坏消息结束了,现在我们转到让人高兴的话题上来"。

思 考 题

1. 写作是一种重要而且特殊的沟通方式,它与其他沟通方式有什么区别,适合于什么样的场合?
2. 其实写作过程是多样的,分为准备阶段、成稿阶段、修改阶段对写作有什么意义?你是怎样看待写作过程的?你自己平时怎样写作?
3. 积极信息和消极信息的文案写作有何不同?

案例一

招 聘 信 息

招聘文案:

我们正在寻找一位经验丰富的项目经理加入我们的重工业团队。

美国研发部门准备开始将关键技术转移到北京研发中心,以便可以将产品设计本地化来满足客户需求。您作为项目经理和团队负责人,将负责管理技术转移工作,并与两边的研发团队一起定制产品设计以最大化在中国的销售额。

为了胜任该职位,您应该在开发以客户为中心的技术方面具有丰富的经验,以推动销售。

此外,您也应具备核心的领导技能,将内部和外部合作伙伴集成到开发工作中,以及根据产品愿景来激励团队。

职责范围:

√ 计划并执行从美国到北京研发中心的技术转移

√ 及时向技术转移指导小组报告状态

√ 同时与美国和中国的业务和技术团队协作

√ 与客户主管合作,以确保我们的技术适合他们的业务策略

√ 与销售团队合作,以新的转移技术推动销售

申请资格:

√ 在公司核心技术开发/测试中方面有5—7年的工作经验
√ 英语流利（口语和书面）
√ 有带领50人以上大型团队的经验
√ 有全球项目管理经验，尤其是涉及与总部管理人员互动
√ 具有客户账户管理和销售策略方面的经验

- 应聘回复文稿(1)

标题：申请项目经理职位——叶盛

尊敬的马先生：

　　我从内部招聘网站获得了招聘信息，知道了您正在招聘一名新的项目经理，负责将技术从美国转移到中国。

　　请允许我进行自我介绍，以及为什么我最适合这个职位。我叫叶盛，现在是LIGHT业务部门的项目经理。我于2012年以技术工程师的身份加入我们公司，自2014年以来担任项目经理。我已获得PMP认证，因此在这方面经验非常丰富。在过去的三年中，我已经完成了多个涉及亚太地区的项目。从客户的反馈中，我们展示了我们公司的价值并得到了他们的认可。

　　您可以查看我所附的简历以获取详细信息。如果您有任何疑问，请随时告诉我，我很期待收到您的反馈。

　　谢谢。

- 应聘回复文稿(2)

标题：我能在技术转移项目经理职位方面帮到您

尊敬的马先生：

　　通过与您的员工何兵交谈，我对从美国到中国的技术转移工作相关的项目经理职位有了很好的了解。我意识到这是您和业务部门未来两年的主要目标。我相信我可以在这个职位上为您提供极大的帮助。

　　像您一样，我有着非常偏技术的背景，但是已经成功地过渡到了更偏商务的角色。我相信两者的结合是成功的关键。您可以从我的简历中看到，我在技术开发、项目管理和商业敏锐度方面的经验与您的整体策略十分匹配。例如，我已经完成了……

我已经计划将我的职业发展道路从纯粹的技术转向更多的商业管理。这个职位的发展道路十分符合我对职业发展的渴望。

　　我理解您可能会对我在三个方面的经验不足感到怀疑。但我向您保证,您可以信任我。

- 我曾以这种身份直接与美国的xyz团队合作……
- 我的跨职能角色意味着我间接领导了50多人。
- 从上个月开始,我开始与xyz客户副总裁开会。我相信我可以在这方面脱颖而出。

　　我很乐意亲自与您详细讨论这些问题。

　　这个星期晚些时候您有空吗?可以的话,期待可以和您见面。

　　谢谢。

　　陈军

案例讨论

　　请仔细阅读以上招聘信息和两篇应聘回复文稿。请问你认为叶盛和陈军谁的应聘回复文稿更好?为什么?

案例二

一份公务信函

致:人力资源部

自:总裁

主题:咖啡机　　　　　　　　　　　　　　　　　　　　　　　　时间:25/5/××××

　　现在公司内有诸多员工有些沮丧,工作压力大,每天喝速溶咖啡。我不希望员工认为公司不关心他们的生活,实际上公司一直在致力于员工福利的提高,应该给员工们配备咖啡机,改善生活。

　　但我不清楚员工对安装咖啡机的反应如何,是否有其他什么不同意见,请向我呈交一份报告。

人力资源部给总裁的一份报告:

12/6/××××

关于咖啡机的报告

　　十分有意思,办公室内的饮品问题引起了这么大的关注。给大家配备咖啡机,似乎是一个很好的方案,既能改善员工福利,又能表现出公司的关怀。但实际上配备咖啡机的效果却不是很清楚的。

在好几个办公室,经常谈论谁负责点外卖咖啡,哪个牌子的速溶咖啡更可口等问题,但实际上大家也就这样过来了,办公室内都已形成了一些固定的规范。如果安装咖啡机,则会碰到费用、放置位置等问题,很容易造成矛盾。

因此,我们认为办公室保证干净、清洁的饮用水即可,个别办公室如有咖啡机的要求,可让它们自行解决。

案例讨论

1. 以上的便函和报告都十分简短,讨论的是公司内的饮品问题,你认为它们完成了各自的目的了吗?如果没有,问题出在哪里?
2. 针对沟通中的障碍,请你根据以上所列情况拟一份便函和一份报告。

提示:

（1）写作的意图。
（2）掌握的背景资料。
（3）写作过程。
（4）行文与格式:标题、语气、用词等。
（5）需要把握的问题:

- 总裁:安装咖啡机的必要性、可行性。
- 人力资源部:回答问题,并做相应调查,回答要多少台咖啡机、安装在何处、与什么公司合作、咖啡机的管理及具体安装时间安排等问题。

案例三

工匠精神与德胜洋楼

也许大家听过这样一句话:三流企业做产品,二流企业做标准,一流企业做系统,顶尖企业做文化。这些是经典言语,本来无可厚非,但我想说的是顶尖企业,文化、系统、标准、产品都得做,四者缺一不可,而且都要做到完美无缺。在这里,我们以苏州一家公司为例来说明一下工匠精神的情况。

位于苏州的这家公司叫德胜（苏州）洋楼有限公司（以下简称德胜公司）。这是一家现代轻型木结构建造商,被哈佛大学列为MBA管理案例。它是这样理解产品、标准、系统和文化的。

一、产品

产品是企业的生命。

作为实体企业，如果没有优质的产品提供给客户，企业就无法立足。德胜公司就是将最终端的木结构住宅产品交钥匙给客户，并且有十足的信心为客户提供70年的维护和保养。如果它建造的住宅漏风又漏雨，敢有终生的服务保障吗？敢在公众面前炫耀自己产品的优越性能吗？

德胜公司曾经为苏州一个客户建造了几栋住宅，可谁也没有想到会发生一个大乌龙：由于住宅地基搞错了，建好的房屋要被拆除，600万元的费用要打水漂了。客户公司的老板闷闷不乐了3天，茶饭不思，地基错了不是德胜公司的责任，完全是这位老板的责任。万分焦虑中，她抱着一丝希望来找德胜的工程总监，让她万万没有想到的是，工程总监十拿九稳地告诉她，这非常简单，你租用一台80吨的起重机来，我们把造好的房子吊装到你指定的地方就行了。

事情就这样轻而易举地解决了。让客户焦头烂额的事，在弹指间就被德胜的技术人员解决了。这种住宅的质量可不是靠吹嘘就能达到的。它需要解决住宅的连接问题，需要对住宅的各受力点熟练掌握，需要技术人员眼睛像具有透视功能一样才能做到吊装不出现丝毫问题。差之毫厘，谬以千里。德胜公司不仅完美解决了客户的困惑，而且几乎毫厘不差、毫发未损地将住宅迁移到客户满意的位置，让客户打心眼里佩服得五体投地。

二、标准

标准是基于把产品做得完美无缺才不断提炼和总结的。

正因为把木结构住宅的质量做得比欧美国家的同行还要好，才能撰写完整、几乎无可挑剔的《美制木结构住宅导论》这一专著。让我们来搜索一下吧，看看"导论"包含什么内容。

（1）用较为概括的语言来论述这一学科基本的和整体的思想，从而使读者对该学科有较为整体和系统的把握。

（2）对历史和未来都有精简扼要的介绍，使读者对这门学科有一个大概的了解。

（3）由概要介绍一篇文章或一本书，发展到用一本书来介绍一门学科。

早在15年前，德胜就曾提出设立"住宅学"。《美制木结构住宅导论》完全可以作为课本进行教学。提到标准，不得不说一件事，就是德胜每年积极参与木结构行业的一系列活动，包括制定部分行业标准。

三、系统

说到系统管理、系统工程，似乎非常时尚。是的，管理需要系统性，但更需要对人的培养和教育、有效的管理团队、强有力的执行力和不断地推陈出新。

德胜公司认为，公司规模不一定要大，但产业规模不能小。产业规模就是企业不可缺少的一个完整的系统，因为产业规模决定着市场的空间，更直接关系到产值的大小和企业核心的竞争力。如果你给客户和供应商展示一下你的产业体系和完整的产供销服务链，让他们打心眼里服气，业务就不可能不成功，这就是系统工程的重要性。德胜公司的产业规模是：职业学校培养人，输送到施工一线；规划和设计一马当先，人员都是自己培养出来的、富有实战经验的工程人员；施工队伍个个一专多能，人人都训练有素，以一当十；售后服务队伍第一时间解决出现的问题，不断总结问题的根源并反馈给工程部；交钥匙给客户后还为客户培养物业管理人员，或者干脆派自己的物业人员进驻客户住宅区，为客户解决物业问题，为最终客户解决住宅电器使用、日常维护等问题；售后服务人员24小时解决客户遇到的问题。

当然产业规模绝对不能离开系统思维和管理，系统思维和管理需要有震慑一切的魄力，有颠扑不破的管理理念，有持之以恒的不懈坚持。

社会上有些所谓的培训大师，谈起系统管理来头头是道，但真正能够落地的不见得多，许多都是"纸面文章"，谈到精细化管理，就说精细化是绝对地正确；谈到制度和程序，似乎那些文件是万能药，可以无所不能地医治企业的百病；谈到战略，它就是定海神针；谈到绩效考核，它就是决定企业命运的一把钥匙；谈到西方的管理，它就是中国企业进入世界500强的必由之路……最终所谓的系统都可能流于形式。

而深圳一家叫比拉迦管理技术的管理咨询公司给人留下了非常深刻的印象，他们组织顾问专家团队认真剖析德胜公司的系统管理，通过8年的努力，打造出了一套系统思维、系统管理的全套培训和咨询服务体系，将德胜管理体系研发成12大系统，在全国进行推广和实战，是少有的推行落地管理的咨询培训机构。

四、文化

再说说企业文化。企业间真正的竞争优势都来源于优秀的企业文化和管理理念。许多人往往低估了企业文化在企业长期战略中所起的重要作用。强势的企业文化是企业稳健发展的一个非常鲜明的个性体现，文化会为企业长期保持竞争力做出巨大的贡献。德胜认为，组织管理要行之有效，必须依靠一套完全融合和渗透企业文化核心理念的制度。

企业文化要有助于在外部环境中求得生存，外部生存问题包括使命、战略和目标。应该采取的手段是结构、系统和流程。在内部则能有效整合人力资源，包括共同语言和概念、权威和关系的本质、报酬和地位的分配。文化要确定正确的价值观，实际上就是企业要明确什么是最重要的问题，这就需要企业对价值观进行选择。德胜的核心价值观是"诚实、勤劳、有爱心、不走捷径"。

企业文化还会有效地解决各类关系、领导与职工间的沟通、企业领导力和执行力、企业人力资源中的一系列问题。

有了产品、标准、系统和文化就以为万事大吉了？不可能！好的产品还需要具备以下条件：

第一，别指望机器可以代替工匠，生产和服务必须是完整的体系。

好的产品是会说话的，好产品是可以作为传家宝留给子孙后代的，好产品需要由人工打造。机器致命的缺陷就是死板，稍微一变化就无所适从了，人却非常灵活。机器的机动性永远代替不了人的灵动性。中国航天科技集团的焊工高凤林先生坚持36年焊接130多枚火箭发动机，为了避免失误，他经常练习10分钟不眨眼。那种专业专注的精神才是我们这个社会需要弘扬的工匠精神。

德胜认为，把终端产品交给客户，那才是德胜人服务的开始，需要售后服务人员进驻，需要物业管家婆们进驻，需要与产品配套的标准体系文件的导入，需要培训系统的导入，需要管理思想和经营理念的导入……

第二，别完全指望社会能为企业输送理想的工匠人才，需要自己从根本上解决用工的问题。

德胜还一贯提倡企业办学，目的是为自己培养所需要的应用型人才。德胜木工职业学校从2005年开办以来，除一届学生没有参加大赛以外，其他年份每年都有木工学生参加各类国际大赛并屡获一等奖殊荣。

值得高兴的是国家现在非常重视职业化教育。除了600多所大学重回职业学校外，2016年，教育部批准建立了中国第一所应用技术类本科层次的普通高校——天津中德应用技术大学。这是一所天津市属全日制公办大学，这所学校拥有"教学做"一体化的实验实训场所186个，全校仪器设备上万台(套)，其中大量是由德国、瑞士、西班牙引进的先进生产型设备，培养的人才面向43个专业及方向，目前有全日制在校生1万多人。这是我国重视职业化教育的典范，是为未来培养工匠的可喜可贺的大事。

德胜是这样教育他们的工匠的：一堆规格不等的木材，卖掉后仅值500多元钱，而做成柜子卖掉后就值5 000多元钱，如果做成工艺精湛的一组屏风，就可以以50 000多元的价格出售。同样是一堆木头，不同的形态决定了其价值的大小。由此看来，最值钱的是工匠的手艺。在现代这个知识经济和智能时代，什么最值钱？不是金银珠宝，不是外在风度，是手艺。有手艺，可以踏遍四方，可以赚取应得的财富。如果再把手艺精神发扬光大，踏踏实实做好每件事，相信我国的工业化时代的梦想会在2025年前实现。

优秀的工匠给人的印象非常好。他们那种讲规矩、锲而不舍的精神是最能打动人的。木工总是量两次，然后才把握分寸锯一次。时代在不断发展，社会在不断进步，对工匠的要求也会更高。当然，技能要高，品德要更高。否则，超高的技能会给社会带来更大的危害。优秀的工匠都是行家里手，都是靠真本领吃饭的。他们也深知以下原则：人的价值高于物的价值，共同价值高于个人价值，社会价值高于利润价值，用户价值高于生产价值。

我国正处在从大改革、大发展到互联网+、大数据时代，离不开成千上万的工匠默默奋斗的身影。从工匠渗透到他们血液中的品质所体现出的精神必须要在960万平方公里的每个角落发扬光大，这样才能真正建立起中国人的荣耀感、自豪感和归属感！作为即将于8月28—30日在苏州德胜总部所在地举办的第二届中国德胜管理高峰论坛，其目的就是将德胜管理体系、工匠精神、大道匠心、精造理念进行系统的呈现，为什么行业领军人物、大咖云集本次盛会？就是要推动中国管理和匠心文化得到有效落地，也期待工业2025时代早日到来！

资料来源：赵雷.工匠精神与德胜洋楼[J].商业评论，2016(8).

案例讨论

2016年8月19日，特约记者赵雷将这样一篇关于"第二届中国德胜管理高峰论坛"的宣传广告发布在商业评论网上。你认为这篇宣传广告有哪些值得学习的地方(写作中的成功之处)？

提示：可以从以下几个方面考虑：标题、开篇、理论联系实际、与读者的关系、谋篇布局、风格、语气。

第14章

身体语言

> 即欲捭之,贵周;即欲阖之,贵密。周密之贵微,而与道相追。
> ——《鬼谷子·捭阖第一》

学习目标

- 明白身体语言是什么
- 掌握基本的身体语言技巧
- 了解自身的身体语言特点
- 学会运用身体语言表达自己

引导案例

一霎时,人们心里,像海上波涛般起伏汹涌。千百双眼睛,热切地投向主席身边。主席在汽车边站定,目光平视,望着全体送行的人,经过每一个人的脸;好像所有在场的人,他都看到了。这时,他眼睛里露出一种亲切的、坚定的微笑,向人们点了点头。

站在前面的中央负责同志们,迎上前去。主席伸出他那宽大的手掌,和大家一一握手道别。主席的脸色是严肃的、从容的,眼睛里充满了无限的关切和鼓舞之情。然后,又停下来,望着所有送行的人,举起右手,用力一挥,便朝停在前面的飞机一直走去。

　　机场上人群静静地站立着，千百双眼睛跟随着主席高大的身形移动，望着主席一步一步走近了飞机，一步一步踏上了飞机的梯子。

　　这一会儿时间好长啊！人们屏住了呼吸，一动不动地望着主席的一举手、一投足，直到他在飞机舱口停住，回转身来，又向着送行的人群。

　　人群又一次像疾风卷过水面，向着飞机涌了过去。主席站在飞机舱口，取下头上的帽子，注视着送行的人们，像是安慰，像是鼓励。人们不知道怎样表达自己的心情，只是拼命地一齐挥手，像是机场上蓦地刮来一阵狂风，千百条手臂挥舞着，从下面，从远处，伸向主席。

　　主席也举起手来，举起他那顶深灰色的盔式帽，但是举得很慢、很慢，像是在举一件十分沉重的东西。一点一点的，一点一点的，举起来，举起来；等到举过了头顶，忽然用力一挥，便停止在空中，一动不动了。

　　毛主席为什么会有这一系列动作？正如方纪在原文中所言："主席的这个动作，给全体在场的人以极其深刻的印象。它像是表达了一种思维的过程，做出了断然的决定；像是集中了所有在场的人，以及不在场的所有革命的干部、战士和群众的心情，而用这个动作表达出来。这是一个特定的、历史性的动作，概括了当那个伟大的历史转折时期到来的时候，领袖、同志、战友，以及广大革命群众之间，无间的亲密，无比的决心，无上的英勇"。而这些就是肢体语言传达给我们的力量。

　　　　　　　　　　　　资料来源：根据方纪《挥手之间》编写.

　　作为一名管理者，在运用丰富的有声语言与对方沟通的同时，还必须用眼睛进行感情交流；要讲清事物的特征、形状，还必须用手势动作加以描摹。有声的口头语言作用于人的听觉，多样的身体语言作用于人的视觉。这两种信息同时协调传递，不仅可以使人们听到绘声绘色的讲述，还可以通过丰富多彩的表情、姿态、动作，获得形象的感受。同时，准确、优美的身体语言还可以体现管理者高尚的文化修养，树立起管理者的威信，增加对沟通对象的吸引力，增加对管理者的信任感。

14.1 身体语言的特点和作用

　　人们日常交流中，在运用口头语言和书面语言的同时，还在运用许多非语言的行为进行沟通，包括身体动作、姿态、眼神、表情、服饰、仪表等形式。这种通过非语言进行沟通的方式被统称为"身体语言沟通"。

身体语言以其独有的特性，在人们相互交际中起着巨大的作用。在信息传递的全部效果中，有7%是词语，38%是声音，而身体语言沟通所起的效果最明显，达55%。在管理沟通中，尤其在准确表达丰富的情感，增强表达效果，或者从身体语言中传递/接收真实、可靠的心理活动信息时，都必须运用准确的身体语言。

14.1.1　身体语言的发展历史

身体语言有着悠久的历史，据考察，它的历史比有声语言还要长。在原始社会，生存需要是人的最基本的需要，作为个体生命的人，除了吃、穿、住之外，还需要抵御自然灾害和猛兽的侵袭，这就要求人们有生存和保护自身的能力。当人们势单力薄，无法战胜这些侵害时，他们就用以手示意、以面表情、以眼传神等手段进行交流，寻求相互间的合作，共同战胜自然灾害。这样，在语言未正式诞生前，身体动作和脸部表情就成为维系人们之间相互关系的主要媒介。例如，到目前我们在社交中仍在使用的"握手语"就是在那时形成的，并延续到现在。在当时刀耕火种的年代，人们为了生存拿着棍棒或石块去捕获野兽，与相邻部落进行战争。在这个过程中，人们在见面时为了表示诚意，就会扔掉武器，伸开手掌，让对方抚摸掌心以示友好，逐渐演变成现在的"握手语"。

随着社会生产实践活动的进一步发展，有声语言产生了，进而又发明了文字。语言和文字对人们之间的交流产生了巨大的作用，成为沟通的最重要的形式。但身体语言却并没有因此而废置、退化，反倒由于社会生活的需要而继承和发展。前面提到的握手语，也经过不断的传承、演化而具有更多的内涵。也正是因为人类具有思维这一特性，使身体语言伴随着有声语言的发展而愈加发达起来。许多暗示、丰富的情感或不便直接表达的信息，均可以通过身体语言传递出去。尤其在社会文化交流日益频繁的今天，身体语言沟通以其独特的作用方式和无可取代的地位，成为人们相互之间传递信息和交流感情的重要沟通形式之一。

14.1.2　身体语言的特点

（1）单独性与合成性。

1）单独性。

身体语言的单独性实质上是把语言形式转换成非语言形式，并通过非语言形式表现出来。作为人们之间最早的交流形式，身体语言已经能够单独地表示一些简单的意思,如喜、怒、哀、乐,敌对与友好,战斗与休息等。即使有声语言、文字发展到较高的水平,身体语言的这一功能仍然存在。在目前许多电视娱乐节目中,有一种表演游戏,就是通过身体语言来表现某一成语。首先让第一位表演者看一个成语,让他(她)用动作、表情传递给第二位表演者,然后第二位表演者把他(她)理解的含义再经过表演,传递给第三位表演者。以此类推,经过七八位表演者的传递,让最后一名表演者说出其理解的动作所代表的成语;与第一位表演者所要表达的成语进行核对,看看身体语言在单独传递信息时是否失真,以及失真程度有多大。这个游戏告诉我们,身体语言在

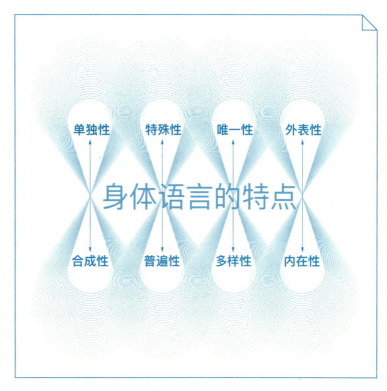

表达适当时是能准确传递信息的。当然,这个传递过程涉及参与表演人员的表演能力、接受、领会能力等多方面素质。

2) 合成性。

虽然身体语言具有单独性的特点,但在实际交际过程中,身体语言往往以其辅助、伴随功能与言语交际符号一起合成为交流信息的综合方式。身体语言与有声语言表达的内容、沟通对象、沟通环境之间相互结合,相互影响。尤其在增强表达效果时,往往以多种形式的沟通手段协调配合。有时候仅仅通过有声语言不能表达出全部信息,而身体语言的协助运用,能够达到更为显著的沟通效果。

(2) 特殊性与普遍性。

1) 特殊性。

身体语言的特殊性是指不同的民族有不同的文化背景和生活习惯,这就决定了不同的民族具有不同的身体语言。例如,俄罗斯人表露自己感情的方式比较矜持,认为说话时指手画脚是缺乏修养的表现。按照俄罗斯民族的习惯,不能用手指东西,尤其是指人。然而,在西班牙和拉美的民族中,人们在说话时不时地加上手、头的动作及面部表情,用以加强说话时的语气。他们尤其喜欢以手指点自己身旁的东西。不仅不同的民族在表示同一概念时使用不同的身体语言,而且同一种非语言交际方式对于不同民

族的人往往有不同的含义。在日常交流中，每一个人都有自己表露身体语言的方式。具有外向型性格的人，身体语言会更丰富一些；内向型性格的人则相反。对于一条让人兴奋的消息，外向型性格的人嘴里会大喊大叫，伴随着手舞足蹈；内向型性格的人至多面露微笑，而没有更多的身体语言表露出来。身体语言的特殊性，要求我们在运用时，要综合考虑对方的民族、文化背景、习俗和惯例，对身体语言不能生搬硬套，防止失礼和不愉快的事情发生。

2）普遍性。

身体语言作为社会历史文化的积淀而不断继承下来，许多身体动作、情态语言为全世界大多数人所接受，具有普遍的适用性。身体语言的普遍性常常体现在某些基本的身体语言可以为大多数不同民族、不同地位、不同肤色、不同语言，或有着不同文化背景的人们所接收并译解出一致或接近的含义。例如，"握手语言"和"微笑语言"等。基于人类生理上和心理上本能的相似性，通过遗传、社会传承和扩散的方式，这些具有普遍性的身体语言流传至今，并且在一定程度上使这种共通性有所扩大。也正是由于身体语言具有普遍性的特点，人类的跨文化交际才能够成为现实。

(3) 唯一性与多样性。

1）唯一性。

身体语言沟通的唯一性，是相对多样性而言的。在动作形态上是同一动作，但表达的具体含义各不相同。身体语言沟通的唯一性，就是指在信息沟通时，身体语言必须是单独或配合其他沟通方式表示明确的信息。信息发送者只有表示出明确的信息，信息接收者准确地译解信息，才能达到身体语言沟通的最佳效果。另外，身体语言沟通是在一定的时间、地点、条件下进行的，不考虑这些因素，身体语言沟通的唯一性就不能实现。往往在沟通时出现曲解、误会乃至完全理解错误。例如，日常生活中常用的"握手"这一身体语言，在初次见面时，表示礼貌与相识的欣喜；在到医院看望病人时，表示亲切的问候；在朋友分离时，表示美好的祝愿；领导与犯了错误的下级握手，则表示信赖和鼓励；两个互有矛盾的人握手表示和解与修好；等等。因此，在不同的环境中，身体语言只能表示明确的、唯一的信息，这也是在运用身体语言时要非常注意的一点。

2）多样性。

身体语言多样性的特点是对同一身体语言具有多种含义而言的。由于身体语言是一种客观存在的特征，在信息发送者、信息接收者、信息通道和沟通环境等因素的影响下，同一种动作可以包括多种含义。例如，"双臂交叉，一动不动地站着"这一无声姿态，接收到这一身体语言信息后，通过译解，我们可以得到如下一些对方的信息：① 对方紧张害怕，有恐惧心理；② 对方强作姿态，在某一问题上固执己见；③ 对方坚强不屈，坚定信心，不愿苟同；④ 对方正处于沉思静想状态，逍遥自在；⑤ 其他含义。在这种情况下，就要结合特定的时间、地点、人物、背景等情况作出判断。在这里需要说明的是，身体语言的多样性，导致了其在沟通中独特的魅力。

（4）外表性和内在性。

1）外表性。

身体语言的外表性是指人们在运用身体语言时，以个人或群体的形体动作、表情、空间距离等外在表现作为信息发送的起点。通过一种可视的、直观的形式把所要表达的意思表达出来。例如，在车间里看到工人工作秩序良好、精神状态饱满、动作规范标准时，就会形成这个车间管理工作扎实、有效的结论。当谈判对手一直面带微笑，表明其对谈判有信心、对合作有诚意，有达成协议的愿望。

事实上，人的动作比理性更能表现人的"情感和欲望"。在社交中，只要你进入了对方的视线，关于你的信息已经通过动作、眼睛、表情向对方传送，对方通过获得的身体语言，就会形成对你的印象和看法，即向对方作了无声的自我介绍。随着沟通的深入，就会出现更多的表情达意的身体语言，来配合有声语言，以达到所设定的目标。

2）内在性。

我们从身体语言传递的信息中，分析出人的气质、个性，根本原因就在于身体语言具有显著的受内在心理支配的特点，即身体语言是内心活动的外在表现。身体语言大都发自内心深处，极难压抑和掩盖，并且可以直接给予接受方以心理上相应的理解性刺激并作用于意识。著名心理学家<u>西格蒙德·弗洛伊德</u>（Sigmund Freud, 1856—1939）说过，要了解说话人的深层心理，即无意识领域，单凭语言是不可靠的。因为人类语言表达的意思大多属于理性层面。从心理学的角度看，身体语言虽然是无声的动作，却是强烈的心理刺激，而且往往身体语言所传递的信息比有声语言更能得到深刻明确的理解。例如，一对配合已久、非常熟悉了解的搭档参与经济谈判，在谈判过程中，能通过身体语言（眼神、微笑、手势等），向搭档传递谈判的策略和交流对方有关的反馈信息，也能激发搭档的灵感和创造性，发挥在谈判中互相协调、互相补充的整体威力，取得谈判的胜利。

西格蒙德·弗洛伊德，奥地利精神病医师、心理学家、精神分析学派创始人。1873年进入维也纳大学医学院学习，1881年获医学博士学位。1882—1885年在维也纳综合医院担任医师，从事脑解剖和病理学研究。1895年正式提出"精神分析"的概念，1899年出版《梦的解析》。1919年国际精神分析学会成立，标志着精神分析学派最终形成。1938年奥地利被德国侵占，弗洛伊德赴英国避难，次年于伦敦逝世。

14.1.3　身体语言的作用

身体语言在交际活动中的作用是丰富多彩的，它能使有声语言表达得更生动、更形象，也更能真实地体现心理活动状态。

(1) 代替语言的作用。

我们现在使用的大多数身体语言经过人类社会历史文化的积淀而不断地传递、演化，已经自成体系，具有一定的替代有声语言的功能。许多用有声语言所不能传递的信息，用身体语言却可以有效地传递。另外，身体语言作为一种特定的形象语言，可以产生有声语言所不能达到的交际效果。在日常工作中，我们也都在自觉或不自觉地使用各种身体语言来代替有声语言，进行信息的传递和交流。在传递、交流信息的过程中，既省去过多的"颇费言辞"的解释和介绍，又能达到"只可意会，不可言传"的效果。

采取适当的身体语言，能够达到"无声胜有声"的效果。例如，本章开头的"引导案例"中提到的，抗日战争时期毛泽东去重庆谈判前与延安军民告别时的动作就足以说明。"机场上人群静静地站立着，千百双眼睛跟随着主席高大的身影移动。""人们不知道怎样表达自己的心情，只是拼命地一齐挥手。""主席也举起手来，举起他那顶深灰色的盔式帽，但是举得很慢、很慢，像是在举一件十分沉重的东西，一点一点的，一点一点的，举起来，举起来；等到举过了头顶，忽然用力一挥，便停止在空中，一动不动了。"

"举得很慢、很慢"，体现了毛泽东在革命重要关头对重大决策严肃认真的思考过程，同时，也反映了毛泽东和人民群众的密切关系和依依惜别之情。"忽然用力一挥"表现了毛泽东的英明果断和一往无前的英雄气概。毛泽东在这个欢送过程中一句话也没有讲，但他的手势动作却胜过千言万语。

身体语言代替有声语言在舞台表演中的作用最为突出。在表演时，完全凭借手、脚、体形、姿势、表情等身体语言，就能够准确地传递特定的剧情信息。需要指出的是，在管理工作中所采用的身体语言与舞台表演时的身体语言应当有所区别。在管理沟通中运用身体语言，要尽量生活化、自然化，与当时的环境、心情、气氛相协调，如果运用身体语言时过分夸张或矫揉造作，只会给别人造成虚情假意的印象，影响沟通的质量，甚至会起到反作用。

(2) 强化效果的作用。

身体语言不仅可以在特定情况下替代有声语言，发挥信息载体的作用，而且在许多场合，还能强化有声语言信息的传递效果。例如，当率领起义的工人、士兵攻占冬宫后，列宁快步登上讲台，面向台下群众发表演讲。在演讲结束时，他的身体动作表现就像一个庞大乐队的指挥。身体稍向前倾，双目眺望远方，右手掌向前果断有力地推出。这时，沸腾的冬宫立刻鸦雀无声，伟大导师列宁的声音传向世界。列宁的这个姿态，充分表现了一位伟大的无产阶级革命家一往无前的坚强意志和宏伟气势。又如，在会上提出一个远大的

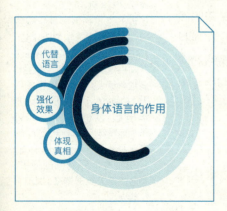

计划或目标时,作为领导,他必须用准确的身体语言来体现这个目标的重要性。他应该用沉着、冷静的目光扫视全体人员,用郑重有力的语调宣布,同时脸上表现出坚定的神情。在表达"我们一定要实现这个目标"时,要有力地挥动拳头;在表达"我们的明天会更好"时,要提高语调,同时,右手向前有力地伸展;等等。这些身体语言大大增强了说话的分量,体现出决策者的郑重和决心。

(3)体现真相的作用。

身体语言大多是人们的非自觉行为。它们所承载的信息往往都是在交际主体不知不觉中显现出来的。它们一般是交际主体内心情感的自然流露,与经过人们的思维进行精心组织的有声语言相比,身体语言更具有显现性。下文主要从四个方面分析身体语言的重要性。

1)目光。

研究表明,眼睛是透露人的内心世界的最有效的途径。人的一切情绪、情感和态度的变化,都可以从眼睛中显示出来。人可以对自己的某些外显行为做到随意控制,可以在某些情境中做到口是心非,却无法对自己的目光做到有效的控制。因此,有敏锐的观察力的人可以从一个人的目光中看出其内心的真实状态。

生理学和心理学的研究证实,人的情绪变化会不自觉地从瞳孔的变化中反映出来。当一个人的情绪变得兴奋、愉快时,瞳孔会不自觉地放大。我们可以想象,当一个迷人的女郎走在大街上的时候,一定会使很多周围的男子的瞳孔放大。当你打牌时摸到一副好牌后,无论你怎样极力掩饰你内心的喜悦,你都无法使你的眼睛不"出卖"你。相反,当人心情从愉快转变为不愉快或是突然遇到令人恐惧的事情时,瞳孔会不自觉地缩小,而且可能伴有不同程度的眯眼和皱眉。

在人际交往过程中,与交往对象保持目光的接触是十分必要的。当与一个戴着深色墨镜的人谈话时,会感觉到浑身的不自在,而且很难体验到交往的愉快。因此,在与人交往时,一定要去掉挡在"窗户"上的窗帘。

2)表情。

相对目光而言,表情是更容易辨别对方心情、态度的线索。一切没有经过掩藏的肯定与否定、积极与消极、接纳与拒绝等情感都会写在脸上。但是,因为表情肌很容易受控制,所以,表情很容易伪装。但是不管怎样,在没有伪装必要的情况下,表情仍然是我们了解对方情感体验的最直接的外部线索。因此,交往时注意对方的表情变化,可以避免很多令人不愉快的事情发生。

微笑是最有益于人际交往的面部表情。用微笑去欢迎每一个人,就会成为最受欢迎的人。正如亚当斯所说的,"当你微笑的时候,别人会更喜欢你,而且,微笑会使你自己也感到快乐。它不会花掉你任何东西,而且可以让你赚到任何股票都付不出的红利。"当然,一个动人的微笑属于整个面庞,而不单单是嘴唇,一定要注意用整个脸去微笑,千万不能"皮笑肉不笑"。

3)姿势运动。

在交往中,人们的姿势运动很容易引起别人的注意,而且不同的运动和姿势也能反映不同的心理状态。

心理学家研究发现,人们经常使用的主要姿势运动及其表达的意义如下。

- 摆手:制止或否定;
- 手外推:拒绝;
- 双手外摊:无可奈何;
- 双臂外展:阻拦;
- 搔头皮或脖梗:困惑或害羞;
- 搓手或拽衣领:紧张;
- 拍脑袋:自责;
- 耸肩:不以为然或无可奈何;
- 握手应热情、有力;
- 不要戴手套与人握手;
- 握手时保持适当的目光接触;
- 作为主人、上级或女性,应主动伸手与人相握;
- 男性一般不抢先与女性握手。

4)空间距离。

你是否也在童年为了座位而和同桌争吵,一道铅笔画的"三八线"将两个人的空间明确地划分出来,谁也不能过线。童年已经离我们远去了,然而,人与人在空间上的界限始终不曾改变。

心理学家发现,任何一个人,都需要在自己的周围有一个自己能够把握的自我空间。这个空间的大小会因性格、个人背景和环境等的不同而不同,但只要是处于清醒状态,这个自我空间都是存在的,而且不容他人侵犯。正如《不可侵略的领域》的作者罗勃·亚德列所说的:"我们人类会视空间为自己所有,进而划分出'自在地带',这些地带并不欢迎未受邀请的人入侵。"因此,有人说,人是裹在"气泡"中的人。一位心理学家做过一个有趣的试验。在一个刚刚开门的空荡荡的大阅览室里,一名读者刚刚坐下,心理学家就坐在了他(她)的旁边。结果如此试验了80次,没有一个人能忍受一个陌生人紧挨自己坐下,绝大多数人都默默地换了一个远一点的位置坐下,甚至有的人就直截了当地问:"你想干什么?"

身体语言在交际过程中可控性较小,它所传递的信息更具有真实性,正因为身体语言具有这个特点,它所传递的信息常常可以印证有声语言所传递信息的真实与否。在现实交际中,常会出现"言行不一"的现象。正确判断一个人的真实思想和心理活动,要通过观察他的身体语言,而不是有声语言。因为有声语言往往会掩饰真实情况。日常工作中,同事之间的一个很小的助人动作,就能验证谁是你的真心朋友。在商务谈判中,可以通过观察对方的言行举止,判断出其合作诚意和所关心的目标等。

14.2 身体动作语言

身体动作语言包括具有传递信息功能的人们躯体、四肢动作,姿势,身体之间、身体与物体之间的触摸,身体空间位置、朝向等。掌握不同的身体动作语言表达的含义是顺利地沟通的重要保证。如果不对各种身体动作语言作更细致的分析,我们就不能理解或解释身体动作语言这种沟通形式的复杂现象。

14.2.1 身体姿势

一个人的身体姿势能够表达出其是否有信心、精力充沛。通常人们想象中精力充沛的姿态是:收腹、肩膀平而挺直、胸肌发达、下巴上提、面带微笑、眼睛里充满着必胜的信念。

走路的姿势最能体现是否有信心。走路时,身体应当保持正直,不要过分摇摆,也不要左顾右盼,两眼平视前方,两腿有节奏地交替向前、步履轻捷不要拖拉,两臂在身体两侧自然摆动。正确的走路姿势要做到轻、灵、巧。男士要稳定、矫健;女士要轻盈、优雅。如果你的工作要求你经常出入别的办公室,你要养成一个随手带些材料或者夹个文件夹的习惯,这不仅不让你的手空着,而且你所表现出来的讲求效率的形象,会得到同事和领导的赞许。

站立的姿态体现了个人的道德修养、文化水平,以及与他人交往是否有诚意。站立时,身躯要正直,头、颈、腿与地面垂直;眼平视前方,挺胸收腹,整个体型显得庄重平稳。切忌东倒西歪,耸肩驼背。站立交谈时,双手随说话内容做一些手势,但不要动作过大,以免显得粗鲁。在正式场合,站立时不要将空手插入裤袋里或交叉在胸前，更要避免一些下意识的小动作。如摆弄手中的笔、打火机，玩弄衣带、发辫等，这样不仅显得拘谨，给人一种缺乏自信、缺乏经验的感觉，而且也有失仪表的庄重。良好的站姿应该给人以挺、直、高的感觉，像松树一样舒展、挺拔、俊秀。

在坐姿方面，要做到尽可能舒服地坐着，但不能降低自己的身份，影响正常的交流。如果笔直地坐在一张直靠背椅上，坐姿会显得僵硬。最好的方式是将身体的某一部位靠在靠背上，使身体稍微有些倾斜。当听对面或旁边的人谈话时，可以摆出一种轻松的而不是紧张的坐姿。在听别人讲话时，可以通过微笑、点头或者轻轻移动位置，以便清楚地注意到对方的言辞方式，来表明兴趣与欣赏。当轮到自己说话时，可以先通过手势来吸引对方的注意力，强调谈话内容的重要性，然后，身体前倾，变化语调，配合适当的手势来强调自己的论点。

一个优秀管理者有信心的身体语言标准是：讲话时姿态要端正，稳重而又自然，让人看着顺眼、舒服；避免紧张、慌乱，要给人以认真而又轻松的感觉。站着讲话时，身体要站正站直，但又不要僵硬，要略向前倾；头抬起，目光平视；坐着讲话时，两腿自然平放，必要时才翘二郎腿，切不可抖腿摆脚，以免给人不稳重的感觉。在大会讲话时，不能只顾自己、举止高傲、目中无人；更不能怕见听众，讲话声音低，语调平直，显得拘谨、胆小。另外，在公共场所，无所顾忌打哈欠、伸懒腰等不文明行为会大大影响管理者的形象，阻碍正常的交流和沟通。

下面是一些具体的身体姿态所表达的含义。

（1）一般性的交叉跷腿的坐姿（俗称"二郎腿"），常伴以消极的手势，表示紧张、缄默和防御态度。

（2）高跷腿坐姿，这是在上述姿态的基础上，将上压腿上移，使小腿下半节放在另一条腿的上膝部，它暗示一种争辩、竞争的态度，如果再用双手扳住上压的这条腿，则表示这个人固执己见。

（3）谈话时，如果对方将头侧向一边，尤其是倾向讲话人的一边，或者身体前倾面向讲话者，眼睛盯住对方，则说明他对所讲的事很感兴趣。

（4）如果对方把头垂下，则是一种消极信号，表示他对所讲的事没有兴趣。

（5）两腿站开，相距肩宽，双手背后，挺胸、抬头，目光平视对方，面带微笑，则说明对交谈有兴趣、有信心。

（6）双腿合拢，上身微前俯，头微低、目视对方，则表示谦恭有礼，愿意听取对方的意见。

（7）形态端庄，彬彬有礼，宾主分明，则反映一种修养、稳重和信心。

14.2.2 身体动作

（1）手。

手是人体敏感、丰富的表现器官之一。它以不同的造型，传递讲话者的心声。手势是身体动作中最重要、最明显的部分。在相互交流中，自然而安稳的手势，可以帮助讲话者表达平静的陈述；急剧而有力的手势，表达讲话者情感的升华；柔和而平缓的手势，帮助讲话者抒发内心的愉快和深情。大方得体的手势不但帮助讲话者准确地表达思想感情，还能够激发听众的情绪。

从手势的含义和作用来看，可分为指示手势、摹状手势和抒情手势三种。

1）指示手势是用来指示具体对象，指示出视觉可及范围内的事物和方向，便于通过视觉形象感受到具体事物。在商业活动中，由于商品种类繁多，在营业员向顾客介绍商品时，为了准确地说明是哪一种商品、商品的各项功能，营业员要通过指示手势来详细介绍产品的性能、特点，使顾客对产品的功能、操作一目了然。

2）摹状手势主要是用模拟的方式，给对方一种形象可感的印象。摹状手势具有具体性和象征性。具体性的手势指比划事物的大小、形状、方向；象征性的手势是根据说话内容，做出相应的动作，以启迪听众的思维，触发对方心理上的联想。例如，表示"我们要节约每一个铜板"时，用拇指和食指围成一个圆圈，代表为"铜板"。在介绍不在眼前的产品时，可以通过具体性的手势比划出产品的形状和大小从而加深对方的感性认识。

3）抒情手势是用来表达说话者喜、怒、哀、乐的强烈情感，使之形象化、典型化。我们常见到在诗歌朗诵会上，朗诵者在朗诵结束时，为了具体表现丰富的感情，加强对听众的感染力，会做出两臂前伸，然后慢慢举过头顶的抒情手势，达到语言所不能达到的效果。

事实上，手势并没有固定的模式。个人的习惯不同，讲话的具体情况不同，沟通双方的情绪不同，手势动作也就不同。采用何种手势，都要因人、因物、因情、因事而异。

手势具有丰富的表现形式，不同的手势有不同的含义。

1）伸出并敞开双掌，给人以言行一致、诚恳的感觉。

2）谈话时掌心向上的手势，表示谦虚、诚实，不带有任何威胁性；掌心向下的手势，表示控制、压制，带有强制性，易产生抵触情绪。

3）食指伸出，其余手指紧握，呈指点状，这种手势表示教训、镇压，带有很大威胁性。

4）双手相握或不断玩弄手指,会使对方感到你缺乏信心或拘谨。

5）十指交叉表示控制沮丧心情的外露,有时这种手势表示敌对和紧张情绪。

6）塔尖式手势,把十指端相触,撑起呈塔尖式,这种手势表示自信,若再伴之以身体后仰,则显得高傲。

7）背手常显示一种权威,但在一个人极度紧张、不安时,常常背手,以缓和这种紧张情绪。另外,如果背手伴以俯视踱步,则表示沉思。

8）搓手常表示人们对某事结局的急切期待心理。在经济谈判中这种手势可以告诉对手或对手告诉你在期待着什么。

9）双臂交叉于胸前,这种姿态暗示一种敌意和防御的态度。

除了手以外,身体其他部位的动作也已形成特定的含义。

(2) 头。

头部动作也是运用较多的身体语言,而且头部动作所表示的含义也十分细腻,需根据头部动作的程度,结合具体的条件来对头部动作信息进行判断。

1）点头。点头这一动作可以表示多种含义,有表示赞成、肯定的意思,有表示理解的意思,有表示承认的意思,还有表示事先约定好的特定暗号等。在某些场合,点头还表示礼貌、问候,是一种优雅的社交动作语言。

2）摇头。摇头一般表示拒绝、否定的意思。在一些特定背景条件下,轻微地摇头还有沉思的含义和不可以、不行的暗示。

(3) 肩。

耸肩膀这一动作外国人使用得较普遍。由于受到惊吓,一个人会紧张得耸肩膀,这是一种生理上的动作。另外,耸肩膀还有随你便、无可奈何、放弃、不理解等含义。

(4) 脚。

脚的动作虽然不易观察,却更直观地揭示对方的心理。抖脚表明轻松、愉快;跺脚表明兴奋,但在愤怒时也会跺脚;脚步轻快表明心情舒畅;脚步沉重说明疲乏,心中有压力等。

14.2.3 身体触摸

身体触摸是指通过沟通双方身体器官互相接触或抚摸某一物体而传递信息的这一类身体语言。身体触摸更具有影响力和感染效果,是身体语言中更直接表示信息的重要形式。

握手是一种最典型的身体触摸。握手的力量、姿势和时间长短均能传递不同的信息。当对方握手时掌心向下表明对方处于高人一等的地位,并且希望掌握控制权,能够支配你;当握手时对方掌心向上,并且握力较弱时表明对方缺乏个性,对你谦恭,处于顺从的地位;当对方双手紧握住你的手时,表明对方的诚恳、热情和真挚;对方只握住你的指尖,表明他缺乏自信、冷淡,与你想保持一定的距离。另外,握手时间长,表示情深意长、依依不舍;握手时出手汗表明紧张;握手时力量太大,表明对方个性较强;握手力量太小则会感到无情无义、受到冷落。

身体之间触摸的其他形式还有拍肩膀、拍胸脯等。领导对下属拍肩膀表示关心、鼓励和信任,是关系融洽的一种体现。而熟人、老朋友见面拍拍胸脯则表示一种亲切、热情和关心。另外在承诺某一件事时拍胸脯,则表示自信、有把握。

身体触摸除了身体各部分相互触摸外,还包括身体与物体间的接触,即在摆弄、佩戴、选用某种物体时传递的某种信息,实际也是通过人的姿势表示信息。

(1)手中玩笔,表示漫不经心,对所谈的问题无兴趣或显示出不在乎的态度。

(2)慢慢打开记录本,表示关注对方讲话;快速打开记录本,说明发现了重要问题。

(3)摘下眼镜,轻轻揉眼或擦镜片,反映对方精神疲劳,或对争论不休的问题厌倦,或是喘口气准备再战。

(4)如果轻轻拿起桌上的帽子,表示要结束这轮谈判或暗示要告辞。

(5)不停地吸烟,表明在某个问题上伤脑筋;深吸一口烟之后,可能是准备反击。将烟向上吐,则表示自信、傲慢;向下吐,则表示情绪低沉、犹豫、沮丧等。

14.2.4 身体空间

在实际沟通中,身体的相互位置、距离和朝向也能传递关于沟通主体间关系的信息。

(1)位置。

位置在沟通中所表示的最主要的信息就是身份。你去拜访一位客户,在他的办公室会谈,他让你坐在他的办公桌前面,表示他是主人,他拥有控制权,你是客人,你要照他的安排去做。在开会时,积极坐在最显眼位置的人,表明他希望向其他人(包括领导)显示自己的存在和重要性。又如,宴请来宾是一种很重要的社交手段。在安排座位时,就很讲究主宾之分,东道主坐在正中,面对上菜方向,他的右侧第一个位置留给最重要的客人,他的左侧的第一个位置留给第二重要的客人,其他客人、陪同人员以东道主为中心,按职务、辈分依次落座。由此可见,位置对于沟通双方的心理影响是非常明显的。

(2) 距离。

在人们相互沟通交流中,沟通主体间的距离对进行良好的沟通也具有重要的影响。这里的距离有两层含义:一是指心理距离,二是指空间距离。心理距离和空间距离有着相应的关系。"亲则近,疏则远"就表示两者的相互关系。心理距离越近,交际时的空间距离也就越近。反之,心理距离越远,交际时的空间距离也就越远。美国的爱德华·霍尔(Edward T. Hall,1914—2009)教授经过多年的研究发现,人们在交际中有四种空间距离——亲密距离、私人距离、社交距离、公众距离(表14.1)。

爱德华·霍尔,美国人类学家,被称为系统地研究跨文化传播活动的第一人。

表14.1 交际中的空间距离

空间距离	距　　离	适用场合/人员
亲密距离	0—0.6 m	父母、爱人、知心朋友
私人距离	0.6—1.5 m	酒会交际(介于亲密距离与社交距离之间)
社交距离	1.5—4.0 m	企业内上、下级,同事
公众距离	4.0—8.0 m以上	开会、演讲,明显级别界限

在现实生活中,不难发现,社会地位悬殊的人之间的交际距离一般都较远;社会地位相近的人,其交际距离则往往较近。两个陌生人的交际距离比两个熟人之间的交际距离大;一般关系的人之间比朋友之间的交际距离大。如果两个人谈话融洽,往往会站在一起;相反,如果双方兴趣不同,则会相对而视,封闭自己,远离他人。

(3) 朝向。

朝向即交际主体调整自己相对于对方的角度。朝向的类型可以分为四类:

1) 面对面的朝向。即交际双方面部、肩膀相对,这种朝向通常表示着一种不愿让正在进行的交际活动被打断的愿望,同时也显示了双方要么亲密,要么严肃甚至敌对的关系。人们在讨论问题、协商、会谈、谈生意或争吵时往往都自觉不自觉地选择这种朝向。

2) 背对背的朝向。它与面对面的朝向完全相反,所表示否定的含义是不言而喻的。

3) 肩并肩的朝向。即两个肩部成一直线,朝向一致。

4) V形朝向。即两人以一定的角度相对。

第3)4)种朝向，一方面可以表示双方维持交际的兴趣，另一方面又显示出这种兴趣比第1)种朝向略微减弱了。

14.3 | 面部表情语言

面部表情语言，就是通过面部器官（包括眼、嘴、舌、鼻、脸等）的动作势态所要表示的信息。美国学者雷·伯特惠斯戴尔（R.L. Birdwhistell）等人经过研究发现，光是人的脸部就能够做出大约25万种不同的表情。在交际过程中，交际双方最易被观察的区域莫过于面部。由于脸上的神色是心灵的反映，面部表情是人的心理状态的体现，因此，人的基本情感及各种复杂的内心世界都能够从面部真实地表现出来。我们在日常生活中时时都在使用面部表情这一身体语言。求人办事，请人帮忙，无一不须注意对方的"晴雨表"——脸色。可见面部表情对于有效沟通有多重要。

（1）眼

在面部的各器官中，眼睛最富于表现力。眼神是内心世界——修养、道德、情操的自然流露，是外部世界与个人内心世界的交汇点。孟子曰："胸中正，则眸子瞭焉；胸中不正，则眸子眊焉。"意大利杰出的艺术家达·芬奇（Da Vinci, 1452—1519）说："眼睛是心灵的窗户。"德国著名的哲学家黑格尔（Friedrich Hegel, 1770—1831）也说过："不仅是身体的形状、面容、姿态和姿势，就是行动和事迹、语言和声音，以及它们在不同生活中的千变万化，全部可以由艺术化成眼睛。人们从这眼睛里，可以认识到内在的无限自由的心灵。"一个人的眼神可以表现他的喜、怒、哀、乐，反映他的心灵中蕴含的一切内容。

在言语交际中，眼睛是"会说话的"，真所谓"二目传神"。当管理者当众讲话时，首先要用亲切的眼光环顾会场。这眼光是在告诉大家，"赶快安静下来，我就要开始讲话了"。在讲话过程中，如果有听众小声说话，讲话者无须直接用语言阻止，因为这样的话会影响其他的听众听讲，也会影响讲话者的情绪。讲话者只要停顿片刻，并向小声讲话的听众投以善意劝阻的目光，自觉的听众能够领会这一无声的语言，马上安静下来，集中注意力听讲。讲话者如果从听众的眼神和听讲时的姿态发现听众对讲

> 黑格尔，德国哲学家。德国19世纪唯心论哲学的代表人物之一。出生于今天德国西南部城市斯图加特，曾是柏林大学（今日的柏林洪堡大学）的校长。

> 古代的一些珠宝商可以从顾客瞳孔的变化中了解他是否对其珠宝有兴趣。

话内容有兴趣,必然会受到鼓舞,越讲眼睛越有神,从而更好地与听众交流感情。

言语交际离不开眼睛,有经验的说话者都很注意恰当而巧妙地运用自己的眼神,借以充分发挥口才作用。如果一名管理者说话不善于用眼神传情,总是呈现出一双无表情的眼睛,就会给听众一种呆滞麻木的感觉,引不起听者的注意,有损于语言的表达。一般地讲,管理者说话时,目光要朝向对方,适度地注视对方的脸和眼,不要仰视天上,也不要俯视地面。既不要一动不动地直视,也不要眼睛滴溜溜乱转。前者会使人感到滑稽可笑,后者会使人莫名其妙。另外,不停地眨眼或者用眼角斜视对方,都会留给对方不好的印象,应当避免。

目光交流尤其在面对许多听众时所起的作用更大。在讲话时,应该使每个人都感到自己受到真正的重视。也就是说,必须要向某一位听众表达完一个完整的句子,在这期间与他保持目光的接触。当讲完之后,把目光移向下一位,并再次保持目光的接触。通过这种方式顾及全体听众,使每一个人都有一次机会分享讲话者的注意力,这样就保持了与全体人员的目光交流。每一个听者都将认为他或她对讲话者来讲是重要的。例如,面对一个五人小组进行演讲,运用下面这种方法可通过目光顾及全体人员。首先,将目光与右前方的一位接触,并保持这种状态直到讲完第一句话。接着,选择左边一位,在讲完一句话的全过程中保持与其目光接触。然后将目光拉回到右边,落在第一名听众旁边那位身上,随后再回到左边,再回到右边,然后再触及那些死角部分。按照这种方式,既可直接与每一个人交流几次,又可引起小组每个成员的注意,而且每个听众都会认为发言是针对自己的。在讲话中,千万不要只注意小组的一边,并停留在某个人身上。如果犯了这个错误,就会使一半的听众感到奇怪,会让他们觉得受到冷落。因此,要想与整个群体保持目光交流就必须经常环顾每一位听众。

下面是几种常用的注视方式所代表的含义。

1)凝视。

自然地凝视对方脸部上方由双眼底线和前额构成的三角区域,是经济谈判中最常用的一种凝视行为。这种方式显得严肃认真,给对方以诚恳的感觉,在经济谈判中运用这种凝视行为往往能把握谈话的主动权。

凝视对方脸部由双眼上线和唇中点构成的三角区域,这是在举行酒会、餐会、茶会等场合常用的凝视行为。这种行为能形成一种轻松的社交气氛。

2）扫视与侧视。

扫视常用来表示好奇的态度，侧视表示轻蔑的态度。在交际中过多使用扫视，会让对方觉得心不在焉，对讨论的问题没兴趣；过多地使用侧视会给对方造成敌意。

3）闭眼。

长时间的闭眼会给对方以孤傲自居的感觉。如果闭眼的同时，还伴有双臂交叉、仰头等动作，就会给对方以故意拉长脸、目中无人的感觉。

（2）鼻。

虽然鼻子很少表现，而且大多用来表现厌恶、戏谑之情，但用得适当也能使话语生辉。比如愤怒时，鼻孔张大、鼻翼翕动，感情会表达得更为强烈。在管理活动中，当内心对某事不满时，应理智地处理它，或委婉地说出来，千万不能向对方皱鼻子。

（3）嘴。

嘴的表情是通过口形变化来体现的：鄙视时嘴巴一撇；惊愕时张口结舌；忍耐时紧咬下唇；微笑时嘴角上翘；气急时嘴唇发抖；等等。

（4）眉。

如果眯起双眼，眉毛稍稍向下，那就可能表示已陷入沉思之中；当眉头扬起时，看上去可能是一种怀疑的表情，也可能是心情兴奋。

（5）脸。

如果认真地对待某事，会微蹙额头；如果脸部肌肉放松，表明遇到令人高兴的事情。

（6）微笑。

善于交际的人在人际交往中的第一个行动就是面带微笑。一个友好、真诚的微笑会传递给别人许多信息。微笑能够使沟通在一种轻松的氛围中展开，可以消除由于陌生、紧张带来的障碍。同时，微笑也显示出自信心，希望能够通过良好的沟通达到预定的目标。真诚的微笑就像一个"魔力开关"，能立即沟通与他人的友好感情。

作为一名管理者，要非常清楚地知道微笑对于处理客户、上下级关系的重要性。如果想让微笑成为友好感情的使者，那么必须从内心深处发出这种微笑。为了赢得客户的好感和融洽上、下级关系，就要让他们了解内心的感情，而不是简单的表情。真诚的微笑能够在对方心中产生轻松、愉快、可信的感觉。仅仅停留在表面的微笑，只会给别人以做作的印象，甚至会弄巧成拙。

微笑的作用是巨大的、多方面的。微笑对每一个人又是均等的。每个人都具有这一贴"灵丹"，把它运用到日常工作中去，就会带来意想不到的成功。

微笑的培养可以先从面对镜子开始。面对镜子,回忆一些你确实喜欢、感到愉快的事,然后得体地让这种感受呈现在脸上,心里想着今天会碰到许多快乐的事情,说服了所拜访的每一个人,并与所遇到的每一个人进行了成功的交往。凭这些想象酝酿出良好的感觉,然后把它们表现出来。

镜子中的微笑练习会帮助形成善意的、真诚的微笑。因为这能使人正确地调整情绪,做出真正的微笑动作,而不是虚假的微笑。那种假装微笑的人,虽然做出了微笑的动作,但仍然得不到真诚的感情交流。由于不是出于内心的真实感情,给人的印象只能是虚伪的。因此,在镜子前面培养微笑,注重表情,更要注重内心活动的酝酿,直到能够辨认出一种真正的微笑,才算达到培养微笑的目的。

14.4 | 服饰与仪态

> 我国著名文学家郭沫若先生说过:"衣裳是文化的表征,衣裳是思想的形象。"

俗话说:"人要衣装,佛要金装。"作为一名管理者,无论是有意还是无意,所穿的衣服表达出的信息均对与其他人的接触产生影响。因此,服装在交际中的作用已超越了最基本的遮羞避寒,更重要的是向别人传递属于个人风格的信息。

在实际沟通活动中,管理者必须具有良好的仪态。这体现出个人的道德修养、知识水平等综合素质。当具有洒脱而高雅风度的管理者出现在人们面前的时候,立刻会让人产生一种美的愉悦和钦佩之情,周围的人的注意力就会一下子被吸引过去,这种吸引力就是管理者优美的仪态产生的美的效力。

14.4.1 服装

穿着打扮反映一个人的精神面貌、文化素养和审美水平。由于是给他人和公众的第一印象,因此,穿着打扮对于社会交往活动能否顺利进行、取得成功,有很大关系。管理者要清醒地认识到在管理沟通中,其不仅仅是一名管理者,同时也是管理对象或公众的审美对象。

(1)符合年龄、职业和身份。

不管青年人还是老年人,都有权利打扮自己,但要注意不同年龄的人有不同的穿着要求。除了在正式工作或宴会、各种仪式等特定场合对服装有特殊要求外,年轻人应穿得随意、鲜艳、活泼一些,这样可以充分体现出青年人朝气蓬勃的青春之美。中老年人则要注意庄重、雅致,体现出成熟和稳重,透出年轻人所没有的成熟美。

管理者的着装要表现自己的身份,并且希望自己的外表能给别人留下美好的印象。服装的穿着能表明管理者大概是什么样性格特点的人。在社交场合中,人们对新来者的第一印象就是看其穿着如何,并根据这一印象对其作出某种初步的判断。

服装表明身份,不仅限于生活服装上,职业服装更能显示一个人的工作性质以及从属关系。以某一饭店中管理人员、各种性质的服务员的着装为例。饭店员工的制服首先有一个整体特色,以区别于其他饭店。在饭店内部,又以不同的样式、标志或颜色显示出各自不同的身份、职责范围。当顾客来到某一饭店,一定希望接待自己的是一名穿着美观整洁、态度和蔼而不是衣着不整、无精打采的服务员。职业服装明确表明了人们的身份,促使每一个人自觉维护集体的荣誉、热爱本职工作、增强责任心,同时树立起良好的企业形象,使人们产生信任感。

(2)符合个人的脸型、肤色和身材。

人的身材有高有矮,体型有胖有瘦,肤色有深有浅,穿着应考虑到这些差异,扬长避短。一般来说,身材较高的人,上衣应适当加长,配以低圆领或宽大而蓬松的袖子,宽大的裙子、衬衣,这样能给人以"矮"的感觉;衣服颜色上最好选择深色、单色或柔和的颜色。身材较矮的人,不宜穿大花图案或宽格条纹的服装,最好选择浅色的套装,上衣应稍短一些,使腿比上身突出;服装款式以简单直线为宜,上下颜色应保持一致。体型较胖的人应选择小花纹、直条纹的衣料,最好是冷色调,以达到显"瘦"的效果;在款式上要力求简洁,中腰略收,不宜采用关门领,以"V"形领为最佳。体型较瘦的人应选择色彩鲜明、大花图案以及方格、横格的衣料,给人以宽阔、健壮的视觉效果;在款式上应当选择尺寸宽大、有分割花纹、有变化的、较复杂的、质地不太软的衣服,切忌穿紧身衣裤,也不要穿深色的衣服。另外,肤色较深的人穿浅色服装,会获得健美的色彩效果;肤色较白的人穿深色服装,更能显出皮肤的细洁柔嫩。每个管理者在决定自己的服饰穿戴上,要根据自己的具体情况而定,不必拘泥于陈规,何况还有当时流行元素的影响。

(3)符合时代、时令、场合。

在考虑时代、时令方面,应努力使服装穿着体现时代的新风貌。随着对外交往的频繁,西装正成为男士在交际中穿着最多的服装,女士则根据不同的场合选择职业套装、各种式样的裙子等。如果穿戴过时的服饰,会给人以僵化、守旧的印象,但一味追求时髦、奇装异服,也会显得轻浮、不实在。

在正式宴请、庆典仪式、会见外宾、听音乐会等正式场合，对着装有严格的要求。西装要穿着合体、优雅、符合规范。打领带时，衣领扣子要系好，领带要推到领扣上面，下端不要超过腰带。如果穿毛衣或背心，领带应放在毛衣里面；如果夹领带夹，应在衬衣第二、三粒纽扣之间。一般地，西装上的扣子应全部扣好。要注意："扣子只系上面是正规，都不系是潇洒，两个都系是土气，只系下面是流气。"如果是三粒扣子，只扣中间一粒或都不扣。西装左侧翻领上有个扣眼，人称"美人眼"。通常在这个扣眼上插上一朵花，或别上别针、徽章等。

西装左胸口袋是装饰袋，常用手帕卷成各种花型露在袋上，手帕卷花形式很多，常用的呈一山形、二山形和三山形（图14.1）。手帕多用麻纱、丝等质地。

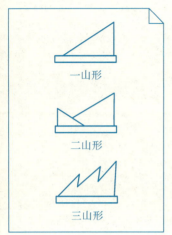

图 14.1
手帕卷花

衬衣应放在裤子里，领子、袖口露在西服外一厘米，衬衣袖子不应卷起来。穿西服时，手只能插在裤兜里，不能插在西装上衣口袋里。

女士服装要求美观大方，讲究时髦又懂行。可以穿旗袍、裙子或西服。不能穿靴子，也不能穿紧身裤。

参加婚礼等喜庆场合时，可打扮得漂亮些，但不当与新郎、新娘争风头。到朋友家作客、参加联谊会等，可穿着美观大方，适当装饰打扮。

参加葬礼、吊唁活动，男士可着黑色或深色西装，女士穿深色服装，内穿白衣或暗色衬衣，不用花手帕，不抹口红，不戴装饰品。

（4）服装颜色的含义。

我们生活在一个色彩缤纷的世界，人们对各种色彩有不同的感觉。根据这些感受，色彩被分为不同的色调，如冷色调、暖色调等。不同的色调不但给人的感觉不同，而且有些色调、色彩还包含某些象征意义。

1）黑色。

黑色意味着权力，是一种强有力的颜色。这种颜色直接地在着装者与别人之间造成一种感情上的距离。作为管理者，在一些庄重而且正式的场合，如召开员工大会、董事会、经济谈判、合同签字仪式、会见重要的来访者等，穿黑色西装符合这些场景对服装的要求。在出席一些重要的宴会时，需要做一些商务交际和公关活动，体现公司的形象和实力，也需要以黑色或深色服装作为正式礼服。另外，在一些悲伤场合，如参加吊唁活动等，最好穿黑色服装，内衬白色或暗色衬衣。

2）灰色。

灰色意味着冷漠，是一种冷色。如果身着灰色服装，要想把自己友善的微笑和同情传达给别人，将十分困难。灰色给一切笼罩上了一种冷冰冰的阴影，而这也有助于使各种事情平息下来。许多业务代理人员在办公中喜欢穿灰色,因为灰色能确切表明他的身份,能够顺利地开展业务。灰色服装的弱点是不能在较短时间内与客户的关系融洽起来。因此,如果选择了灰色的服装,为了在这种冷漠中保持某种平衡,可以在领带、衬衣的选择上,补充一点别的颜色。

3）棕色。

棕色是一种友好而富有同情心的颜色,也意味着一定的权力与力量。作为企业的管理者,必须对别人具有控制力,能产生镇定的影响。在参加会谈时,穿棕色西装是一个很好的选择,如果穿黑色或深蓝色西服,可能会显得过于强有力,因而不适于所处的位置要解决的问题。

4）深蓝色。

深蓝色既表明了力量和权力,又不像黑色和灰色那样令人感到隔阂和冷漠。确实,有许多人在参加会议时选择深蓝色的西装。假如一个部门经理正被别人访问。穿灰色服装,可能给人一种疏远、冷淡的印象,从而使别人认为其是一个不了解下属情况的人。黑色服装更不用说。选择棕色也是不明智的,因为棕色意味着友善与同情,这将使其显得软弱,而缺乏支配下属的能力。值得提出的是,当为重要的会议和会见选择服装的颜色时,不仅要考虑颜色本身的含义,而且还要考虑所面临的局势,两者是同等重要的。

5）浅黄色。

浅黄色是一种淡而柔和的颜色,表现出一定程度的软弱。在业务活动中应避免穿浅黄色服装,因为它会使人显得软弱无力,自然而然地把实力地位转让给对方。与浅黄色相类似的"软弱"颜色还有浅紫色、浅绿色等。即使穿一套深蓝色的服装,试图佩上浅黄色的领带,以便使色彩鲜亮些,那也是错误的。服装上任何浅黄色的点缀,都将格外突出、醒目,从而削弱了态度,不利于坚持自己的立场。

6）深绿色。

深绿色（包括紫红色、赤黄色等）均为过于吸引人们注意力的颜色。这些颜色是那么鲜艳夺目,以至于如果穿上这些颜色的衣服,别人的注意力将完全放在颜色上面而忽视了这个人本身,他们对其印象将会非常模糊。同样,也可以很好地利用这些颜色,来避开人们的注意力。

选择适当颜色的服装,对于调整心理状态和改善会见气氛是非常重要的。如果决定穿深蓝色的西装去参加一个重要会议,可以选择一条颜色稍浅点的领带和白衬衫,因为深蓝色的西装与高档的白衬衫相配,看起来最为有力量。在西装袖口,还要露出衬衫袖口的金边,金边袖口将闪现出友好的火花。

（5）服装色彩的搭配。

服装色彩搭配要求和谐、美观,否则,就会给人以不悦之感。

服装色彩搭配有两种有效的方法,即亲色调和法和对比色调和法。亲色调和法是一种常用的配色方法。这种方法要求将色调相似、深浅浓淡不同的颜色组合在一起。如深绿与浅绿搭配、红色与深红搭配等。对比色调和法的特点是在服装色彩搭配上以其中一种颜色衬托另外一种或两种颜色,各种颜色不失各自的特色,相映生辉。三种颜色对比搭配,如红黄蓝、橙绿紫等。在着装颜色搭配上,切忌上下身都采用鲜明的颜色,这样会显得很刺眼,令人不舒服。

服装穿着要根据不同的地区环境和不同的社交场合搭配色彩。认识了色彩的搭配规律,在服装的穿着上将会更得心应手。

14.4.2 服饰

服饰穿着是一门艺术,不光适应了人的生理与心理需要,而且反映一定的文化修养水平。佩戴服饰有三点要求:与服装相协调、与人相协调、与环境气氛相协调。

服饰的整洁是头等大事,着装要求清洁、整齐、挺直,显得容光焕发。衣服应烫平整、裤子烫出裤线。衣服袖口应干净,皮鞋要上油擦亮,鞋面上不能留有污垢。穿长袖衬衣要将前后摆塞进裤内,长裤不要卷起。假如有人赞美你的服饰,应大方地说一声:"谢谢!"但不要在对方刚赞美你的服饰后,就马上去赞美他的服饰。不要在正式场合询问对方服饰新旧、价格及购自何方,更不能动手去触摸对方的服饰,这样会使对方恼火。

参加各种活动,一旦进入室内,就应当脱去大衣、风衣和帽子,摘下围巾,但西装上衣、夹克是不能随便脱的。男士在任何时候在室内不得戴帽子、手套。女士的纱手套、帽子、披肩、短外套等,作为服饰的一部分则可在室内穿戴。在他人办公室或居室里,不要乱放自己的衣帽,当主人允许后,才可以按照要求放好。

服饰在人的整体装束中至关重要。一件用得好的服饰好似画龙点睛,使人更加潇洒飘逸。领带和领结被称为西装的灵魂,选择上应下一番功夫。在正式场合穿礼服时,可配以黑色或白色领结。蝴蝶结在运动场上或比较轻松的场合里大受欢迎,打上蝴蝶结参加社交活动给人的感觉就不严肃了。

男士的腰带分工作和休闲两大类。工作中应用黑色和棕色皮革制品为佳。而配休闲服装的腰带,只要漂亮就可以。腰带的颜色和式样不宜太醒目。女士系腰带应考虑同服装相配套,还要注意体型问题。如是柳腰纤细,系上一条宽腰带,会楚楚动人。如果腰围太粗,可系一条环扣粗大的腰带,使腰带的环扣成为令人瞩目的焦点。

纽扣在服装上的作用是很大的。女士服装上的纽扣式样可以千姿百态,而男士的纽扣则不应追求新潮。西装上衣为双排扣的,穿着时一定要把纽扣全系上。如果是单排扣的,还有2粒与3粒纽扣之分。前者应系上面那一粒纽扣,后者应系中间那一粒纽扣。

眼镜选配得好,可使人显得儒雅端庄。方脸人要选大圆框、粗线条的镜框,圆脸人宜选四方宽阔的镜框,而椭圆形脸最适合选框型宽阔的眼镜。在室内不要戴黑色等有色眼镜,如遇眼疾不得而为时,应向主人说明。

女性手提包应套在手上,不要拎在手里,手包大小应与体型相适应。男士在公务活动中的公文包应以黑色、棕色上等皮革的为好。女士用的钱夹可以随手携带,或放在手提包里。男士的皮夹只能放在西装上衣内侧口袋里。

金笔、手表、打火机被看作男士的三大配件,并当作身份的象征。男士应携带至少一支钢笔,可放在公文包里,也可放在西装上衣内侧的口袋里。手表的佩戴因人而异,但在正式的场合不要戴潜水表、太空表等。打火机可作装饰品,也可作礼品。

14.4.3　仪态

在不同的场合,管理者要具有大方、得体的仪态,才能显示出自己的素养和交际的技巧。

(1)办公室。

无论你是主人或访客,在公务交际中最重要的是随时保持优雅、警觉以及有条不紊的态度。在接待访客时,如果没有接待人员引导访客到你的办公室,你应该亲自出去迎接,问候来客,并且带其到你的办公室去;当接待人员将访客带到你的办公室时,你应马上站起来,从桌后快步走出,热情握手,寒暄问候,表达很高兴见到对方,并且视其为一个重要访客。由于一些突如其来的紧急事件打乱了你的接待时间时,如果必须让客人等待超过10分钟以上,则应拨出一两分钟,到办公室外面跟客人问候一声,表明你的歉意、安抚访客的情绪。约定的人到达时,若你正在打电话,应该马上结束,并告诉通话的对方,等这里的事处理完了,会回电话给他。这样避免让访客久等。等客人在安排好的座位上落座后,你再坐下,请客人喝茶,然后进入谈话的正题。

当你较忙,工作安排很紧凑,而来访的人逗留时间过久,或者下面另有一位重要客人来了,而你必须给予特别的接待,你可以看着自己的手表说:"我很抱歉,我下面还有另一个会议,几分钟前就开始了。"同时,给对方一点时间说最后一两句话,然后起身,热忱地与对方握手,口里并说"今天的会面非常有益"或"谢谢你的光临,一旦有消息,我会通知你",或其他适当的应对。然后把访客送到门口,有礼貌地道别。

(2)商业拜访。

在进行商业拜访时,要按约定时间准时到达。否则这次拜访的开始就不太愉快,进而影响整个拜访活动。在等待期间,不要向接待人员提任何要求,避免干扰对方的正常工作。如果等待时间较长,可向接待人员询问还需要等多久,但不要不停地问,抱怨等了这么久。要保持安静、有礼貌,当离开接待室,记得说声"谢谢"。如果能叫出接待小姐的名字,那么道谢会令她印象深刻,也不要忘记向对方的老板提起她的良好接待。当离开办公室时,无论这次会面是否完成了任务,都应该谢谢对方的接见,并且在离开时与对方握手道别。

(3) 谈判。

谈判一般选在比较正规的场合,它是谈判双方风度的一场较量,因此必须注意仪表举止,给人展示一种良好的修养。交谈时可自我介绍,也可由第三者介绍。自我介绍时要自然大方,不必过分拘泥礼节,一般应姓、名并提,讲清自己的单位、所担任的职务等。介绍他人时,社会地位较低的人总是被介绍给社会地位较高的人。介绍时,被介绍人应起立面带微笑,向大家点头示意。介绍完之后,双方要互致问候和握手,交换名片。

问人姓名时要注意礼貌用语,比如"请问尊姓大名","对不起,您怎么称呼"等,对男子一般称"先生",对女子称"小姐""女士"等。

在谈判过程中,讲话语气要平和、友好,不生硬,不咄咄逼人、强加于对方。在对方发言时,要仔细聆听,不能漫不经心,眼睛四下张望,流露出轻视对方的神情,可以用点头同意或简单的"嗯""对""我明白"等语言,鼓励对方继续讲下去,并以积极、友好的手势,微笑作出反应。若在谈判过程中,出现分歧时,双方应平平静静地坐下来,找出双方观点相左之处,态度诚恳、实事求是,不伤和气地阐明自己的观点,即使谈判未获成功,也不能记恨、挖苦对方,要保持双方的友谊。

(4) 宴请。

管理者在餐桌上的仪态最能体现他的风度。在宴请时,如果你是客人,等主人示意你坐下时,才坐下。如果主人径自坐下而没有示意你坐在哪里,你就坐在最靠近他的座位。如果你是主人,则以缓和的手势,示意客人落座。在主人开始用餐后,你才可以开始用餐。这个规矩对于上每一道菜都适用。如果参加自助餐的餐会,最好等到有两三位就餐者入席,才开始享用你的餐点。

用餐时把餐巾放在腿上,如果用餐途中必须离开餐桌,则把它放在座椅上,千万不可放在桌上。唯有用餐完毕,大家都已站起来准备离去时,才把餐巾放在桌上。用餐的坐姿应该笔直有精神,一副懒洋洋、没精神的姿态,给人一种没活力、慵懒无力的印象,不利于良好的沟通。

除了在两道菜之间的空档,或者用餐完毕后,最好不要把整个手肘搁在桌上，这也是对他人尊重的一种表示。此外，只有当最后一道甜点结束后，才可以把椅子向后推，稍稍远离餐桌，交叉双腿，以一种较舒适的方式坐着。在餐后闲聊时，这样的举动没有问题。但如果在用餐当中，这样的举动便显得极不协调，同时也可能对其他人造成干扰。

（5）舞会。

舞会作为一种高雅的娱乐活动，是靠较为严格的礼仪来保持其高雅性的。舞会上的礼仪很多，无论从衣着打扮还是行为举止，都必须遵从一定的礼仪规范。进入舞场要彬彬有礼，说话要轻声细语，不宜高声谈笑，走路脚步要轻，坐姿要端正，不要做出翘二郎腿或抖腿等不雅动作。

邀舞时，一般是男方邀请女方。当舞曲奏起时，男方可慢步来到被邀请的舞伴前，做出邀请姿势，面带微笑，神情诚恳。邀请时要大方适中，过分了反而不雅。女方在接受邀请时也要有一定的礼貌，如果已答应别人，应主动向对方表示歉意。

舞会中的对话是很重要的。一句得体的话会使人产生好感；反之，会使人产生反感。舞会中对话要彬彬有礼，举止大方，交谈要亲切自然，不可油腔滑调或信口开河，更不要说些不礼貌的语言。

当一曲舞完后，男方应热情大方地对女方表示感谢，送女方回到原来的座位，可进行适当的交谈，也可礼貌地告辞离开。

思 考 题

1. 身体语言的特点和作用有哪些？
2. 运用身体动作语言时应注意哪些因素？
3. 如何培养正确的面部表情？
4. 请说明在不同场合下适用的服饰和仪态。

案例一

奥巴马的身体语言魅力

正如人们早已熟知的研究成果所示，在信息传达过程中，单纯的语言只发挥7%的功能，声调起到38%的作用，而体态、表情等身体语言却传递了55%的信息，而且身体语言往往是下意识的举动，因此更为真实、可靠。西方领导人大多深谙此道，他们通常都是运用身体语言展现自身魅力和影响他人的高手。

最近几十年的美国总统们，绝大多数都是肢体语言的高手，出身于演艺圈的美国前总统里根是高手中的高手。当年里根竞选总统，他正是凭借微笑、手势等肢体语言，再加上高超的演技，向选民展现出自信、沉着、坚定的领袖形象，因而击败了在知识和智力上胜他一筹的杜卡基斯。另一位美国前总统克林顿同样深谙此道。和克林顿有过私下接触的人无不盛赞他是位"纯爷们儿"，举手投足间都给人权威和力量之感，同时不乏亲和。

奥巴马也是一位肢体语言的高手。2008年大选他能击败希拉里、麦凯恩这样的"大佬"，一个重要的制胜法宝就是演讲技能与肢体语言的魅力，传递发自内心的真诚和友善。

一、笑容与手势

奥巴马的面部表情管理十分到位，极少会令人感到不舒服。其招牌性笑容是一种看起来非常爽朗放松的笑容。每当人们看到奥巴马的笑容时，最先关注的是他的眼睛，从眼开始绽放，而不仅仅靠嘴部的张开动作，十分触动人心。即使是不笑时，人们在奥巴马身上也经常看到一副嘴部微微张开的表情：严肃而不紧绷，制造出友好的氛围。加之稍侧向一方的头部，向人发出友善的信号。位于鼻子和嘴部之间的两道法令纹也在奥巴马谈话时尤为突出，这恰恰为其积极形象的建立发挥了积极作用，成为共情能力的标志，即理解他人和他人所遇到的问题的能力。

另外，奥巴马对手势的运用也同样恰到好处。他双臂的活动范围几乎永远保持在居于肩膀和胯部之间的理想位置。他在演讲时双臂总是微微张开，手掌朝下。这个姿态会给听众一种"给予"的内心暗示。和大多数政治人物一样，奥巴马也喜欢做出伸食指的动作，只不过他的食指并不指向前方听众，而是指向上方或者侧方。这就避免了攻击性效果，不会使听众反感或不安。当他敞开双臂或将双臂伸向上方时，其肢体动作显得十分自然流畅。传统的朝圣者手势就是打开双臂。

二、不同的场景

在与众多国家领导人的合影里我们可以看到奥巴马总统几乎完美的肢体语言。奥巴马善于通过小动作拉近与他人的距离，打动他人。与人握手时总会使手处于上部位置，而左手则握住对方的右臂。这种组合显示出权威，但不具威胁，发出友好信号。又比如他手握麦克风的姿势轻松优雅，给人以舒服的感觉；他伸出小拇指的动作表现出的是享受，显示出他对于成为聚光灯下焦点的享受，对于扮演权力人物角色的享受，还有他在与妻子翩翩起舞时的享受。

与英国外交大臣大卫·米利班德（David Miliband）会面时，紧握右手，面对镜头露出他的招牌笑容，笑容爽朗灿烂。他的身体经常微微前倾，重心集中在脚掌，显示出积极主动的态度，向外界传达出"见到对方非常高兴"的信号。

与法国总统萨科齐合影时，萨科齐身材矮小，奥巴马的一只手放在萨科齐的肩上，既表现出友好、亲切的关系，又展现出了奥巴马的男人胸怀。

与意大利人见面，手势示意看来必不可少。奥巴马在欢迎意大利总理贝卢斯科尼时，便将这一礼仪演绎得恰到好处。

显然,奥巴马具有肢体表达的天赋,这使得他轻松拉近与他人的距离,从而可以通过"胜利者的肢体语言"向外传递出正能量情感。

但是有些奥巴马的身体语言在不同的国家文化中却可能存在争议。比如他与英拉、昂山素季等女性政治家在一起时,一些过于亲昵的举动,往往在这些东方国家引发不小的争议。

资料来源:根据相关报道编写.

案例讨论

1. 除了文中提到的笑容和手势,你了解到奥巴马还有哪些彰显魅力的肢体语言?
2. 面对不同的场景,为什么奥巴马的身体语言会呈现差别?
3. 奥巴马的身体语言也存在一定争议,你认为在用肢体语言表达自己时,有哪些需要注意的地方?
4. 请列举工作中富有肢体语言魅力的人和事。

案例二

微表情培训

为在面试中获得更多机会,毕业生集训"察言观色"。前日,华中师范大学汉口分校毕业生自发组织"'微表情'特训",以应对求职面试。

昨日,记者电话联系了此次活动组织者、该校管理学院学生陈奇,他也是这次培训的主讲人。他说,特训包括"察言观色"和"和颜悦色"两个方面。"察言观色"侧重于洞察面试官的内心,以便"投其所好"。"例如当你陈述时,面试官撇嘴,表明他不太赞同或鄙视你的观点,这时就要学会适当调整或转换话题。"又如面试官连续发问,并不是对面试者不满意,而是希望考验其抗压能力。

"和颜悦色"主要讲解面试者自己要注意的"微表情",例如,指尖搭成塔尖,表示深具自信;抿嘴唇、挠头,表示窘迫紧张。陈奇特别提到,戴眼镜的同学面试中不要用手扶眼镜,女生尽量少拨弄刘海。"也许这是你的习惯动作,但在面试官看来,你是在企图转移注意力。"

陈奇说,他讲的这些"理论知识"大部分是从美剧《别对我说谎(Lie to me)》和港剧《读心神探》中整理得来。这两部剧都将镜头瞄准了一群善于通过微表情和肢体语言来解读信息的专业人士,"电视剧里提到的技巧我在日常生活中实践过,确实有用,所以想和大家分享"。

培训结束后,有同学觉得有所收获,也有同学表示"不给力"。"虽然这个时候会记得这些'微表情',但真正面试时,可能一紧张什么都记不住了。"参与培训的学生杨洋如是说。

该校心理辅导老师宋红艳认为,"微表情"是指脸部的瞬间表情,很难在短时间内通过学习来控制,良好的心理素质和抗压能力是在长期的实践与锻炼中形成的。华中师范大学汉口分校就业指导老师杨智敏表示,高校就业指导课上,并未将"微表情"列入学习范围,学生与其学习"微表情",过分依赖面试前"临时抱佛脚",还不如提高自身心理素质来得可靠。

资料来源:崔梦欣.毕业生为面试集训察言观色,看美剧学"微表情"[N].
中国经济网,2010-11-23.

案例讨论

1. 如同案例中的老师们所提到的那样,身体语言沟通只是一种辅助工具。你认为在要紧时刻,将注意力放在解读他人的身体语言上可取吗?

2. 在工作中,应当如何运用身体语言沟通?请列举具体的事例。

判断五官动作组合的基本含义

第一组:轻轻一瞥(眼睛停留时间约1秒钟,开合程度中等,瞳孔放大程度中等,眉毛轻扬),微笑(嘴向上,鼻孔开合程度正常)。

第二组:轻轻一瞥(眼睛停留时间不足1秒钟,开合程度与瞳孔放大程度中等),皱眉(有时鼻部肌肉也皱起),嘴角向下或平。

第三组:亲密注视方式(视线停留在双目与胸部的区域),眉毛轻扬或平,微笑或嘴角向上。

第四组:社交注视方式(视线停留在双目与嘴之间的区域),眉毛平,嘴角平或微笑。

第五组:严肃注视方式(视线停留在对方前额的一个假设三角形区域),眉毛平,嘴角平或微微向下。

第六组:平视方式,眉毛、嘴角与鼻基本上采取平位,但我们从瞳孔的大小、瞳孔闪动的频率以及嘴角、眉毛的角度变化辨认出主体的感情活动的倾向性。

第七组:平视,微笑,眉毛平。

第八组:平视至视角向下,眉毛平,微笑,视角向下者为略带蔑视的表情。

第九组:眼睁大,下拉型眉(眉毛倒竖),嘴角向两边拉开,其强度决定于瞳孔缩小程度与嘴、鼻部肌肉紧张程度。

第十组:眼睁大(瞳孔放大、瞳孔闪动频率加快),嘴张开,眉毛上扬。

第十一组:眼、眉保持上面的组合方式,嘴角平或微微向上。

(可供选择的答案:1. 表示兴奋、幸福、心中暗喜的表情;2. 表示快乐、高兴,呈现笑的表情;3. 发怒、生气或气愤的表情;4. 与对方保持距离或冷静观察的表情;5. 不置可否、无所谓的表情;6. 喜怒不形于色的表情;7. 呈现出一种严肃的表情,所谓正色;8. 交际应酬时的常用表情;9. 表示对对方感兴趣;10. 表示疑虑、批评甚至敌意;11. 表示有兴趣。)

第15章

跨文化沟通

> 刚柔交错,天文也;文明以止,人文也。观乎天文,以察时变,观乎人文,以化成天下。
> ——《易经》

学习目标

- 了解什么是跨文化沟通
- 了解跨文化沟通中存在的障碍
- 知悉东西方文化的差异
- 掌握跨文化沟通的策略

引导案例

过去几年里,士力架的广告"横扫饥饿,做回自己"(You're not you when you're hungry),在戛纳、One Show、D&AD和艾菲等各大国际创意节上赢得无数荣誉,包揽了每一个重要的效果奖——两次荣获戛纳金狮效果奖,一次获得IPA金奖,多次夺得本地及国际艾菲奖和AME实效奖。广告投放的第一年,在"横扫饥饿,做回自己"这个创意的助力下,士力架的全球销量提升了15.9%。在58个运营市场中,有56个市场的份额有所提高。

该项营销活动在中国执行时，也是让人眼前一亮，引起热烈反响。广告在创意内容、发布渠道与其他市场保持一致，只是在具体的创意表现方面做了本土化处理。该系列的广告片往往紧跟时下热点，邀请饰演多愁善感的林黛玉的蒋梦婕，化身为"华嬷嬷"的《甄嬛传》主演蒋欣，富有国民认知度的体育明星姚明等，片中充满了独特的中国元素和中式幽默。从"林黛玉"到"华嬷嬷"，士力架在中国市场投放的广告中基本都涉及受众广泛的中国文学、影视作品中的虚拟人物，抑或普罗大众熟知的公众人物，从而彰显出中国社会特有的文化特质。在主打"横扫饥饿"口号的同时结合中国元素，用幽默搞笑的风格去塑造自己的品牌形象。可以说，士力架在中国市场进行的跨文化营销推广中所运用的中国本土特色文化是它开拓中国市场的传播策略和战略核心。广告中所渗透的中国文化和民众生活形态，是其本土化策略的典型运用。

资料来源：根据相关报道编写．

15.1 文化与沟通

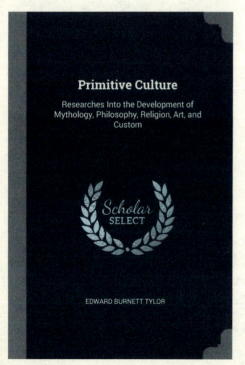

15.1.1 什么是文化

古往今来，关于文化的定义与认识随着社会学、人类学的发展不断地演变。许多社会学家和人类学家都对文化下过定义。但是文化是一个包罗万象的概念，很难有确切的定义。在我国对于文化最早的概念来自《周易》，曰："观乎天文，以察时变，观乎人文，以化成天下。"著名国学大师梁漱溟先生曾说："文化，就是吾人生活所依靠之一切。"我们很容易发现文化这样一个客观存在的事实，却很少有人去研究它、描述它。它存在于我们生活中，如同所呼吸的空气一般，必不可少而又自然而然地存在。

"文化"（Culture）一词源于拉丁文"Cultura"，其主要含义是指经过人类耕作、培养、教育、学习而发展的各种事物和方式，是与大自然本来就固然存在的事物相对而言的。自15世纪以来，文化一词逐渐被引申使用。1981年，英国文化人类学家爱德华·泰勒（E. B. Tylor）在其著作《原始文化》中，首次将文化作为一个中心概念提出并定义为："文化是一个复杂的总体，包括知识、信仰、艺术、道德、法律、风俗、意见以及人类社会里所获得的一切能力与习惯"。这是关于文化的最早的较为科学全面的定义，这个定义对学术界产生的影响一直延续至今，仍有许多人引用。

美国社会学家戴维·波普诺（David Popenoe）认为，文化是人类群体或者社会的共享成果，这些共有产物不仅包括价值观、语言、知识，而且包括物质对象。所有群体共享非物质文化——抽象和无形的人类创造，如"是"与"非"的定义、沟通的媒介、有关环境的知识和处事方式。人们也共享物质文化——物质对象的主体，它折射了非物质文化的意义。物质文化包括工具、钱、衣服以及艺术品等。简单来说，文化构成了我们思维的方式。我们的行为逻辑、思考方式，我们应该做什么、喜欢什么、追求什么，乃至我们存在的意义等都是由文化塑造而成的。

文化是通过学习和经验习得的，具有以下特征：

（1）文化是群体的。文化是人类社会共同创造的社会性产物，必须被一个社会或者群体全体成员共同接受和遵循。没有被整个社会所接受和理解的个人的生活习惯、特有的观念行为并不能称为文化。

（2）文化是连贯一致的。文化是一定社会、时代的产物，是一个不断延续的过程。每一个时代的人都出生并生活在一定的文化环境中，并且自然而然地从上一代人那里继承传统文化。这就形成一种文化传统，会持续地对该文化地域的人群产生影响。

（3）文化带有符号性。文化符号是一个企业、一个地域、一个民族或一个国家所具有的独特文化的抽象体现，是文化内涵的重要载体和形式。

（4）文化是后天习得的。文化并非先天遗传的本能，而是通过后天习得的经验和知识。

（5）多样性与共性。由于不同地区的自然禀赋、生产方式、历史传统、民俗风情、经济条件乃至制度法律的不同，也就形成了世界各地不同的、丰富多样的文化种类。不同的国家、民族、地域都带有自身独特的文化。但是文化的多样性并不代表文化就没有共性。尽管各个地域存在一定程度上的文化差异，但是仍然有很多特有的共性。例如，不同文化中的所有社会人都有生存、繁衍的最基本的社会生理需求。无论人类社会发展的社会形态如何发展变化，其演化的过程都遵循着共同的规律，具有寻求文化普遍性的内驱力，同时，世界各种文化都有着一些普适的观念。

（6）文化既是主观的，又是客观的。文化存在于人们的信仰、意识形态、价值观念、思维方式等方面，带有很强的主观性，潜移默化地影响着人们的情感和行为。人类形成的文化成果又以客观的形式存在，被传承。

15.1.2 不同范畴的文化

在跨文化环境中，了解不同文化之间的差异显得尤为重要。只有当我们明白不同文化中的差异性，其中哪些需要重视，哪些差异不是那么重要，才能在一个新的文化环境中进行有效的沟通。

（1）价值观。

目前人们对工作场所和消费者行为的文化概念主要是从价值观的角度理解的。社会成员往往会以独特的价值观为优先级来进行社会化，认为个人受其内在化的文化价值取向驱动，以符合社会特征的方式行事。

1967—1973年，荷兰心理学家吉尔特·霍夫斯泰德（Geert Hofstede）在著名的跨国公司IBM进行了一项大规模的文化价值观调查。他的团队对IBM公司的各国员工先后进行了两轮问卷调查，用二十几种不同语言在72个国家里发放了116 000多份调查问卷并回收了答卷。调查和分析的重点是各国员工在价值观上表现出来的国别差异。终于，1980年他出版了巨著《文化的影响力：价值、行为、体制和组织的跨国比较》，提出了文化维度模型，如图15.1所示。接下来我们将针对文化维度的国别差异一一进行说明。

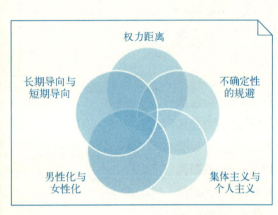

图15.1 霍夫斯泰德文化维度模型

1）权力距离。

权力距离是指某一社会中地位低的人对于权力在社会或组织中不平等分配的接受程度。各个国家由于对权力的理解不同，在这个维度上存在着很大的差异。欧美人不是很看重权力，他们更注重个人能力。而亚洲国家由于体制的关系，注重权力的约束力。

在高权力距离文化中，权力是分等级的。某些群体比如贵族或者执政党比一般的平民拥有更多的权力。生活在这种文化背景下的人从小就被告知有些人生来高贵一些，因此，他们拥有更多的权力，而在这类文化环境中，尊重权力比尊重平等更有意义。墨西哥、巴西、印度、菲律宾等都属于这种文化影响下的国家。

美国、加拿大、以色列、新西兰、丹麦、奥地利等是比较典型的低权力距离文化国家。生活在这种文化背景下的人从小被教育人人生而平等，尽管有些人的出身带有一定优势，例如财富和名誉等，但他们并非天然比别人更优越一些。不过，这并不代表生活在这种社会中的人们一定会受到平等的待遇，他们只是比别人更加拥有平等的观念。

中国无疑是一个权力距离较高的社会。在这样的环境下，社会呈现明显的等级阶层。从古代开始，中国便建立起一种森严的等级制度，诸如君臣有义、父子有亲、夫妻有别、长幼有序、朋友有义的"五伦"关系等。这种权力距离所造成的影响渗透到各个层面，并且根深蒂固。但是随着现今社会的发展，又渐渐有所松懈。

权力距离影响着我们沟通行为的诸多方面。例如，低权力距离社会中的人通常会超越社会地位发展友谊以及恋爱关系。但相反地，在高权力距离社会里面，人们更倾向于在同等的社会地位下寻找友谊以及恋爱关系，讲究"门当户对"。这种文化上的差异在主-雇关系的沟通风格中尤为常见。低权力距离社会里的员工更加看重自由，同时他们希望得到更多决策的机会，尤其是对那些关系到他们自身工作的事情。这些员工可能会通过工会或者员工满意度调查来反映自己的意见，但是在高权力距离社会里面，员工往往已经习惯于工作的现状而很少提出意见。相反，他们希望上司能够直接下达命令，那么他们只要按照命令去做就可以了。

2）不确定性的规避。

不确定性的规避，是指一个社会受到不确定事件和非常规的环境威胁时是否通过正式的渠道来避免和控制不确定性。规避程度高的文化比较重视权威、地位、资历、年龄等，并试图提供较高的职业安全，建立更正式的规则，不容忍偏激观点和行为，相信绝对知识和专家评定等手段来避免这些情景。规避程度低的文化对于反常的行为和意见比较宽容，规章制度少，在哲学、宗教方面容许各种不同的主张同时存在。

在不确定性规避程度较低的国家，如美国、瑞典、丹麦、芬兰等，人们较容易接受生活中固有的不确定性，能够接受别人可能看起来非同寻常的想法和行为方式，喜欢创新、冒险，不喜欢循规蹈矩。在这种类型的组织中，上级对下属的授权被执行得更为彻底，员工倾向于自主管理和独立的工作，也很少强调控制，工作条例和流程规范化和标准化程度较低。相反，在不确定性规避程度较高的国家，人们认为生活中充满了可能发生的危险，对于书面的规定、规则、计划等有强烈的要求，会努力让自己的生活有规则。组织会趋向于建立更多的工作条例、流程或规范以应付不确定性，管理也相对是以工作和任务导向为主，管理者决策多为程序化决策，上级倾向于对下属进行严格的控制和清晰的指示。

日本是不确定性规避程度较高的社会，因而在日本，"全面质量管理"这一员工广泛参与的管理形式取得了极大的成功，"终身雇佣制"也得到了很好的推行。与此相反，美国是不确定性规避程度低的社会，同样的人本主义政策在美国企业中则不一定行得通，比如在日本推行良好的"全面质量管理"，在美国却几乎没有成效。中国也是不确定性规避程度较高的国家，相比不稳定的高收入工作，许多人反而会选择牺牲一部分利益换来稳定的收入来源。

3）集体主义与个人主义。

社会总体是关注个人的利益还是关注集体的利益？个人主义倾向的社会中人与人之间的关系是松散的，人们倾向于关心自己及小家庭，个体行为也常常表现出特立独行；具有集体主义倾向的社会则注重族群内关系，关心大家庭，更容易发生从众行为。牢固的族群关系可以给人们持续的保护，而个人则必须对族群绝对忠诚。

中国是一个典型的集体主义国家，儒家文化一直对集体主义推崇备至。在儒家看来，人的价值可分为自我价值与社会价值，只有实现了自身的社会价值，才能最大程度地彰显自我价值，儒家把处处以群体价值为重看成是培养理想人格的主要途径与标准。在日常生活中一个常见的反映集体主义的例子便是我们的姓名——名字排在姓氏之后，这就显示了家庭、宗族的重要性是高于个体的。类似的情况也发生在印度，印度人在介绍自己时会先告诉大家自己的种姓，再介绍自己所在的村庄，最后才说自己的名字。

而在美洲、欧洲、澳洲等诸多西方国家，如美国、新西兰、澳大利亚等，人们却非常重视个性、独立性和自理能力。孩子从小被灌输的理念是要为自己思考，为自己发言，为自己努力，自己作出决定并承担相应的责任。《当幸福来敲门》是一部经典的强调个人主义价值观的电影。刚开始，主人公克里斯·加纳是一名濒临破产、老婆离家的落魄业务员，独自抚养年幼的儿子。

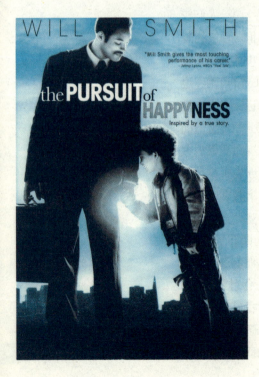

经过一路奋斗，他最终成为知名的金融投资家。尽管破产、妻子出走，甚至沦落到要住收容所的境地，但克里斯从未放弃过尊严，个人主义也得到有力的彰显。每个人都有追求幸福的权利，每个人都需要对自己的人生负责，无论境遇多么糟糕，只要坚持努力，幸福总会来敲响你的大门，充分体现了美国文化体系中对于个人生命、利益、价值和追求的重视。

4）男性化与女性化。

这一维度主要看的是某一社会代表男性的品质如竞争性、独断性更多，还是代表女性的品质如谦虚、关爱他人更多，以及对男性和女性职能的界定。这一个维度并不是指不同性别的平等程度，而是在于企业内部的管理风格。以美国和中国的跨国企业为例，中国是一个相对女性程度比较高的国家，因为中国的跨国企业在管理的过程中除了自身利益最大化，还会更加关心企业内部员工的团结稳定程度，更重视员工关系和生活，重视道德与伦理，避免出现企业内部的不稳定因素；与之不同的是，美国企业的管理风格更偏向男性程度，强调进取心、责权利明确、制度管理，因为其目标很明确，是为了企业利益最大化，在此基础上其他方面的利益都可以被妥协。

5）长期导向与短期导向。

这一维度指的是某一文化中的成员对延迟其物质、情感、社会需求的满足所能接受的程度。20世纪后期，东亚经济突飞猛进，而这一维度也主要是针对东亚等受儒家文化影响比较深的国家和地区提出的。其中，长期导向指的是关注企业的愿景与长期目标，更看重未来；短期导向指的是注重社会传统，重视企业内部每个人的"面子"和当下的感受。此外，虽然这主要是针对东亚受到儒家文化影响的国家和地区提出的，但对于没有受到儒家文化影响的国家（如东欧国家等）也同样适用。

（2）认知结构。

人是在与周围环境相互作用的过程中，逐步构建起关于外部世界的知识，从而使自身认知结构得到发展。这一过程中，个人有两种构建方法——同化与顺应。同化是指把外部环境中的有关信息吸收进来并结合到已有的认知结构（也称图式）中，即个体把外界刺激所提供的信息整合到自己原有认知结构内的过程；顺应是指外部环境发生变化，而原有认知结构无法同化新环境提供的信息时所引起的认知结构发生重组与改造的过程，即个体的认知结构因外部刺激的影响而发生改变的过程。可见，同化是认知结构数量的扩充（图式扩充），而顺应则是认知结构性质的改变（图式改变）。

作为人头脑中的认知结构，图式是多种多样的。社会交往图式则是人们在社交环境中对于面对面交往的知识进行概括而形成的认知结构。同一文化中的成员常常会进入相同的情况中，比如婚礼、葬礼、探亲访友、互赠礼品等，因此会在头脑中形成类似的图式。而在活动中他们还会进一步收集与图式相关的信息，从而使图式更抽象、更稳固、更准确、更实用、更得心应手，图式化过程又转而强化了他们作为文化成员的行为特征，例如对同一文化中的成员，我们一般在年长者身上能看到更多的文化的特征。

图式可以分为以下几种类型。

1）事实和概念图式。事实和概念图式是关于事实的一般知识图式。比如香蕉这种水果，人们在头脑中就其形状、颜色形成一种图式，并且哪怕每一只香蕉都是不一样的，人们关于香蕉的图式却都是相近的。也许每一间教室的布置都会有所差别，但是基本上都会包含讲台和课桌。再比如，每一位人民教师都有自己的教学风格和处事态度，但对"教师是培养祖国花朵的园丁"这一事实的认定都是共同的。

2）个人图式。个人图式指对某一特殊个体的认知结构，比如我们对某个偶像就会形成一个个人图式，这个图式的内容包括勇气、努力、善良、诚信、

图式的9种类型

01	事实和概念图式
个人图式	02
	03	自我图式
团体图式	04
	05	角色图式
事件图式	06
	07	程序图式
策略图式	08
	09	情感图式

坚韧等。有时候个人图式会和社会"刻板印象"或"偏见"相关，比如认为犹太人聪明而吝啬、法国人浪漫、英国人冷漠、德国人严肃而刻板、美国人慷慨大方又傲慢无理等。在一些国产影视剧中，常常会看到简单图式化的人物，被一部分人诟病脸谱化。如落难少女一定是外形纯真而身体柔弱，却又吸引着剧中所有人物的目光。在美国好莱坞影片中也常常看到华人一定是长辫细眼、武功高强等。当人们用特定的图式架构来认识他人时，有时会因为看到对方具备某一种特质，就自然而然地认为他也具备其他相关的特质。比如看到"漂亮"的孩子就会认为这个孩子一定也很"聪明"；孩子是"别人家"的，那一定是"优秀"的。

3）自我图式。自我图式指人们对自己所形成的认知结构，它与自我概念有着紧密的联系。比如你可能认为自己聪明、善良而有爱心，这些都是自我图式的内容。当人们形成一定的自我图式后，就会用这种图式来解释自己的行为表现。比如为了显示自己不拘小节，个人会在与人相处时特意表现出自己不在意某些小事；当他认为自己是独特的，那么在发表意见时常常会标新立异、另辟蹊径。

4）团体图式。团体图式是指我们对某个特殊团体的认知结构，有时候也叫团体刻板印象。团体图式使得我们将某些特质归于一个特殊团体的成员所共有。比如我们可能根据刻板印象认为重庆人喜欢麻辣食物，上海人生活精致，台湾人声音甜美。

5）角色图式。角色图式是指对在社会中或在特定情况下具有特定身份角色的人的行为的认识，这种角色图式会产生特定的角色期待。比如人们常常认为教授知识渊博，既能教书育人，又能主持科研项目等；主持人就应该是幽默风趣，临场反应能力佳的。

6）事件图式。事件图式是指人们对社会情境中会出现何种情况的一般预期的认知表征，是对社会事件的心理分类。如我们有去饭店吃饭的图式，有企业面试时的图式，在教室内也有作为学生的行为图式，在图书馆里会保持安静的图式等。情境图式可以帮助人们识别环境，并采取相应的行动来实现目标。不同文化中社会交往情景会存在差异，以葬礼为例，中西方有很大差别。中国式葬礼可能是守灵，着白衣，参加出丧和随后的宴请；西方则一般是去教堂参加葬礼，着黑色服装，送鲜花。

7）程序图式。程序图式是指人们对事件或事件的系列顺序的图式，尤其是指一段时间内一系列有标准过程的行为。比如我们到饭店吃饭，何时点餐、何时买单都会有一个有序的过程。出席晚宴时，确认自己的出席着装，在酒宴上何时到达，如何与他人社交，何时离开都会形成一定的程序。

8）策略图式。策略图式是对解决问题的策略办法的认识。对情景的识别也会影响到人们对解决问题的策略办法的选择。比如在中国，当个人遇到思想或情绪问题时，常常求助于朋友的解劝和帮助，而在美国可能主要求助于心理医生。

9）情感图式。情感图式是对愤怒、恐惧、嫉妒、孤独等情感的认识，它们来自个人的生活经历并储存在长期记忆中，而且会和其他图式相联系、相伴随。比如曾经遭遇牙疼的患者，看到牙医时，可能会变得紧张、害怕。

图式的形成来源于各个方面，例如社会道德、群体规范、个人经验、家庭影响等。为了节省时间与精力，人们常常用图式化的方式去处理大量的信息。图式的重要性就在于它有助于我们快速而经济地处理大量信息，它能帮助我们解释新信息，从而获得有效的推论。同时也可以给我们提供某些事实，填补原来知识的空隙；通过图式，还可以对未来可能发生的事的预期加以结构化，以便将来有心理准备。但是图式化的处理也有不足，它容易将人们对事物的认知程式化，容易形成刻板印象，使人们觉得不需要去详细分析就会形成一个预设。尤其是在当今"一切皆有可能"的互联网时代，仅仅依靠图式来形成对客观事物的认知，往往会发生偏差。

（3）规范。

不同于价值观和认知结构这两种基于个体差异而产生的文化差异，还有另一种文化差异形式，便是群体规范。社会心理学家长期以来发现，人们会将他们的思想吸收到群体规范中。规范可以分为描述性规范和禁令性规范。人们遵循描述性规范，因为它们提供了简单的默认解决方案，并且因为它们可以与其他组成员协调。而禁令性规范是道德化的，充满了应然性，因此，人们从道德情感中坚持禁令规范，例如对不道德行为的羞辱。道德情感也驱使我们惩罚所观察到的违反禁令规范的其他人，即使这将使我们个人付出代价。

日本著名学者山岸（Yamagishi）发现，面临诸多选择时，日本人和美国人都会倾向于在不危害他人利益时根据自身的偏好作出选择。当可能危害他人时，也都会选择拒绝。但是当日本人发现有人监督他的时候，他们就不会依据个人喜好作出选择，而是作出群体性的选择。这个问题说明了什么呢？日本人和美国人在这个背景下拥有相似的价值观，但是面对不同的社会规范时，其表现也会有所差异。

很多文化差异并非来自前面所提到的价值观和个人信仰，而是对描述性规范的感知。例如，有研究表明，东亚社会对个人的归责较少，强调责任而非权利。美国人和波兰人对别人的请求的回应也存在差异，这种差异不是由个人主义推动的，而是由集体主义所形成的文化规范所驱动。总之，很多时候不同文化之间存在认知差异，可能并非是因为不同文化内部的内在价值观和信仰造成的,而是因为这些认知差异适应了不同的文化规范。

15.1.3 文化与沟通

文化与沟通相互作用,相辅相成。沟通的内容、方式都是由一个人的文化所塑造形成的。文化既决定了人们发送信息的形式与内容,即编码传递信息的过程,也决定了接收者接收信息的解码过程。在信息传递过程中,人们的编码和解码过程很容易产生误差,而避免误差的关键就在于沟通。语言系统和非语言系统都是文化的重要组成部分,都是沟通过程的工具。在本书第1章中我们所提出的语言沟通和非语言沟通都是文化的产物。因此,一个人的沟通行为其实就反映了这个人被文化特征潜移默化的方方面面。另外,文化以沟通作为载体,也是经由一代一代的成员传递延续的。

当我们理解了文化与沟通的关系,也就可以更加容易理解跨文化沟通是什么。

15.2 跨文化沟通的定义

15.2.1 跨文化沟通的含义

> 跨文化沟通是指跨文化组织中拥有不同文化背景的人们之间的信息、知识和情感的互相传递、交流和理解过程。

跨文化沟通是指跨文化组织中拥有不同文化背景的人们之间的信息、知识和情感的互相传递、交流和理解过程。近年来,随着"地球村"的日益普及,跨文化沟通逐渐吸引了人们关注的目光,其中蕴含了包括人类学、语言学、传播学、社会学乃至心理学在内的各种综合性的知识。在跨文化沟通中,要求沟通者拥有表达、倾听、阅读、写作等各方面综合的知识技能,实现自我意识和思维方式的转变,从而达到被处于其他文化的人群理解、接受的目的。

跨文化沟通专家萨姆瓦(Samovar)等人在著作《理解跨文化沟通》(*Understanding Intercultural Communication*)中提出一个跨文化沟通模型,如图15.2所示。我们用A、B、C分别代表三种不同的文化。其中文化A和B代表的是两种较为接近的文化,文化C和文化A、B之间存在较大的差异。跨文化沟通发生在这三种文化之间,我们用箭头来表示几种文化之间的编码和解码

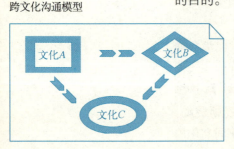

图 15.2
跨文化沟通模型

过程。当文化A发出带有编码的信息时，它带有原文化A的特点，当这个编码信息传递给文化B时，它的解码受到文化B的影响。与原信息相比，重新被文化B解码的信息发生了一定程度的改变，这一改变程度的大小取决于两种文化之间的差异。显然由于文化A、B之间存在一定程度的相似，所以信息传递的变化要比其与文化C之间的变化小。

15.2.2　跨文化沟通的特征

跨文化沟通具备社会性、主动性、互动性、符号性和干扰性的特点，同时还具备复杂性、异质性和冲突性三大特有属性。

（1）复杂性。

与同文化沟通相比，跨文化沟通具有复杂性的特点。在同文化沟通中，一个信息被传递出来后，传递方将其编码成语言的或非语言的信号，然后传输给接收者。接收者再进行解码进而理解信息。而在跨文化沟通中，由于文化因素的介入，沟通复杂性和困难程度大大增加。根据萨姆瓦跨文化沟通模型，在一种文化环境中的编码，却要在另一种文化环境中进行解码，即信息的发出者是一种文化的成员，而信息的接收者则是另一种文化的成员。来自不同文化的沟通双方的行为方式、价值观、语言、生活背景等都存在着很大差异，它们在很大程度上影响和决定了人们如何将信息编码、如何赋予信息以意义，以及是否具备可以发出、接收、解释各种信息的条件。

（2）异质性。

基于文化对其内部成员在思维方式、信仰、态度、价值观等系统的影响，来自不同文化的人们互动时，由于符号系统的差异，即使是相同符号，人们也会赋予这些符号不同的主观意义。例如，大拇指的意义在世界公认表示"好""干得不错""非常出色"等类似的信息。家长对孩子、老师对学生、上级对下级常常会做出这个手势表示认同和鼓励。但竖大拇指的这个手势也有许多例外。在美国和欧洲部分地区，如果看到有人在公路上对开过来的车竖大拇指，他的意思并不是夸赞司机车技好，而是表示请求搭车；在篮球比赛中，裁判通常会一手持球一手竖大拇指表示"准备就绪，比赛可以开始"；飞机驾驶员在飞机升空待发时，由于发动机声音太大无法与地勤人员进行沟通，于是驾驶员会竖大拇指表示"I am ready"。但是在尼日利亚这种手势被认为是侮辱性手势；在德国则代表数字1；在日本这个手势可以表示数字5，也可以表示"男人、您的父亲"的意思；在韩国竖大拇指有"首长、父亲、部长、队长"的意思；在澳大利亚则表示骂人。在伊朗以及伊拉克等很多中东国家，竖大拇指是一种挑衅的行为。这种异质性是跨文化沟通的最大障碍。在跨文化沟通中，沟通双方若不能进入同一文化背景之中，就容易对信息产生歧义或误解，从而使沟通失败。

（3）冲突性。

在跨文化沟通的过程中，没有足够的共同符号可供使用，人们彼此之间相互理解的错误率就会增加。这也就意味着发生冲突的可能性也大大增加。在关于跨文化的相关研究中，不得不提到一个概念——文化休克。全球化的过程可以称为文化的冲突与融合、趋同与多样的跨文化沟通过程。跨文化沟通的主要特点就是其差异性。来自不同文化背景的人会将各自受不同文化熏陶而形成的感知、价值观、规范、信仰和心态带入沟通过程中。不同的文化环境势必会造成文化休克的问题。从本质上来讲，文化休克是跨文化冲突的一种体现，主要涉及沟通者的内心冲突。简单来讲，当人们处于一种不熟悉的文化环境时，就容易产生文化休克的心理反应。当一个人的行为方式、社会关系乃至价值观念在另一种文化中进行解码时，因为不熟悉的符号、习俗的原因，就容易产生心理上焦虑不安的情绪，更严重的可能会产生各种心理和生理疾病，乃至精神病或者自杀倾向。

15.3 跨文化沟通中的障碍

15.3.1 语言障碍

（1）翻译障碍。

2011年5月27日，瑞安航空（Ryan Air）一架波音737-800和美国航空（American Airlines）一架波音767-300发生地面擦碰后仍然照原计划起飞。国际航空安全调查委员会（CIAIAC）发现，该事件是由于机组人员沟通不畅导致飞行员并不清楚当时的真实状况，不确定是否发生了擦碰，未意识到问题的严重性。CIAIAC指出："乘客用西班牙语向乘务组报告飞机发生了擦碰，因此，乘务员很难理解他们究竟想表达什么，一名乘客用英语告诉乘务员一些乘客认为飞机擦碰了其他飞机。"但这一消息被转述给飞行员时，乘务组只响铃一次，事实上，响铃三次才会被视作紧急情况，此外，机长"并没有从乘务员的话语中感到情况紧急"。乘务组在向飞行员转述乘客的报告时"仿佛并不清楚她报告的信息的意义"，她在表述时表现出"犹豫不决"，似乎她并不清楚是否应该"打扰"飞行员报告这一消息。

显然，从上述案例中我们清楚地意识到语言差异给不同文化体系中的人们所造成的巨大障碍。西班牙语乘客与乘务员之间拥有不同的语言符号体系，而这种符号体系是可以被其他文化的人们通过学习而掌握的技能。人们在语言表达过程中，融入了文化内涵和情感。由于语言不通，乘务员因为获取信息的不确定，导致在向飞行员传递信息时没有表达出紧急的情绪，进而在后续过程中导致了飞行员的不作为。

在进行跨文化沟通时，首要的语言障碍就是翻译所带来的障碍。苏联语言学派翻译理论家费道罗夫认为："翻译就是用一种语言把另一种语言在内容和形式不可分割的统一中业已表达出来的东西，准确而完全地表达出来。"

最近常常被提起的一个语言现象就是"中式英语"。它是指在使用英语时，因受汉语思维方式或文化的影响而拼造出不符合英语表达习惯的，具有中国特征的英语。这是中国人在学习英语过程中出现的，是一种语言现象。比如在中国常见的标示语——"小心地滑！"，最初翻译时也闹出了笑话：采取直译法，被翻译成"Caution! Wet Floor!"或者是"Carefully slide！"2018年3月，《中国话语海外认知度调研报告》列举了海外认知度最高的100个中国词汇。榜单中，共有15个经济科技类词汇入选。其中，"元""人民币"跻身榜单前十位，且已被收录进《牛津英语词典》。

为什么会有中式英语的出现？最主要的原因就是在两个语言体系中有时很难找到对等的词语能够进行直接的翻译。最常见的例子便是中国菜名的翻译。中国菜闻名世界，吸引着各国众多的食客，所以很早就有人从事中国菜名的英文翻译工作，现在国内外中餐菜谱上的英译名有了很大的进步，但还很不规范，甚至比较混乱，尤其是翻译的标准不一，质量有好有坏，一道菜可能会出现多种译法。例如回锅肉，英文名有 Sliced pork doubly sauteed, Twice-cooked pork, Twice cooked spicy pork slices, Double sauteed (Sichuan style), Huiguo Rou 等多种译法。更有甚者，"蚂蚁上树"被译成"一群爬树的蚂蚁"，"驴打滚儿"被译成"翻滚的毛驴"。

有的时候俚语、成语、方言，以及委婉用语都会成为跨文化沟通中翻译的障碍。例如，中国的古文博大精深，一般的中国人都有可能无法理解文言文的含义，若是再加上语言翻译，那么翻译的难度就更是大大增加。另外一个例子就是，美国通用汽车在墨西哥卖汽车时，给汽车起了个名字叫"NAVO"，结果市场惨败。这便是由于习俗用语中的差异而致使商务活动失败。

"NAVO"在西班牙语中的意思是"doesn't go",即"汽车不能开"的意思,墨西哥人当然不会买了。上海产的"白翎"钢笔,英译为"white feather",在英语国家同样无人问津。在英语中有一句成语"to snow the white feather",意思是临阵脱逃,因此,白色羽毛象征的是胆小鬼,那么这种钢笔自然销售不好。

一词多义也是造成翻译障碍的重要原因。人们常常会用一词多义来创造出双关的修辞手法。在电影《阿甘正传》(*Forrest Gump*)中,编剧也巧妙地利用了"crooked"的双关意思,对美国的政客讽刺了一番。由于阿甘幼年脊椎有问题,所以甘太太带着年幼的阿甘去做脊柱整形,当医生看到他弯曲的背时,说了这样一句话:"His back is as crooked as politician"。足够了解美国文化的观影者会理解这句话的双关含义:医生表面上是把阿甘像问号一样弯曲的背与政客作个比较,实际上是对美国政客满口仁义道德,实则势利狡猾的讽刺。因为"crooked"有两层意思,一是弯曲的,二是不诚实的、狡猾的。

(2) 文化所带来的语言障碍。

美国著名人类学家古迪纳夫(W. H. Goodenough)在《文化人类与语言》中指出:"一个社会的语言是该社会的文化的一方面,语言和文化是部分与整体的关系。语言作为文化的组成部分,其特殊性表现在:它是学习文化的主要工具,人在学习和运用的过程中获得整个文化。"

美国语言学家克拉姆契(C. Kramsch)曾经指出:"语言表达着、承载着,也象征着文化现实,两者不可分。"

美国人类学家萨皮尔(E. Sapir)强调,语言不能脱离文化而存在。即文化的载体是语言,语言反映着文化。每一个民族都有自己创造的精神财富,也有自己的独特历史、文化、宗教以及生活方式、风俗习惯和道德观念等。这些内容反映在语言中,又通过语言予以表达与传播。不同民族的语言及其文化都有特殊的表现形式和内容,反映出的不仅是各自语言所代表的特定民族的历史传统、风土人情、宗教信仰等因素,更是其观察世界、看待事物的思维模式及行为模式。

在跨文化沟通背景中,由于使用的语言体系不同,处于不同文化背景的两个人很难理解双方传递信息中的文化含义与情感。接收方的解码过程往往是基于本身所处文化所塑造的思维模式去理解传递过来的信息。因此哪怕是语言翻译准确,也容易产生误会。

中国哲学史上的著名流派儒家、道家都强调内心的反省、体验与觉悟。儒家先贤曾参早就说过:"吾日三省吾身"(《论语·学而》),以反省为必不可少的修身手段。道家则更进了一步,王弼认为:"忘象者,乃得意者也;忘言者,乃得象者也。得意在忘象,得象在忘言"(《周易略例·明象》)。语言，甚至图像都成了思想的桎梏，思想修养达到了一定程度，图像和语言都不存在了。

简单来讲，中国传统思维注重实践经验，因而借助于直觉体会，通过直觉从总体上模糊而直接地把握认识对象的内在本质和规律，即"以经验为基础，通过由此及彼的类别联系和意义涵摄，沟通人与人、人与物、人与社会达到协同效应"。中国人对事物的认识只满足于对经验的总结和对现象的描述，而不追求对感性认识的深层思考与对现象背后事物本质的哲学思辨。这种思维机制与生活保持着直接联系，不向分析判断的抽象思辨发展。大自然呈现在自己面前的只是一个感性的现象世界，不可分析，只可感觉。而在语言思维影响下的西方文化和西方哲学，表现出了另一种风格。西方哲学家们总是以语言的严密性和思辨性见长。古希腊早期的哲学家们在自然界的各种观察和实验中渗透着理性思维与哲学思辨的成分，在收集和整理材料的基础上，利用理性思辨的力量对世界进行了解说。因而，在某种意义上讲，西方哲学是一种语言思辨的哲学。

1974年，美国总统福特访问日本，美国哥伦比亚广播公司（CBS）受命向美国转播福特在日的一切活动。在福特访日前两周，CBS谈判人员飞抵东京租用器材，聘请人员，解决保密系统及电传问题。美方代表是一位年轻人，雄心勃勃，提出了许多过高的要求，并且直言不讳地表述了自己的意见，而日方代表则沉默寡言，第一轮谈判结束时，双方未达成任何协议。两天后，CBS一位要员飞抵东京，他首先以个人名义就本公司年轻职员的冒犯行为向日方表示道歉，接着就福特访日一事询问能提供哪些帮助。日方转变了态度并表示支持，双方迅速达成了协议。在这个案例中可以看出，美国人坦率外露的思维方式和日本人内部思维方式相冲突。美国人反对过分拘泥于礼仪，办事干净利落，注重实际，语言表达直率，而且耐心不足；日本人讨厌过分施加压力，比较注重资历、地位。CBS的要员充分掌握了日本人的性格及谈判风格，才促成了谈判的成功。

另一个典型的例子便是纪录片的风格差异。广义上的纪录片是对自然界和人类社会的相对客观的记录。而我国却产生了一种具有中国特色的纪录片形式——专题片。在主题先行的情况下，国内纪录片的制作者在创作前就已经为整个纪录片定下某种情感基调，从而使其在选材、撰词等方面具有某些倾向性。

文化对人们观念的形成和对世界的感受有极大的影响。我们的沟通行为和赋予信息意义的方式在很大程度上受到文化的制约。因此，不同文化背景的人的沟通行为和赋予信息意义的方式存在着非常大的差异，这成为跨文化沟通的深层语言障碍。

15.3.2 非语言障碍

非语言沟通受诸多因素的影响,包括文化背景、社会经济背景、教育、性别、年龄以及个人偏好与倾向等。即使是在同一个文化内部,也不是所有的人都使用相同的表意符号,这就使得对非语言信号的理解更加困难。男性和女性就会经常使用不同的非语言信号。在许多文化里,不同的社会阶层也可能使用不同的非语言信号。当上层社会或位居高位的人和下层社会或职位低微的人沟通时,他们可能更加独断专行,直言不讳。所有这些因素使我们对非语言沟通的理解变得更加困难。

显然,要有效地进行跨文化沟通是非常困难的,需要根据具体的情景进行细致的评估和分析。例如简单的数数问题,当欧洲人从1数到5时,他们从大拇指开始,然后按照顺序数到小指。而与之相反的是美国人从食指开始数,最后竖大拇指。对于在欧洲工作的美国人而言,就需要对这一点给予一定的关注。

在本书第1章中,我们详细地介绍了非语言沟通的各种方式、方法,如身体语言沟通、副语言沟通、物体的操纵等。但是在不同的文化背景下,这些非语言沟通也会因为不同文化所赋予的内涵而给人们的沟通交流造成障碍。

(1) 身体语言差异。

下面我们着重以不同文化中面部表情语言的差异进行说明。

说话时通常伴随着明显的面部表情。许多文化里面,当人们感到惊讶时,会睁大眼睛,同时张大嘴巴;当喜欢某事时,眼放异彩,面带微笑;当生气时,则眉头紧锁,面露愠色。虽然在许多不同的文化里面,面部表情的意义相同,但使用的频率和强度却不一样。

1) 眼神交流。

眼神交流处于人际交往的重要位置。人们相互间的信息交流,总是以目光交流为起点。目光交流发挥着信息传递的重要作用,故有所谓的眉目传情。目光接触和面部表情会提供重要的社会和情感的信息。人们或许没有有意识地这样做——从彼此的眼神中探寻对方面临的正面或负面情绪的迹象。而在某些情况下,眼神交流会引起强烈的情感波动。

大多数文化里,眼神交流往往和这个文化中的权力距离相关。例如,在许多西方国家,雇员在工作上与主管或与老年人面对面直视会使得后两者认为被冒犯,更有甚者会被误以为代表攻击性。上级或者长者可以更自由地注视着下属或者晚辈,反过来下级或者小辈则会垂目以展示恭敬的姿态。但是眼神接触只是显示权力的一部分,在很多情景中这个现象却并不是普遍的。例如,有的时候我们更欣赏的姿态是,将视线落脚点放在听者的鼻尖附近，并且时不时地和听者保持眼神接触。而不是一直保持一种不间断的眼神接触，因为这显得有些咄咄逼人。这样的一种眼神接触可以展示交谈双方彼此的真诚与郑重。其实更多的情况下，眼神接触是非常复杂的，在不同的情境中也有不同的观念。例如当老师在课堂上时，学生们往往会将目光跟随着老师的动作，而非紧盯着老师的眼睛。老师会将自己对学生的目光发散开去，做到眼观六路，而不会长时间聚焦在某一位学生上。在这种情境中，眼神接触不是必要的。

眼神接触的规则在不同文化中不尽相同。在中国，用挑逗性的眼光注视异性可能被理解为性骚扰。当你听别人说话时，盯着别人的嘴巴，而说话者要时不时地和听者进行目光交流，在中国这是一种非常自然的交流姿态。

当两者进行对话时，如果其中一方对于目光交流呈现出闪避的姿态，他往往会被认为是心虚的、不诚实的。正所谓："眼睛是心灵的窗户。"人们会通过将目光集中在对方的眼部，借此判断对方的真实意图，以心交心靠的可能就是眼睛了。在这些文化里，眼神接触和诚实有关。但是在日本，眼神接触却被视为侵犯他人的隐私，是一种挑衅式的行为。因为在日本人看来，语言交流直接对视，不是仇视，就是蔑视。因此在日本，双方的交流不管多么亲切，也从不对视，宁肯对天对物，也不会将视线放在对方的面部。哪怕是对同在一个办公室的日本员工而言，他们也很少抬起头注视别人的眼睛。所以日本人就选择了"无视"，这是他们认为的最安全的交流方式。

2）鼻。

不同的文化中，鼻子也会传达出人们的情绪。当人们愤怒时，他们的鼻孔往往会张大。

3）嘴。

相比西方国家的影视作品中较为明显的肢体语言，我们经常会在亚洲国家的电视剧（如中国、韩国或者日本）中看到女主角的面部表情非常丰富，而肢体语言会显得比较克制。例如对于不满的事情，女主角可能会撇嘴表达一下不满，又转瞬即逝。而相比之下，西方国家则会有较为夸张的嘴部动作，无论是表达快乐还是悲伤。

4）眉。

皱眉是许多文化里表达愤怒的一种温和方式。根据实际情况的不同，皱眉可以表示愤怒、怀疑、对权贵的质疑、疑虑或不苟同。在美国经典的微表情影视剧《别对我说谎》中，饰演男主角的演员蒂姆·罗斯（Tim Roth）是一位经验丰富的微表情专家，他可以从人群中一眼就找到意图制造爆炸的罪犯。因为他发现那位罪犯面部眉头紧皱，嘴角向下紧闭，仿佛

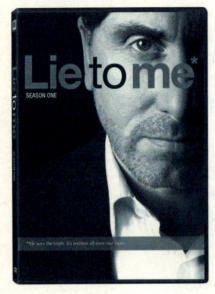

全身都透露出一种阴沉的愤怒。当然在现实中微表情的情绪透露可能没有影视剧中这般夸张。而在不推崇公开表达感情的文化里，皱眉可能是比较克制的表现。例如，日本人用凝视来表达愤怒；在商务活动中，公开用皱眉表示愤怒是不合适的，可能导致失面子的情形。

5）脸。

在许多欧美文化中，心中的情绪很可能直接反映在脸上。但是反观日本，他们通常会压抑自己的情绪，认为自制是一种好的态度。在日本文化的正式场合里，日本人的脸部表情往往是比较沉重的。这是日本文化中的"忧患意识"使然。日本因为特有的岛国地形和多种自然灾害的高频率发生，使得日本人具有强烈的"忧患意识"和对自然灾害的防范意识，因此表情都显得比较沉重，使人不容易从脸上看到其内心。

其他身体语言如肢体动作在不同的文化中也存在着诸多差异。例如，不同文化中的一个简单的点头动作就可能反映出不同的内涵。在许多文化中，点头表示赞同，而摇头意味着反对。但是也有少数国家并非如此，如在保加利亚，摇头表示同意。在斯里兰卡，点头表示不是，摇头则表示是。在印度南部，摇头并不表示否定。类似的，在西方国家，埋头表示被别人打败；在亚洲文化中，埋头可能传达出的是对等级地位的认同。例如，前面提到的日本文化中的"无视"文化，埋头便是一种自然的倾听状态。但是在其他文化（如中国文化）里，这可能是一种缺乏兴趣或者不尊重的表现。我们也常常会发现不同文化里手部动作的差异。如在中国，许多人在演讲时会加上一些手臂的动作来增强自己讲话的感染力。而日本人手部动作很拘谨，因为在他们看来大幅度的手部动作会侵犯到他人的空间。

另外，对坐姿的理解不同的文化也不尽相同。一般而言，我们会认为站得笔直、昂首挺胸是有信心的表现。但是在有些场景中却又不是如此，如在上级或者长辈面前，微微屈身可以传达出一种尊敬和谦逊的态度。在大多数的企业中进行商务洽谈时，人们都是坐在凳子或者椅子上的。但是在日本或者韩国，传统的跪坐礼仪仍然存在。

（2）副语言。

副语言是另一种非语言的信息传递方式。声调的高低、语气的轻重缓急都可以传递出不同的情绪。例如，有部分女性她们说话习惯轻声细语，有些男士说话则声音非常洪亮。讲话时有的人会通过声音的大小、节奏的快慢、声调的转换来带动观众的情绪。我们有的时候会在句末用升调来表示疑问，这是典型的非语言问号。但是在法国，他们通常的谈话语句结束时的声调都是高的,所以这并没有带着疑问的语气。

有的时候人们在日常表达时会通过拟声词来连接自己的讲话。例如在中国,拼音中"en""e"等非表意象声词出现在很多的情境中。它可以是说话者用以延长思考的时间,也可以是交流时对对方的一种肯定,在语句中起到润滑、串联的作用。在英语国家,"um"这个声音也经常出现在人们的交流中。在日本,"hai"这个音同样也是如此,拥有各种含义,出现在各种场合中。

15.4 跨文化沟通的影响因素

15.4.1 个人层面

（1）感知。

感知即意识对内外界信息的觉察、感觉、注意、知觉的一系列过程。感知可分为感觉过程和知觉过程。感觉过程中被感觉的信息包括有机体内部的生理状态、心理活动,也包含外部环境的存在以及存在关系信息。感觉不仅接收信息,也受到心理作用影响。知觉过程中对感觉信息进行有组织的处理,对事物存在形式进行理解认识。

沟通就是去感知语言和非语言行为。哪怕是同文化中的人与人之间的沟通也会因为感知能力的差异而造成交流障碍。常言道:"人只能看到他所理解的东西。"感知与文化有很密切的关系。一方面,人们对外部刺激的反应,对外部环境的倾向性、接受的优先次序,是由文化决定的;另一方面,当感知形成后（指感知过程的结果——知觉）,它又会对文化的发展以及跨文化的沟通产生影响。在跨文化沟通过程中,研究感知或知觉对沟通的影响具有十分重要的意义。人们在沟通过程中存在的种种障碍和差异,主要是由感知方式的差异所造成的。要进行有效的沟通,我们必须了解异文化环境中人们感知世界的不同方式。

（2）成见。

当我们突然进入一种有很少熟悉的符号和行为情境的时候,就会经历一个令人烦恼不安的过程——文化冲击。文化冲击是指当生活在一种文化背景中的人接触到另一种新的文化时所感受到的生理和心理上的不适反应。人类学家卡尔韦罗·奥伯格（Kalervo Oberg, 1901—1973）在其1960年出版的《国际企业的文化维度》中提出了文化冲击的概念:文化冲击是人们在不同文化环境下生活和工作时所经历的心理失衡，产生文化冲击时，人们会突然陷入一种因失去自己所熟悉的社会交往信息和象征而产生的焦虑状态。

进入自己不熟悉的领域，我们会焦虑不安，甚至茫然，不知所措。在这种情况下，成见就会产生。相比模棱两可的状态，人们更容易接受坚持自己的固有态度，然后用自己的一套理念去理解、判断别人的做法。由于我们大多数人都有惰性，可能不愿意去再了解一下不同文化中的差异，这便是成见。成见作为我们头脑中的固有印象，常常是僵化且难以改变的。人们往往选择成见来作为自身防御的机制，但是这并不利于我们的人际交流。我们必须认识到，带有成见的跨文化沟通是不可能成功的。

（3）民族中心主义。

民族中心主义是一种认为自己文化优于他文化的信条，是人们作为某一特定文化中成员所表现出来的优越感。美国社会学家孙墨楠（William Graham Sumner, 1840—1910）给它下的定义是："以其个人所属群体为一切事物的中心为出发点来看待事物，对其他所有群体则按照自己的标准把它们分成等级……每个群体都认为只有自己的社会习俗是恰当的，看到别的群体有不同的社会习俗，就会嘲笑。"总之，它是一种主观主义的态度，偏爱本群体的生活方式，以自己的生活方式为标准，用否定的态度否定或贬低其他民族群体的生活方式和文化成就。因此，当个人以自身的文化价值和标准去解释和判断其他文化环境中的群体时，误解便产生了。从一种文化的角度去看待问题，另一种文化很难选择"最好的方式"去行事。但是每一种文化都具有其独创性和充分的价值，每一种文化都是一个不可重复的独立的体系。一切文化价值都是相对的，各民族文化在价值上是相等的。民族中心主义是一种应该摒弃的思想观念。

（4）缺乏同理心。

同理心也可以理解为共感，泛指心理换位、将心比心，即设身处地地对他人的情绪和情感的认知性的觉知、把握与理解。它主要体现在情绪自控、换位思考、倾听能力以及表达尊重等与情商相关的方面。共感能力指的是人生存在社会上，心理、生理以及行为上的各种适应性的改变，与社会达到和谐状态的适应能力，可以通俗地理解为"换位思考"的能力。而人们有的时候会对其他文化缺乏共感，因为人们经常是从自身的文化价值观角度而不是他人的立场上理解、认识和评价事物的。

缺乏同理心的原因有很多。首先，在正常情况下，设身处地站在他人立场上想象他人的境地是十分困难的。尤其是文化的因素加入之后，这个过程就更加复杂了。其次，显示优越感的沟通态度也阻碍了共感的产生。如果一个人总是强调自己管理理念的科学性达到固执己见的程度，别人也很难与之产生共感。最后，缺乏先前对于某个群体、阶级或个人的了解，也会阻碍共感的产生。当外派人员到另一个国家工作时，其没有相关的海外工作经验，也没有提前了解当地文化，就很容易误解他人的行为，从而产生行为冲突。这种知识的缺乏，将可能阻止我们去深刻认识异文化中人们行为背后的真正动机，并得出正确结论。

15.4.2 环境因素

（1）法律制度。

文化是一种对社会生活的构想，它对生活于其中的个体行为起到潜在的和实际的引导作用。法律是社会的产物，是社会制度和社会规范之一。它与风俗习惯有密切的关系，维护现存的制度和道德、伦理等价值观念，反映某一时期、某一社会的社会结构，与社会的关系极为密切。因此，法律制度源于一个国家的文化价值观，与文化紧密联系在一起。1969年，美国法学家弗里德曼（Lawrence M. Friedman）在《法学与社会评论》上发表了一篇题为《法律文化与社会发展》（Legal Culture and Social Development）的文章，首次提出了"法律文化"这个概念。他认为"法律文化是共同制约法律制度并且决定法律制度在整个社会文化中地位的价值和观念"。法律文化是与整个文化具有有机联系的有血有肉的习惯，而不是某个社会可以选择或购买而不具有任何特定社会遗传标志的中性人造品。法律文化是一种同社会生活密切相关的社会文化景象，它是在一定社会物质条件决定作用的基础上，国家权力所创制的法律规范、法律制度以及人们关于法律现象的态度、价值、理念、心理、感情、习惯及评论学说的复合有机体。

在一个国家合规合法的行为在另一个国家就很可能是违法行为。当管理者与来自不同文化背景的员工沟通时，应当对他们所要涉及的国家的法律制度有所了解，从而避免许多不必要的麻烦。这并不是要求每一位从事国际商务者精通各国法律，但是应当对基本的法律概念有所了解和认知，并在必要时咨询专业法律人士。相同国家的两名律师可以毫无障碍地就本国法律进行交流。但是一名中国律师在向一名美国律师咨询某项法律时，就涉及中文和英文之间的转换。根据跨文化沟通模型，中国律师需要根据自己的理解将所需要咨询的法律翻译成英文传递给美国律师。由于语言障碍的不可抗力，中间势必会有一定程度上的信息缺失。下一步，美国律师需要按照自己的理解对这个问题进行解码、回答，整理好答案后再反馈给中国律师。不得不承认，在这个复杂的跨文化沟通过程中，很可能存在误解和信息扭曲。

不同文化的法律规范差异主要包括以下几个方面。首先,不同的国家可能会对同一事实赋予不同的法律性质。其次,不同国家往往把具有相同内容的法律问题分配到不同的法律部门中去。再次,不同国家对同一问题规定的冲突规范具有不同的含义。尽管各国都是用一定的法律名词或术语来规定冲突的范围,但由于各国社会制度以及文化历史传统的差异,不同国家对同一问题规定的冲突规范所使用的法律名词或概念并不一定相同。有时即使表面上相同,各自对其含义的理解也不完全一致。例如,各国对什么是不动产、什么是动产有不同理解,法国把蜂房看做动产,荷兰则视之为不动产。正因为如此,各国法院在处理涉外案件时,有必要对冲突规范进行解释,看它适用于多大的范围,在哪些场合适用。最后,不同国家都有其独特的法律概念。

尽管各个国家的法律有所不同,但是根据法律的特点和历史传统对各国法律进行分类,现如今主要有英美法系、大陆法系、中华法系、印度法系、伊斯兰法系五大法系。

中国传统的法律文化强调国家本位主义。古代中国社会"是以自给自足的自然经济为主导的,一个个的小农家庭是社会的细胞,在这种小家庭中,以长幼尊卑形成了一个相对独立的宝塔形的等级结构"。这种家族式的宗法等级结构需要国家的认可和扶植,由无数个宗法家族构成的社会必然会架起宝塔形的"大家",因此中国古代政权的架构,很大程度上是这种家族制度的模拟和扩大,也就是说以皇权为中心的国家政权拥有至高无上的地位。凡是在精神上支持、拥护这种典型的专制统治的观念和理论,无论是强调以"权""术"治民的法家的国家专制和集权思想还是强调以"仁""孝"治世的儒家的德治思想同样受到统治者的青睐,并使这些理论和观念得到国家强制力的保护。在这种背景下,国家本位主义就有了坚实的经济基础和生存环境,人作为社会主体的个性被否定,而尊重人的权利、自由和个性正是法治所追求的。

中国是一个十分注重人情礼教的社会,追求的是和谐和秩序。而法的强制性和暴力性恰恰与之格格不入,这就使得人们对法的认同显得有些勉强。"情、礼、法"这一排列顺序很好地说明了这一点。人们通常只有在情和礼都不能解决问题的情况下,才会不得已转而寻求法律的帮助。这样就不难理解中国古代的民事纷争为什么多以调解为主,身为父母官的官员们在审理案件时,首先是看这一行为是否合情、合理,然后才会考虑到是否合法。

相比之下,美国法律本位的特点则是日益个人本位化,实现从义务本位到权利本位的变迁。美国的这种个人本位法律文化深受罗马法影响。到了罗马共和国晚期,由于经济发展和军事扩张,家庭本位逐渐瓦解,个人本位的法律观和法律制度发展起来,开始重视个人的权利,把个人从古代社会的权威中解放出来。个人本位法到了古典自然法学派那里得到了极大的发展，他们认为人权是人的基本权利，是人的理性和自由意志的产物，是与生俱来的，因此是神圣不可侵犯的，人人生而自由平等。人权理论不仅被写入美国的法律之中，更为重要的是这种追求自由平等的观念也从此深入人心。所以在美国人看来，子女首先是一个平等的个体，享有基本的人权，然后才会考虑到血缘上的关系。父母子女之间是平等的，子女有属于自己的意志和自由，在日常生活中甚至可以直呼父母的名字，这在中国是难以想象的。

如果说中国人对正义的理解凭的是直觉和情感，那么美国人靠的则是理智。西塞罗在《法律篇》中提到"法是正义与非正义事物之间的界限，是自然与一切最原始的和最古老的事物之间达成的一种契约；它与自然的标准相符，并构成对邪恶予以惩罚，对善良予以捍卫和保障的那些人类法"。在这里，他将正义视为法的目的和衡量法律优劣的标准。与此相似，自然法学家把自然法看成是人类至高无上的准则和道德，而正义就是自然法的基本准则，法律必须以正义为价值取向，违背了正义就是违背了自然法则。卢梭也认为"正义只有通过法律才能实现，否则正义的法则在人间就是虚幻的"。由此可见，通过法律来实现正义，是西方追求正义的一般（基本）途径。

（2）宗教信仰。

宗教是人类社会发展进程中的特殊的文化现象，是人类传统文化的重要组成部分，它影响到人们的思想意识、生活习俗等方面。广义上讲，宗教本身是一种以信仰为核心的文化，同时又是整个社会文化的组成部分。

所以宗教本身就是一种文化。宗教在其形成和发展过程中不断吸收人类的各种思想文化，与政治、哲学、法律、文化包括文学、诗歌、建筑、艺术、绘画、雕塑、音乐、道德等意识形式相互渗透、相互包容，逐步形成属于自己的宗教文化，成为世界丰富文化的成分。

（3）道德规范。

道德规范被认为是相对的。与文化相对、与环境相对、与个人的特殊需求相对。道德规范是道德意识现象的内容之一，是一定社会为了调整人们之间以及个人与社会之间的关系，要求人们遵循的行为准则。它是人们的道德行为和道德关系普遍规律的反映，是一定社会或阶级对人们行为的基本要求的概括，是人们的社会关系在道德生活中的体现。道德规范是由一定的社会物质条件和社会关系所决定的，同时又是一定社会或一定阶级的人们自觉行为的产物。道德规范随着社会的发展而不断发展，具有历史性和继承性。在阶级社会和有阶级存在的社会，道德规范的形成、发展及其在实践中的贯彻，同现实社会的阶级关系和阶级斗争有密切的关系。

虽然人类的道德具有共同性，但是不同的国家、不同的时代，或者不同的社会所形成的道德规范是有一定差异的。例如，中国讲究中庸，重视血缘亲情，重视人伦情理，而西方重视理智，强调个体道德教育，重视契约精神。中国强调情理法，而西方却是法理情。

不同的道德规范的差异会使得沟通者难以接受与适应，也容易造成一定的摩擦和冲突，在心理上也会给双方带来不适与痛苦。例如，中国人勤劳，崇尚节俭，在处理公司问题上可能侧重于经济实用，能省则省。因此，在进行跨文化沟通时，需要尽可能地了解双方所处文化的道德观念存在的差异，避免影响双方的沟通与互动。

15.5 | 跨文化沟通的策略

15.5.1 个人层面

（1）树立文化差异的意识。

中国著名社会学家费孝通先生曾经指出，对于不同民族文化，要"各美其美，美人之美，美美与共，天下大同"。既然文化差异在跨文化沟通活动中客观存在，并且一个民族也无法从根本上完全融合其他民族的文化，我们就要树立文化差异意识，增强对他国文化的敏感和包容，充分理解对方的价值观和行为习惯，建立良好的沟通氛围。首先应该从心态上进行调整，树立文化差异意识，做到尝试去了解文化差异，理解文化差异，认同文化差异，进一步融合文化差异。同时，我们还要提高对不同文化的适应性，通俗地讲就是要"入乡随俗"，观察他人的行事方式，并使自己的行为尽快与之协调，这无疑将极有力地促进各种活动的顺利开展。

（2）掌握良好的语言能力。

跨文化沟通中存在的障碍很大程度上是语言所造成的障碍，而较高的外语能力显然十分有助于克服语言差异所带来的障碍。这种语言能力，不仅仅是表面上的语言流利程度和表达能力，更重要的是要掌握在各种环境下准确使用外语的能力，也就是语言学家经常讲的语用能力。我国著名语言学教授索振羽在他所编著的《语用学教程》中指出："语用学研究在不同语境中话语意义的恰当的表达和准确的理解，寻找并确定使话语意义得以恰当地表达和准确地理解的基本原则和准则。"简言之，语言能力是超越语言本身的语言运用能力。国际商务活动本身就是一种文化的交流，掌握外语语用能力，在跨文化沟通中就能化解各种文化矛盾,完成语意的恰当表达。

15.5.2 组织层面

跨文化沟通中的文化感知、文化认同和文化融合是一个系统工程,在具体实施中需要各方面协调运作方可见到成效。了解文化差异、认同文化差异和融合文化差异是有效地进行跨文化沟通的根本所在。在组织层面,我们尝试给出以下建议。

(1) 建立组织成员的共同价值观。

价值观反映了员工普遍的思想态度、行为方式和处事原则。共同的价值观念可以充分调动组织内部各个成员的积极性和主动性。在企业使命和价值观影响下,员工之间可以实现深层次的有效沟通和管理,并在心理上、思想上对企业产生认同感和归属感。这种不同文化之间的融合可以起到凝聚全体员工的重要作用。我们可以对员工的个人价值观持宽容态度,但每一个员工既然加入一个企业,他就是企业的一员,就要在企业价值观和企业文化的共同框架下来行事,并和组织的其他成员进行有效沟通。

(2) 制定完善的组织规章制度。

规章制度对人们的行为起到约束作用,必要的制度保障也是必不可少的。建立完善的制度管理体系,尤其是奖惩制度对于塑造企业文化,践行共同价值观有着重要的强制保障作用。这既是对企业管理的普遍需求,也是在跨文化沟通过程中的客观需求。

(3) 进行跨文化沟通培训。

企业管理本质上是对人的管理,培训对于跨文化沟通尤为重要。通过培训课程,可以更新员工对于不同文化的知识体系,改变员工的思维态度,培养员工的内在文化包容能力。在培训过程中,员工可以直接获取关于不同文化之间的背景知识,充分理解认识到两者之间的差异,消除偏见,进而主动地去规避文化差异可能造成的不必要麻烦,汲取不同文化中的优点长处,提高自己的个人管理水平。

(4) 提供跨文化交流平台。

企业应该为不同文化的员工提供交流平台,让每一位员工感受到组织对自己的支持与培养,鼓励员工自由地传递分享信息知识,促进员工积极参与到跨文化交流中来。比如举办一些学习沙龙或者活动比赛,让来自不同文化背景的员工在活动中进行友好相处,促进文化融合。实践表明,这些活动可以很好地加强员工之间的沟通与交流,起到疏导内心冲突的作用。当然,这些文娱活动只是为跨文化沟通提供一种交流的桥梁,并不具备系统的教育性质,应当以鼓励倡导为主,而非强制要求。

思 考 题

1. 跨文化沟通时应注意哪些方面？
2. 如何提升自己的跨文化沟通能力？
3. 如何克服跨文化沟通障碍？
4. 工作生活中反映东西方文化差异的事例有哪些？如何解决？

案例

戴姆勒–克莱斯勒经典案例

合并前的克莱斯勒

克莱斯勒有过一段不平凡的经历。能让一个濒临破产的企业在短短几年之内浴火重生，并不是一个普通人能做到的。这个不平凡的人就是：李·艾科卡，他在1978年11月，成为戴姆勒–克莱斯勒公司的总裁。在担任领导人期间，他成功地把这家即将破产的公司从危境中拯救过来。在公司步入险滩的时候，他向华盛顿申请破产保护，从而获得了15亿美元的联邦贷款担保。正是这笔救命的基金，使企业获得新生。在艾科卡的英明领导和公司所有人的努力下，到1983年，克莱斯勒终于开始盈利。就像凤凰涅槃，这家一度在死亡线上挣扎的企业又获得了新生。在艾科卡任职的后半段，他的兴趣发生了转移，他的工作重心不再放在公司上。而到了1988年，戴姆勒公司又遇到了麻烦：公司没有充足的资金投入到新轿车和卡车的设计中。艾科卡制订了长期的计划。所有的这一切都没有白费。到了1992年，公司得到了高速的发展，而且一直平稳地处于良好的发展趋势。

合并后期问题

并购之风在当时悄然盛行，合并能够带来更多的市场，戴姆勒集团与克莱斯勒集团本打算取长补短，增加时长占有率，两家公司合并的初衷是显而易见的，大家都是奔着能垄断世界汽车行业的伟大目标而去的，而克莱斯勒每年能在北美销售近300万辆汽车，这足以说明其雄厚的实力，但在欧洲，其市场占有率却不足1%，这实在令人唏嘘，这不是一个汽车巨头所该有的表现。作为德国最大的汽车公司，戴姆勒每年只能在全美卖出约12万辆车，而在两家公司合并之后，事实上却并没有朝着大家预期的方向发展。由于成本等各个方面的原因，克莱斯勒的经营形势一直不尽如人意，让人不禁为其担忧。戴姆勒–克莱斯勒公司的股价也已经从合并之初的108.56美元下跌到26.96美元，让已经购买了其股票的人们都为之捏了一把汗，新公司的总市值也由1 083亿美元缩减至273亿美元，更让人一度对其失望透顶。而此时的公司也遭受了来自内外的巨大压力。终于，2007年7月3日，欧盟正式批准戴姆勒-克莱斯勒公司以74亿美元的价格，将旗下克莱斯勒公司80.1%的股份出售给美国瑟伯勒斯资本管理公司。至此，一段美好的联姻就此破灭，让人不胜唏嘘。分拆之后，戴姆勒公司开始集中精力发展其王牌汽车——梅赛德斯-奔驰品牌的业务。而与此同时，克莱斯勒也开始自己的规划。

失败的原因

汽车界专业人士认为：梅赛德斯-奔驰与克莱斯勒的结合一开始就注定了会是一个失败的结局：试图将一个豪华汽车品牌与一个大众汽车品牌合并在一起，这在没有先例的情况下是不可能成功的。显而易见，这二者天生是不合适的。的确，戴-克结姻从一开始就不被人看好，而在以后的发展中，它的表现也一直不尽如人意。两个不同跨国公司的合并，必然会导致一系列问题的出现，而美国和德国的民族文化、政治文化，则正是导致公司失败的主要原因。

1. 沟通冲突

所谓的沟通冲突主要是体现在两个方面：文化沟通的误会和障碍。不同国家的语言不同，甚至不同民族的语言都会不同，所以这会导致其文化背景不同，而对同一信息的理解程度必然也会不尽相同。公司的德国人和美国人在宗教信仰、工作方式、文化理念等许多方面都有着充满自己国家文化的色彩，这就为日后的公司倒闭埋下了伏笔。不同的文化有不同的沟通方式，如果没有充分了解其国家的文化，势必会发生一些不必要的冲突。而公司的员工大多来自德国和美国，这两个国家不管在语言、行为甚至思想上都有着截然不同的理念。

2. 管理冲突

在戴姆勒-克莱斯勒公司成立后，CEO换了好几任，不同的管理人员有不同的理念，这势必会导致对员工的信念发生变化，甚至对公司的文化也有所影响。

3. 道德因素

在合并或兼并发生的时候，即使是看似两个完全相同的企业，有着相同的公司理念，也会牵扯到不同的文化。例如，一家企业保守，而另一家则开放；一家正统，而另一家则不那么正统；等等。这些差别都会阻碍同化的进程，从而阻碍公司的发展脚步。那么，一家德国企业和美国企业的巨型合并将会引起意识形态问题就毫不令人奇怪了。

资料来源：黄亚辉.跨国公司的跨文化冲突典型案例研究——以"戴姆勒-克莱斯勒公司"为例[J].现代商业，2018(4)：157-158.

案例讨论

1. 你认为应当如何解决合并后的沟通冲突问题？请列出具体对策。
2. 管理冲突和道德因素也是导致合并失败的重要原因，你认为应当如何解决？请列出具体对策。
3. 除却原文中作者提出的三种导致合并失败的原因，你认为还有哪些方面的原因导致了跨文化冲突？

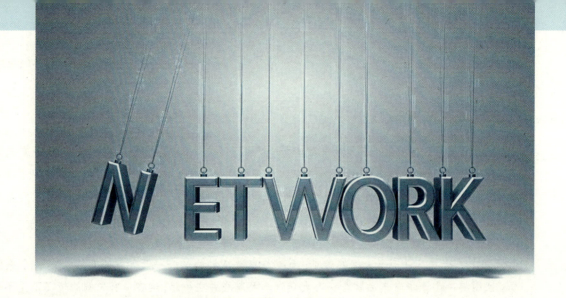

第16章 网络时代的沟通

> 网络的形式,将成为贯穿一切事物的形式,正如工业组织的形式,是工业社会内贯穿一切的形式一样。
> ——[美]曼纽尔·卡斯特尔(Manuel Castells,美国南加州大学教授)

学习目标

- 了解网络时代的沟通特征
- 掌握主要的网络沟通形式,并能够分析其利弊
- 了解网络沟通对组织管理的影响
- 掌握组织对网络沟通风险的应对措施

引导案例

2010年10月出现的被媒体广泛报道的华为"人事地震"事件,起因是有媒体报道,华为即将发生一场人事"地震"。即创始人兼总裁任正非欲将其子任平引入高管团队,但遭到了高管们的集体反对,董事长孙亚芳正在走离职程序。对此,华为事后发表声明称,该消息"纯属凭空捏造的谣言,与事实完全不符"。

值得关注的是,此次关于华为"人事地震"的传闻率先出现在微博中。"就在刚刚,传出华为总裁任正非逼走华为董事长孙亚芳及其亲信,为其子

任平顺利接班铺平道路的消息。消息称,目前孙亚芳正在走离职程序,传华为赔偿其9亿元,还有一说是14亿元。"这一消息最早发源于10月26日多条微博中,仅仅一晚的时间,便在互联网上被网民关注到并通过微博与论坛迅速传播,第二天一天,传统媒体便出现了1 391篇相关报道。

对于此次媒体铺天盖地的报道,华为发布了一份短短100余字的声明。声明表示,目前在媒体出现的关于华为公司高层变动的消息,纯属凭空捏造的谣言,与事实完全不符,是对华为公司的恶意中伤。声明还强调,希望媒体本着尊重新闻事实的原则,不要继续炒作。同时,华为公司将保留对制造和传播谣言的相关人员追究法律责任的权利。

资料来源:沈健.浪潮求生[M].北京:机械工业出版社,2012.

16.1 网络时代下沟通的特征

网络作为新型传播媒介,与人类沟通行为的结合就形成了网络沟通。基于网络的特性,网络沟通也呈现出与传统媒介沟通所不同的特征。

16.1.1 网络沟通的虚拟性与隐匿性

网络沟通的虚拟性主要体现在对现实世界的模拟,在网络世界中传统的三维现实世界可以借助现代网络通信技术模拟出来。这种虚拟出来的世界跟现实的环境很像,但突破了现实生活的地域等其他限制条件,每个人都可以自由地沉浸其中或者进行互动。每个人都可以作为虚拟世界的成员,自由地从事现实世界中的活动,比如出入虚拟的商场、社区、医院和学校等。

虚拟世界与现实生活很相像,但又有很大不同,这种虚拟世界的存在形态是无形的,它以文字、图像、声音等形式存在。这些存在形式最终都归结为符号,现实的客观

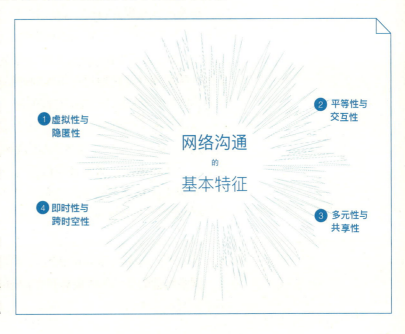

世界被转化成了数字化的世界,为人们的沟通、想象力以及创造力的发挥提供了一个虚拟的、自由的空间。

虚拟沟通中沟通主体双方或者多方的身份、角色往往都是隐匿的。这种隐匿性体现在人们可以通过注册任一名称、设定任一角色登录某一虚拟的社区,成为其中的成员。虚拟场所将现实生活中的各种身份、场所等都模糊化、符号化和平等化,从而为沟通主体塑造隐匿的沟通环境。

不同于现实世界中的面对面沟通,在这种沟通环境中人们主要被自己的主观感受和想象所左右。人们在沟通中可以尽情地演绎不同的角色,体会不同的情景,而不受其他的限制。往往在这种隐匿的环境中,用户可以更轻易表达自己的真实情感和言论,通常能够反映社会真实的问题以及深层次的社会矛盾,体现出多样化的价值观。当然,这同时这也埋下了网络犯罪的隐患。

16.1.2 网络沟通的平等性与交互性

网络的虚拟性与隐匿性使得在网络世界中平等、自由的思想交流成为可能。交流的主体可以摆脱现实世界中阶层、社会地位、身份等的影响,可以更加主动参与交流,并无所顾忌地发表自己的观点。在互联网上,只要不违背法律以及严重的道德规范,任何组织和个人都有权发布信息,网络世界给普通的个体提供了一个平等、自由的话语空间。另外,网络世界也没有强制性,每个人都有选择自己发表内容、时间的自由。平等地参与网络交流是自由交互的前提。

传统的大众媒介,比如报纸、广播、电视等常使人们成为被动的信息接收者,缺乏互动的空间,而网络则提供了便捷、间接的互动空间,使人们更主动参与交流,发表看法,积极回应。与现实生活中的沟通不同,网络虚拟空间的人际交流往往是通过在不同的虚拟空间,比如论坛、邮件、聊天室交换信息实现的,网络成员与虚拟空间的每一次交流都高度强调互动性。

信息技术下的网络世界给人们提供了一种开放的、双向的信息流通方式,使得网络用户不仅是信息资源的消费者,也是信息资源的生产者和提供者。信息生产者或者提供者与信息消费者之间可以进行直接的信息交换,从而实现人际互动。网络的这种一对多、多对多、一对一交互性的沟通方式,是以往大众传媒做不到的。

16.1.3 网络沟通的多元性与共享性

网络沟通的多元化主要体现在沟通内容的多元化和沟通渠道的多元化两个方面:

（1）沟通内容的多元化。随着信息技术的飞速发展，以互联网为主体的各类新兴信息媒介不断出现，我们每天都会接触到海量的信息。由于信息来源的复杂性和信息发布的自由性和异质性，网络上的信息资源中包含的文化观念和价值取向也呈现出多元化的特征。在网络上，人人都有发言的权利，人们沟通的内容、形式更加自由和开放，每个人由于经历背景和价值取向的差异，其发言内容也呈现出巨大的异质性。不同于传统媒体时代，信息有限，信息的传播渠道也有限，作为终端的用户接收到的信息也就更加单一。而在网络信息时代，不同的声音都可以在网络世界中得以表达，从而产生了多元化的沟通内容。

（2）沟通渠道的多元化。想象一种场景，早上起床拿起手机，点开某音乐App，边放自己喜欢的音乐边洗刷；上班挤地铁的空档，打开新闻软件，开始浏览当日的新闻；到达办公室首先打开邮箱查看今日待办的事项；晚上下班通过微信约上朋友，在某订餐软件预定好位置，一起去那家常去的餐厅尝尝新上的菜品……毫不夸张，这也是大部分上班族日常的缩影，借助信息技术的发展，我们每天通过各种各样的渠道接触到大量的信息，同时也通过各种社交媒体、移动电话、电子邮件、网络论坛、即时通信等方式成为信息的发出者。

网络上的信息资源同时具有开放性、共享性的特点。技术的发展最大限度地实现了信息的共享，人们可以通过网络获得并使用海量的、多元化的信息资源，任何个体、任何群体和组织都能获得等同的资源，极大地提高了信息的利用率。在传统媒体时代，我们需要了解某方面的信息，需要翻阅书籍、报纸或者是收听广播，甚至不远万里去请教他人。而在这个以数字化为特征的现代信息时代，人类的沟通不再受时空的限制，我们可以随时随地地从网络渠道获取我们想要的任何信息。

16.1.4　网络沟通的即时性与跨时空性

即时性，通俗来讲就是指低延迟。在沟通中可以理解为，一方发送的信息，另一方可以在极短的时间内收到。在信息高速流通的时代，发布信息的流程比较简单，传播以及转载的速度很快，可以保证信息传播的即时性，从而也使得信息的扩散面更广，影响面更大。

目前文本传输、语音通话、视频通话、直播等场景均能够做到信息的同步传输，改变了信息传播滞后的状况。比如，社会上一些吸睛事情发生后，各大媒体就纷纷进行报道，网络用户会在第一时间看到相关的信息，便可以随时发表自己的观点来表达自己对整件事情的看法、讨论以及转载。再比如在欧洲举办的足球联赛，可以通过实时转播在国内同步收看。即时性，让我们与这个时代同步,保持对事件的最新、最快的感知力。

另外,现代通信技术打破了现实社会互动对地域的要求,缩短了人与人之间的距离,将人们带入一个直接相互影响的境地,使得跨地域的人们瞬间实现互动,拓展、延伸了人们社会交往的范围和空间。

每个人都可以处在世界的中心,随时都可以了解到世界的任何一个地方发生的事情。网络使得"远在天涯"变成"近在咫尺",真正实现了"秀才不出门,尽知天下事"的梦想,由物理世界所决定的远近和城乡等观念已在慢慢淡化。但值得注意的是,网络沟通方式在压缩物理空间的同时,也增加了心理距离。

16.2 主要的网络沟通形式

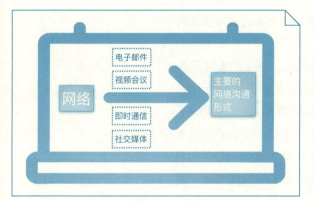

16.2.1 电子邮件

电子邮件(E-mail)是使用网络来收发电脑生成的文本和文件,目前几乎成了全球公认的用来保持联系、传递数据和图片的沟通形式,是当代组织中不可缺少的沟通手段。电子邮件可以快速书写、编辑和存储、发送,可以使接受者在方便时进行阅读;向员工发送正式的电子邮件信息,可以有效降低公司成本,提高办事效率。

(1)电子邮件的缺点。

尽管电子邮件具有高效、便捷的优点,但在使用过程中也有一定的局限性:

1)极易造成信息解读的失误。电子邮件是以文字为载体进行信息的传输,往往收件人和发件人之间不会再进行口头的沟通,仅仅凭借文字内容对信息进行解读。根据沟通编码和译码的模式,这两者之间极易产生不一致。另外,由于每个人的经历和背景不同,对同一封邮件内容也可能有不一样的理解。因此,在邮件的书写过程中用词要严谨,以免造成误读。

2)反馈速度取决于收件人,往往不能及时得到反馈。电子邮件沟通不同于电话沟通,一份编辑好的邮件发送出去,往往不能即时收到回复。如果收件人没能及时查看邮件,或者收件人认为邮件并不紧急也不重要,很多时候也会忘记回复。邮件的反馈速度取决于收件人的状况,因此,如果有重要、紧急的邮件信息，一定要在发出去后再电话告知，通知收件人及时查看并回复。作为收件人也应该设置查看邮件的固定时间和频次。

3）隐私更容易被泄漏。很多时候你的电子邮件是受到监控的，特别是在很多工作场所，虽然这是不道德的行为，但是很多企业为了风险的控制都对员工电子邮箱进行监控。所以，如果是工作邮箱，尽量不要进行私人沟通，也不要做违反公司安全的事情，一定要对自己的邮件内容负责。除了个人隐私的透漏，公司层面的隐私也极易通过电子邮件进行传播，因此，企业要做好信息的实时监控以及相关的权限设置。

（2）电子邮件的写作技巧。

电子邮件的写作也需要一定的技巧，尤其是正式的商务电子邮件的写作，需做到结构明确，重点突出，易于理解，使人一目了然。

1）主题。邮件主题的作用是使收件人一目了然地了解邮件的大致内容。一个好的主题应该凸显邮件内容的概要，同时能让收件人通过阅读主题得到想要传达的主要信息，以便作出是否及时回复的决定。因此，主题的凝练性、概括性就显得尤为重要。

2）收件人和抄送人。邮件收件人一栏要准备填写收件人邮箱地址，由于邮箱地址一般为字母、数字或者字母与数字的结合，一不留神就会输入错误，因此，发送邮件前仔细核对收件人邮箱地址是否填写正确。另外，在工作中的很多邮件除了告知所要传达的主要对接人外，往往还要同时通知到其他人，这时可能就要求将邮件要抄送给若干人。抄送人邮箱地址的填写同样要注意确保输入的准确性。

3）正文。邮件正文是一封邮件的核心所在，是主题内容的延展。商务邮件不同于一般非正式的邮件沟通，特点是结构简明、重要突出。正文的内容一般要简单明了，逻辑清晰地表达主要内容，尽量不要出现大段的文字信息。如果内容较多，要么分条目按序号列出，要么采用上传附件的形式。同时，整个内容的撰写也要注意收件人的身份，语气表达要得体、有礼貌，体现出对收件人的尊重。

4）附件。如果邮件中附有附件，应该在邮件正文中交代清楚附件的内容及个数。附件不宜过大，同时注意附件的格式，考虑使用常用打开方式，避免给对方带来麻烦。

5）结束语。邮件的结束语一般要表达对收件人的祝福，诸如"祝您工作顺利！""Best Regards！"等。如果希望对方尽快回复邮件，通常也会出现"盼复"等字眼。

（3）收发邮件的若干注意事项。

1）发送时间要合理。发件人要根据收件人的收件时间合理安排发件的时间。为保证收件人及时接收到邮件,一般应避免在周五下午或者周末发送邮件。

2)重要的邮件要确认。根据邮件内容的轻重缓急,选择是否进行电话等实时沟通。如果涉及重要内容的邮件,应在发送邮件后,及时与对方通过电话沟通来以确保对方确实收到了邮件,并了解其中的内容。

3)避免情绪化地发送或者回复邮件。邮件属于书面沟通,人们只能通过文字来揣摩发件人想要传达的信息,缺乏视觉和听觉等其他信息来综合判断。因此,应尽量使用中性、客观的词汇进行事务性陈述,避免使用带有浓烈情绪色彩的词语、语气来发送、回复邮件。让收件人能够正确理解邮件内容,而不是通过文字语气猜测收件人的意图。

4)避免没完没了的回复。不回复邮件通常被视为不礼貌,但是在现代商务沟通中,邮件沟通已经频繁到人们不想针对每封邮件作出回复。在日常收发邮件中,如果需要对方回复通常会在邮件中写明"收到请回复",如果不希望对方回复,通常可以在邮件末尾写上"不需要回复"。这些写作技巧都避免了没完没了的邮件回复链,也减少了人们面对一封邮件决定回复还是不回复的压力。

16.2.2 视频会议

视频会议通俗地讲就是我们说的远程会议,主要形式是两个或多个不同地点的人员,通过多媒体设备,将声音、影像以及文件资料互相传送,并使得成员都能相互看到、听到并进行实时交流。随着视频会议的支持技术越来越先进,视频会议所具备的功能也越来越强大,总体来说,视频会议具有实时性、互动性以及地点灵活性的特点。

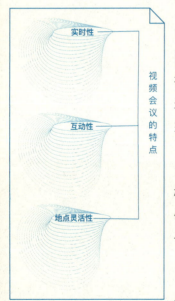

(1)实时性。

视频会议具备的高清远程视频功能使得视频会议就跟现场面对面一样,完全可以看到对方的各种实时动态。除了不能真实地触摸到对方、亲手传递文件等需要肢体接触的行为,几乎可以做任何传统会议上所能做到的一切会议事项。

(2)互动性。

视频会议现场的音频、视频以及会议文件都可以通过实时传输被会议双方甚至多方共享到。大家可以针对现场展示的文件或者实物展开实时的讨论,任何一方都可以随时打断对方的谈话,自由地发表自己的观点,中途也可以进行板书、相互传输文件等。

(3)地点灵活性。

地点灵活性也许是视频会议最显著的特征了,因为有了远程视频,人们就不必再从各个不同的地方聚集到一起参加会议。可能在出差的途中、休息的酒店或者在家中，只要通过一个简单的设备，手机、平板或者电脑，就可以随时加入到会议中来。这种形式，在为公司减少差旅费的同时也给员工参与会议提供了便利性。

2020年年初全世界爆发的新型冠状病毒肺炎疫情，给人们面对面沟通带来了极大的限制。为了保证社会机构的运作和企业的运行，信息传递和沟通依然需要，而且更加急迫。这时候视频会议等在线沟通方式就以前所未有的力度被几乎所有的组织所采用，而且人们通过对视频会议系统等在线沟通方式的使用，也感觉到其存在的莫大便利性和实用性，这也会对今后这类软件的开发使用带来前所未有的契机。

除了我们在第12章讲到的一般意义上的会议注意要点，为了更好地发挥视频会议的作用，以下事项还需注意：

（1）明确召开视频会议的目的。会议目的是任何会议开启的关键，会议开始之前必须明确本次会议的目的，视频会议也不例外。只有在此基础上，才能确定哪些人员需要参与到本次会议中来，而且要提前告知他们会议的目的。

（2）确定视频会议时间。不同于传统会议，由于视频会议的参与方分散在多个不同的地方，甚至是国外，考虑到时差，会议时间的选择就显得尤为重要。要确保重要的会议参与者提前了解到会议时间并能够准时参加。

（3）确定会议主持人。会议主持人在视频会议中发挥的作用同传统会议并无太大差异，但是想要使得一个会议顺利地进行下来，特别是大型的视频会议，最好确定一个会议主持人，负责会议的主持，把控会议流程和时间。

（4）制定并分发会议议程。一个好的会议议程是会议顺利开展的前提条件，视频会议之前，会议负责人要提前将会议议程通过电子邮件或者即时通信工具发送给会议参与者。

（5）检查视频会议设备。视频会议是通过传输路线和多媒体设备来进行保障的，会议开始之前一定要确保这些线路以及设备处于正常状态。如果进行非常重大的会议，要做好应急预案，比如配备不间断电源，备份实时数据。在会议开始之前，要进行设备的调试，确保音频通畅、视频画面清晰、视频角度能够覆盖全部与会者等。

（6）会议中控制发言语速，适当提高音量。尽管视频会议系统已经很先进，但是也没有像电视直播那么精密。作为视频会议参与者，在会议发言时，尽量控制发言的语速，适当地提高音量，确保会议参与的各方都能清晰地听到发言并理解发言的内容。

（7）尽量不要同时发言。视频会议的音频是同步传输的，一旦有两个人同时发言，就会出现重叠，对于其他参会者而言就很难听清楚主要发言人的内容。另外，避免窃窃私语，会议上的私下交流会对整个会场产生干扰，如果需要单方面讨论可以按下消声键。

（8）会议结束并分发视频会议记录。视频会议结束需要主持人明确告知参会方，大家接收到会议结束的信息后主动断开连接，意味着视频会议的结束。同传统会议一样，会议结束后，会议记录人要及时分发会议纪要。

16.2.3 即时通信

即时通信（IM-Instant Messaging）又叫实时通信，允许两人或多人使用网络实时进行文字信息、文件、语音和视频的交流。在国内，微信和QQ是目前最常用的两种社交即时通信工具，在企业组织中也有类似的实时通信软件，比如企业微信、钉钉、imo云办公室等都属于即时通信的范畴。

即时通信最显著的特点就是实时性，它不同于社交平台，通过即时通信进行的沟通是即时的。这种沟通方式默认的是在短时间内需要给对方的反馈，如果没有及时反馈，或者忘记反馈会被认为一种不礼貌的行为，拖延反馈也会导致失去信息的时效性，信息过时可能再接下去的沟通就没有意义。比如，你的领导在即时办公软件中通知你，5分钟内到他办公室去一趟，他5分钟后要去参加一个会议。如果你没有及时看到信息或者回复，那么你们的这次沟通就没有达到预期的效果。可以通过台式电脑或笔记本电脑发送即时信息，也可以通过手机或掌上通信设备等来发送，具有非常大的灵活性，无论你在哪里，随时随刻都可以被联系上。

现代人们的生活、工作已经紧密地与这种沟通方式联系在一起。据腾讯官方宣布，截止到2019年9月，微信的活跃用户数量已经达到11.51亿，这也就说明我国几乎每人都有一个微信号，微信已深度融入大众的日常生活，陪伴人们的每一天。据调查，87%的用户认为微信拓展了人际关系，增进了亲朋好友间的沟通。不同人的微信成就了不同人的生活方式：00后爱吃甜品；90后起床最晚；80后充满正能量、关注国家大事；70后最爱刷朋友圈；55岁以上用户则关注养生健康，经常与子女进行视频通话等。另外，除了人际沟通的应用，即时通信应用也正在向电商和营销平台转变，企业组织对于即时通信应用的诉求并不仅仅是简单的沟通而已，而是希望发挥其更大的商业价值。例如，网络直播带货等形式正在俘获大众消费者的心。

尽管即时通信有众多优点，但是它也无法取代正式的商务沟通，比如电子邮件。一些比较长的、需要保存的信息仍然需要使用电子邮件，特别是一些比较正式的商务沟通。而即时通信更多地适用于非正式沟通场合。而且，随着人们对即时通信的依赖，也开始发现这种技术会干扰或转移人们的注意力。

在工作场所中,它们的不断出现使得员工很难集中和维持注意力。

16.2.4 社交媒体

社交媒体是一个被广泛使用的术语,通常人们也会将微信、QQ等具有明显即时通信的媒体也理解为社交媒体。像论坛、新闻、电商类型的媒体也通过评论、弹幕等形式,具有了社交功能,因此在广义上,这种具有社交功能的媒体都可以称为社交媒体。区别于前面讨论的即时通信,我们这里将社交媒体定义为人们彼此分享资讯、观点、经验等的工具或者平台。它具备两个显著的特征:一是广泛的用户基础,二是自发地分享、传播信息。其传播的信息已经成为人们在互联网浏览内容的重要组成部分。

目前主要有以下几种社交媒体类别。

(1) 论坛类社交网络:如微博、百度贴吧、脸书(Facebook)、领英(LinkedIn)等。这类平台通过添加朋友、评论、个人资料、加入群组和进行讨论来互动。

(2) 社交新闻类媒体:如今日头条、腾讯新闻、网易新闻等。这类平台通过选出阅读量最多、网络上转发量最大和评论最多的文章、问答等形式实现互动。

(3) 社交电商类媒体:如淘宝、京东、唯品会、小红书等。这类平台通过分享购买经验、图片、视频进行评论或者互动。

(4) 社交照片、视频或直播平台:如优兔(YouTube)、抖音、快手等。这类平台通过分享照片、视频或直播等形式,并评论用户动态来实现互动。

(5) 在线编辑平台:如维基百科(Wikipedia)、百度百科等。这类平台通过添加文章和允许用户在线编辑已有文章、点赞等方式来进行交互。

如图16.1所示,数据显示,2018年上半年中国微博用户规模为3.37亿人,与2017年末相比增长2 140万人,在整体网民数量中微博用户数比例达到42.1%。脸书目前在全球拥有5亿用户。推特(Twitter)每月有近2亿访问者,每天产生6 500万条推文。

许多平台正在社交媒体市场上争夺着用户的时间和注意力。提供信息服务、与认识的人(可能想要认识的人)相联系、分享照片、音乐下载、购物及一些快速发展出来的服务,让用户忍不住要花大量时间上网。

企业开始考虑如何使用社交媒体,主要在营销领域,同时也用于企业的声誉管理和企业沟通。事实上,公共关系顾问已经准备好并迫不及待地为企业提供有关通过使用社交媒体实现最大化盈利的建议。

在私人时段,社交媒体有助于结交朋友,从而推进个人职业生涯发展。但要注意在上班时登录社交媒体的在线时间,因为一些办公室的电脑可以

图16.1　2012—2018年中国微博用户规模及使用率情况
资料来源：中国互联网络信息中心（CNNIC）、中商产业研究院整理．

追踪员工在不同网站上花费的时间，甚至是在网上输入的内容。所以最好是在私人电脑或智能手机上登录或者在非工作时间使用。

需要注意的是，在微博、脸书等公共网站上发布观点、图片或者文章时，也仍然存在风险。作为员工尽量不要在社交媒体上吐槽你的老板或同事、抱怨工作或在个人资料上张贴关于自己所做的一些不道德的、隐私的照片，要确保只有你认可的朋友才能看到照片或更多的私人信息。或者通过调整隐私设置，避免陌生的人或者你的领导通过这些公开信息了解你的行程安排。

16.3 ｜ 网络沟通对组织管理的影响

相比传统的管理沟通，信息技术背景下的组织沟通给组织内部的信息沟通带来了显著的变化。信息技术传递的数据具有快捷、准确、直接的特点，使得数据的收集、传播及管理变得更加容易；信息的传递由纵向的传递为主变成纵向与横向的结合，有效缩短传递路径，促进了组织结构的扁平化；信息的可储存性和共享性为组织信息来源提供了可能性，降低了沟通的成本，促进了信息的流动。下面我们从以上三个方面来具体阐述这些变化。

16.3.1　增强信息搜集、传递和处理能力

随着经济全球化进程的加快,现在企业组织也面临着激烈的市场环境,能够及时甚至领先对手一步获取信息,将是企业把握先机的决定性因素。同时,我国经济的迅猛发展,中小企业的不断崛起,越来越多的企业发展面临着不断扩大的营业范围以及日益复杂的组织结构,管理沟通都需要大量地搜集、传递和管理工作。

(1) 信息的获取。互联网时代人们获取信息的方式发生了巨大的变革,尤其是随着技术的进一步发展,现在的网络沟通更强调用户参与的重要性,强调用户的体验。网络的开放和自媒体的兴起,使人的交流不断扩大,信息以各种可能的载体和媒体的形式存在,获取速度快且方式多元化。互联网拥有海量的信息资源,例如,通过百度、搜狗等搜索引擎能够及时获得想要的信息,大可不必再利用人力去搜寻和调查事件信息。信息内容无所不有,企业可以通过网络渠道获取更多行业资讯、竞争对手信息等,同时可以根据自己的需要进行信息的筛选。

(2) 信息的传递。信息技术通过一系列信息共享的标准和技术,为信息的传递提供便利,通过通信工具、电子邮件、网络社群、即时通信等建立与用户沟通的桥梁,使得信息的交流更加直接、便捷。相比传统的口头或书面沟通,网络沟通的表达方式、时间以及地点等也更加灵活。从传统的 Web 应用到移动互联网阶段的 App 以及未来 5G 标准的落地应用,信息的共享和传递将会更加方便。

(3) 信息的处理。在获取大量信息数据之后,信息系统还可以为企业提供数据的管理功能,除简单的存储查询外,还可以进行对比分析等进一步操作。比如企业内部会计管理软件、库存管理软件以及更为复杂的 ERP、SAP 等软件的使用,都大大简化了以往信息处理的流程。信息系统把原本繁杂、繁重的信息处理任务进行了很好的承担,大大提高了日常管理以及决策的效率。

16.3.2　减少信息传递层级,组织更加扁平化

通常组织的结构层级越多,信息传递中的遗漏和曲解的可能性就越大。俗话所说的"三人成虎",在企业沟通中也就意味着信息在经过多人传递后会失去其本来的含义,导致严重的失真。而企业的信息传递往往是多层级传递的,通过这种自上而下的层层下达或者自下而上的逐级汇报,信息被多次加工,自然会发生衰竭和失真。信息技术下的管理沟通可以使通过其特有的属性和功能减少信息传递的层级,从而使得组织更加扁平化。

从管理层的角度来看,网络沟通使得更大幅度的管理成为可能。企业

的组织理论告诉我们，在企业规模一定的情况下，管理的幅度和管理层次成反比，因而组织趋于扁平化。首先，信息技术的使用，使得传统的监控手段发生了变化，以前需要大量人工监管的工作可以被信息技术替代。其次，借助于信息技术的辅助作用以及信息的共享性，管理者们可以更加直接地参与信息的查询、数据的处理及分析等工作，大大减少了对于基础信息传递、处理工作人员的需求。

从员工的角度来看，信息传递的层级大大减少。由于信息技术的直观性和数据性，企业高层的决策也能很快通过OA系统、邮件系统等在整个企业内部进行传递，基层员工可以在第一时间了解到高层的动态。同时员工可以通过E-mail、即时通信软件等直接与高层管理者进行对话，信息传递的层级减少。这样原本中层管理者的作用就被弱化，从而使管理层次的减少成为可能。

传统金字塔"垂直管理"组织结构是由基层管理者、中层、高层，多个层次共同组成一个金字塔状的结构。高层管理人员通过一级一级的管理层发布指令，最后传达到执行者，除了信息的滞后性，难免也会有信息的遗漏和失真。而在信息技术下的现代化管理沟通，由于其直观性和数据性，可以保证信息的完整性和真实性，从而实现在不同层级间进行传递和共享，改变了原来层级制组织结构中的企业上下级之间、部门与部门之间以及组织与外部之间的联系方式，具有敏捷、灵活、快速、高效的优点。

16.3.3 降低沟通成本，加快信息流动

信息技术为企业整合了大量的信息，信息化办公成为不可逆转的趋势。相比传统的办公模式，比如通信、印章、文件下发、批复、归档，以及繁多的会议，网络以其特有的方式将组织人员从这种忙乱无效的状况中解脱出来，大大提高了工作效率，这主要体现在以下几个方面。

（1）网络信息的标准化、数据化传输大大降低了企业的沟通成本。与传统沟通不同，网络沟通是采用信息化手段，将所传达的信息以机器语言的形式传输。这种机器语言具有一定的标准规范，一些网络平台的数据具有规范的数据口径要求，明确的数据来源和统一的编码规定。这样在各部门之间、数据之间的契合度很高。在前面我们讨论沟通的模式时讲到信息的编码和解码，当数据编码和译码采用相同的标准时，最大限度地减少了跨部门的、跨组织的沟通磨合的时间成本，也不容易引起不必要的误解。

（2）多样化的传输途径，简化了信息传递程序。以前各种事项，环节多、耗时大、成本高，而如果采取简化的方式又有可能造成大量的信息缺失，不能将原始信息原汁原味地传达到信息接收者。在信息化时代下就不同了，

多种多样的信息传递渠道，能做到成本与效率的兼顾。比如，OA 办公系统的使用就能大量节约企业的文本印刷、电话沟通及人力资源成本；集团公司在开会时亦不用专门召集各区域公司负责人员赴会，一个简单的视频会议可节省大量差旅费用；公司就一个员工考核方案征求员工意见时一封 E-mail 就可以解决问题。

(3) 实现了企业管理上的一些转变，提高了沟通效率。首先，信息的传递减少了传递的层级，组织结构趋于扁平化，信息的纵向流动加快。信息技术在员工与管理层之间建立起了快速的沟通反馈桥梁，在减少人力资源成本的同时也提高了管理的效率，使得上传下达更加方便。其次，信息更加透明，责任明确。在以往企业内部的各业务之间相互独立，信息共享程度不高，往往形成一个个信息孤岛，需要大量的会议沟通，耗费人力、物力来进行资源的调配，促进信息的流动和分享。信息技术使得部门之间的信息共享成为可能，管理人员可以根据公司部门建立共享数据库，并实现动态实时更新。即便是企业的基层员工也能获得第一手的资料，增加了信息的透明度，同时也方便了信息追踪，一旦发现问题可以做到溯本求源，直接明确责任。

16.4 ｜ 网络沟通存在的问题及应对

16.4.1 网络沟通存在的问题

网络沟通为企业提供了很多便利，但是它在带来好处的同时也为企业管理带来了重大的挑战。企业在依赖网络沟通的同时，也应该清醒地意识到它所带来的风险。

(1) 信息的严重超载。与以往相比，网络沟通时代每个人都面临海量的信息，这带给我们便利的同时也严重地干扰我们的注意力。英特尔公司曾设计了一个为期 8 个月的实验来观察信息超载对生产效率的影响。实验要求一组员工在某工作日的 4 个小时内限制数字接触和面对面接触，而另一组人仍和往常一样。结果表明，第一组员工的生产率显然更高，而且其中 75% 的成员建议扩展该项目。这个实验研究表明在现在海量信息的办公中，适当减少电子信息的接触是有意义的。不断地受到电子邮箱的收件提醒、办公软件的即时信息闪烁的干扰，员工将无法集中注意力进行深层次的思考工作。

(2) 信息安全威胁。信息技术自身存在诸多风险，主要体现在"系统的稳定性"、"信息的保密性"以及"人为操作的不可控性"。首先，信息系统的稳定性是保证信息安全的首要前提，但是不可避免地会由于软件运行错误或者硬件的毁坏导致数据的丢失，而且这种丢失很多时候是不可逆的。其次，网络沟通信息通常是以数字形式进行存储，而数据存储方式是极易被复制和传播的。在组织内部如果没有严密的监管措施，很多机密材料很容易被泄漏出去。再者，人员的操作失误也很有可能导致信息的丢失、泄漏等风险。

（3）负面消息的失控风险。在信息高速传播的时代，一些公司负面信息很容易在极短的时间内被大面积地传播，如果做不好舆情预警与管理工作，就会对企业的形象造成无可挽回的影响。

（4）无时无刻的待命状态。网络沟通的便捷性也使得人们不得不保持24小时随时待命的状态。家庭生活和工作之间的界限变得模糊，这给很多员工带来困扰，而又不得不保持这种状态，因为你的领导可能不定时地通过电话、电子邮件、即时通信软件等找到你。

（5）员工的不道德行为。很多员工会在工作时间利用公司的电脑做自己的事情、登录网络社交平台发布生活日常、将公司的便携式电脑用于处理自己的私事等，这给企业的管理者带来了新的管理难题。考虑到各种因素，企业很多时候无法做到对员工的全天候监控。

16.4.2 管理者的应对策略

为应对网络沟通带来的问题与风险，组织内部应从以下方面做好应对措施。

（1）明确组织沟通目标，增强沟通效率。组织面对大量的信息，要想达到预期的沟通效果，首先管理层要明确预期的目标。在面向要沟通的对象有针对性地选择沟通方式解决问题。否则，信息化的沟通也会变得混乱无序，甚至会产生负面影响。

（2）加强培训，增强人员网络沟通技能。为更好地利用网络沟通的高效、便捷，在组织内部，无论正式视频会议、商务邮件写作，还是非正式的办公即时软件沟通，都要遵循一定的沟通规则，比如在大量的信息获取之后如何进行分类存储，如何标记邮箱中大量邮件的优先级处理顺序等。另外，由于技术的发展革新日新月异，为更好地适应信息化沟通，也要适时对企业员工进行信息技术的操作技能培训。

（3）定期维护网络信息系统，确保信息安全。针对系统的稳定性，企业应当制定常规的风险控制机制，比如定期对重要数据进行备份，配备应急系统等；对保密性的防范，应从组织内部做好职位分离控制机制形成制约，以及系统访问权限设置，信息安全等级设置与分级管理。同时通过技术培训提高人员的操作技能，降低人为的操作风险。

（4）加强日常信息监测，建立网络舆情预警机制。由于网络时代信息传输的高速、实时性，企业一旦因为某一类问题被曝光就会迅猛扩散。为降低这种负面影响，企业应做好日常性的舆情信息全面监测，并结合企业的实际情况分类检测，防患于未然。确保一旦负面消息出来，能够第一时间通知到相关部门采取应急对策。

思 考 题

1. 网络时代下的沟通有哪些特征？请举例说明。
2. 网络沟通的主要形式有哪些？
3. 网络沟通对组织管理的影响体现在哪些方面？
4. 网络沟通存在哪些风险，组织应该如何应对？

案例

小米的互联网营销

4月9日米粉节那天，小米的微信客服玩了一次心跳：本来是策划了一场米粉节直播活动，并设置了足够诱人的奖品——关注"小米手机"公众号，回复"GO"参与抢答，每隔10分钟就送一台小米手机。下午2点，直播时间开始，几十万微信粉丝发送的信息瞬间蜂拥而至，并最终刷爆了小米客服的后台服务器。小米副总裁黎万强后来说，米粉节当天收到了200多万条微信消息，参与互动的米粉人数超过20万人。

不为众人所知的数据是，小米手机的微信公众号在3个多月前才注册，真正发力运营是从今年4月开始，却迅速累积了80万粉丝。那么，小米的80万微信米粉究竟是如何形成的呢？

（1）超过10%的微信粉丝来自微博导流。在小米手机微信公众号运维初期，新媒体营销团队认为微博将是核心的拉新渠道，"小米有几百万的微博粉丝，好好拉一拉，一下50万应该没有问题"。不过，后来只有10万微博用户成为微信粉丝，约占12.5%，当然还有一个前提条件——小米拥有国内足以傲视群雄的微博运营团队。

（2）约30%粉丝来自活动策划。在1月份注册小米手机微信公众号后，小米团队并没有急于做活动，一方面不想过度骚扰用户，另一方面在于需要时间摸索何种活动策划适合微信营销。直到3月份，他们才策划了一个"非常6+1"的互动活动，使用类似趣味答题的方式，并设置了小米2手机、F码、小米盒子以及移动电源等奖品，鼓励用户关注小米手机公众号。黎万强说，3天里小米公众号收到了400万条消息,共有20多万人参与微信互动。

(3)约60%来自小米官网、论坛以及电商渠道转化。黎万强称,在电商渠道中,企业要善于拆解自己的业务流程,看哪些环节可以和微信相结合,引导在用户购物过程中关注小米公众号,例如可以告知用户用微信可以查物流。

值得一提的是,小米从未将微信作为一个销售渠道,而是作为客服平台。这一定位与微博及论坛形成了有效的区隔,在黎万强看来,小米早期是靠主抓以微博和论坛为主的新媒体营销,其中微博具有很强的媒体属性与营销扩散性,而论坛虽然"看上去很土",却完成了小米粉丝的沉淀。目前小米的论坛每天收到用户的反馈多达70万—80万条。

微信兴起以后,小米前期也有些纠结,一下也难以吃准微信公众号该如何定位,以及如何与米粉互动。"在摸索了一个多月以后,我们认为微信具有很好的服务属性,加上微信本身具有很强的私密社交属性,所以,我们决定将微信定位为我们的客服平台,帮助小米提升CRM管理。"黎万强称。

不过,相信任何一个微信粉丝达到一定数量级的企业都会遇到很多客服难题:一是粉丝规模越大,掉粉率也会随之升高;二是粉丝涨到数万级别以后,客服将难以应对海量的粉丝信息,尤其是图片及语音信息。黎万强有着自己的破解之道。例如对于掉粉率问题,他坚持认为企业在做任何微信活动之前,"一定要反复提醒自己,不能给用户带来太多干扰"。而对于如何提升客服的能力,在小米手机公众号不到一个月内就涨到5万之时,黎万强专程去腾讯广州研发部找到张小龙,争取了一个接口,并做了专门的客服后台予以对接。尽管发生了米粉节上的小意外,但大部分情况下,小米的微信客服后台足以支撑面向80万米粉的日常服务,这是仅靠人工客服所无法完成的。

以下为与小米副总裁黎万强的对话环节:

提问:微信与微博如何进行区隔化的定位?

黎万强:微信目前还不是一个营销和销售的平台,对小米来讲,它首先还是客服平台。当初我在1月份做了不到一个月的时候就做了将近5万的用户,每天的销售量有1万多,而小米只投入了3个人。小米的微信运营一开始是没有客服平台的,但要做好客服的话,人力资源投入会非常大,粉丝数量一旦过万,你就没办法做到一对多的客服管理。于是,我们蛮早的时间找到张小龙,让他给小米开放一个销售接口,而我们专门做了客服的后台予以支撑,这样才做到80万的客户。

微博在微信出现之前,也是我们线上的客服平台,未来微博更多应该是营销平台。不过,目前很多用户不管有什么好的建议或投诉,都@小米的微博账号,我们也会及时给予回复。目前,小米微博私信的回复量在3 000~4 000条,微信我们每天处理销售量平均在1万条左右。

提问:小米现在80万粉丝,后台服务人数大概是多少?如何做绩效考核?

黎万强:小米有一个新媒体组,大约有40个人,其中客服人员大概有30多个人,他们主要是在微博和微信上做客服。随着小米用户量的增大,我们的团队不会设编制限令,但是我们会有大概的考核指标,比如如何在15分钟内快速响应,为此我们会不断地调配人员的投入。相比在线客服,我们传统客服有800人,所以,今天小米手机拥有的客服团队应该是国产手机厂商中最强的。

对考核指标的问题,客服领域是有一些基本的考核指标,比如说回复时效,小米每天接收一万条消息,我要保证在半个小时内是不是把它解决。不过,在小米内部,做新媒体客服平台的同事与传统电商客服的同事,我们是刻意分开的,因为电话客服其实很难产生链条式的传播,但是今天做新媒体的时候,它往往很容易产生口碑的传播,服务的过程就是一个口碑传播过程。

我们在组织结构划分里面,把做微信的同事,等于把他当营销同事来看待的,这是值得大家借鉴的。我认为给他的指标尽量宽松些,他才有可能做得有弹性一些。

提问:小米会不会对微信运营有销售渠道拓展方面的考量?

黎万强:销售方面,只有我和雷总负责,其他团队都不负责的。小米今天是以互联网为主的销售,它的变化太快,一个部门对某个销售负责是不可能的。很多时候它是乘法关系,如果你营销做得很好,但是你产品不好,它是零;你产品很好,但是你服务质量不好,它也是零。所以我们在小米内部更多是会鼓励客服服务的过程,而不是奖励结果。

在我们小米内部看来,微信最重要的是做好客服,现在的效果也非常好,包括我们做在线的活动,用户活跃度会超过50%。另外,以往我们需要给预约用户发短信,微信有了以后,这个成本就能很好节省下来。

提问:如何做好微信运营中的活动策划?

黎万强:你的活动要做得有趣,或者活动奖品比较有吸引力,或者在活动的交互过程当中,让大家感到有意思。他对你发信息,你要对他回应,如果他发现石沉大海,他就不会再跟你做互动了。

在微信会员超过10万以后,小米大概每周最多两条推送,千万不要多了。针对会员活动的时候,新媒体一定要尽量加进去。有些时候我们做营销的时候是通过微博这个平台,但微信本身是私密的平台,尽量不要想太扩散,也不要给他的朋友圈造成干扰。

所以,企业在做活动的时候,一定要反复提醒自己,不要给用户带来太大干扰,这值得大家思考。

提问:在微信运营中有没有一些需要规避的误区?

黎万强:我们在这个过程中有过失误。例如,一开始我们认为拉用户的核心渠道应该是微博,小米已经有好几个账号都是过百万的账号,在微博上好好拉拉,至少30%能过来,一下50万是没有问题的,但最终约10%是来自微博的。

我们在微信上做了很多的活动,但第一个月我们是完全找不到北的,真正开始运营是2013年的1月份,真正做第一个活动是3月份,在此之前我们不知道怎么样做活动。3月份小米做了一个"非常6+1"的活动,我们发现微信平台中的用户是很愿意参与互动性强的活动的。

在这个过程中我们有些经验,比如做电商的朋友,可以把自己的业务单元全部分解好,看哪个单元环节上用户会用到微信,比如我们在客服大厅里说,你可以扫二维码,可以在微信上查物流。

微信今天拉客户最好的方法,是你把你的业务分解好,看哪些是客户跟我们来互动的。所以,建议在大家进入一个全新平台的时候,不要太着急,不妨先进去玩儿两三个月,这样会更有效一些。

提问: 小米在做微信互动的时候,最常碰到的问题是什么,是怎么解决的?怎么实现有效的互动?

黎万强: 80万粉丝大家可能觉得很多,而小米手机的特点和一般手机不一样,我们的互联网应用活跃度很高,在安卓的阵营里面,小米手机是排在前三的,这也是为什么我们做到3个月有80万微信用户的一个重要原因。

当初,"小米手机"公众号做到5万粉丝的时候,我们发现做不动了。主要是因为那时还没有建设客服后台,靠人工单纯直接来维护账号,是很难把它的量做大的。所以,我去广州找了一下张小龙,希望他们团队给我们一个接口上的配合,小米也开发了一个客服平台。也就是说,小米是通过客服平台来建立相应的团队,专门来做微信粉丝的维护。另外,在微信里面有一些自动应答设置,可以把很多常见的问题全部分类,用户搜索到定向关注的问题,直接推送过去就行了,主要就是这两点。

资料来源:整理自网络,作者刘淇,《IT经理世界》资深记者、电商总监。

案例讨论

1. 小米的微信平台是如何做到粉丝集聚的效应的?
2. 你对黎万强对小米微信平台的定位有何看法?
3. 你从小米的互联网营销案例中得到的最大启发是什么?

参考文献

[1] Cousins R B. Active listening is more than just hearing[J]. Supervision, 1996, 57(12): 14-15.

[2] Leung K, Morris M W. Values, schemas, and norms in the culture-behavior nexus: A situated dynamics framework[J]. Journal of International Business Studies, 2015, 46(9): 1028-1050.

[3] Ting-Toomey S, Chung L C. Understanding intercultural communication[M]. New York: Oxford University Press, 2005.

[4] 胡君辰.现代实用管理心理学[M].上海:上海科学技术出版社,1992.

[5] 金盛华,张杰.当代社会心理学导论[M].北京:北京师范大学出版社,1995: 192.

[6] 厉鑫,蔡少恒.营销文案写作范本[M].北京:经济管理出版社,2006.

[7] 李永华.奥赛康药业上市历险记[J].中国经济周刊,2018(29): 58-60.

[8] 李永华.4年前拿到IPO批文却临时叫停;如今改走借壳之路,大通燃气不行,再找"魔性"的东罗[J].中国经济周刊,2018(7): 58-60.

[9] 罗锐韧,曾繁正.管理沟通[M].北京:红旗出版社,1997.

[10] [美]琼·库勒·坎尼,[美]唐纳德·卡普林.永远留住顾客:最富有成效的经营策略[M].吴红姝,译.上海:上海人民出版社,1995.

[11] [美]史蒂芬·P.罗宾斯,[美]玛丽·库尔特.管理学[M].李原,孙健敏,黄小勇,译.北京:中国人民大学出版社,2016: 401.

[12] [美]唐·库什曼,[美]杜·卡恩.人际沟通论[M].宋晓亮,译.北京:知识出版社,1989.

[13] 姚尧.企业管理制度写作范例大全[M].南宁:广西人民出版社,2011.

[14] 朱淑萍,邹旗辉.应用文写作[M].北京:北京理工大学出版社,2016.

图书在版编目(CIP)数据

管理沟通/苏勇,罗殿军主编. —2 版. —上海:复旦大学出版社,2021.1
(复旦博学. 大学管理类)
ISBN 978-7-309-14614-1

Ⅰ.①管… Ⅱ.①苏… ②罗… Ⅲ.①管理学-高等学校-教材 Ⅳ.①C93

中国版本图书馆 CIP 数据核字(2020)第 272223 号

管理沟通(第二版)
苏　勇　罗殿军　主编
责任编辑/宋朝阳　李小敏

复旦大学出版社有限公司出版发行
上海市国权路 579 号　邮编:200433
网址:fupnet@fudanpress.com　http://www.fudanpress.com
门市零售:86-21-65102580　　团体订购:86-21-65104505
外埠邮购:86-21-65642846　　出版部电话:86-21-65642845
常熟市华顺印刷有限公司

开本 787×1092　1/16　印张 28　字数 502 千
2021 年 1 月第 2 版第 1 次印刷

ISBN 978-7-309-14614-1/C·383
定价:59.00 元

如有印装质量问题,请向复旦大学出版社有限公司出版部调换。
版权所有　侵权必究